Henry Nissen

Dänischer und norwegischer Sprachführer

Konversations-Wörterbuch

Henry Nissen

Dänischer und norwegischer Sprachführer
Konversations-Wörterbuch

ISBN/EAN: 9783744628709

Hergestellt in Europa, USA, Kanada, Australien, Japan

Cover: Foto ©ninafisch / pixelio.de

Weitere Bücher finden Sie auf **www.hansebooks.com**

Dänischer und norwegischer Sprachführer.

Dänischer und norwegischer Sprachführer.

Konversations-Wörterbuch

von

Heinrich Nissen
in Kopenhagen.

Vorwort.

Jeder kennt die peinliche Lage, welche eintritt, wenn das Gespräch einmal ins Stocken gerät und man sich vergebens abmüht, eine für den Augenblick passende Bemerkung zu ersinnen; noch ungünstiger aber liegt die Sache, wenn man im fremden Lande notwendig etwas sagen muß, aber sich nicht verständlich machen kann. Wie steht es damit bei einem Ausflug nach den nordischen Reichen? Reisende, welche ihren Besuch auf die Städte beschränken, werden der Unannehmlichkeit seltener ausgesetzt sein, nicht verstanden zu werden, da hier überall Leute anzutreffen sind, die Englisch, Deutsch oder Französisch verstehen und zur Not auch sprechen können. Anders gestalten sich die Verhältnisse auf dem Lande. Hier hat — und zwar besonders in Norwegen — der Reisende fast ausschließlich mit einfachen Bauern, Führern, Fischern 2c., also mit Leuten, die über Sprachkenntnisse nicht verfügen, zu thun. Alles durch Zeichen- und Gebärdensprache ausdrücken zu wollen, wird wohl keinem einfallen; vielmehr kauft man sich eine dänische Grammatik, ein Konversationsbuch (Parleur) oder ein Wörterbuch.

Aber „eine Grammatik ohne Wörter ist eine Regierung ohne Volk", und der Parleur muß, wenn er nützlich sein soll, mehr oder weniger auswendig gelernt werden, weil die gewünschten Ausdrücke und Wendungen bei der beliebten „systematischen Einrichtung" erfahrungsgemäß im Augenblick, wo man sie braucht, nie aufgefunden zu werden pflegen — wenn sie überhaupt im Buche stehen.

Vorwort.

Besser als Grammatik und Parleur wäre vielleicht ein deutsch-dänisch (norwegisches) Wörterbuch; ein solches gibt dem Besitzer ein gewisses Gefühl der Sicherheit und versetzt ihn in die Lage, wenigstens einige der notwendigen Wörter im Augenblick gebrauchen zu können. Das Wörterbuch enthält aber zu viel und zu verschiedenartiges, es legt zu wenig Gewicht auf „det levende Ord", die Umgangssprache, und läßt die Reisebedürfnisse völlig unberücksichtigt.

Vorliegender Sprachführer nun sucht die Schwächen aller drei genannten Hilfsmittel zu vermeiden, das, was jedes für sich gutes hat, zu vereinigen, durch die alphabetische Anordnung ein sofortiges Auffinden nicht nur einzelner Worte, sondern ganzer Gespräche zu ermöglichen, vor allem aber auch, seinen Inhalt ganz den Bedürfnissen des Reisenden anzupassen. Fußnoten unterrichten über alles mögliche, was dem Touristen zu wissen not thut, sie sollen ihm für seinen Umgang mit den Bewohnern des Landes manchen Wink erteilen, ihn vor Verstößen warnen u. s. w. — kurz, mein Büchlein ist ganz nach dem seit Jahren bewährten System seiner Vorgänger in der Sammlung von „Meyers Sprachführern" gearbeitet worden.

Aber der Reisende muß nicht nur sich selbst auszudrücken wissen, er muß auch verstehen können, was man ihm antwortet oder was ihn jemand fragt. Zu diesem Zwecke ist dem Konversations-Wörterbuch ein kleines dänisch (norwegisch)-deutsches Vokabular angefügt worden, welches die hauptsächlichsten der im Reiseleben vorkommenden Wörter mit Übersetzung enthält.

Der letzte Teil des Sprachführers bringt als Ergänzung des Wörterbuches einige Regeln über die Aussprache und überhaupt einen kurzen Abriß der Grammatik; das Studium desselben wird den Reisenden befähigen, auch längere dänisch-norwegische Sätze selbständig zu bilden.

Dem Sprachführer liegt die zwanglose, gebildete dänische Umgangssprache zu Grunde, ergänzt durch speziell norwegische Wörter, so daß er auch auf den Reiserouten Norwegens gute Dienste leisten wird. Von einer Verbindung mit dem Schwedischen mußte abgesehen werden, weil sich diese skandinavische Sprache von dem Dänisch-Norwegischen zu sehr unterscheidet, während in Dänemark und Norwegen nur von einer Litteratur und einer gebildeten Umgangssprache die Rede sein kann. Die Sprache der norwegischen Kirchen und Schulen ist die dänische, viele der norwegischen Dichtwerke erscheinen in einem Kopenhagener Verlag, die größten Zeitungen Norwegens schreiben dänisch und geben nur hier und da einen Ausdruck, der norwegischen Ursprung verrät. Freilich zeigen viele norwegische Schriftsteller das Bestreben, sich vom Dänischen freizumachen, indem sie ihren Arbeiten dialektische Wörter und Redewendungen einverleiben, und sie finden hier ein weites Gebiet, weil sich die norwegischen *Bygdemaal* (Dialekte) von der Schriftsprache und auch voneinander sehr unterscheiden. Die energischen Versuche der sogenannten „*Maalmænd*", auf diese Weise eine allgemeine, vom Dänischen unabhängige norwegische *Landsmaal* zu bilden, sind indessen bis jetzt nicht von Erfolg gekrönt gewesen; eine solche „Reichssprache" wird sich nur allmählich und zwanglos entwickeln können, und wenn ich darum im Sprachführer bei der Aufnahme dialektischer Wörter vorsichtig zu Werke gegangen bin, so dürfte sich dies aus dem Gesagten genügend rechtfertigen.

Auf dem Gebiet der Schreibweise herrscht zur Zeit in Dänemark-Norwegen ein bodenloses Gewirr; die dänische

Vorwort.

Schulen folgen seit 1892 der neuen Orthographie des Ministeriums, während viele Schriftsteller und Journalisten sich der sogenannten „litærøre Retskrivning" anschließen, und andre wiederum einer sehr radikalen Rechtschreibung Raum geben; in größern Zeitungen Norwegens finden sich sogar Aufsätze, welche die Worte ganz so schreiben, wie sie gesprochen werden, und desselben Verfahrens bedienen sich auch einzelne Belletristen. Aus praktischen Gründen habe ich von derartigen neuern Bestrebungen Abstand genommen und eine Schreibweise gewählt, welche sich der Aussprache nähert, ohne radikal zu sein.

Kopenhagen.

Der Verfasser.

Konversations-Wörterbuch.

Aal en Aal, *pl.* Aal
gekocht kogt
gebraten stegt
geräuchert røget
saurer sur, Aal i Gelé
-gabel en Lyster, *en Lystre*
-suppe en Aalesuppe
Aas et Aadsel [Trondhjem]
ab (von): ab Trondhjem fra
abbestellen afsige *III*
abbrechen (Zweig) brække
  (Grenen) af; (Zelt) tage
  (Teltet) ned[1] [(Bordet)]
abdecken (Tisch) tage (*III*) af
abdrücken (Flinte) trykke
  (Bøssen, Geværet) af
Abend en Aften, *en Kvæld*
guten A.! god Aften![2] *god
  Kvæld!*
abends om Aftenen, *om
  Kvælden*
heute abend iaften, *i Kvæld*
gestern abend igaar Aftes
Abendessen en Aftensmad[3]
was haben Sie zum A.?
  hvad har De til Aftensmad?
Abendlied en Aftensang
-luft en Aftenluft
die A. wird zu kühl; ich will
  in die Kajütte gehen
  Aftenluften bliver for
  kold; jeg vil gaa ned
  i Kahytten
-sonne (en) Aftensol
aber men[4]
abergläubisch overtroisk
abfahren: (Personen) reise
  II; tage (*III*)[5] afstod; f.
  auch abreisen
  (Zug) gaa *III*, kjøre *II*
  (Schiff) seile

---

[1] Der Norweger stellt das Adverb oft gleich hinter das Verb: *brække af Grenen, tage ned Teltet.*

[2] Beim Abschied in Norwegen gebräuchlicher als in Dänemark; hier fast immer god Nat! oder Farvel!

[3] Auf dem Lande in Dänemark oft auch Nadver, doch bedeutet dieses Wort in der Sprache der Gebildeten das heilige Abendmahl. Der Nadver der dänischen Bauern besteht meist aus dickem Buchweizenbrei (Boghvedegrød) und Milch. Ein in Norwegen häufiges Abendessen ist der Byggrød, Gerstenbrei.

[4] Steht immer an der Spitze des Satzes.

[5] Tage (meist „ta" gesprochen) gilt in Verbindung m

Abfahrt — Abgrund.

[abfahren] wann fährt der Zug nach... ab? naar gaar Toget til ...? von welchem Bahnhof? fra hvilken Banegaard (Station)? wo? auf welcher Seite? hvor? paa hvad Side? ist der Zug schon abgefahren? er Toget allerede gaaet? ich will um 6 Uhr (heute abend, morgen früh) a. jeg reiser Klokken seks (iaften, imorgen tidlig) wann fahren wir ab? hvornaar skal vi tage herfra? ich bin heute (gestern, vorgestern) von... abgefahren jeg tog fra ... idag (igaar, iforgaars)

Abfahrt: bei A. des Zuges ved Togets Afgang (c) bei meiner A. ved min Afreise

Abfahrtsplatz: wo ist der A. des Dampfschiffs? hvor er Dampskibsbroen, Bryggen?

abfallen falde (III) ned der Abhang fällt steil ab Skrænten er brat

Abführmittel et Afføringsmiddel

abgeben: etwas a. aflevére noget

[abgeben] geben Sie dies an (bei) ... ab! vil De aflevére det til ...?¹ ist etwas für mich abgegeben? er der kommet noget til mig?

abgeblüht afblomstret

abgehen afgaa III ist die Post schon abgegangen? er Posten gaaet? ist der Brief abgegangen? er Brevet besørget, sendt afsted? geht nichts davon (vom Preis) ab? slaar De ikke noget af?

abgelegen: ein abgelegenes Dorf en afsides liggende Landsby, Bygd

abgemacht! det er et Ord!

abgenutzt (-tragen) slidt

Abgeordneter: A. des dänischen Reichstags en Rigsdagsmand, pl. mænd des norwegischen Reichstags en Stortingsmand, pl. mænd

abgewöhnen: das müssen Sie sich a.! det maa De vænne Dem af med!

Abgrund en Afgrund gehen Sie nicht so nahe an den A.! gaa ikke for nær hen (til Afgrunden)!

---

einer adverbialen Ortsbestimmung überhaupt für jede Art des Reisens: Naar tog De hjemmefra? Wann fuhren Sie von Hause ab? Vi tager [tar] paa Landet i Eftermiddag, wir machen heute nachmittag eine Landpartie.

¹ Der Däne und Norweger drückt den Befehl häufig in Form einer Frage aus.

abhalten — abraten.

abhalten hindre, afholde *III*
das soll mich nicht a. det
skal ikke hindre mig
lassen Sie sich nicht davon a.!
lad Dem ikke afholde fra
det!
Abhang (Fels-) en Fjeldside,
en Fjeldskrænt, *pl.* -er
(steiler) brat
den A. hinan, hinab opover
(opefter), nedover (nedefter) Liøn
abhängen, von komme (*III*)
an paa, afhænge (*III*) af
das hängt ganz vom Wetter
(von Ihnen) ab det kommer helt an paa Veiret
abhauen hugge af [(Dem)]
abheben tage (*III*) af
abholen afhente
ich werde es a. jeg skal
nok hente det
lassen Sie es bei mir (hier) a.!
vil De sende Bud efter det
hos mig (her)? [hentet?]
ist es abgeholt? er det af-
holen Sie mich um 4 Uhr
ab! vil De hente mig
Klokken fire?
ablassen: von etwas a. afstaa (*III*) fra noget
wollen Sie mir das zum
Preise von 5 Kronen a.?
skal jeg have, *faa* det
for fem Kroner?
ablegen lægge *III*
wo kann ich meine Sachen
a.? hvor kan jeg lægge
mit Tøi?
bitte, legen Sie ab! vær
saa god at lægge Tøiet!

ablehnen: ich muß Ihr Anerbieten a. jeg kan ikke
tage (*III*) mod Deres
Tilbud
ablenken (vom Wege): rechts,
links a. dreis af tilhøire,
tilvenstre
abliefern aflevére
liefern Sie es an Herrn N.
ab! vil De aflevére det til
Herr N.?
Ablieferung: ich zahle bei A.
jeg betaler ved Modtagelsen
abmachen: ich will meine
Rechnung a. jeg ønsker
at betale min Regning
abgemacht! einverstanden!
godt, saa er vi enige om
det!
wir haben das so abgemacht,
und dabei bleibt es! saaledes, *slig* har vi aftalt
det, og derved bliver det!
abnehmen: den Hut a. tage
(*III*) Hatten af
der Mond nimmt ab Maanen er i Aftagende
abnutzen: die Kleider (die
Schuhe) nutzen sich dabei sehr ab det slider
(*III*) meget paa Tøiet
(Fodtøiet)
abonnieren: kann man a.?
kan man abonnére?
Abort et Kloset, en Retirade;
f. auch Notdurft
abraten fraraade
raten Sie mir diese Tour
ab? fraraader De mig
den Tur?

1*

abräumen — absteden.

abräumen: bitte, räumen Sie jetzt den Tisch ab! vil De saa ikke være saa god at tage (*III*) af Bordet?

abrechnen: ich möchte mit Ihnen a.! skal vi opgjøre (*III*) vort Mellemværende? haben Sie die 5 Kronen für ... abgerechnet? har De trukket de fem Kroner for ... fra?

abreiben: reiben Sie mich tüchtig ab! gnid (*III*) kun dygtig til! etwas stärker! lidt stærkere! nicht so stark! ikke saa galt!

abreisen reise *II*; s. auch abfahren ich will morgen früh um 7 Uhr a. jeg reiser imorgen tidlig Klokken syv wann, mit welchem Zug werden Sie a.? naar, med hvad Tog reiser De? per Bahn oder per Schiff? med Toget eller med Skib? ist er, sie, sind sie abgereist? er han, hun, de reist?

absagen lassen sende (*II*) Afbud, *Afterbud* [bæl]

Absatz (Stiefel-) en Støvlehøje, niedrige Absätze høië, lave Hæle

Absatz: Felsen- en Fjeldafsats, *pl.* - er

abscheulich væmmelig, afskyelig, ækel

Abschied: ich muß nun A. nehmen nu maa jeg sige (*III*) Farvel haben Sie A. genommen? har De sagt Farvel? beim A. ved Afskeden

abschlagen: sein Wasser a. lade (*III*) Vandet

abschließen: einen Handel a. gjøre (*III*) en Handel

abschneiden skjære (*III*) af bitte, schneiden Sie mir ein Stück ab! vil De ikke skjære et Stykke af til mig? schneiden Sie nicht zu viel ab! skjær (vom Haar: klip) ikke for meget af! könnten wir nicht ein Stück Wegs a.? kan vi ikke skyde (*III*) Gjenvei?

abseits afsides

abstäuben støve af

Abstecher: ich möchte einen A. nach ... machen jeg har tænkt paa at gjøre en Afstikker til ...

abstecken mærke, *opmærke* ist der Weg deutlich abgesteckt? er Veien tydelig mærket, *opmærket*?[1]

---

[1] Es ist eins der Ziele des norwegischen Touristenvereins, die Felsenübergänge kenntlich zu machen (*opmærke, opvarde Fjeldovergange*), was durch Aufstellung von *Varder* oder *Stenrøser*, Steinhaufen, geschieht.

absteigen — Ager.

absteigen: (Gasthof) ich werde bei ..., im ... a. jeg tager (*III*) ind hos ..., paa ... (vom Wagen, Pferd) stige (*III*) af, staa (*III*) af **Abstieg** en Nedstigning ist der A. bequem, beschwerlich? er Nedstigningen let, vanskelig?
abstoßen (Boot): stoßen Sie jetzt ab! sæt saa fra Land!
Absturz: ein jäher A. en brat Fjeldskrænt, *pl.* -er, *en Styrtning*
Abtritt en Retirade, et Kloset
„für Damen" „for Kvinder", (im Restaurant, Theater 2c.) et Dametoilet
abtrocknen tørre, *tørke*
abwarten afvente, vente paa ich will hier das Dampfschiff nach ... a. jeg venter her paa Dampskibet, der gaar til ...
abwärts nedad, *nedover* strøm- med Strømmen
abwaschen vadske af
abwechselnd skiftevis, vekslende
Abwechselung en Afveksling gar keine A. slet ingen Afveksling
abweichen: vom Wege a. komme (*III*) bort fra Veien   [Diarrhøe)
Abweichen (Diarrhöe) en
abwerfen kaste af

abwesend fraværende
Abwesenheit: während meiner A. i min Fraværelse; i mit Fravær
Abzehrung en Tæring, en Udtæring
abziehen: ich ziehe Ihnen ... von Ihrem Guthaben ab jeg trækker (*III*) ... fra Deres Tilgodehavende
abzweigen: der Pfad zweigt sich links, rechts ab Stien dreier af tilvenstre, tilhøire
wo zweigt sich der Weg ab? hvor bøier Veien om?
Accord f. Akkord
Achse: schmieren Sie die A. tüchtig! smør Aksen godt!
Achsel: auf der A. paa Skul-
acht otte   [deren]
a. Tage otte Dage
ein Boot mit a. Rudern en otteaaret Baad, *en Ottring*
acht: geben Sie a.! giv Agt! pas paa!¹
Sie müssen besser auf ... achtgeben! De maa passe bedre paa ...!
ich habe nicht achtgegeben jeg gav ikke nøie Agt; jeg passede ikke paa
Achtung (en) Agtelse
ich zeichne voller A. tegner med Agtelse ærbødigst
Acker en Ager
den A. bestellen dyrke Marken, *Jordet*

---

¹ Warnungsruf der Kutscher: Varsko!

Ackerbau et Agerbrug, en Agerdyrkning, et Landbrug, *et Gaardbrug*
-bauer en 'Landmand, *pl.* mænd, *en Gaardbruger*
-baugesellschaft et Landhusholdningsselskab
-bauschule en Landbohøiskole
-gerät et Agerdyrkningsredskab, et Landbrugsredskab]
ackern pløie [skab
Ader en Aare
zur A. lassen aarelade *III*
adieu (et) Farvel [1]
a.! Leben Sie wohl! Farvel
Adler en Ørn [og lev vel!]
-nest en (*et*) Ørnerede
adlig adelig [2]
Adreßbuch en Veiviser
möchten Sie mir das A. zeigen? maa jeg se Veiviseren?
Adresse en Adresse
da haben Sie meinen Namen und meine A.! her har De mit Navn og min Adresse! geben Sie mir Ihre A.! maa jeg faa Deres Adresse? ist Ihnen seine A. bekannt? kjender De hans Adresse?
Advokat en Advokat, en Overretssagfører
After en Bag
Agio en Agio
wieviel A. rechnen Sie? hvad beregner De i Agio?

ahnen ane
es ahnt mir det aner jeg
ähnlich lig
(Figuren) ligedannet
das sieht ihm (ihr, ihnen, Ihnen) ä. det ligner ham (hende, dem, Dem)
das Bild ist sehr ä. Billedet ligner ganske fortrinligt
Ähnlichkeit en Lighed
diese Felsengegend hat große Ä. mit den Alpen den Fjeldegn [-ein] ligner meget Alperne
Ahnung en Anelse
davon habe ich gar keine A. det har jeg ingen Anelse om
Ahorn en Løn, en Ahorn
Ähre et Aks
Akkord: ich will mit Ihnen festen A. machen jeg vil slutte fast Akkord (c) med Dem
akkordieren: a. wir lieber wegen der Sache! lad os hellere akkordére om det!
Akt: wieviel Akte hat das Stück? hvor mange Akter (c) har det Stykke?
Aktie: auf Aktien paa Aktiër (c) [selskab
Aktiengesellschaft et Aktie-]
albern fjantet, tosset
alle alle
a. Leute alle Folk

---

[1] Gewöhnlichster Abschiedsgruß; daneben auch spät abends god Nat!

[2] Der Erbadel wurde 1821 in Norwegen aufgehoben.

allein — Alpenstock. 7

[alle] a. beide begge to
 a. vier Wochen hver fjerde
 Uge
 thun Sie das a. Tage?
 gjør De det hver Dag?
allein alene, ene
 ich a. kun jeg [være ene!]
 lassen Sie mich a.! lad mig
 (aber) men, imidlertid
allerdings rigtignok
 allerdings! det er sandt!
allerlei al Slags [vakker [1]
allerliebst kjøn, nydelig,
 ein allerliebstes Kind et ny-
 deligt (vakkert) Barn
Allerneueste, das det aller-
 nyeste, det sidste Nyt
alles alt
 das a. alt det
 in allem i alt
 vor allem muß ich ... haben
 først og fremmest maa
 jeg have, faa ...
allgemein almindelig
 nicht a. bekannt ikke al-
 mindelig bekjendt

allmählich lidt efter lidt.
 efterhaanden
Alltag en Hverdag [Dag]
 alltäglich sædvanlig, hver
Alltagskleid dagligt Tøi (n)
 -leben et Hverdagsliv
Almosen en Almisse
Alp (Ulm) en Fjeldbeite, en
 Sæter[2]; en Støl, pl. -er;
 s. auch Sennhütte
 eine verlassene A. en for-
 ladt Sæter
 ist keine A. in der Nähe?
 er der ingen Sæter i
 Nærheden?
 gibt es Leute da? er der
 Folk paa den?
 wie weit ist es noch nach
 der nächsten A.? hvor
 langt er der endnu til
 den nærmeste Sæter?
 führt dieser Weg nach der A.?
 gaar den Vei til Sæteren?
Alpdrücken et Mareridt
Alpen, die Alperne [stav]
 -stock en Alpestok, en Alpe-

---

[1] Unter den vielen Adjektiven, die den Begriff „schön" 2c.
wiedergeben, ist in Norwegen vakker das gewöhnlichste und
kann für jeden Grad der Schönheit angewendet werden; in
Dänemark wird das Wort seltener gebraucht.
 [2] Mit dem Ausdruck Sæter bezeichnet man sowohl eine
Weide im Hochgebirge als auch die zum Zweck der Milch-
wirtschaft auf einer solchen erbaute Hütte. In den Sæteregne,
an Gebirgsweiden reichen Gegenden, unterscheidet man den
tiefer gelegenen Hjemsæter oder Vaarsæter, wohin das Vieh
im Frühling getrieben wird, von den höher gelegenen Triften,
den Fjeldsætrene, welche dann noch mit Schnee bedeckt
sind; auf ihnen weidet das Vieh im Hochsommer und wird
gegen den Herbst noch einmal nach dem Hjemsæter geführt,
um dort das inzwischen herangewachsene Gras abzuweiden

als — amüsieren.

als (Zeit) da
 a. dies geschah da det skete
  (nach Komparativen) end
  größer, kleiner, mehr, we-
  niger a. større, mindre,
  mere, mindre end
 a. Führer som Fører
alsdann derpaa, saa
alt gammel
  (altertümlich) antik
 wie a. sind Sie? hvor gam-
  mel er De?[1]
 wie a. ist er, sie, das Kind?
  hvor gammel er han,
  hun, Barnet?
 ich bin 35 Jahre a. jeg er
  fem og tredive, *treti* Aar
  gammel
 so a. wie saa gammel som
  der alte Mann den gamle
  Mand; (dial.) *Gamlen*
  eine alte Frau en gammel
  Kone   [Herre]
  ein älterer Herr en ældre
  eine ältere Dame en ældre
  älter als ældre end [Dame]
 der, die älteste unter uns
  den ældste af os
 a. und jung gamle og unge
  alte (gebrauchte) Sachen
  gammelt Tøi, brugt Tøi
  das schmeckt a. det smager
  noget gammelt
 [alt] Sie sind der alte ge-
  blieben De er endnu den
  samle
 lassen wir es beim alten!
  lad det hellere blive ved
  det gamle!
 a. werden blive gammel
 in alter Zeit i gamle Dage
 von alters her fra gammel
Altar et Alter   [Tid (af)]
 -bild en Altertavle
Alter en Alder
 ein hohes A. en høi Alder
 Greisen- en Oldingealder
Altertümer: dänische, nor-
  wegische A. danske, nor-
  ske Oldsager
 Museum für nordische A.
  (et) oldnordisk Museum
altmodisch gammeldags
Ameise en Myre
Ameisenhaufen en Myretue
Amsel en Drossel, en Solsort,
  pl. -er; *en Trost, pl.* -er
Amt[2] (Büreau) et Kontor
  (Stellung) et Embede
 von Amts wegen paa Em-
  beds Vegne [weine]
amüsant morsom
amüsieren more
 wie haben Sie sich amü-
  siert? hvorledes har De
  moret Dem?

---

[1] Einer solchen Frage an einen Unbekannten fügt man gern ein: maa jeg spørge? darf ich fragen? hinzu.

[2] Das Wort Amt hat man im Dänischen auch; et Amt bedeutet hier aber einen Landesteil. Dänemark ist in 18 (Kopenhagen bildet ein ganzes für sich), Norwegen in 20 Ämter geteilt. An der Spitze der Verwaltung eines jeden steht der Amtmand, dessen Büreau Amtshuset heißt.

an — Änderung

[amüfieren] ich habe mich sehr gut amüfiert jeg har moret mig udmærket
an: a. mir ist es (mir kommt es zu) nu skal jeg; det er min Tur
a. mich til mig
a. und für sich i og for sig
am Ufer ved Stranden
am Ende des Weges ved Veiens Ende
[Marts] am 4. März den fjerde
was steht a. dem Wegweiser? hvad staar der paa Afviseren (Veiviseren)?
a. wen habe ich mich zu wenden? hvem skal jeg henvende mig til?
a. welchem Tage? hvad Dag?
Anbau (Haus) en Tilbygning [ning] (von Pflanzen) en Dyrk-
anbei: a. sende ich Ihnen hermed sender jeg Dem
anbeißen: die Fische wollen nicht a. Fisken vil ikke bide (III) paa
anbieten tilbyde III
darf ich mir erlauben, Ihnen ... anzubieten? maa jeg tilbyde Dem ...?
anbinden binde III
mit jm. a. binde an med nogen
Anblick et Syn, et Skue
das ist ein herrlicher A. det er et nydeligt, vakkert Syn

anbrennen svide III, tænde II
der Braten schmeckt etwas angebrannt Stegen smager noget sveden
brennen Sie mir mein Licht an! vil De tænde mit Lys?
gestatten Sie mir, meine Zigarre anzubrennen?
tillader De, at jeg tænder min Cigar?
Anbruch: bei A. des Tages ved Dagens Frembrud (n)
bei A. der Nacht ved Nattens Frembrud
Anchovis [1] en Ansjos, pl. -er
Andenken et Minde
zum A. an ... til Minde om ...
anderer, ein en anden (et andet); f. auch andre
andermal: ein a. en anden Gang
ändern: ist das nicht zu ä.? kan det ikke forandres (ændres)?
lassen Sie das ä.! vil De ikke forandre (ændre) det?
anders: so nicht, a.! ikke saaledes, slig anderledes!
machen Sie das a.! det maa De gjøre anderledes!
andererseits paa den anden Side
anderswo et andet Sted
-hin andensteds hen
Änderung: sind denn im

---

[1] Die bekannten norwegischen Anchovis führen den Namen mit Unrecht; es sind einfach Brislinge, eine Art Sprotten.

Fahrplan Änderungen eingetreten? er der da ændret noget ved Fartplanen, *Ruten?*
anderwärts andensteds
Andrang (Blut-) (en) Kongestion
ich leide an Blutandrang (zum Kopf) jeg lider af Kongestion (i Hovedet)
ein großer A. von Menschen stor Trængsel (c); stærkt Tilløb af Folk
andre, der, die, das den anden, det andet, *pl.* de andre
wo sind die andern? hvor er de andre henne?
aneignen: sich etwas a. tilegne [-eine] sig noget
Anerbieten: ich kann Ihr A. nicht annehmen jeg kan ikke modtage Deres Tilbud (*n*)
anerkennen anerkjende *II*
Anerkennung en Anerkjendelse
anfallen: jn. a. anfalde (*III*) nogen [er Begyndelsen?]
Anfang: wo ist der A.? hvor? ein schlechter A. en daarlig Begyndelse
anfangen: wann fängt es an? naar begynder (*II*) det? was fangen wir jetzt an? hvad skal vi nu gjøre?
anfangs i Førstningen, i Begyndelsen

anfassen tage (*III*) fat, tage (*III*) i [sagtens i med!] fassen Sie mit an! tag! er faßte mich an han greb anfertigen lave [fat i mig]
anführen (täuschen): Sie wollen mich a. De vil nok narre mig
angeblich foregiven
Angebot et Tilbud
angehen: wann geht es an? naar begynder (*II*) det? das geht mich (Sie) nichts an det vedkommer (*III*) ikke mig (Dem) jn. um eine Gefälligkeit a. bede (*III*) En om en Tjeneste
das geht an (ist annehmbar)! det kan nok gaa!
Angeld Penge[1] paa Haanden
Angelegenheit: in dieser A. i denne Sag (*pl.* -er)
Angelhaken en Medekrog, en Fiskekrog [Snøre] -leine en Medesnor, en (*et*) -rute en Medestang, en Fiskestang, *pl.* stænger
angeln mede; fiske med Snøre
ist das Angeln auf diesem See erlaubt? er det tilladt at fiske med Snøre paa den Sø?
muß man eine Karte lösen? skal man have Tegn [tein]?[2] [det?] was kostet sie? hvad koster

---

[1] Pluraletantum.
[2] Das Recht zum Angeln auf den norwegischen Seen und

angenehm — anhalten. 11

[angeln] wie lange gilt sie? for hvor lang Tid gjælder det?
ich möchte Sie um die Erlaubnis bitten, auf dem See a. zu dürfen jeg vilde bede Dem om Lov til at fiske med Snøre paa Søen
ich will vom Boot aus a. jeg vil fiske fra Baaden
wo ist der beste Ort zum Angeln? hvor er det bedste Sted at fiske paa?
wo kauft man eine Angelleine, Fliegen? hvor kan man kjøbe Snøre, Fluer?
angenehm behagelig
es wird mir sehr a. sein! det skal være mig kjært!
es war mir sehr a. zu hören, daß ... det var mig meget kjært at høre, at ...
angesehen: ein angesehener Mann en anset Mand
angestellt: in der Postverwaltung a. ansat ved Postvæsenet
wo sind Sie a.? hvor har De Ansættelse (c)?

Angestellter en Funktionær
angreifen (Feind) angribe *III*
das greift mich zu sehr an det trætter mig for meget
angrenzend tilgrænsende
Angriff et Angreb
Angst en Frygt, en Rædsel
haben Sie keine A.! bliv ikke bange!
ich habe keine A. vor ... jeg er ikke bange for ...
ängstlich ængstelig, bange, ræd[1] [holde *III*]
anhalten stoppe, standse,
hält der Zug bei ... an? holder Toget ved ...?
wo hält das Schiff zuerst an? hvor stopper Skibet først?
wie lange hält das Schiff hier an? hvor længe stopper Skibet her?
wird in ... länger angehalten? stoppes der for længere Tid i ...?
warum halten wir hier an? hvorfor stoppes der her?
halten Sie in N. an! vil De stoppe (holde) i N.?

Flüssen (*Retten til at fiske med Snøre i Norges Fjeldvande og Elve*) haben nur die Besitzer der angrenzenden Grundstücke oder die betreffende Kreisbehörde, *Herredsstyrelsen;* stellenweise hat der Touristenverein, um den Reisenden Gelegenheit zum Angeln zu geben, die Fischerei in Gebirgsseen und Bächen in der Nähe der Touristenhütten gepachtet. Nichtmitglieder zahlen einen kleinen Betrag.

[1] Im Norwegischen hat man außerdem die Zusammensetzungen *mørkeræd,* ängstlich im Dunkeln, und *søræd* oder *søskræmt,* ängstlich vor Seefahrten.

anhaltend — ankommen.

[anhalten] halten Sie an!
ich will aussteigen vil De
holde her? jeg vil staa
af (stige ud)
um ein Mädchen a. fri (til
en Pige)
anhaltend vedholdende
Anhöhe en Bakke, en Høi,
pl. -e; en Haug
Anker et Anker
A. lichten lette Anker
A. werfen kaste Anker
vor A. liegen ligge for Anker
vor A. treiben drive for
Ankeret
-kette en Ankerkjæde, en
Ankerkjætting
-platz en Ankerplads, pl. -er;
et Ankerleie
-winde et Ankerspil
ankleiden klæde (II) paa
ich bin noch nicht angekleidet
jeg er ikke paaklædt
endnu [klæde mig paa]
ich will mich a. nu vil jeg
helfen Sie mir beim An-
kleiden! vil De hjælpe at
klæde mig paa?
ich muß mich erst a. jeg
maa først klæde mig paa
geben Sie mir meine
Strümpfe, Strumpfbän-
der, Pantoffeln, meinen
Unterrock, Schlafrock! giv
mig mine Strømper,
Strømpebaand, Tøfler,
mit Skjørt, min Natkjole!
ist warmes Wasser bereit?
er der varmt Vand?
sind die Kämme rein? er
Kammene rene?

[ankleiden] geben Sie mir
Bürste, Kamm und Hand-
tuch! vil De bringe mig
en Børste, en Kam og et
Haandklæde?
kämmen Sie mich sanft! red
mig saa, men sagte!
schnüren Sie mein Mieder,
aber nicht zu sehr! snør
mit Korset, men ikke
for stramt!
ist mein Wollkleid ausge-
klopft worden? er min
uldne Kjole banket?
befestigen Sie dieses Band
mit einer Stecknadel! sæt
det Baand fast med en
Knappenaal!
sind meine Stiefel gewichst?
er mine Støvler bør-
stede?
anklopfen banke paa
ankommen (an)komme III
wann kommt der Zug in ...
an? naar ankommer
Toget til ...?
wann kommen wir in Trond-
hjem an? naar kommer
vi til Trondhjem?
an welcher Seite der Stadt
kommen wir dort an?
hvad Kant af Byen kom-
mer vi til?
kommen wir noch bei Tage an,
oder bei Nacht? naar vi at
komme dertil ved Dagen,
eller bliver det Nat?
ich bin eben mit dem Dampf-
schiff angekommen jeg er
lige kommen med Damp-
skibet

ankündigen — annehmen.

[ankommen] ist mein Gepäck angekommen? er mit Tøi kommet? er min Bagage kommen?
ich bin dort schlecht angekommen der er jeg kommen galt afsted
darauf kommt es nicht an! det kommer det ikke an paa! [melde II]
ankündigen forkynde II, an-]
Ankunft: bei der A. in ... ved Ankomsten til ...
bei meiner A. ved min Ankomst [tid, pl. -er]
Ankunftszeit en Ankomst-]
Anlage (Talent) zu ... Anlæg (n) for ...
öffentliche Anlagen offentlige Anlæg
anlaufen: läuft das Dampfschiff auf dieser Tour ... an? anløbes (III) ... paa denne Tur? [til]
anlegen (Schiff) lægge (III) legen Sie dort an! vil De lægge til der?
legt das Schiff hier, in ... an? lægger Skibet til her, i ...?
Kleider a. tage (III) Tøi paa eine Fabrik a. anlægge (III) en Fabrik
Anleihe et Laan
Anliegen: ich habe ein A. an Sie! jeg har en Bøn (pl. -ner) til Dem!
anmachen (fest-) gjøre (III) fast, fæstne
machen Sie Feuer in meinem Zimmer an! vil De lægge noget i Kakkelovnen paa mit Værelse?
anmelden: bitte mich anzumelden! vær saa god! (man übergibt die Visitenkarte) vil De melde (II) mig (hos Herr N.)?
müssen die Fremden auf der Polizei angemeldet werden? skal de fremmede anmeldes ved Politiet?
Anmeldung en Anmeldelse
anmessen: messen Sie mir einen Anzug an! vil De tage (III) Maal af en Dragt til mig?
anmutig elskværdig, yndig, vakker
annähen sy fast
bitte, lassen Sie mir den Knopf a.! vil De ikke nok faa mig den Knap syet paa?
Annahme: wo ist die A. von Briefen? hvor er der et Posthus (etBrevsamlingssted, et Postaabneri)?
annehmen modtage III, tage (III) imod
wollen Sie sich meiner a.? vil De tage Dem af mig?
nehmen Sie sich der Sache a.! vil De paatage Dem den Sag?
haben Sie etwas für mich angenommen? har De taget imod noget til mig?
bitte meinen Koffer anzunehmen, wenn er gebracht wird! vil De være saa god at tage imod min

Kuffert, naar den kommer hertil? .
anprobieren: einen Rock a. prøve en Frakke, *Frak*
anrechnen skrive (*III*) paa Regning [rei-] (c) haben Sie mir nicht zu viel angerechnet? har De ikke skrevet for meget paa Regningen [rei-]?
Anrede en Tiltale
anreden tiltale *II*
Ansage en *Tilsigelse, et Forbud,* en *Skydsmelding;* f. auch Post; [*sigelsen*] *-gebühr en Betaling for Tilstation en Tilsigelsesstation -zettel en Tilsigelsesseddel,* en *Forbudsseddel*
ansässig bosiddende sind Sie hier a.? bor De her? [De?] wo sind Sie a.? hvor bor
anschicken: schicken Sie sich frühzeitig an, daß wir schon um 6 Uhr die Fahrt antreten können! vil De gjøre (*III*) Dem saa tidlig færdig, at vi kan tage afsted Klokken seks?
anschließen: sich an jn. a. slutte sig til én erlauben Sie, daß ich mich Ihrer Gesellschaft anschließe? tillader De, at jeg slutter mig til Deres Selskab?
Anschluß an ... Tilslutning (c) til ..., Korrespondence (c) med ...

[**Anschluß**] hat unser Schiff in ... A. an das Schiff nach ...? korresponderer vort Skib i ... med det, der gaar til ...? werden wir den A. an das Schiff nach ... erreichen? kommer vi tidlig nok til at kunne korrespondere med det Skib, der gaar til ...?
Anschnitt: den A. (von Fleisch) mag ich nicht; geben Sie mir ein andres Stück! det Stykke synes jeg ikke om; lad mig faa et andet Stykke!
Anschovis f. Anchovis.
anschreiben (auf Rechnung) skrive (*III*) paa Regning [rei-]
ansehen, einen se (*III*) paa én
Ansicht (Meinung) en Mening, en Anskuelse ich bin andrer A. jeg er af en anden Mening das ist eine A.! det er der forskjellige Meninger om! senden Sie mir das zur A. in mein Hotel, damit ich auswählen kann, was mir gefällt! vil De sende mig det til Gjennemsyn (*n*) hen til Hotellet, for at jeg kan vælge deraf, hvad jeg synes om? haben Sie Ansichten von dieser Stadt, Gegend? har De Prospekter (*pl. n*) af denne By, Egn [ein]?

anspannen — antworten. 15

anspannen: lassen Sie a.! vil
 De lade spænde (II) for?
 ist angespannt? er der for-
 spændt?
 wann wird man a. können?
 hvornaar kan der blive
 spændt for?
Anspruch: ich mache A. dar-
 auf jeg gjør Fordring (c)
 paa det [Ret (c) til det]
 ich habe A. darauf jeg har
 Sie machen sehr hohe An-
 sprüche! De stiller store
 Fordringer!
 darf ich Ihre Güte in A.
 nehmen? maa jeg gjøre
 Brug (c) af Deres Venlig-
 hed?
Anstalt: eine öffentliche A.
 en offentlig Anstalt
anstatt istedetfor
anstecken: ansteckende Krank-
 heit en smitsom Sygdom
 ist es ansteckend? smitter
 det? [en Sløife paa]
 eine Schleife a. sætte (III)
 (anzünden) tænde II
anstellen: einen a. ansætte
 (III) en
 Nachforschungen a. efter-
 lyse II
Anstoß: A. nehmen an... tage
 Forargelse (c) af ...
anstoßen (beim Trinken)
 klinke
 lassen Sie uns darauf a.!
 lad os drikke paa det[1]!

[anstoßen] an eine Ecke a.
 støde (II) (tørne) mod
 et Hjørne
anstößig forargelig
anstreichen male [malet]
 frisch angestrichen nylig
anstrengen anstrænge II
 das ist mir zu anstrengend
 det er mig for an-
 strængende
 ich habe mich auf der gestrigen
 Tour zu sehr angestrengt
 jeg har anstrængt mig
 for meget paa Turen
 igaar [pl. -er]
Anteil en Del; en Part,
 A. nehmen an tage Del i
Antiquitätenhändler en An-
 tikvarhandler
antreiben: treiben Sie das
 Pferd besser an! lad
 Hesten løbe lidt hur-
 tigere, fortere!
Antwort et Svar
 ich bitte um gefällige A.
 jeg vilde gjerne have
 Svar paa det
 liefern Sie den Brief an
 Herrn N. ab und bitten
 Sie um A.! vil De af-
 levére Brevet til Herr N.
 og bede om Svar med
 tilbage? [Do paa Svar?]
 warten Sie auf A.? venter
antworten svare
 darauf kann ich nicht a. det
 kan jeg ikke svare paa

---

[1] Unter Bekannten oft gleich darauf: Skaal! Gesund-
heit! Wünscht man mit jemand ein spezielles Glas zu trinken,
so sagt man: Maa jeg hilse paa Dem! Ich begrüße Si-

anweisen anvise *II*
dieser Platz ist mir ange-
wiesen worden denne
Plads er bleven mig
anvist
anwesend nærværende, til-
stede
Anzahl et Antal
Anzeige: A. erstatten give
Meddelelse (c)
(Inserat) en Bekjendtgjø-
relse, en Kundgjørelse
anzeigen (ankündigen)vise*II*,
tilkjendegive *III*
ich werde es bei der Polizei
a.! jeg vil melde det til
Politiet! [paa]
anziehen (Rock) tage (*III*)
sich a. klæde (*II*) sig paa
ziehen Sie das Tau an! træk
i Touget!
Anzug en Dragt, *pl.* -er; en
Klædning
Bade- en Badedragt
Reise- en Turistdragt, en
Reisedragt
Sommer- (et) Sommertøi
anzünden tænde *II*
zünden Sie das Licht an!
tænd Lyset!
Apfel et Æble
-baum et Æbletræ
-brei, -grütze (en) Æblegrød
-kuchen en Æblekage
-schimmel en Graaskimmel
-wein en Æblevin
Apotheke et Apotek
gibt es hier eine A.? er der
et Apotek her?

[**Apotheke**] gehen Sie in
die A. und kaufen Sie
mir für 25 Øre ...! gaa
sagtens hen paa Apo-
teket og kjøb for fem og
tyve Øre ...!
lassen Sie dies Rezept in der
A. machen! vil De bringe
den Recept hen paa
Apoteket?
muß die Arznei erst bereitet
werden, oder ist sie vor-
rätig? skal De først lave
Medicinen, eller har De
den færdig?
soll ich darauf warten? skal
jeg vente paa det?
wann kann ich sie wieder
holen? naar maa jeg
hente det?
ist das zum äußerlichen oder
zum innerlichen Gebrauch?
er det til udvortes eller
indvortes Brug?
Appetit: ich habe (großen)
A. jeg er (meget) sulten
ich habe keinen A. jeg har
slet ingen Appetit; jeg
er ikke en Smule sulten
guten A.! Velbekomme!
Aquavit[1]: dänischer A. dansk
Akvavit [akewitt] (c)
norwegischer A. norsk Akva-
vit
geben Sie mir eine (eine
halbe) Flasche, ein Glas
A.: vil De give mig en
(en halv) Flaske, et Glas
Akvavit?

---

[1] Die dänischen und norwegischen Aquavite sind völlig

Arbeit et Arbeide
arbeiten arbeide
Arbeiter en Arbeider[1], *pl.*
auch Arbeidsfolk
-in en Arbeiderske, en kvindelig Arbeider
Arbeitskorb en Arbeidskurv
Architekt: von welchem A.
ist dies Gebäude? hvilken Arkitekt har opført den Bygning?
arg: das ist wirklich zu a.!
det er da for galt!
ärgerlich kjedelig, ærgerlig
ärgern: es ärgert mich, daß ...
det ærgrer mig, at ...
ä. Sie sich nicht darüber!
det skal De ikke være kjed over! [som]
arglos uskyldig, umistænk-
Argwohn en Mistanke
argwöhnisch mistænksom
arm (an Geld) fattig
(bedauernswert) stakkels[2],
Arm en Arm [stakkars]
der rechte, linke A. den høire, venstre Arm

[**Arm**] darf ich Ihnen meinen A. anbieten? maa jeg byde Dem min Arm?
Armband et Armbaand
ein goldenes, silbernes A. et Guldarmbaand, et Sølv-
Ärmel et Ærme [armbaand]
Armenhaus en Fattiggaard[3]
Arme(r) eine, ein (Bedauernswürdige(r)) en Stakkel, en Stakkar
Armleuchter en Lysekrone
ärmlich: ä. gekleidet fattigklædt
Armut (en) Armod, (en) Fattigdom
arretieren anholde *III*, arrestere [Dem anholde!]
ich lasse Sie a.! jeg lader
Art: von dieser, jener A. af den Slags (*pl.* Slags); slig von welcher A.? af hvad Slags? [slig]
auf diese A. paa den Maade;
das ist keine A. und Weise!
hvad er det for noget?
artig beleven, elskværdig

---

sufelfrei, ganz vorzüglich und dabei sehr billig; als beste dänische Sorte wird Aalborger Tafel-Akvavit angesehen. Auf dem Frühstückstisch und beim Abendessen finden sich beim Kouvert statt des teuern Weines oft eine Flasche Lagerbier und ein Glas Aquavit.

[1] Arbeiter im allgemeinen; Handlanger und Tagelöhner nennt man en Arbeidsmand, *pl.* mænd.

[2] Wird nur attributivisch gebraucht: der arme Mann! stakkels Mand!

[3] Die Bewohner eines solchen heißen Fattiglemmer, *Lægdslemmer*. Das Armenhaus für Arbeitsfähige der Gemeinde Kopenhagen heißt Ladegaarden, daher die Redensart komme paa Ladegaarden, sehr arm werden.

Artigkeit en Høflighed
Arznei et Lægemiddel
Arzt en Læge, en Doktor
 wohnt ein A. in der Nähe?
 bor der en Læge i Nærheden?
 lassen Sie einen A. kommen!
 send sagtens Bud efter en Læge!
 soll ich Ihnen einen A. holen? skal jeg hente en Læge til Dem?
 welchen A. können Sie mir empfehlen? hvilken Læge kan De anbefale mig?
 gibt es einen Spezialisten für (Augen)leiden? er der her en Specialist i (Øien)sygdomme?
 wo wohnt er? hvor bor han?
 wann ist der Herr Doktor zu sprechen? naar kan man faa Doktoren i Tale?
 ich habe Fieber, Kopfweh, Leibweh jeg har Feber, Hovedpine, Mavepine
 ich empfinde ein allgemeines Unbehagen jeg føler mig utilpas i det Hele taget
 mir ist übel jeg har Kvalme
 was mir eigentlich fehlt, weiß ich nicht hvad der egentlig feiler mig, véd jeg ikke
 ich habe mich erkältet jeg har forkjølet mig
 mir thut der Fuß, der Arm weh jeg har Smerter i Foden, Armen
 ich habe mir den Arm, den Fuß gebrochen, verstaucht

[**Arzt**] jeg har brækket, forstuvet min Arm, min Fod
 heftiger Schmerz en voldsom Pine
 ich schlafe nachts sehr unruhig jeg sover meget urolig om Natten
 ich habe schon 3 Tage lang keinen Stuhlgang gehabt jeg har ikke haft Aabning i tre Dage
 es scheint, daß ich mir den Magen verdorben habe jeg har vist faaet min Mave i Uorden
 mein Appetit ist schlecht min Appetit er daarlig
 mein Hausarzt hat mir ... verordnet, aber das Mittel will nicht helfen min Huslæge har forordnet mig..., men det Middel hjælper ikke
 es ist mir schlecht bekommen det er det bleven værre af
 können Sie mir ein Mittel gegen ... verordnen? kan De give mig et Middel mod ...?
 wie oft des Tages habe ich die Medizin einzunehmen? hvor tit skal jeg tage Medicinen om Dagen?
 einen Eßlöffel oder einen Theelöffel voll? en Spiseskefuld eller en Theskefuld?
 muß ich Diät beobachten? skal jeg holde Diæt?
 was darf ich (nicht) essen,

Arzt.

trinken? hvad maa jeg
(ikke) spise, drikke?
darf ich rauchen? maa jeg
ryge?
ich befinde mich noch nicht
besser det er ikke bleven
bedre
ich befinde mich etwas besser
jeg har det lidt bedre
was bin ich schuldig? hvad
skylder jeg?

Krankheiten
Alpdrücken et Mareridt
Athmungsbeschwerden en
 Aandenød
Augenentzündung en Øjen-
 betændelse
Auszehrung en Tæring,
 en Brystsyge
Bauchfellentzündung en
 Mavehindebetændelse
Bauchweh en Mavepine
Beule en Bule [Blæren]
Blasengrieß Steen (pl. c)
Blattern Kopper pl.
Blindheit en Blindhed
Blutarmut en Blodmangel
Blutauswurf en Blodspyt-
 ning [pl. -er]
Blutgeschwür en Byld,
Blutung en Blødning
Blutverlust et Blodtab
Bräune en Halsbetændelse
Brightsche Krankheit den
 Bright'ske Sygdom
Bruch et Brok
Brustfellentzündung en
 Brysthindebetændelse
Durchfall en Diarrhoe
Engbrüstigkeit en Astma

Entzündung en Betændelse
Erbrechen en Opkastning,
 en Kvalme
Erkältung en Forkjølelse
Fall et Fald
Fallsucht en Epilepsi
Fieber en Feber
Flechte Udslæt n [pl. c]
Frostbeulen Frostknuder
Frösteln Kuldegysninger
Gelbsucht en Gulsot [pl. c]
Gelenkrheuma en Ledegigt
Gerstenkorn et Bygkorn
Geschlechtskrankheit en
 Kjønssygdom
Geschwür en Byld, pl. -er
Gicht en Gigt
Grippe en Influenza
Halsübel (-weh) et Hals-
 onde [rhoider pl.]
Hämorrhoiden Hæmor-
Harnverhaltung Møis (c)
 med at lade Vandet
Hartleibigkeit haard Mave(c)
Herzübel et Hjerteonde
hohle Zähne hule Tænder
Hühnerauge en Ligtorn
Husten en Hoste
Jucken en Kløe
Kopfschmerz en Hovedpine
Krampfadern Aarekrampe
Krebs en Kræft
Kurzsichtigkeit en Nær-
 synethed
Lähmung en Lammelse
Lungenentzündung en
 Lungebetændelse
Lungensucht en Brystsyge
Magenkrampf en Mave-
 krampe
Masern Mæslinger pl.

[Arzt] Mattigkeit en Mathed
 Nasenbluten (et) Næseblod
Ohnmacht: in O. falden
 besvime
Pickel (bouton) en Blegn
 [blein], pl. -er; en Svulst,
Rose (en) Rose · [pl. -er
Rückfall et Tilbagefald
Scheintod (en) Skindød
Schlaflosigkeit en Søvnløs-
 hed   [fælde
Schlaganfall et Slagtil-
Schmerz en Smerte
Schnupfen en Snue
Schwerhörigkeit en Tung-
 hørighed
Schwindel en Svimmelhed
Schwindsucht en Tæresyge
Seekrankheit en Søsyge
Seitenstechen et Sting i Si-
Skrofel en Kjertelsyge [den
Star (en) Stær
Stein Sten pl.
Tripper en Dryppert
Unwohlsein en Utilpashed
Verdauungsbeschwerden en
 besværlig Fordøielse
Vergiftung en Forgiftning
Wahnsinn en Sindssygdom
Wassersucht en Vattersot
Wunde et Saar
Zahnweh en Tandpine
Zuckerkrankheit en Sukker-
  syge   [hjælp
ärztliche Hilfe en Læge-
As (Karte) et Es, pl. -ser
Asche en Aske
Aschenbecher et Askebæger
 -krug en Urne   [onsdag
Aschermittwoch (en) Aske-
Ast en Gren

Aster en Asters
Atem (en) Aande, et Aan-
 dedræt   [Veiret
 außer A. kommen tabe (II)
Atemholen: das A. fällt mir
 schwer jeg har svært ved
 at drage Aande, at
 trække Pusten
atemlos forpustet [havet
Atlantisches Meer Atlanter-
Atlas (Stoff) (et) Atlask
 von A. Atlaskes, af Atlask
atmen aande
auch ogsaa
 ich a. jeg ogsaa
 a nicht heller ikke
 wenn a. om ogsaa
Auerhahn en Tjur, en Stor-
 -henne en Røi   [fugl
auf paa   [mit Værelse
 a. mein Zimmer op paa
 a. dem Berge paa Fjeldet
 a. das Gebirge op i Fjeldet
 a. der Rückfahrt paa Til-
  bageveien
 a. Umwegen ad Omveis
 a. 8 Tage i otte Dage
 a. und ab (gehen) (gaa) op
  og ned
aufbehalten: kann man den
 Hut a.? kan man beholde
 (III) Hatten paa?
aufbewahren   opbevare,
 gjemme II
 wollen Sie das für mich
 bis morgen a.? vil De
 gjemme det for mig til
 imorgen?
aufbleiben: ich werde so lange
 a. jeg bliver (III) oppe
 saa længe

aufbrechen — aufheitern. 21

[**aufbleiben**] wie lange bleibt das Haus auf? hvornaar lukker De?[1]
aufbrechen (*trs.*) brække op (*intrs.*) bryde (*III*) op
aufbügeln: lassen Sie meinen Hut a.! vil De afstryge (*III*) min Hat?
aufdecken (Tisch) dække (Bordet)
aufdrängen: sich einem a. nøde (*II*) sig paa én
aufdringlich paatrængende
aufeinander efter hinanden, paa Rad
Aufenthalt et Ophold während meines Aufenthalts in ... under mit Ophold i ... wieviel A. ist hier? hvor langt Ophold er der her? auf welcher Station haben wir einen längern A.? ved hvad Station har vi et længere Ophold?
auffahren (Schiff) seile paa (heftig werden) fare (*III*) op
auffallend paafaldende
auffordern: ich fordere Sie auf, zu ... jeg opfordrer Dem til at ... (einladen) indbyde *III*
aufführen opføre *II* was wird aufgeführt? hvad spilles der?
Aufführung en Opførelse
Aufgabe en Opgave
Aufgang: Sonnen- en Solopgang

aufgeben (Brief): wo gibt man Briefe auf? hvor afleverer man Breve? (verzichten): glauben Sie, daß wir die Tour lieber a.? tror De, at vi hellere maa (*vi faar*) opgive (*III*) Turen?
aufgehen: wann geht die Sonne auf? naar staar (*III*) Solen op? eine Naht ist aufgegangen en Søm er gaaët op es geht gerade auf (Betrag) det gaar lige op
Aufgeld Penge (*pl.*) paa Haanden
aufgelegt: gut, schlecht a. godt, daarlig oplagt
aufgewärmt opvarmet
Aufguß en Paaskjenken
aufhalten opholde *III*, bis, tøve ich kann mich nicht lange a. jeg kan ikke opholde mig (ikke bie) længe ich gedenke mich hier 2 Tage aufzuhalten jeg agter at blive her i to Dage darf man sich hier a.? maa man være her? sich über etw. a. opholde sig over noget
aufhängen hænge (*II*) op
aufheben (vom Boden) løfte dort werden Sie sehr gut aufgehoben sein dér faar De det rigtigt godt
aufheitern: wird sich das

---

[1] Wörtlich: wann schließen Sie (zu)?

Wetter aufheitern? mon Veiret klarer op?
aufhøren høre (*II*) op, holde (*III*) op
hören Sie auf damit! hold nu op med det!
hat es aufgehört zu regnen? har det holdt op med at regne?
Aufhören: ohne A. uafladelig
aufjagen opskræmme
aufklären: wird es sich (das Wetter) bald a.? mon det snart klarer op?
Aufklärung: ich bitte um A.! maa jeg bede om en Forklaring?
aufkleben: einen Zettel a. klæbe en Seddel paa
aufknöpfen knappe op
aufkommen komme (*III*) op
aufkrämpen smøge op
aufladen læsse paa
Auflage: die neueste A. den sidste Udgave [ter en]
auflauern: jm. a. lure efter en]
Auflauf (Menschen-) et Op- løb]
auflösen løse (*II*) op
aufmachen lukke op
machen Sie auf! luk op!
sich a. begive (*III*) sig paa Veien, *sig ivei* [Agt]
aufmerken give (*III*) nøis]
aufmerksam opmærksom machen Sie mich darauf a., wenn ...! husk at gjøre mig opmærksom paa det, naar ...!
Aufmerksamkeit en Opmærksomhed [Modtagelse]
Aufnahme (Empfang) en (photogr.): haben Sie keine andern Aufnahmen? har De ikke andre Billeder?
aufnehmen modtage *III*, optage *III*, tage (*III*) op wird man uns in der Sennhütte a. können? kan vi tage ind i Sæteren?
gut, übel a. optage (*III*) godt, ilde
Geld, das Kleid a. tage(*III*) Pengene, Kjolen op
aufpassen: passen Sie auf! pas paa!
(auf etwas) passe op
aufräumen (Zimmer) rydde op, *stelle (i Værelset)*
aufrecht: a. stehen staa (*III*) opreist
aufregen ophidse in aufgeregter Stimmung i en ophidset Tilstand
aufrichtig oprigtig
aufschieben opsætte *III* schieben wir lieber die Tour bis morgen auf! lad os hellere opsætte Turen til imorgen!
aufschlagen: Sie schlagen zu viel auf! De skruer Prisen for høit op!
aufschließen: soll ich a.? skal jeg lukke op?
schließen Sie auf! luk op! ich kann nicht a., das Schloß geht nicht auf jeg kan ikke lukke op, der er noget i Veien med Laasen
Aufschluß en Besked, en Underretning können Sie mir über ... A.

aufſchneiden — Aufzug.

geben? kan De give mig Besked om ...?
aufſchneiden ſkjære (*III*) op (lügen) prale
Aufſchneider (Lügner) en Vindmager
Aufſchnitt: kalter A. kold Steg (c); ſ. auch Butterbrot, Speiſekarte
aufſchreiben: bitte mir das aufzuſchreiben! vil De ikke være ſaa god at skrive (*III*) det op for mig?
Aufſchrift en Udskrift, *pl.* -er; en Paaskrift, *pl.* -er
Aufſchub: es verträgt keinen A. det taaler ingen Opſættelse (c)
Aufſehen: A. erregen vække (*III*) Opsigt (c) machen Sie kein A.! De maa ikke vække Opsigt!
Aufſeher en Opsynsmand, *pl.* mænd; en Tilsynshavende
Aufſeherin (in Krankenhäuſern ꝛc.) en Oldfrue
aufſetzen: ſetzen Sie Ihren Hut auf! tag (*III*) Hatten paa!
(Schriftſtück) skrive *III*
Aufſicht: wer hat die A.? hvem har Tilsyn (*n*)?
aufſitzen (aufs Pferd) sidde (*III*) op
aufſtehen staa (*III*) op ich will morgen früh um 5 Uhr a jeg vil op imorgen tidlig Klokken fem wann ſtehen Sie auf? hvornaar staar De op?

[**aufſtehen**] iſt er (ſind ſie) noch nicht aufgeſtanden? er han (de) endnu ikke oppe? früh, ſpät a. staa tidlig, ſent op
aufſteigen stige (*III*) op
aufſtellen stille op
Aufſtieg en Opstigning wann können wir mit dem A. beginnen? naar kan vi begynde Opstigningen? iſt der A. beſchwerlich? er Opstigningen vanskelig?
aufſtoßen (Speiſe) støde (*II*) op
Auftrag: in meinem A. i mit Ærinde, fra mig, for mig wollen Sie einen A. für mich beſorgen? vil De besørge et Ærinde for mig?
auftreten: ich kann nicht gut a., ich habe mir den Fuß verletzt jeg kan ikke godt sætte (*III*) Foden til, jeg har faaet et Saar paa den (im Theater) optræde *III*
Auftritt et Optrin
aufwachen: ich bin zu ſpät aufgewacht jeg er vaagnet for ſent
aufwärmen: wollen Sie dies für mich a.? vil De opvarme det til mig?
aufwärts: a. gehen gaa opad, opover
Aufwartung en Opvartning ſeine A. machen hilse (*II*) paa
aufwiſchen viske af
aufziehen: die Uhr a. trække (*III*) Uhret op [vator]
Aufzug (Fahrſtuhl) en Ele-

Auge — Ausflug.

[**Aufzug**] (Theater) et Optog
Auge et Øie, *pl.* Øine
 blaue, braune Augen blaa, brune Øine
 mir sitzt etwas im A. der er kommet noget i mit Øie
 in die Augen springend iøinefaldende
Augenarzt en Øienlæge
 -blick et Øieblik
 bloß einen Augenblick, wenn ich bitten darf! blot et Øieblik, om jeg tør bede!
 im Augenblick! lige straks!
 -braue et Øienbryn
 -entzündung en Øienbetændelse
 -glas (für ein Auge) en Monokle
 -lid et Øielaag
 -maß: nach A. paa Slump (c), efter Skjøn (n)
 -zeuge et Øienvidne
aus: a. Leipzig fra Leipzig
 a. Holz af Træ
 a. Langeweile af Kjedsomhed
 wann ist es a.? naar er det forbi?
 das Feuer ist a. Ilden er gaaet ud
ausbessern gjøre (III) istand
ausbitten udbede III, bede (III) om
ausbleiben: Sie blieben lange aus De blev (III) længe borte
 bleiben Sie nicht zu lange aus! bliv ikke for længe borte!

ausgeblieben udebleven
ausbrechen: in Zorn a. blive (III) vred, *sint*
ausbreiten udbrede II
ausbürsten børste, *koste*
Ausdauer en Udholdenhed
ausdehnen udvide
Ausdehnung en Udstrækning
Ausdruck et Udtryk
ausdrücken udtrykke II
 es wird mir schwer, mich dänisch (norwegisch) richtig auszubrücken det falder mig vanskeligt at udtrykke mig rigtigt paa Dansk (Norsk)
ausdrücklich udtrykkelig
 ich habe a. ... verlangt jeg har udtrykkelig forlangt ...
auseinanderbringen faa(III) skilt, skille (II) ad
 -fallen skilles (II) ad
 -setzen forklare
ausfahren kjøre (II) ud
ausfegen feie ud
ausfertigen udfærdige, lave
Ausflucht: eine A. erfinden hitte paa et Paaskud, en Udflugt (*pl.* -er)
Ausflug: ich möchte einen A. nach ... machen jeg har tænkt paa at gjøre en Udflugt (*pl.* -er) til ...
 wieviel Stunden erfordert ein A. nach ...? hvor mange Timer behøves der til en Udflugt til ...?
 haben Sie Lust, sich an dem A. zu beteiligen? har

ausführen — Auslage. 25

De Lyst til at gjøre Turen med?
ausführen udføre *II*
das haben Sie zu meiner Zufriedenheit ausgeführt det har De udført til min Tilfredshed
ausführlich udførlig
Ausgabe en Udgift, *pl.* -er die A. ist mir zu hoch det bliver mig for dyrt
Ausgang: wo ist der A. nach dem Hofe? hvor er Udgangen til Gaarden? einen A. machen gaa en' Tur
ausgeben give (*III*) ud ich kann nicht so viel dafür a. jeg kan ikke give saa meget ud til det
ausgehen gaa (*III*) ud ist er ausgegangen? er han gaaet ud? ich gehe aus und werde vor 1 Uhr nicht zurückkommen jeg gaar ud og kommer ikke tilbage før Klokken et gehen Sie aus? gaar De ud? das Feuer ist ausgegangen Ilden er gaaet ud das Geld ist mir ausgegangen mine Penge er slupne op [paa nær]
ausgenommen undtagen
ausgezeichnet udmærket
ausgießen hælde (*II*) af gießen Sie das aus und bringen Sie mir dann ...!

vil De hælde det af og saa bringe mig ...?
ausgleiten glide *III*, tabe (*II*) Fodfæstet, *rase II*
aushalten: ich kann das schnelle Gehen nicht a. jeg kan ikke holde (*III*) ud at gaa saa rask wir müssen noch eine Stunde a. vi faar holde ud en Timestid endnu können Sie nicht länger a.? kan De ikke holde ud længere?
aushelfen hjælpe *III* wollen Sie mir mit ... a.? vil De hjælpe mig med at ...? kann ich Ihnen mit ... a.? skal jeg hjælpe Dem med at ...?
ausklopfen: die Kleider a. (ud)banke Tøiet
auskommen: damit werde ich a. det slaar nok til mit ihm ist nicht auszukommen der er ikke noget at stille op med ham
Auskunft über ... en Oplysning, en Underretning, en Besked om ... können Sie mir A. über ... verschaffen? kan De ikke faa mig Underretning om ...?
ausladen: wo wird das Gepäck ausgeladen? hvor losses[1] Bagagen?
Auslage et Udlæg

---

[1] Von Wagen aflæsses.

[Auslage] wollen Sie so freundlich sein, diese A. für mich zu machen? vil De være saa god at lægge Pengene ud for mig?
Ausland et Udland
vom A. fra Udlandet
nach dem A. schicken sende til Udlandet
Ausländer en fremmed, en Udlænding
auslaufen (Flüssigkeit) løbe (III) ud
(Schiff) seile; gaa (III) tilsøs
auslegen lægge (III) ud
haben Sie etwas für mich ausgelegt? har De lagt noget ud for mig?
ausliefern: lassen Sie sich die Sachen gegen diesen Schein a.! vil De faa udleveret Sagerne mod dette Bevis?
wollen Sie das nur mir selbst oder dem Inhaber dieses Scheines a.! De maa kun udlevére det til mig selv eller Ihændehaveren af dette Bevis!
ausliegen: zur Einsicht a. ligge (III) til Eftersyn
liegen hier deutsche Zeitungen aus? er der fremlagt tyske Aviser her?
auslöschen (Licht) slukke (Geschriebenes) viske ud
auslüften lufte ud
die Luft ist hier schlecht; Sie müssen ordentlich a.! Luften er daarlig her; De maa endelig lufte godt ud!
ausmachen udgjøre III
Ausnahme: ohne A. uden Undtagelse (c)
mit A. von ... med Undtagelse af ... [sesvis]
ausnahmsweise undtagel-
auspacken pakke ud
ausrechnen regne [reine] ud
Ausrede en Udflugt, pl. -er
ausreichen: das reicht nicht aus; wir müssen etwas mehr nehmen det slaar ikke til; vi faar tage noget mere
ausrenken vride (III) af Led
ausrichten: danke, ich werde es a. Tak, jeg skal nok besørge det
haben Sie etwas ausgerichtet? fik De udrettet noget?
ausruhen: ich will heute nachmittag a. jeg vil hvile ud i Eftermiddag
Aussage: nach seiner A. efter hans Udsagn (n)
Aussatz [1] en Spedalskhed
aussätzig spedalsk
Ausschiffung en Udskibning
ausschlafen: haben Sie ausgeschlafen? har De sovet (III) ud?
Ausschlag (et) Udslæt
ausschlagen (Bäume) springe (III) ud
(Pferde) sparke, slaa (III) op
ausschließen lukke ud(e)

---

[1] Eine spezifische Krankheit des westlichen Norwegens.

Ausschußware — ausstehen. 27

[ausschließen] ich bin ausgeschlossen und habe meinen Schlüssel vergessen jeg er lukket ude og har glemt min Nøgle [vare]
Ausschußware en Udskuds-
ausschütten (Sand) ryste ud (Wasser) hælde (II) af
außen ude
  von a. udenfra
  nach a. udad
außer foruden
  a. sich sein være ude af sig
  a. Gefahr udenfor al Fare
  a. dem Hause essen spise i Byen [det yderste, ytre]
äußere, der, die, das, den,
Äußere, das det Ydre, det Ytre
außerhalb: a. des Dorfes udenfor Landsbyen, Bygden
äußerlich udvendig, udvortes Arznei zum äußerlichen Gebrauch en Medicin til udvortes Brug
äußern: sich über ... ä. sige (III) sin Mening om ...
äußerst yderst, yderst
Äußerung en Ytring
aussehen se (III) ud
  das sieht schrecklich aus! det ser rædsomt ud!
  es sieht nach Regen aus det ser ud efter Regn [rein]
Aussehen et Udseende
aussetzen: lassen Sie ein Boot a. und mich ans Land fahren! vil De sætte (III) en Baad ud og faa mig roet iland?

[aussetzen] ich habe nichts daran auszusetzen jeg har ikke noget at udsætte (III) paa det
  ich möchte mich dem nicht a. det vil jeg ikke udsætte (III) mig for
Aussicht en Udsigt, pl. -er
  von wo hat man die beste A. über die Gegend (das Thal)? hvor har man den bedste Udsigt over Egnen [einen] (Dalen)?
  schlechte Aussichten daarlige Udsigter
  ich habe keine A. (Hoffnung) der er ingen Udsigt til det [punkt, pl. -er]
Aussichtspunkt et Udsigts-
ausspannen: spannen Sie das Segeltuch aus! De faar spænde (II) Seilet (Ruffet) over!
Aussprache en Udtale
  ist das die richtige A. des Wortes? er det den rette Udtale af Ordet?
aussprechen udtale II
  bitte, sprechen Sie die Wörter langsam und deutlich aus! aa, vil De ikke nok udtale Ordene langsomt og tydeligt?
ausspülen skylle
ausstatten forsyne
  ich bin mit allem ausgestattet jeg er godt forsynet med alting
ausstehen: ich kann das nicht a. jeg kan ikke fordrage det

auſſteigen — ausziehen.

[ausſtehen] man hat hier viel von den Mücken auszuſtehen her maa man lide (*III*) meget af Myggene
ausſteigen staa (*III*) af, stige (*III*) ud
halt, Kutſcher! ich will hier a.¹ holdt, *stop*! her vil jeg staa af
öffnen Sie, ich muß a.! luk op, jeg maa ud!
müſſen hier alle a.? skal alle stige ud her?
müſſen die Paſſagiere nach... auch a.? skal Passagererne til ... ogsaa stige ud?
ſteigt man auf dieſer Seite aus? stiges der ud paa denne Side?
ausſtellen udstille
Ausſtellung en Udstilling
ausſtopfen: ich möchte dieſen Vogel a. laſſen jeg gad nok have den Fugl udstoppet; *jeg likte at faa udstoppet den Fugl*
ausſtrecken: die Beine a. strække (*III*) Benene ud
ausſuchen søge (*II*) ud
Auſtern Osters *pl.* c
-fiſcher (Vogel) en Kjeldfanger
-ſeller en Osterskjælder

austragen: wann werden die Briefe ausgetragen? naar bliver Brevene baaret (*III*)om? [drik (*III*) ud!]
austrinken: trinken Sie aus!
austrocknen: meine Kehle iſt ganz ausgetrocknet min Hals er saa tør
Auswahl: reichhaltige A. et stort Udvalg
auswärtig fremmed
Ausweg en Udvei, *pl.* -e
ich weiß keinen A. jeg vêd ingen Udvei
wiſſen Sie einen A.? kjender De en Udvei?
ausweichen gaa (*III*) tilside, gaa (*III*) af Veïen
weichen Sie dem Wagen aus! kjør tilside for den Vogn!
ausweiden gjøre (*III*) rên ausgeweidete Fiſche rensede Fisk
ausweiten: die Handſchuhe a. udvide Handskerne
auswendig (äußerlich) udentil, udvendig
a. wiſſen kunne (*III*) udenad
auswerfen: Blut a. spytte Blod [spytten]
Auswurf (Schleim) (en) Op-
ausziehen (Wohnung) flytte²

---

¹ In dieſen und ähnlichen Fällen überſetzt der Däne das „Kutſcher", „Kofferträger", „Kellner" ꝛc. nicht.

² flytte kann für jede Art der Ortsveränderung, ſowohl von Perſonen als auch von Sachen, gebraucht werden: flyt Dem lidt nærmere hen! Setzen Sie ſich etwas näher an mich heran! Naar flytter De? Wann ziehen Sie aus (um)? Maa jeg flytte Deres Hat lidt? Sie erlauben wohl, daß ich Ihren Hut etwas zur Seite lege?

Art — Bad. 29

[ausziehen] Zähne a.
trække (III) Tænder ud
die Stiefel a. trække (III)
Art en Okse, [Støvlerne af]
Bach en Bæk, en Elv
Lauf des Baches Elvens
Løb [Elvemunding]
Mündung des Baches en
Bachstelze en Vipstjert,
en Linerle
Backe en Kind, pl. -er
ich habe eine dicke B. jeg
har en hoven Kind
backen bage II
in der Pfanne b. brune
frischbackenes Brot frisk
Brød (n)
Backenbart et Kindskjæg
-zahn en Kindtand, pl.
Bäcker en Bager [tænder]
Bäckerei et Bageri
Backobst (en) tørret Frugt,
-ofen en Bagerovn [pl. -er]
-werk Kager pl.
Bad et Bad, pl. -e
im Bad i Bad
(im Badeort) ved Bade-
stedet
Dampf- et Dampbad
Fuß- et Fodbad
kalte Douche en kold Douche
lauwarmes B. et lunkent
Bad [Gytjebad]
Moor-[1] et Slambad, et

[Bad] Nabel- et Furunaal-
bad
offenes B. et aabent Bad
öffentliche Bäder offentlige
Badeanstalter pl.
römisches Dampf- et romersk
Dampbad
russisches Dampf- et russisk
Dampbad
Schwefel- et Svovlbad
Schwefeldampf- et Svovl-
dampbad
Schwitz- et Svedebad
See- et Strømbad
Sturz- et Styrtebad
Tangaschen- et Tarrelude-
bad [Tarrebad]
Tang- et Tangbad, et
Wannen- et Karbad
ich möchte ein B. nehmen
jeg vilde gjerne have
et Bad
sind Bäder im Hause zu
haben? kan man faa et
Bad her i Huset?
wann kann ich ein B.
nehmen? naar kan jeg
faa et Bad?
ist eine Zelle frei? er der
et Baderum ledigt?
geben Sie mir eine Karte
zu einem warmen B.!
maa jeg faa en Billet til
et varmt Bad?

---

[1] Moorbäder sind in Norwegen stark in Mode; man
wendet Søgytje oder Søslam (Seeschlamm), Myrgytje
(Moorschlamm) und Svovlgytje (Schlamm mit Schwefel
präpariert) an. Das Einreiben geschieht in der Gytjestue;
Bademeister und Badefrau heißen hier Gytjemand und
Gytjekone.

Badeanstalt — Bahnhof.

[Bad] ich möchte auch ein Stück Seife! lad mig ogsaa faa et Stykke Sæbe! was kostet ein Bad? hvad koster et Bad? lassen Sie das kalte Wasser noch etwas laufen! lad det kolde Vand løbe lidt endnu! [drei Hanen for!] schließen Sie den Hahn! wie lange darf man sich in der Zelle aufhalten? hvor længe maa man være i Baderummet? wieviel Grad hat das Wasser? es darf nur 20 haben! hvor varmt er Vandet? det maa kun være tyve Grader! ich kann nicht schwimmen jeg kan ikke svømme ich möchte einige Schwimmstunden nehmen jeg har nok Lyst til at faa nogle Timer i Svømning ist das Wasser tief? er Vandet dybt? trocknen Sie mich ab! lad mig saa faa mig tørret! reiben Sie mich ab! gnid mig saa af!
Badeanstalt en Badeanstalt
-anzug en Badedragt, *pl.* -er
-diener (im Schwimmbad) en Bademester, (beim Wannenbad) en Opsynsmand, *pl.* mænd
Badefrau en Badekone
-handtuch et Badehaandklæde
-hose Svømmebukser *pl.*
-mütze en Badehætte
-ort et Badested, *pl.* -er
-wanne et Badekar
-zelle et Badekammer
-zimmer et Badeværelse
baden (im Freien) gaa (*III*) i Vandet, bade sig (in der Wanne) tage (*III*) et Bad
wo kann man hier b.? hvor kan man bade sig her?
Bahn en Bane
Eisen- en Jernbane, en Jernvei, *pl.* -e
Bahnhof en Banegaard, en Jernbanestation
Billet en Billet; f. auch Billet
Gepäck en Bagage, et Reisetøi; f. auch Gepäck
Kasse, Billetausgabe et Billetudsalg
Kofferträger en Drager en Bærer; et Bybud, *pl.* -e
Koupee en Koupé
Perron en Perron
für ankommende Züge for ankommende Tog
für abgehende Züge for afgaaende Tog
Schaffner en Konduktør
Übergewicht (en) Overvægt
Wartesaal[1] en Ventesal, et Venteværelse

---

[1] Auf größern Bahnhöfen ist der Eintritt ins Wartezimmer für abgehende Reisende nur durch Vorzeigen des Billets erlaubt. Nichtreisende lösen ein besonderes Billet.

[**Bahnhof**] Wartesaal 1. 2. 3. Klasse første, anden, tredie Klasses Ventesal
Zeichen zur Abfahrt et Tegn [tein] til Afgang
Zug et Tog
nach (auf) dem B. til (paa) Banegaarden
wo geht man zum (wo ist der) B.? hvad Vei gaar man til (hvor er) Banegaarden?
von welchem B. fährt man nach Helsingör? fra hvad Banegaard kjører man til Helsingør?
auf welchem B. kommt der Zug von Trondhjem an? paa hvad Banegaard ankommer Toget fra Trondhjem?
wie weit ist es bis zum B.? hvor langt er der til Banegaarden?
fährt ein Pferdebahnwagen dahin? kjører Sporvognen derhen, *did?*
fährt vom Hotel ein eigner Omnibus dahin[1]? kjører der en Hotelvogn derhen, *did?*
ein Billet lösen tage en Billet
ist die Kasse offen? er Billetudsalget aabent?
wo ist die Kasse? hvor er Billetudsalget?
ich habe noch kein Billet jeg har endnu ikke faaet Billet

[**Bahnhof**] ich habe ein Billet bis... jeg har Billet til...
ist das der Zug nach ...? er det Toget til ...?
geht der Wagen direkt durch bis ...? er det en gjennemgaaende Vogn direkte til ...?
Damenkoupee en Damekoupé, *en Kvindekoupé*
für Raucher en Koupé for Rygere, en Røgekoupé
für Nichtraucher for Ikkerygere [Soveplads] Schlafwagen en Vogn med
kann ich hier einsteigen? kan jeg stige ind her?
ist alles besetzt? er der optaget alle Vegne [weine]?
da ist schon besetzt der er optaget
entschuldigen Sie, da ist noch Platz für eine Person De maa undskylde, der er endnu Plads til Én
belegen Sie mir schnell eine Droschke! faa mig sagtens en Droschke i en Fart!
Bahnhofsinspektor, -vorsteher en Stationsforvalter, *en Stationsmester*
-uhr et Stationsuhr, *pl.* -e
Bahnstrecke en Banestrækning
-wärter en Banevogter, en Opsynsmand, *pl.* mænd
-wärterhaus et Vogterhus,
Bahre en Baare [pl. -e]

---

[1] In Kopenhagen gibt es Hotelomnibusse merkwürdigerweise nicht.

Bake (Boje) en Vager
bald snart, *retnu*
  so b. als möglich saa snart
  som muligt
  ich werde b. kommen jeg
  kommer snart
  ich wäre b. zu spät ge-
  kommen jeg var lige ved
  at komme for sent
  b. so, b. so op og ned
baldig snarlig
Balken en Bjælke
  Quer- en Tverbjælke
Ball (Spiel-) en Bold¹
  B. spielen spille Bold
  Billard- en Bal, *pl.* -ler
  (Tanzfest) et Bal, *pl.* -ler
Ballanzug en Baldragt, *pl.*
  -saal en Balsal   [-er
  -schuh: Balsko *pl.*
Ballast en Ballast, *et Seil-*
  einnehmen tage *III* [*fæste*
Ballen en Balle
Band et Baand
  Seiden- et Silkebaand
  Ein- et Bind
Bande en Bande
bändigen tæmme
Bandwurm en Bændelorm
  abtreiben uddrive *III*
bange bange, ræd
  nur nicht b. sein! vær bare
  ikke bange!
Bank (Sitz-) en Bænk²

[Bank] auf der ersten B.
  paa første Række (c)
  (Geld-) en Bank. *pl.* -er
  die B. legen, halten være
  (*III*) Bankér
Bank- und Wechselgeschäft
  en Bank- og Vekselfor-
  retning   [Geldwechsler]
Bankier³ en Bankier; *s. auch*
Banknote en Banknote
  dänische, deutsche B. en
  dansk, tysk Seddel
  eine Zehnkronennote en Ti-
  kroneseddel
Bankrott: er hat B. gemacht
  han er gaaet fallit
bar: ich werde alles b. be-
  zahlen jeg betaler det
  hele kontant
bekommt man das gegen b.
  nicht billiger? faar man
  det ikke billigere mod
  kontant?
ich habe kein bares Geld bei
  mir jeg har ingen rede
  Penge hos mig
Bär en Bjørn, *en Bamse*
  Männchen en Hanbjørn
  Weibchen en Hunbjørn, *en
  B.ngse, en Binne*
  junger B. en Bjørneunge
  gibt es Bären in dieser Ge-
  gend? er der Bjørne
  her paa Egnen [einen]?

---

¹ Eins der wenigen dänischen Wörter, in benen das Schluß-b wie t ausgesprochen wird.
² Die Bank, welche in norwegischen Bauernhöfen als der vornehmste Sitz gilt, wird *Høisædet* genannt.
³ Die dänischen Bankiers verstehen fast durchgängig Deutsch.

Barbe — Bauernkost. 33

[Bär] werden mitunter welche
geschossen? skydes der
nogle undertiden?
Barbe en Skjægkarpe
Barbier en Barbér; s. auch
 Raseur
Bärenfell et Bjørneskind
-jagd en Bjørnejagt, *pl.* -er
-jäger en Bjørnejæger
-lager et Bjørneleie
-schinken en Bjørneskinke
-tatze en Bjørneklo, *pl.* kløer
-winterlager et Bjørnehi
barfüßig barfodet
-häuptig med bart Hoved (n)
Barke (mit 3 Masten) en
 Bark; et Barkskib, *pl.* -e
 (Boot) en Barkasse
barmherzig barmhjertig
Barometer et Barometer
 was zeigt das B.? hvad
 staar Barometret paa?
 auf schön, veränderlich. Wind
 paa smukt Veir, foran-
 derligt, Blæst
 das B. fällt, steigt Baro-
 metret falder, stiger
barsch studs   [en *Uër*]
Barsch en Aborre, *en Abor,*
Bart et Skjæg
Backen- et Kindskjæg
Schnurr- et Overskjæg
Voll- et Fuldskjæg
 den B. stehen lassen lade
  Skjægget staa   [get]
 den B. stutzen studse Skjæg-
Barte (Walfisch-) en Barde

Bartenwal en Bardehval,
bärtig skjægget [*pl.* -er]
Bastei en Bastion
Baß en Bas, *pl.* -ser
 B. singen synge Bas
Bau en Bygning
-holz (et) Tømmer
-meister en Bygmester [1]
-platz en Byggeplads, *pl.*-er;
  en *Tuft, pl.* -er
 (Dachs- ic.) en Hule
Bauch en Bug, en Mave
-gurt en Buggjord
-weh (en) Mavepine
bauen bygge
 auf jn. b. stole paa ën
Bauer en Bonde, *pl.* Bønder,
  en *Gaardbruger*
 bei, unter den Bauern blandt
  Bønderne, hos *Bygde-
  folket* [der]
 Erb- en Odelsbonde, *pl.* bøn-
 Frei- en Opsidder
Bauer (Vogel-) et Bur, *pl.* -e
Bäuerin en Bondekone
Bauernarbeit et *Gaardstel*
-bursch en Bondekarl; en
  Bondegut, pl. -ter
-haus et Bondehus, *pl.* -e
-hochzeit et Bondebryllup,
  pl. -per
-hof en Gaard; en Bonde-
  gaard, *pl.* Bøndergaarde
-hütte en Bondehytte
-knabe en Bondedreng, en
  Gut, pl -ter; *en Bonde-*
-kost en Bondekost [*gut*]

---
[1] Bygmester wird selten gebraucht; der, welcher beim
Bau die Aufsicht führt, nennt sich einfach Tømmermester,
Tømmermeister, oder Murmester, Maurermeister.

Bauernmädchen en Bonde-
pige, *en Jente*
-**sprache** *et Bygdemaal*
-**stand** en Bondestand
aus dem B. bondefødt
-**stolz** en Bondestolthed
-**wagen** en Bondevogn
[bonnevonn]
-**wirtschaft** et Landvæsen, *et Gaardbrug, et Gaardstel*
baufällig forfalden
Baum et Træ
-**stamm** en Træstamme
bäumen, sich steile
Baumwolle (en) Bomuld
beabsichtigen agte; tænke
(*II*) paa
was b. Sie zu thun? hvad
agter De at gjøre?
beachten ændse, lægge (*III*)
Mærke til
Beamter en Embedsmand,
pl. mænd
beanspruchen forlange *II*
beanstanden, etw. protestére
imod noget; gjøre (*III*)
Indsigelse imod noget
beantworten besvare
beaufsichtigen tilse *III*
beauftragen: ich habe ihn be-
auftragt zu... jeg har faaet
ham til at ...
beben: vor Kälte b. ryste
af Kulde
Becher et Bæger
Becken et Vadskefad, *pl.* -e
Meeres- et Havbækken
bedanken: ich habe mich bei
Ihnen noch zu b.! maa jeg
sige Dem mange Tak!
bedauerlich beklagelig

bedauern beklage
ich bedauere, aber es geht
nicht det gjør mig ondt,
men det kan ikke lade
sig gjøre
bedecken bedække [paa]
sich b. tage (*III*) Hatten
ist der Berg noch mit Schnee
bedeckt? er Fjeldet endnu
bedækket med Sne?
bedeckter Himmel en skyet
Himmel
Bedenken: ich trage B.
jeg har Betænkeligheder
(*pl.* c) [(c)]
ohne B. uden Betænkning
bedenklich: das erscheint mir
b. det forekommer mig
betænkeligt
bedeuten: was bedeutet das?
hvad betyder (*III*) det?
was soll das b.? hvad skal
det betyde?
Bedeutung en Betydning
von großer B. für mich af
stor Betydning for mig
bedienen: bitte, b. Sie sich!
vær saa god (at tage ved)!
(beim Kartenspiel) kaste til
Bedienter en Tjener
Bedienung en Opvartning
ist die B. mit eingerechnet
oder besonders zu ver-
güten? er Opvartningen
regnet med, eller maa,
faar man betale sær-
skilt for den?
was habe ich täglich für B.
zu zahlen? hvad maa jeg
betale om Dagen for Op-
vartning?

bebingen — begegnen. 35

ich bin mit der Bedienung nicht zufrieden jeg er ikke tilfreds med Opvartningen

bedingen: ich bedinge mir aus, daß ... jeg stiller som Betingelse, at ...

Bedingung: unter der B., daß ... paa den Betingelse (c), at ...

bedürfen behøve, trænge (*II*) til; f. auch brauchen

Bedürfnis en Nødvendighed es ist mir ein B. zu ... jeg pleier at ...

Beefsteak en Bøf [böff oder biff] [gjennemstegt] gut durchgebraten godt, nur wenig gebraten kun lidt (*lidet*) stegt

beehren: ich beehre mich, zu ... jeg har den Ære at ... b. Sie mich bald wieder mit Ihrem Besuch! faar jeg snart Fornøielsen at se Dem igjen hos mig?[1] [Dem!]

beeilen: b. Sie sich! skynd(*II*)!

beendigen ende *II*

beerdigen begrave, jorde

Beerdigung en Begravelse, en Jordefærd

Beere et Bær

Beet et Bed, *pl.* -e

befangen forlegen, genert

befassen: ich kann mich nicht damit b. det kan jeg ikke befatte mig med

befehlen befale, give (*III*) Ordre (c) til [ønsker!] wie Sie befehlen! som De

befestigen gjøre (*III*) fast (militärisch) befæste

Befestigung en Befæstigelse

befinden: wie b. Sie sich? hvorledes har (*III*) De det? b. Sie sich hier wohl? synes De godt om det her? ich befinde mich nicht ganz wohl jeg har det ikke rigtig godt

befolgen følge *III*

befördern befordre; (Personen mit der norwegischen Post) skydse; f. auch Post

Beförderung: zur B. an ... skal befordres (skikkes)

befreien befri [til ...]

Befreiung en Befrielse

befriedigen tilfredsstille damit bin ich nicht befriedigt dermed er jeg ikke tilfreds [tilfredsstillet?] find Sie befriedigt? er De

befürchten: b. Sie nichts! De skal ikke være bange (ræd)! [bange for ...?] b. Sie nicht ...? er De ikke haben wir Sturm zu b.? faar vi Storm?

begabt begavet, evnerig

begeben: sich auf den Weg b. begive (*III*) sig paa Veien, sig ivei

begegnen møde *II*

---

[1] Wörtlich: bekomme ich bald das Vergnügen, zu sehen Sie wieder bei mir?

[begegnen] ich bin ihm begegnet jeg har mødt ham er ist mir begegnet jeg har mødt ham [mødes i N.] wir werden uns in N. b. vi was ist Ihnen begegnet? hvad er der hændet Dem?
begierig begjærlig
beginnen begynde II
beglaubigen: wo kann ich meine Unterschrift amtlich b. lassen? hvor findes en Embedsmand, der kan stadfæste min Underskrift?¹
begleiten ledsage wollen Sie mich b.? skal vi følges ad? vil De følge (ledsage) mig paa Veien? wenn Sie erlauben, werde ich Sie b. hvis De tillader, følger jeg med
Begleiter: mein B. nach ... min Ledsager til ...
Begleitung: Ihre B. ist mir sehr angenehm Deres Følgeskab (n) er mig meget kjært
begnügen: damit kann ich mich nicht b. det lader jeg mig ikke nøis med damit müssen Sie sich b.! det faar De nøies med!
begraben begrave, jorde
Begräbnis en Begravelse
begreifen begribe III, fatte ich begreife nicht, wie ... jeg fatter ikke, hvorledes ...

Begriff: im B. zu ... ifærd med at ...; holde (III) paa at ...
keinen B. von ... ikke Begreb (n) om ...
begründen begrunde
begrüßen hilse (II) paa
behaglich hyggelig ich fühle mich hier ganz b. jeg føler mig saa godt tilpas her
behalten: b. Sie das nur! behold (III) det bare! b. Sie das Billet? beholder De Billetten? können Sie das (im Gedächtnis) b.? kan De huske det? [Reservoir]
Behälter en Beholder, et
behandeln behandle, omgaas (III) med
Behandlung en Behandling in ärztlicher B. under Lægebehandling
beharren: auf etwas b. paastaa (III) noget
behaupten hævde, paastaa III
behelfen: ich werde mich so lange damit b. jeg faar hjælpe (III) mig med det saa længe
beherbergen huse
Behörde en Myndighed
behüten beskytte, vogte behüte Gott! Gud forbyde det! [være med Dem!] behüt' Sie Gott! Vorherre

---

¹ Wörtlich: wo wird gefunden ein Beamter, der kann beglaubigen meine Unterschrift?

behutsam — bekommen. 37

behutsam forsigtig, omhyg-
bei (Personen) hos [gelig]
(Sachen) ved
b. mir, uns hos mig, os
b. dem Kutscher hos Kudsken
b. einander sammen
b. weitem nicht langtfra
    ikke   [reisen]
b. der Abfahrt ved Af-
b. Nacht om Natten
b. seinem Leichtsinn ved
    hans (sin) Letsindighed
beide begge
wir b. vi to
die beiden de to
alle b begge to
beides begge Dele
Beifall et Bifald
beifolgend hoslagt, med-
beifügen vedføie [følgende]
Beigeschmack en Afsmag
Beil en Økse
Beilage et Tillæg
beilegen: einen Streit b.
    jævne en Strid
Bein et Ben
beinahe næsten, henved
Beiname: mit Beinamen ...
    med Tilnavn (n) ...
Beinkleider Benklæder pl.;
    Bukser pl.; et Par Bukser
beiseite tilside [empel (n)]
Beispiel: zum B. for Eks-
beißen bide III

[beißen] ich kann das nicht
    b. jeg kan ikke bide det
Beistand: B. leisten yde
    Bistand (c)
beistimmen: ich stimme Ihnen
    bei jeg giver (III) Dem
    Ret (c) [yde et Bidrag]
Beitrag: einen B. entrichten
bekannt bekjendt, kjendt
ist Ihnen b., wann ...? véd
    De, naar ...?
sind Sie mit den Leuten b.?
    kjender De Folkene?
das ist mir nicht b. det
    kjender jeg ikke noget til
mit jm. b. werden blive (III)
    bekjendt med nogen
Bekannter, ein en Bekjendt,
    en Kjending
Bekanntmachung en Kund-
gjørelse, en Bekjendt-
gjørelse
Bekanntschaft: eine alte B.(et)
    gammelt Bekjendtskab
es freut mich, Ihre B. ge-
macht zu haben det glæ-
der mig at have gjort
Deres Bekjendtskab
bekennen bekjende II
beklagen: ich habe mich über
    ... zu b. jeg maa beklage
    mig over ...   [melse]
Beklemmung en Beklem-
bekommen faa[1] III

[1] faa hat, und zwar ganz besonders in Norwegen, einen sehr ausgedehnten Gebrauch. Man bezeichnet damit z. B. das Abschließen einer Thätigkeit: jeg fik læst Bogen igaar, gestern wurde ich mit dem Lesen des Buches fertig; ferner dient es zur Bildung des Futurums: nu faar jeg snart skrevet, ich werde bald schreiben. Wenn der norwegische

Beköstigung — beleidigen.

[bekommen] bekam fik
wo, wann, wie bekomme
ich ...? hvor, hvornaar,
hvorledes faar jeg ...?
was kann ich zu essen, trinken b.? hvad kan jeg faa
at spise, drikke?
kann man hier ... b.? er der
her ... at faa?
was b. Sie? hvad skal De
have, *faa?*
wie ist es Ihnen b.? hvordan er det bekommet
Dem?
Beköstigung: mit oder ohne
B.? med eller uden
Kost (c)?
worin besteht die B.? hvori
bestaar Kosten?
bekümmern: sich um etwas
b. bryde[1] (*III*) sig om
noget
b. Sie sich besser darum! De
maa, *faar* se bedre efter!

[bekümmern] b. Sie sich
um Ihre Angelegenheiten!
pas Dem selv!
belasten læsse paa, lade
belästigen: wenn es Sie
nicht belästigt hvis det
ikke generer Dem
belebt: ein (wenig) belebter
Weg en (lidet) befærdet Vei
belegen[2] lægge (*III*) Beslag
paa
dieser Platz ist belegt den
Plads er optaget
ist dieser Stuhl belegt? er
den Stol optaget?[3]
Kellner, b Sie zwei Plätze
für uns! Opvarter, faa
os to Pladser!
belegtes Butterbrot et Stykke
Smørrebrød (med Paalæg); s. auch Butterbrot
belegte Zunge belagt Tunge
beleidigen fornærme [(c)
ich habe Sie durchaus nicht

Bauer als Antwort auf eine Frage nach Unterkommen
sagt: *De faar bli.* Sie können bleiben, so hat er damit
die Aufnahme des Reisenden gewährt
[1] In Norwegen meist „brü" ausgesprochen.
[2] Von dem Belegen eines Platzes durch bloßes Hinlegen irgend eines Gegenstandes auf denselben macht man
in Skandinavien nur wenig Gebrauch. Steigt man aus
dem Koupee oder verläßt man den Tisch im Restaurant, so
bittet man einen der Anwesenden, den Platz zu reservieren
(Vil De ikke nok holde den Plads til mig?). Das in
Deutschland so allgemeine Anlehnen des Stuhls an den
Tisch würde im Norden nur selten Berücksichtigung finden.
[3] Lautet die Antwort „Ja", so sagt man „Undskyld!"
„Entschuldigen Sie!" Dem „Nei" folgt von seiten des Gefragten: „Vær saa god"! „Bitte!" worauf man mit „Tak!"
„Danke!" erwidert.

Beleuchtung — bereit.

b. wollen! jeg har paa
ingen Maade villet for-
nærme Dem!
Beleuchtung: eine schlechte
B. en daarlig Belysning
belieben: wie, was beliebt?
hvad behager [behar]?
b. Sie einzutreten! vær saa
god at gaa indenfor!¹
ganz nach Ihrem Belieben
aldeles som De synes
beliebig vilkaarlig
beliebt yndet
bellen gjø
belohnen belønne
Belohnung en Belønning
bemerken bemærke
bemühen, sich uleilige sig,
gjøre (III) sig Uleilig-
hed (c)
darf ich Sie b.? maa jeg
uleilige Dem?
bitte, b. Sie sich nicht! gjør Dem
bare ingen Uleilighed!
Bemühung: nehmen Sie!
das ist für Ihre B.!
vær saa god! Det er for
Deres Uleilighed (c)!
benachbart nærliggende
benachrichtigen meddele II,
underrette
benachteiligen forurette
benehmen: wie hat man sich
dabei zu b.? hvordan skal
man forholde(III)sig der?
b. Sie sich anständig! opfør
(II) Dem ordentlig!

Benehmen: ein unhöfliches,
auffälliges B. en uhøflig,
paafaldende Opførsel
ein liebenswürdiges B. en
elskværdig Maade at
være paa
beneiden misunde II
Bengel en Laban, en Bengel
benutzen benytte, bruge II
beobachten lægge (III)
Mærke til; iagttage III
bequem: ich will es mir b.
machen jeg vil gjøre mig
det behageligt
Bequemlichkeit en Bekvem-
melighed
beraten: b. Sie sich lieber
mit dem Mann! raadfør
(II) Dem hellere med
Manden!
berauscht fuld, beruset
berechnen: Sie haben mir
zu viel, zu wenig be-
rechnet De har opført for
meget, for lidt paa Reg-
ningen
wie b. Sie das? hvorledes
beregner [bereiner] De
det?
berechtigt zu ... beføiet til ...,
berettiget til ...
bereisen reise (II) i ...
bereit: sind Sie b.? er De
parat?
wir müssen um 6 Uhr b.
sein Klokken seks maa
vi være parat

---

¹ So, wenn der Sprecher und der Angeredete beide außer-
halb des Zimmers sind; ist der Sprecher dagegen im Zimmer,
so sagt er: Vær saa god at komme indenfor!

[bereit] sich b. halten holde
(III) sig parat
bereiten: das Essen b. tillave
Maden; *stelle med*
bereits alleréde [*Maden*]
bereitwillig redebon
bereuen angre, *angre paa*
Berg et Bjerg, *pl.* -e; et Fjeld
pl. -e[1]; f. auch Fels, Gebirge
auf dem B. paa Fjeldet
ist dieser B. ersteigbar? kan
dette Fjeld bestiges?
wie gelangt man am bequemsten
auf den B.?
hvordan kommer man
lettest op paa Fjeldet?
führt ein Pfad hinauf? gaar
der en Fjeldsti opover?
lohnt es sich, diesen B. zu
besteigen? lønner det sig
at bestige dette Fjeld?
von welchem B. hat man
die schönste Aussicht? fra
hvad Fjeld har man den
vakreste Udsigt?
Bergab nedad (Bakke), *ned-*
-an opad, *opover* [*over*]
Bergabhang en Fjeldskrænt,
pl. -er; en Li
am B. oppe i *Liēn*
ein steiler B. en brat Fjeldskrænt,
Li [*bestigning*]
Bergbesteigung en Fjeld-
-bewohner en Fjeldboër

Berggipfel en Top, en Fjeldtop;
en Tind, *pl.* -er; en
Fjeldtind [*tinden*]
auf dem B. paa Fjeld-
-halbe *en Li*
Berghütte *en Fjeldstuë*[2]; f.
auch Sennhütte, Touristenhütte
werden wir unterwegs eine
B. antreffen? kommer vi
til en Fjeldstus underveis?
wie weit ist es bis zur nächsten
B.? hvor langt er
der til den nærmeste
Fjeldstus?
Bergkuppe *en Knaus, pl.*
-er; en Fjeldknaus; en
Koll, pl. -er
-mann en Grubearbeider
-rüden *en Aasryg*
-schlucht *et Skar, et Fjeldskar*
-spitze en Tind, *pl.* -er; en [*Top*]
-station *en Fjeldstuë*; f. auch
Berghütte, Touristenhütte
-steiger: ein geübter B. en
øvetFjeldbestiger,Tindebestiger
-stod[3] *en Pigstav, en Alpe-* [*stok*]
-strom en Elv
-sturz *en Styrtning, en*
Fjeldstyrtning
-wand en Fjeldvæg

---

[1] Oder auch wie der Singular.
[2] Allgemeine Bezeichnung für die zur Bequemlichkeit der Reisenden errichteten Hütten im Gebirge, speziell für die der Regierung angehörigen Bergstationen im Gebirge *Dovrefjeld*.
[3] Einen Bergstock mit eiserner Spitze, bei Gletscher-

Bergweg — Beschwerde. 41

Bergweg en Fjeldvei, *pl* -e
-werk *et* Bergværk, *pl.* -er
bergen bjerge [Besked
Bericht en Beretning, en
B. erstatten über... give (*III*)
  Beretning om ..., melde
  (*II*) om ...
  -erstatter en Meddeler, en
  Korrespondent
berichtigen (Schuld) betale *II*
  (Fehler) rette
Bernstein (et) Rav
-spitze en Ravspids, *pl.* -er
berücksichtigen tage (*III*)
  Hensyn (*n*) til
Beruf (Amt) et Embede
  (Talent) et Kald
berufen: sich auf etwas b.
  beraabe (*II*) sig paa noget
beruhigen berolige, *stilne*
  ich kann mich dabei nicht
  b. jeg kan ikke slaa (*III*)
  mig til Ro med det
berühmt berømt [(*II*) ved
berühren berøre *II*, røre
  (erwähnen) omtale *II*
Besatz en Besætning
beschädigen beskadige
beschaffen (besorgen) faa *III*
  wie ist das b.? hvorledes
  er det? [hed
Beschaffenheit en Beskaffen-
beschäftigen: womit b. Sie
  sich sonst? hvad bestiller
  De ellers?
beschäftigt sein være (*III*)
  sysselsat med; *stelle med*

beschämt skamfuld
Bescheid: welchen B. haben
  Sie bekommen? hvad
  Besked (c) har De faaet?
bescheiden beskeden, for-
  dringsløs   [tére
bescheinigen attestére, kvit-
  bitte den Empfang zu b.!
  vil De være saa god at
  kvittere for Modtagelsen?
Bescheinigung: bekomme ich
  keine B.? faar jeg ikke en
  Kvittering?
beschimpfen forhaane
Beschlag: mit B. belegen
  lægge Beslag (*n*) paa
  ein Koffer mit eisernem B.
  en jernbeslaaet Kuffert
beschlagen: ein Pferd b. sko
  en Hest
  die Sohlen mit Nägeln b.
  sætte (*III*) Søm (*pl. n*)
  under Saalerne (*pl. c*)
  (anlaufen, Glas) slaa (*III*)
beschließen beslutte   [sig
  ich habe beschlossen zu ... jeg
  har besluttet (bestemt
  mig til) at ...
beschmutzt snavset, *solket*
beschreiben beskrive *III*
beschuldigen beskylde (*II*)
  for; give (*III*) Skyld for
beschützen beskytte, frede om
Beschwerde: B. führen über...
  klage over ...
  ohne große B. uden stor
  Møie (c)

---

wanderungen notwendig, für einfache Bergpartieen wenig-
stens zu empfehlen, verschafft der Führer gegen eine Kleinig-
keit *(Vil De faa mig en Alpestok?).*

Beschwerdebuch en Klage-protokol; (auf norwegischen Poststationen) *en Dagbog, pl. bøger; en Skydsbog, pl. bøger*
geben Sie mir das B., ich will mich beklagen! *lad mig faa Dagbogen, jeg vil klage!*
beschwerlich vanskelig
beschwindeln: ich lasse mich nicht b. jeg lader mig ikke narre
besehen: wo kann man den Wasserfall am besten b.? hvor ses (*III*) Fossen bedst?
beseitigen rydde af Veien
Besen en Kost, *en Lime*
besetzt optaget
bitte, ist dieser Stuhl b.? med Forlov, er den Stol optaget?
ist alles schon b.? er der optaget alle Vegne [*weine*]?
besinnen, sich huske, mindes; komme (*III*) i Tanker om
ich kann mich nicht darauf b. jeg kan ikke komme i Tanker om det
Besitz en Besiddelse, et Eie
besitzen eie, have *III*, besidde *III*
b. Sie ...? har De ...?
ich besitze leider kein ... jeg har desværre ingen ...
Besitzer en Eier
sind Sie der B. dieser Sennhütte? er De Eieren af denne Sæter?
Besitzung en Eiendom

befohlen forsaale
besonderer særegen, særskilt, særlig
besonders især
besorgen: b. Sie mir ...! faa (*III*) mig (sagtens) ...!
wollen Sie mir ... b.? vil De ikke faa mig ...?
wer besorgt das? hvem besørger det?
ich bin besorgt, daß ... jeg er bange for, at ...
Besorgnis en Ængstelse
besprechen, sich tale (*II*) om, aftale *II*
bespritzt: b. mit oversprøitet
besser bedre [med]
das müssen Sie künftig b. machen! det faar De gjøre bedre herefter!
haben Sie kein besseres? har De ikke nogen bedre?
danke, es geht etwas b.! Tak, det gaar noget bedre!
Besserung en Bedring
beständig vedvarende, bestandig
bestärken stadfæste
bestätigen: hat sich die Nachricht bestätigt? har Efterretningen bekræftet (stadfæstet) sig?
bestäubt stovet [bedste]
beste, der, die, das, den, det
ist das Ihr bestes Zimmer? er det det bedste Værelse, De har?
geben Sie mir das B., was Sie haben! lad mig faa det bedste, De har!

bestechen — beteiligen.

[beste] wäre es nicht am besten, zu ...? var det ikke bedst at ...?
zum b. haben holde (*III*) for Nar [derkjøbe *II*]
bestechen bestikke *III*, un-
bestehen bestaa *III*
woraus besteht das? hvad bestaar det af?
eine Gefahr b. overstaa (*III*) en Fare
bestehlen bestjæle *III*
hat mich bestohlen har stjaalet fra mig
wollte mich b. vilde stjæle fra mig
besteigen bestige *III*, gaa (*III*) op paa
wann darf man den Turm b.? naar kan man komme op i Taarnet?
ist der Berg je bestiegen worden? har der nogen besteget (været oppe paa) det Fjeld?
ist das Besteigen dieses Berges mit Schwierigkeiten verbunden? er det vanskeligt at bestige dette Fjeld?
bestellen: b. Sie mir ...! faa (*III*) mig ...! lad (*III*) mig faa ...!
das habe ich nicht bestellt det har jeg ikke bestilt
ich habe schon lange ... bestellt jeg har bestilt ... for længe siden
ich hatte Sie auf 6 Uhr b. jeg havde bestilt Dem til Klokken seks

[bestellen] b. Sie diesen Brief! vil De besørge det Brev!
haben Sie (hast du) meinen Auftrag richtig bestellt? har De (du) forrettet mit Ærinde rigtigt?
Bestellgeld (auf norwegischen Ansageftationen) en Betaling for Tilsigelsen; f. auch Post [stilling (c)]
Bestellung: auf B. paa Bestellens bedst; paa bedste Maade
danke b.! mange Tak!
bestimmen fastsætte *III*, bestemme *II*
bestimmt: ich rechne b. darauf det gjør jeg bestemt Regning [ret...] paa
kommen Sie also um 5 Uhr, aber b.! saa kommer De Klokken fem, men det maa være bestemt!
Bestimmung en Bestem-
bestrafen straffe [melse]
bestreiten: die Kosten b. udrede Omkostningerne
das will ich nicht b. det tør jeg ikke modsige *III*
bestürzt forbauset
Besuch et Besøg [Visit]
B. abstatten aflægge (*III*) en
B. haben have Fremmede
besuchen besøge *II* [(*pl.*)]
betäubt bedøvet
Betäubung en Bedøvelse
beteiligen: sich an etwas b. tage (*III*) Del i noget; være (*III*) med til noget

beten — Bett.

[beteiligen] geftatten Sie mir, mich daran zu b.? maa jeg faa Lov til at være med? wollen Sie sich nicht daran b.? har De ikke Lyst til at være med? es würde mir eine Freude sein, wenn Sie sich an unsrer Tour b. würden det vilde være mig en Fornøielse, hvis De tog med os paa Turen

beten: das Vaterunser b. bede (III) et Fadervor

betonen betone

Betracht: das kommt nicht in B. det kommer slet ikke i Betragtning (c)

betrachten se (III) paa, betragte
ich will mir die Gegend näher b. jeg vil se lidt nøiere paa den Egn [ein]

Betrag et Beløb

betragen: wie viel beträgt es? hvor meget bliver (III) det?

Betragen en Opførsel

betreffen: was mich betrifft hvad mig angaar (III)
die betreffenden Sachen vedkommende Ting (pl.)
in betreff med Hensyn (c)

Betrieb en Drift [til

betroffen über forbauset over

betrübt bedrøvet, sørgmodig

Betrug et Bedrageri, et Snyderi, et Optrækkeri

betrügen bedrage III, narre, snyde III
ich lasse mich nicht b. jeg lader mig ikke narre (stärker: snyde, bedrage)

Betrüger en Bedrager, en Snyder

betrunken fuld, drukken

Bett en Seng
zwei Betten to Senge
-stelle et Sengested, pl. -er
eisernes B. et Jernsengested
hölzernes B. et Træsengested
B. für eine Person en Ensoverseng; en Seng til én Person
zweischläfriges B. en Tosoverseng; en Seng til to Personer [Sengetæppe
-decke, wollene et uldent
-laken et Lagen
-wäsche, -zeug (et) Sengetøi
Deck- en Overdyne
Feder- en Dyne[1]
Unter- en Underdyne
Kopfkissen en Hovedpude
Matratze: Roßhaar-, Seegras-, Heu-[2] en Hestehaarsmadras, en Tangmadras, en Hømadras

---

[1] Federbetten, und zwar sehr stark gefüllte, find auf dem Lande, auch im Sommer, sehr allgemein. In den größern Hotels gibt es gewöhnlich wollene Bettdecken.

[2] In den norwegischen Touristenhütten und ähnlichen ländlichen Etablissements.

Bettelei — bezahlen. 45

[**Bett**] Sprungfedermatratze en Fjermadras
Steppdecke et stukket Tæppe
Überzug (Kissen-) et Dynebetræk
Schutzdecke et Sengetæppe
sind noch Betten frei? er der endnu Senge at faa?
zeigen Sie mir mein B.! vil De vise mig min Seng?
die Hauptsache ist mir ein gutes B. det, jeg bryder mig mest om, er en god Seng
lassen Sie das B. frisch überziehen! vil De lægge nyt Betræk paa Sengen?
das B. machen rede (II) Sengen
das B. ist nicht ordentlich gemacht Sengen er ikke redt godt
ich will zu B. gehen jeg vil gaa tilsengs
Bettelei et Tiggeri
betteln tigge
bettlägerig sengeliggende
Bettler en Tigger, en Betler -in en Tiggerske
Bettstelle et Sengested, pl. -er; s. auch Bett [lægger]
Bettvorleger en Sengefor-
Beule en Bule; en Byld, pl. -er
beunruhigen forurolige
beurteilen dømme (II) om
Beute et Bytte
Beutel (Geld-) en Pengepung, en Portemonnæ
Tabaks- en Tobakspung
Bevölkerung en Befolkning
bevor forinden

bevorstehen forestaa III
bewachen vaage over
bewachsen mit ... bevokset
bewahren bevare [med...]
(auf-) gjemme II
bewährt prøvet
bewaldet skovklædt
bewandert kyndig, øvet
bewegen bevæge, flytte
beweglich bevægelig
Bewegung: in B. setzen sætte (III) i Bevægelse (c); flytte
sich etwas B. machen tage (III) sig en Motion
befindet sich die Schneemasse in B.? flytter Fonnen sig?
Beweis et Bevis, pl. -er
beweisen bevise II
bewerben: sich um etwas b. gjøre (III) sig Umage (c) for at faa
Bewerber en Ansøger, en Frier [Frieri]
Bewerbung en Søgen, et
bewilligen tilstaa III
bewirken foraarsage
bewirten beværte
Bewirtung en Beværtning
die B. ist gut, schlecht, mäßig Beværtningen er god, daarlig, tarvelig
bewohnen bebo
Bewohner en Beboer
die B. des Hauses Husets Beboere [paa]
bewundern beundre, undre
Bewußtsein en Bevidsthed
bezahlen betale II
wieviel habe ich zu b.?

Bezahlung — Bierglas.

hvor meget skal jeg betale?
Bezahlung en Betaling
bezaubernd fortryllende
bezeichnen betegne [beteine]
bezeichnend betegnende [betei...] [[betei...]]
Bezeichnung en Betegnelse
bezeugen bevidne, attestére
beziehen: eine Wohnung b. flytte
  ich beziehe mich auf ... jeg henholder (III) mig til ... woher b. Sie das? hvor faar (III) De det fra?
Beziehung: in jeder B. i enhver Henseénde; in dieser B. med Hensyn (n) til det [strikt, pl. -er]
Bezirk en Strækning; et Distrikt
Bezug (überzug) et Betræk in B. auf ... med Hensyn (n) til ... [(III) i Tvivl]
bezweifeln betvivle, drage
Bibliothek et Bibliotek
  Leih- et Leihsbibliotek

wann ist der Lesesaal[1] geöffnet? til hvad Tid er Læsesalen aaben?
biegen bois [(III) Svigt] biegt sich er boislig, giver rechts herum b. dreis om tilhøire
Biegung: B. des Weges Veiens Omdreining (c)
Biene en Bi
Bienenkorb et Bistade
  -zucht (en) Biavl
Bier[2] (et) Øl [öɴ]
  bayrisches B. baiérsk Øl
  selbstgebrautes B. hjemmebrygget Øl [Øl]
  Braunbier Hvidtøl, dagligt geben Sie mir ein Glas bayrisches B. vom Faß! lad mig faa en Baiér fra Fad!
  hat man hier importiertes bayrisches B.? har De importeret Baiérskøl?
Bierbrauer en Ølbrygger
  -brauerei et Ølbryggeri
  -glas et Ølglas

---

[1] In den großen staatlichen Bibliotheken finden sich Lesesäle, zu denen jeder innerhalb gewisser Stunden freien Zutritt hat. Ein Bibliothekar fragt gewöhnlich nach dem Namen des ihm Unbekannten und bringt darauf die gewünschten Werke.

[2] Nach deutscher Art gebrautes Bier, baiërsk Øl, Baiërsk-øl, Baiërøl, hat man in allen Restaurants, in denen Spirituosen verkauft werden; importiertes bayrisches Bier vom Faß gibt es nur in einzelnen größern Kopenhagener Gasthäusern. Auf die Bestellung: Lad mig faa en Baiér! erhält man meistens eine Flasche Lagerbier, in Kopenhagen gewöhnlich Gamle Karlsberg Øl (»en Gamle Karlsberg«). Von andern Biersorten sind noch hier und da zu haben: Bokøl, Ale, Porter, Pilsner- und Vienerøl.

Bierwirtschaft — Billard. 47

Bierwirtschaft en Ølbal, *pl.*
-ler (oft fälschlich Ølhalle);
f. auch Anm. 2, S. 206
bieten byde *III*
   ich biete ... dafür jeg by-
    der ... for det
   das lasse ich mir nicht b.
    det lader jeg mig ikke byde
   welche Tour bietet am mei-
    sten? hvilken Tur frem-
    byder mest?
Bijouteriewaren Guld-
   smedevarer *pl.* c
Bild et Billede
   Gemälde et Maleri
bilden danne
   gebildet dannet [samling]
Bildergalerie en Maleri-
Bildhauer en Billedhugger
Bildsäule en Billedstøtte,
   en Statue
Bildung (geist. u. Gestaltung)
   (en) Dannelse Mand
   ein Mann von B. en dannet
Volks- en Folkeoplysning
Billard et Billard
   spielen spille
   anfangen begynde *II*
   aufschreiben skrive (*III*) af
   aufsetzen reise *II*
   aussetzen lægge (*III*) ud
   Ball en Bal, *pl.* -ler
    der weiße den hvide
    der rote den røde
    der B. ist gegangen (hat
     karamboliert) Ballen gik
     (gav Karambolage)
    ging der B. nicht? gik den
     Bal ikke?
   Bande (en) Bande
    von der B. fra Banden

[Billard] Bock et Hul, *pl.*
   durchstoßen kikse   [-ler]
   Effet geben give (*III*) godt
    Fuchs en Gris
   Kegel en Kegle [teile]
   Kessel et Hül, *pl.* -ler
   Kicks en Kiks
   kicksen kikse
   Kopfstoß en Fabrikol
   Kreide (et) Kridt
    geben Sie mir die K.! lad
     mig faa Kridtet!
   Leder et Læder
    zu weich for blødt
    zu hart for haardt
   Loch (Kugel-) et Hül, *pl.* -ler
   nachlaufen løbe (*III*) med
   nachstoßen støde (*II*) tiligjen
   Queue en Queue
    zu schwer for tung
    zu leicht for let
    die Spitze den spidse Ende
    treiben Sie lieber Ihre
     Queue! De maa hellere
     kridte Deres Queue!
   schneiden skjære *III*
   fein fint
   Spielball, der eigne- Bal
    en Spiller, min Spiller
   stehen: wie steht's? hvor-
    ledes staar (*III*) det?
   sprengen (Ball) sprænge *II*
   Stoß et Stød
    bin ich am Stoß? er det
     mig, der skal støde?
    einen sichern Stoß haben
     have et sikkert Stød
    schlecht bei Stoß støde til
     Siden
    einen Stoß mit der Queue
     et Stød med Queuen

[Billard] erster Stoß første
  Stød (n)
um den ersten Stoß spielen
  spille om første Stød
stoßen støde II
mit umgekehrter Queue med
  den tykke Ende af Queuen
wer stößt? hvem skal støde?
hoch stoßen støde højt i
  Ballen   [Ballen
tief stoßen støde dybt i
treffen ramme II, træffe III
zu hoch for højt
zu stark for stærkt
zu tief for dybt
Tuch et Klæde
Vorläufer en Forløber
voll nehmen med fuld Bal
vorgeben give (III) forud
wieviel geben Sie mir vor?
  hvor meget giver De mig
  forud?
wieviel muß ich Ihnen vor-
  geben? hvad skal jeg give
  Dem forud?
zahlen: Kellner, ich möchte
  z.! Opvarter, jeg vil be-
zählen tælle III   [tale!
wieviel zählt das? hvor
  mange tæller det?
ich möchte eine Partie Bil-
  lard spielen jeg kunde
  nok have Lyst til at
  spille et Parti Billard

[Billard] ist Ihnen eine
  Partie B. gefällig? har
  De Lyst til at spille et
  Parti Billard?
spielen wir eine Partie! lad
  os spille et Parti!
ich spiele nicht B. jeg spiller
  ikke Billard
wie hoch? hvor højt?
bis 30, 40, 50 til tredive
  (treti), fyrre (firti), halv-
  treds (femti)
Billet en Billet, pl. -ter;
  s. auch Bahnhof, Dampf-
  schiff, Zug
ein B. lösen tage (III) Billet
-ausgabe, -kasse et Billet-
  udsalg, et Billetkontor
ist die Kasse offen? er Bil-
  letudsalget aabent?
wo ist die Kasse? hvor er
  Billetudsalget?
ein Billet (zwei Billets) 1.,
  2., 3. Klasse nach ... en
  Billet (to Billetter) før-
  ste, anden, tredie Klasse
  til ...
Zuschlagbillet en Tillægs-
  billet
hin und zurück Tur og Re-
  tur; frem og tilbage;
  en Dobbeltbillet[1]
wie lange ist es gültig?
  hvor længe gjælder den?

---

[1] Dem entsprechend heißt ein Billet, das nur für die Hin-
reise gilt, en Enkeltbillet; ein Dobbeltbillet besteht aus
zwei Hälften, von denen die eine für die Hin-, die andre
für die Rückreise gilt, und kostet in Dänemark und Nor-
wegen 1½ mal so viel als das einfache. Retourbillets
dürfen vor Antritt der Rückreise nicht abgestempelt werden.

billig — bissig. 49

[**Billet**] kann ich ein direktes
B. nach ... haben? kan jeg
faa Billet direkte til ...?
geben Sie mir eins bis ..!
maa jeg faa En til ...?
nach ... und von da mit
dem Dampfschiff nach ...[1]
til ... og derfra med
Dampskib til ...
billig billig; godt Kjøb
haben Sie kein billigeres? har
De ikke noget billigere?
können Sie mir das nicht
billiger lassen? kan jeg
ikke faa det noget bil-
ligere? [en rimelig Pris]
zu einem billigen Preise til∫
billigen billige; samtykke i
Binde et Bind
binden binde *III* [men]
zusammen- binde(*III*) sam-∫
Bindfaden et Seilgarn
ein Stück B. et Stykke Seil-]
Binse et Siv [garn∫

Binsenkorb en Sivkurv
-matte en Sivmaatte
Birke en Birk[2], et Birke-
træ, *en Bjerk, en Bjørk*
Birkenrinde en Birkebark,
en Næver
-wald en Birkeskov, *en
Birkeskog* [Aarhane]
Birkhahn en Aarfugl, en∫
-huhn en Aarhone, *pl.* hons
Birnbaum et Pæretræ
Birne en Pære
bis til [imorgen]
b. morgen til (indtil)∫
von ... b. ... fra ... til ...
zwei b. drei to til tre
Bischof en Biskop, *pl.* -per;
en Bisp, *pl.* -er
Bischofssitz et Bispesæde
bisher hid(ind)til; indtil nu
Biß et Bid
bißchen, ein lidt, *lidet*
Bissen en Bid
bissig bidsk

[1] Eisenbahnbillets, die gleichzeitig zur Benutzung eines
anschließenden Dampfers berechtigen, gelten in Norwegen
nur für das erste mit dem Zug korrespondierende Schiff.
Wünscht man mit d. mselben Billet ein späteres Dampfschiff zu
benutzen, so muß man sich an den Bahnhofsinspektor der be-
treffenden Station *(Stationsmesteren)* wenden. (Ich wünsche
den Bahnhofsinspektor zu sprechen *jeg ønsker at tale med
Stationsmesteren;* mein Billet gilt für das um 4 Uhr ab-
fahrende Schiff, ich möchte aber erst mit dem folgenden reisen
und bitte Sie, die Sache ordnen zu wollen *min Billet
gjælder kun til det Skib, der gaar Klokken fire; jeg vilde
gjerne vente til det næste og beder Dem om at faa det i
Orden for mig.*)

[2] Man unterscheidet im Norwegischen die auf dem
Gebirge wachsende *Fjeldbirk* von der am Abhang wachsenden
Libirk.

Bistum — bleiben.

Bistum et Stift[1], *pl.* -er
Bitte en Bøn, *pl.* -ner; en Anmodning
ich habe eine B. an Sie jeg har en Bøn til Dem
bitten bede *III* [god!] bitte! (beim Reichen) vær saa o bitte! aa, jeg beder [behr]! ich bitte um etwas Feuer maa jeg faa lidt Ild hos Dem? ich bitte um Entschuldigung undskyld! (jeg beder) om Forladelse! darf ich b. (beim Nehmen)? med Forlov! ich bat Sie um ein Glas jeg bad Dem om et Glas bitte, geben Sie mir ...! maa jeg faa ...? vil De være saa god at give mig ...!
bitter bitter
einen Bittern en Bitter
Bitterwasser (et) Bittervand
Blähung en Vinde
blamieren blamére
blank blank [(*III*) blank] b. machen blanke; gjøre
Blase en Blære

blasen: das Alpenhorn b. blæse (*II*) paa Lur (c)
Blasengrieß Stēn (*pl.*) i
blaß bleg[2] [Blæren] -gelb bleggul -rot blegrød, rødblak
Blatt et Blad, *pl.* -e
blättern: in einem Buche b. blade i en Bog
Blattern Kopper *pl.*
blau blaa
Blech (et) Blik -fasten en Blikkasse
Blei (et) Bly -kugel en Blykugle
bleiben blive *III*[3]
wo bleibt das Boot, der Wagen, der Kellner? hvor bliver Baaden, Vognen, Opvarteren af? wo b. Sie? hvor bliver De af? [her saa længe!] b. Sie so lange hier! bliv b. Sie nicht lange fort! bliv endelig ikke længe borte! ich werde hier einige Tage b. jeg bliver her i nogle Dage [jeg ikke blive] hier kann ich nicht b. her kan

---

[1] Norwegen zerfällt in 6, Dänemark in 7 Stifte. Seeland, Fyen und Lolland-Falster werden Øststifterne genannt. Die Einteilung ist also eine geistliche, hat aber mit der weltlichen Einteilung in Amter (s. Amt) viele Berührungspunkte. An der Spitze der Verwaltung steht in einem Stift der Bischof (Biskoppen); die Stadt, in welcher derselbe seinen Wohnsitz hat, heißt Stiftsby.

[2] Aussprache dänisch „blei", norwegisch „blet".

[3] Aussprache dänisch „bli-e", norwegisch „bli"; das Präsens bliver in beiden Sprachen „blihr"; das Partiz. Perf. bleven, blevet im Norwegischen „bleht".

bleich — Blutstropfen. 51

[bleiben] jetzt dürfen wir
wohl nicht länger b. nu
maa vi vel ikke vente
længere
es bleibt dabei! det maa,
faar blive derved!
lassen Sie das lieber b.! lad
det hellere være!
lassen wir das lieber b.! det
maa vi hellere lade være!
bleich bleg; f. Anm. 2, S. 50
Bleichsucht en Blegsot
Bleistift en Blyant, *pl.* -er
-halter en Blyantholder
Bleiwasser (et) Blyvand
blenden: bitte, wollen Sie
die Jalousie schließen, die
Sonne blendet mich! aa,
vil De ikke trække Ja-
lousiërne for? Solen
blænder!
Blendlaterne en Blændlygte
Blick et Glimt, et Blik, et
Syn [Oiekast (n)]
auf den ersten B. ved første
ein schöner B. (Aussicht) et
smukt, *vakkert* Syn
blinder Lärm blind Alarm
blind blind [(c)]
blinde Klippen blinde Skjær
Blindefuß (en) Blindebuk
Blindschleiche en Staalorm
blinzeln blinke; plire med
Øinene
Blitz et Lyn

[Blitz] der B. hat einge-
schlagen Lynet har slaaet
ned [lyner og tordner]
es blitzt und donnert det
-ableiter en Lynafleder
-mäbel en Pokkers[1] Tøs
blöde undseelig, bly
blödsinnig idiotisk; sløv
paa Forstanden
blöfen bræge
blond blond
bloß (nur) blot, kun
(nackt) nøgen, blottet, bar
in bloßem Hemd i bare
Skjorte; i det blotte Lin-
ned [Ben]
mit bloßen Füßen med bare
Blöße: sich eine B. geben
blotte sig
blühen blomstre
Blume en Blomst, *pl.* -er
Blumenhändler en Blom-
sterhandler
-kohl en Blomkaal
-laden en Blomsterbutik, *pl.*
-ker; en Blomsterhandel
-mädchen en Blomsterpige
-strauß en Buket
-topf en Urtepotte
Blut (et) Blod
geronnenes B. størknet Blod
-andrang en Kongestion
-egel en Blodigle
-speien en Blodspytning
-stropfen en Blodsdraabe

---

[1] Pokker wird, auch in gebildeter Gesellschaft, häufig
gebraucht und scheint seine ursprüngliche Bedeutung „Teufel"
gänzlich verloren zu haben. Det var Pokkers! das wäre!
Gaa Pokker i Vold! Machen Sie, daß Sie fortkommen!
En Pokkers Historie! Eine böse (verteufelte) Geschichte!

Blüte en Blomst, *pl.* -er
bluten bløde *II*
blutig blodig
blutreinigend blodrensende
Bock en Buk
   auf dem B. (Kutscher-) sitzen sidde hos Kudsken, paa Bukken
Boden (Erd-) en Jord [*pl.*-e]
   Fuß- et Gulv [dänisch: gott],
   Haus- et Loft[1], *pl.* -er
   Kisten- en Bund
   -kammer et Loftskammer
   -satz et Bundfald, (et) Grums, (et) *Grut*
   -treppe en Loftstrappe
Bogen (Waffe, Wölbung) en Bue
   der Weg macht einen B. Veien gjør en Krumning
   ein B. Papier et Ark Papir
Bohle en Planke
Bohne en Bønne
   Schnitt- en Snittebønne

Bohne: Wachs- en Voksbønne
bohren: ein Loch b. bore et Hul
Boje en Bøie, en Ankerbøie
Boot[2] en Baad; f. auch rudern
   Dampf- en Dampbaad
   Fähr- en Færgebaad (oft auch en *Flet*)
   Fluß- en *Elvebaad*
   Rettungs- en Redningsbaad
   Ruder- en Robaad
   Segel- en Seilbaad
   Wettruder- en Kapronings-baad [Seil]
   mit, ohne Segel med, uden
   Rumpf et Skrog
   B. mit 2, 4, 6, 8, 10 Rudern en toaaret, fireaaret (*en Færing*), seksaaret (*en Sekøring*), otteaaret (*en Ottring*), tiaaret[3] Baad
   B. fahren tage (*III*) med Baad; *tage* (*III*) *tilbaads*

---

[1] So heißt auch die 2. Etage der norwegischen Häuser auf dem Lande. Der Boden in Nebengebäuden wird dort *Lemmen* genannt; *Fjosloftet* ist der Stallboden.

[2] Viele in Deutschland übliche Benennungen für Bootarten, wie Gig, Jolle, Barkasse, Kutter, Schaluppe, sind auch in Skandinavien im Gebrauch. Das oft angewandte en Skude umfaßt alle kleinern Arten von Fahrzeugen.

[3] Ein großes Boot mit 10 Rudern, *Fembøring*, benutzen die Fischer bei dem großen norwegischen Winterfischfang. Es gibt übrigens in Norwegen sehr verschiedene Formen von Booten, die meist nach der betreffenden Gegend ihren Namen führen, so z. B. *Nordlandsjægten* mit breitem Rumpf und hohem Steven, *Strilebaaden*, Boot der *Havstriler*, der Küstenbewohner des *Strilelandet* im Stift Bergen ꝛc. Die *Ranebaade* auf dem Ranefjord, Amt Nordland, sind leichte Boote mit hohem Vorderteil.

Bootsfahrt — brauchen. 53

[Boot] in einem B. fahren
   seile i en Baad
kann man hier ein B. ge-
   liehen bekommen? er der
   her en Baad at faa til-
   leie?
wir möchten ein B. für uns
   allein haben vi vilde
   gjerne have en Baad alene
Bootsfahrt (gerudert) en
   (gesegelt) en Seiltur [Rotur]
-führer en Baadfører[1]
-haken en Baadshage
-leute Rokarle; *Rorsfolk,
   sing.* en *Rorskarl*
-mann en Baadsmand, *pl.*
Bord (en) Bord   [mænd]
an B gehen gaa (*III*) ombord
Back- (en) Bagbord
Steuer- (en) Styrbord
borgen laane *II*
Börse: auf der B. paa Borsen
Geld- en Portemonnæ
Borte en Bört, *pl.* -er
böse auf vred paa; *sint.*
ich habe einen bösen Finger
   jeg har en daarlig Finger,
   en *Værkfinger*
boshaft ondskabsfuld
Bosheit en Ondskab
botanischer Garten en bo-
   tanisk Have [Sendebud]
Bote et Bud, *pl.* -e; et
   einen Boten nach ... senden
   sende et Bud til ...
Botschaft en Efterretning,
   et Budskab
Botschafter: der deutsche B.

den tyske Gesandt, Mi-
   nister
Bouillon en Bouillon
eine Tasse B. en Kop (*pl.*
   -per) Bouillon
B. mit Ei Bouillon med Æg
Boukett en Buket
Bowle en Bolle [bollje]
Brand: in B. geraten gaa
   (*III*) Ild (c) i
in B. stecken sætte (*III*) Ild
   paa
branden: die See brandet
   an der Küste Søen brydes
   (*III*) mod Kysten
brandig: es riecht (schmeckt)
   b. det lugter (smager)
   svedent
Brandung en Brænding
Branntwein en (*et*) Brænde-
   vin; f. auch Aquavit
braten stege *II*
gebraten stegt
Braten en Steg[2]; f. auch
   Speisekarte
Bratfisch stegt Fisk (c)
-kartoffeln brunede Kar-
   tofler (*pl.* c), *brunede
   Poteter (pl.* c)
-pfanne en Stegepande
-wurst en Medisterpølse
Brauch Skik, og Brug
brauchbar brugelig. brugbar
nicht mehr b. ikke mere bru-
   gelig
brauchen (ge-) bruge *II*
(bedürfen) behøve, mangle,
   savne; f. auch gebrauchen

---

[1] In einzelnen Gegenden Norwegens auch *Flotmand.*
[2] Aussprache dänisch „stei", norwegisch „stek".

brauen — brennen.

[brauchen] ich brauche notwendig ... jeg maa nødvendigvis have, *faa* ...
das brauche ich nicht mehr det bruger jeg ikke længere
das brauche ich nicht (ist nicht notwendig) det behøves ikke
gebraucht brugt
ein Mittel b. bruge et [Middel]
brauen brygge
Brauer en Brygger
Brauerei et Bryggeri
Brauhaus (auf norwegischen Höfen) et *Størhus*, *pl.* -e
braun brun
Bräune en Halsbetændelse
bräunen: von der Sonne gebräunt solbrændt
Braunkohl en Grønkaal
brausen: der Sturm braust Stormen tuder
das Meer braust Søen (Havet) bruser (*II*)
es braust mir in den Ohren det suser for mine Øren
Brausepulver et Bruspulver
Braut en Kjæreste, en Forlovede, en Brud
-geschenk en Brudegave
-kleid en Brudedragt, *pl* -er

Bräutigam en Brudgom
Brautpaar et Brudepar
brav brav, vakker
bravo! bravo! hør!
brechen bryde *III*, brække
ich habe den Arm gebrochen jeg har brækket Armen
(sich übergeben) kaste op
Brechmittel et Brækmiddel
Brei (dünn) en Vælling (dick) en Grød [grød]
Buchweizen- en Boghvede-
Gersten- en Byggrød
mit Rahm gekocht *en Rømmegrød*[1] (dial. *en Rjomegraut*), *en Flødegrød*
Hafer- en Havregrød
Reis- en Risengrød
breit bred
5 Meter b. fem Meter bred
zu b. for bred
wie b. ist der Fluß? hvor bred er Elven?
Breite en Bredde
Breiumschlag: einen B. auflegen lægge (*III*) Grødomslag (*n*) paa
Brenneisen et Krøllejern
brennen brænde *II*
es will nicht b.! det vil ikke brænde!
wo brennt es? hvor brænder det?

---

[1] Der Tourist im Innern Norwegens ist oft ausschließlich auf den sehr verbreiteten *Rømmegrød*, Sahnenbrei, und das *Fladbred*, Fladenbrot, angewiesen, das zwar monatelang aufbewahrt werden kann, aber auf die Dauer dem Magen nicht zuträglich ist. Man versehe sich darum, bevor man eine längere Gebirgstour unternimmt, mit Kognak oder Rum.

Brenner en Brænder
Brennholz et Brænde
 feuchtes, trocknes B. vaadt,
 tørt Træ [en Fjæl]
Brett et Bræt, *pl.* Brædder;
Bretterdach et Bræddetag,
 pl. -e
 -mühle en Savmølle, *et Sag-brug*
Brezel en Kringle
Brief et Brev[1], *pl.* -e; f.]
 schreiben skrive [auch Post]
 ein B. an ... et Brev til ...
 eingeschriebener B. et anbefalet (rekommandéret) Brev[2]
 frankierter frankéret
 Geld- et Pengebrev
 Wert- et Værdibrev
 B. fürs Ausland et Brev til Udlandet
 wollen Sie auf der Post nachfragen, ob ein B. für mich angekommen ist?[3]
 vil De forespørge paa Posthuset (in norweg. Dörfern: *Postaabneriët*), om der er et Brev til mig?
[**Brief**] ist kein B. für mich angekommen? er der ikke kommet et Brev til mig?
 bis wann müssen Briefe aufgegeben sein, um noch heute mit der Post befördert zu werden? hvornaar skal et Brev være paa Posthuset for at komme afsted med Posten idag?
 wie hoch ist dieser B. zu frankieren? hvormange Frimærker skal der paa det Brev?
 ich möchte diesen B. einschreiben lassen jeg vilde nok have dette Brev rekommandéret
Briefausgabe (en) Udlevéring af Breve
 wo ist die B.? hvor udlevéres Brevene?
Briefbote et Postbud, *pl.* -e; f. auch Briefträger
Briefkasten en Brevkasse
 wann wird der B. geleert? naar tømmes Brevkassen?

---

[1] Briefe bis 15 Gramm kosten innerhalb Norwegens 10 Öre, Stadtpostbriefe (*Lokalbreve*) 5 Öre, Briefe nach dem Auslande 20 Öre (nach Dänemark und Schweden jedoch nur 10 Öre). Ein Brief im Königreich Dänemark kostet 8 Öre, nach Deutschland und Österreich-Ungarn 20 Öre, Lokalbriefe 4 Öre.

[2] Man schreibt auf das Kouvert Anbefales oder Rekommanderes; Einschreibegebühr in Dänemark 16, in Norwegen 20 Öre.

[3] In den meisten norwegischen Dörfern, *Bygder*, werden die Briefe nicht ausgetragen, sondern müssen vom Posthause, *Postaabneriët*, abgeholt werden.

briefllch — Brücke.

legen Sie den Brief in den
nächsten Briefkasten! læg
sagtens det Brev i den
nærmeste Brevkasse!
brieflich skriftlig, pr. Brev
Briefmarke et Frimærke
B. ju 10 Ö.e et ti Øres Frimærke
Briefpapier (et) Brevpapir
ein Bogen et Ark
Brieftasche en Brevtaske
=taube en Brevdue
Briefträger en Brevbærer;
et Postbud, pl. -e
ist der B. dagewesen? har
Postbudet været her?
wann kommt der B.? naar
kommer Postbudet?
Brigg en Brig
Brille Briller pl., et Par
Briller
für Kurzsichtige for nærsynede
Schnee= Snebriller
wo bekommt man Schneebrillen? hvor kan man
faa et Par Snebriller?
bringen bringe III
b. Sie mir ...! lad mig faa
(III) ...! bring, faa mig ...!
bitte lassen Sie mir ... b !
vil De lade mig faa ...?
b. Sie mein Gepäck ins
Hotel, auf den Bahnhof,
nach dem Dampfschiff!
bring mit Tøi til Hotellet, Banegaarden, Dampskibet!
ist etwas für mich gebracht
worden? er der kommet
noget til mig?

[bringen] warum bringt der
Hausknecht meine Sachen
nicht? hvorfor kommer
Karlen ikke med mit Tøi?
er soll sie sofort b.! han
maa bringe det straks!
wer hat das gebracht? hvem
har bragt (er kommen
med) det?
Brise en Kuling, en *Kjøl*,
pl. -er; en *Gule*
Brosche en Broche
Brot et Brød
Fladen= et *Fladbrød*
Roggen= et *Rugbrød*
grobes et *Surbrød*
feines et Sigtebrød
Sauer= et Surbrød
Weiß= et Hvedebrød, et
Franskbrød
hausbacken hjemmebagt
ein Laib B et Brød
Brötchen et Rundstykke
Brotranft en Skorpe
=schnitte et Stykke Brød,
en Rundtenom
=suppe en Brødsuppe, (et)
Øllebrød [brud]
Bruch (Knochen=) et Bën-/
=band et Brokbaand
(Zahl) en Brøk, pl. -er
Brücke en Bro
auf der B. paa Broen
ist keine B. in der Nähe?
er der ikke en Bro i
Nærheden?
eiserne B. en Jernbro
hölzerne B. en Træbro
Eisenbahn= en Jernbanebro
Schiffs= en Skibbro, *en
Brygge*

Brückengeld Bropenge *pl.*
Bruder en Broder[1], *pl.* Brødre
Ihr B. Deres Broder
Brühe (Fleisch-) en Kjødsuppe, en Bouillon (Bratensatz) (en) Sky
brüllen brøle
Brunnen en Brønd
  Spring- en Fontæne, et Springvand
Brunnenkur: eine B. gebrauchen bruge Brøndkur (c)   [Barm]
Brust et Bryst, *pl* -er; en ich habe es auf der B jeg har det saa tungt for Brystet
Brustbild et Brystbillede
  -fellentzündung en Brysthindebetændelse
brustkrank brystsyg
Brustlatz en Brystdug
  -thee en Brystthe
  -warze en Brystvorte
Brut en Yngel
brüten ruge
Bube en Slyngel (Karte) en Knegt
Büberei Drengestreger [-eier] *pl.* c
Buch en Bog, *pl.* Bøger gebunden indbunden mit Abbildungen med Illustrationer
B. führen føre (*II*) Bog
Buchbinder en Bogbinder
Buche en Bøg, et Bøgetræ

buchen føre (*II*) tilbogs, bogføre *II*
Buchenwald en Bøgeskov
Buchführung .et Bogholderi einfache enkelt doppelte dobbelt
  -halter en Bogholder
Buchhändler en Boghandler
Buchhandlung en Boghandel, en Boglade
Ansichten Prospekter *pl.* n
Führer durch ... en Reisehaandbog over ...
Kursbuch (norweg.) Norges Kommunikationer; (dänisches) Reiseliste (c) for Kongeriget Danmark die neueste Nummer det sidste Nummer [n]
Zeitschriften Tidskrifter *pl.*
deutsch-dänisches (norwegisches) Wörterbuch en tyskdansk (norsk) Ordbog
haben Sie deutsche Bücher? har De tyske Bøger?
ich möchte etwas leichte Lektüre haben jeg vilde nok have nogen let Lekture
haben Sie es nicht gebunden? har De den ikke indbunden?
zeigen Sie mir einige Karten über ...! vil De ikke vise mig nogle Kort, *Karter* over ...?
können Sie mir ... bis ... verschaffen? kan De faa mig ... til ...?

---

[1] Im Dänischen immer so, im Norwegischen oft *Bror* geschrieben, in beiden Sprachen wie „brohr" ausgespr...

Büchse — Bußtag.

[Buchhandlung] ist es vergriffen? er den udsolgt?
Büchse (Gewehr) en Bøsse, et Gevær
gezogene en Riffel, *en Rifle*
(Schachtel) en Daase, en Æske [mager]
Büchsenmacher en Bøssemager
Buchstabe et (en) Bogstav [boll-], *pl.* -er
buchstabieren stave
buchstäblich bogstávelig
Bucht en Bugt, *pl.* -er; en Fjord [hvedegrød]
Buchweizengrüße en Bog-
Buckel en Pukkel
buckelig pukkelrygget
bücken, sich bøis sig; bukke sig ned [-er]
Bude en Butik; en Bod, *pl.*
Büffet en Buffet [bü-]
Bug (Schiffs-) en Bov
Bügel (Steig-) en Stigbøile
Bügeleisen et Strygejern
bügeln stryge III
Bugspriet et Bugspryd
Bühne: auf der B. paa Scenen, paa Skuepladsen
Bulle (Stier) en Tyr
Bund et Bundt
Schlüssel- et Nøgleknippe
(Bündnis) en Pagt, *pl.* -er
Bündel en Bylt, *pl.* -er; et
bunt broget [*Knytte*]
Büreau: wann ist das B. offen? naar er Kontoret aabent?
ist er auf seinem B.? er han paa sit Kontor?

Burg en Borg
bürgen: für jn. b. indestaa (*III*) for nogen, borge for nogen
Bürger en Borger
die B. dieser Stadt Byens Borgere
-meister en Borgmester; en Byfoged, *pl.* -er
Bürgschaft: für jn. B. leisten gaa (*III*) i Borgen (c) for en
Bursche en Dreng, *en Gut, pl.* -ter [*sergut*]
Lauf- en Bydreng, *en Vi-*
Bürschlein en lille Dreng, *en Smaagut, en liden Gut*
Bürste en Børste, *en Kost*
Haar- en Haarbørste
Schuh- en Skobørste
Zahn- en Tandbørste
wollen Sie mir eine Kleiderbürste geben(leihen)?vil De give (laane) mig en Klædebørste?
bürsten: b. Sie das Zeug ordentlich ab! vil De børste(*koste*)Tøiet godt?
Busch (Strauch) en Busk (Gebüsch) et Krat
Busen en Barm [*pl.* -ner]
Busenfreund en god Ven,
-nadel en Brystnaal
Bussard en Musvaag, *en Vaak*
Buße (Geld-) en Bøde
büßen bøde (religiös) gjøre (*III*) Bod
Bußtag en Store Bededag[1]

---

[1] Am Nachmittag vor dem Bußtage, Store Bededags-

Büste — dabei.

Büste en Buste
Butte (Gold-) en Rødspætte
Butter (et) Smør
Gras- (et) Græssmør
  mit B. gestrichen smurt;
  med Smør paa
Butterbrot[1] et Smørrebrød,
  et Smørbrød
  ein belegtes B. et Stykke
  Smørrebrød med Paalæg
  ein, zwei Stück B. mit Käse
  et Stykke, to Stykker
  Smørrebrød med Ost
  -faß en Smørkande, en
  Smørdaase
  -milch en Kjernemælk
buttern kjerne
Cervelatwurst en Cervelat-
  pølse
Champagner enChampagner
Charakter en Karaktér
charakteristisch karakteri-
  stisk
Chaussee en Chaussé; en
  Landevei, *pl.* -s

Check en Chek
Chinin en Chinin
Chirurg en Kirūrg
Chor et Kor
Christ enKristen, *pl.*Kristne
chronisch kronisk
Cylinder (Hut) en Silkehat,
  en høi Hat
da der[2]
  da ist es (er)! der er det
  (han)!
  da, nehmen Sie! vær saa
  god!
  da bin ich! her er jeg!
  sind Sie schon da? er De
  der allerede?
  wer ist da? hvem er der?
  da Sie nicht antworteten, so
  habe ich ... da De ikke
  svarede, saa har jeg ...
dabei derved; (außerdem)
  desuden [det!)
  d. bleibt es! derved bliver
  ich bin gerade d. zu ... jeg
  er lige ved at ...

---

aften, promenieren die Kopenhagener in großer Anzahl auf
der reizenden Langelinie am Sunde. Meistens richtet es
die Damenwelt so ein, daß an dem Tage die neuen Früh-
jahrstoiletten getragen werden können. Der dänische Buß-
tag fällt auf den 4. Freitag nach Ostern.

[1] In größeren Sommeretablissements (Kopenhagener
Tivoli!) führen die Kellner einen Bestillingsseddel paa
Smørrebrød, Bestellzettel auf Butterbrot, bei sich. Wer kein
warmes Essen wünscht, verlange: Jeg ønsker noget Smørre-
brød; har De en Bestillingsseddel? Auf demselben gibt
man die Stückzahl der gewünschten Butterbrote an, ebenso,
mit was dieselben belegt sein sollen. Will man z. B.
2 Butterbrote mit Schinken, so schreibt man unter die
Rubrik Schinken einfach eine 2.

[2] Wenn besonders hervorgehoben, mit langem e (ē).

dableiben blive (*III*) der
Dach et Tag, *pl.* -e
 auf, unter dem D. paa, un-
 der Taget
Dachbalken en Tagbjælke,
 en *Tagaas*, *pl.* -er
 -boden et Loft, *pl.* -er
 -fenster et Tagvindue
 -rinne en Tagrende
Dachs en Grævling
 -hund en Grævlinghund
Dachzimmer et Kvistværelse
dadurch derved, ved det
 d., daß ich die Reise nach …
  aufschob, habe ich … ved
  at opsætte Reisen til …,
  har jeg …
dafür for den¹, derfor
 ich kann nichts d. det kan
  jeg ikke gjøre for
 d. gebe ich Ihnen … jeg
  giver Dem … for det
dagegen (anderseits) derimod,
 paa den anden Side
 ich habe nichts d. jeg har
  ikke noget imod det
daher (deshalb) derfor
 (von dort) der fra
 es kommt d., daß … det
  kommer af, at …
dahin derhen, *did*
 bis d. (Zeit) indtil da
dahinter bagved
 es steckt etwas d. der stikker
  noget under   [Tid]
damals dengang; paa den
Dame en Dame

[Dame] wird das Lokal auch
 von anständigen Damen
 besucht? kan pæne Damer
 ogsaa gaa hen i det Lo-
 kale?
„für Damen" „for Kvin-
 der", „for Damer"
ist der Weg auch für Damen
 passierbar? kan Veien og-
 saa passéres af Damer?
Damenbedienung (Restau-
 rant) kvindelig Opvart-
 ning (c)   [Damer]
 (Laden) Betjening (c) af
 -brett et Dambræt, *pl.*
  brædder
 -brettspiel et Damespil
 -brettstein en Brik, *pl.* -ker
 -coupee en Damekoupé, en
  Kvindekoupé
 -sattel en Damesadel
Damenschneiderin en Dame-
 skrædderinde
 können Sie mir eine D.
  empfehlen? kan De an-
  befale mig en Dame-
  skrædderinde?
 ich möchte mir ein Kleid
  machen lassen jeg vilde
  nok have en Kjole syet
 zeigen Sie mir einige Muster!
  maa jeg se nogle Møn-
  stre?
 machen Sie mir ein Kleid
  nach dieser Zeichnung! vil
  De sy mig en Kjole
  efter den Tegning?

---

¹ So, wenn das Wort, auf das es sich bezieht, den Artikel en hat; ist dasselbe ein Neutrum, so heißt es for det; im Plural for dem.

Damhirsch — Dampfschiff. 61

[**Damenschneiderin**] nehmen Sie mir Maß! vil De saa tage Maal?
Wollkleid en ulden Kjole
seidenes Kleid en Silkekjole
Kattunkleid en Sirtses Kjole
die **Ärmel** Ærmerne
der **Schoß** Skjødet
Besatz en Besætning
ich werde den **Stoff** selbst liefern jeg levérer selv Stoffet (Tøiet)
wieviel **Stoff** brauche ich dazu? hvor meget Tøi behøves til den?
das **Kleid** soll kurz, lang sein Kjolen skal være kort, lang
mit, ohne **Schleppe** med, uden Slæb
es soll nicht zu sehr anliegen den maa ikke stramme for meget
wählen Sie den **Besatz** selbst! De kan selv vælge Besætningen!
wann kann ich zur **Anprobe** kommen? naar kan jeg komme at prøve?
ich möchte das Kleid **Donnerstag** früh haben! jeg maa have Kjolen til Torsdag Morgen!
ich will es **anziehen**! jeg vil tage den paa!
Damhirsch et Daadyr
damit (mit dem) dermed, med den¹ (det, dem)

damit wir nicht zu spät kommen at vi ikke kommer for sént
Damm et Dige, en Vold
auf dem **Straßendamm** ude paa Gaden
(**Molo**) en Dæmning, en Mole
Dämmerung et Tusmørke, en Skumring, en Lysning
es dämmert (morgens) det lysner (dages)
(abends) det mørknes
Dampf en Damp
-bad et Dampbad, pl. -e
-boot en Dampbaad
dampfen dampe
dämpfen dæmpe
(Kochkunst) stuve
gedämpfte **Kartoffeln** stuvede Kartofler (pl. c)
Dampfer en Damper
Rad- en Hjuldamper
Schrauben- en Skrusdamper
Dampffähre en Dampfærge
über den **Großen**, **Kleinen** Belt over Storebælt, Lillebælt
-kessel en Dampkjedel
-maschine en Dampmaskine
-omnibus en Dampsporvogn [-vaun]
Dampfschiff et Dampskib, pl. -e; en Damper
Post- et Postdampskib
Touristen- et Turistskib
Fjord-, **Sund**- en Fjorddamper, en Sunddamper

¹ Vgl. die Anmerkung S. 60.

Dampfschiff.

den Fjord hineingehend *paa Indgaaënde*
den Fjord zurückgehend *paa Udgaaënde*
nach dem Norden fahrend *paa Nordgaaënde*
nach dem Süden fahrend *paa Sydgaaënde*
wann geht das D. nach ... ab? naar gaar Dampskibet til ...?
nicht jeden Tag? ikke hver Dag?
an welchen Tagen? hvad Dage?
wie oft jeden Tag? hvor tit om Dagen?
Reise mit dem D. en Tur med Dampskibet
wann wird das D. hier sein? hvornaar vil Damperen kunne være her?
wird hier gehalten? stoppes der her?
wird ... angelaufen? anløbes ...?
wo ist der Dampfschiffplatz? hvor er Dampskibsbroen, Anløbsstedet, *Bryggen?*
wo ist das Büreau, die Kasse? hvor er Kontoret, Billetkontoret?
Deckplatz en Dæksplads, *pl.* -er
hin und zurück frem og tilbage
was kostet das Billet? hvad koster Billetten?
was kostet ein Platz erster, zweiter Kajütte einschließlich Koje und Essen? hvad koster en Plads til første, anden Kahyt med Køis og Maden iberegnet [-reinet]?
schließt der Fahrpreis Trinkgeld ein? er Drikkepenge medregnet [-reinet] i Prisen?
geben Sie Familienermäßigung? giver De Familismoderation?
die Billets sind für meine Frau und mich Billetterne er for min Hustru og mig
wie lange gilt das Billet? hvor længe gjælder Billetten?
ist Unterbrechung der Fahrt gestattet? har man Lov til at afbryde Turen? s. auch Anm. 1, S. 49
fährt dieses Schiff innerhalb oder außerhalb der Schären? gaar Skibet indenskjærs eller udenskjærs?
wann muß man an Bord sein, um einen guten Platz zu bekommen? naar skal man være ombord, for at kunne faa en god Plads?
findet irgendwo ein Schiffwechsel statt? faar man bytte Skib et eller andet Sted?
hat das Schiff Anschluß an den Dampfer nach ...? korrespondérer Skibet med Damperen til ...?
wieviel Betten hat die Koje? hvor mange Senge har Køien?

Dampfschiff — Dampfschifffahrtgesellschaft. 63

[**Dampfschiff**] ich möchte eine Koje für mich allein haben jeg vilde gjerne have en Køis alene
eine besonder Koje für Damen en Damekøis
sind alle Kojen vergeben? er alle Køiёr optaget?
muß ich im Salon schlafen? faar jeg sove i Salonen?
wie lange dauert die Fahrt bis …? hvor lang Tid tager Turen til …?
wann kommen wir in … an? naar kommer vi til …?
ist in … eine Landungsbrücke, oder muß man ein Boot nehmen? gaar Skibet ind til Broёn *(Bryggen)*, eller faar man tage Baad?
wo liegt das D. nach …? hvor ligger det Dampskib, der gaar til …?
ist es nicht angekommen? er det ikke kommet endnu?
ich will nach … und beabsichtige, mit dem Dampfer bis … zu fahren und von da mit dem Wagen weiter; ist dies die schnellste Verbindung? jeg skal til … og tænker at seile med Damperen til … og saa tage med Skyds videre; er det den hurtigste Forbindelse?

[**Dampfschiff**] um wieviel Uhr geht das Schiff ab? hvad Klokkeslet seiler Skibet?
wann geht das nächste Schiff ab? naar gaar det næste Skib?
ich möchte in … aussteigen, bitte, dort das Signal zu geben! jeg vil gaa iland i …, maa jeg bede Dem om at give Signal dёr?
sind Sie der Kapitän, Steuermann? er De Kapteinen, Styrmanden?
zeigen Sie mir einen guten Schlafplatz und sorgen Sie für mich; ich fürchte die Seekrankheit! anvis mig en god Plads til at sove paa og sørg saa godt for mig; jeg er bange for Søsygen!
welche Station ist dies? hvad er det for et Anløbssted?
wie lange bleibt das Schiff hier? hvor længe bliver Skibet liggende her?
kann man ans Land gehen? wie lange? er der Tid til at gaa iland? hvor lang Tid er der?
Dampfschiffahrt en Dampskibsfart
-gesellschaft et Dampskibsselskab[1]

---

[1] Die größte Dampfschiffahrtgesellschaft in Dänemark ist: det forenede Dampskibsselskab; Kennzeichen ihrer 107 Schiffe ist die blaue Flagge mit einem weißen Maltheserkreuz. Die Reisenden im nördlichen Norwegen werden ha…

danach derefter, efter den[1] (det, dem)
Däne en Dansker, *pl.* Danskere und Danske
daneben ved Siden af
Dänemark Danmark (n) das Königreich D. Kongeriget Danmark
dänisch dansk
auf d. paa Dansk
d. sprechen tale (II) Dansk
Dank: vielen D.! mange Tak (c)!
empfangen Sie meinen besten D.! maa jeg takke Dem mange Gange!
es bedarf keines Dankes det er ikke noget at takke for
Sie würden mich zu D. verpflichten, wenn ... jeg vilde være Dem Tak skyldig, hvis ...
dankbar: ich bin Ihnen sehr

d. für ... jeg er Dem meget taknemmelig for ...
danken takke
danke! Tak[2]! [Tak!]
danke (Ihnen) sehr! mange sagen Sie ihm, ich lasse mich vielmals bedanken! sig ham mange Tak! [Tak!]
ich danke (ablehnend)! nei, ich danke Ihnen sehr, aber ... Tak skal De have, *faa*,
dann saa, da [men ...]
d. und wann af og til
daran deri, derpaa, dertil; i, paa, om den[1] (det, dem) es liegt mir viel d. det er mig meget om at gjøre
darauf (auf etwas) derpaa, paa den[1] (det, dem) (nachher) senere, derpaa
daraus deraf, ud deraf ich mache mir nichts d. jeg bryder mig ikke om det

---

lich mit *det Bergenske*, der Bergenschen (16 Schiffe, Erkennungszeichen: schwarzer Schornstein mit drei weißen Querbändern), und *det Nordenfjeldske Dampskibsselskab*, der Nordenfjeldschen Dampfschiffgesellschaft, in Verbindung treten (16 Schiffe, Kennzeichen: schwarzer Schornstein mit einem breiten roten Streifen zwischen zwei weißen). Zwei Dampfer jeder der beiden Gesellschaften sind elegant eingerichtete „Turistskibe".

[1] S. Anm. S. 60.
[2] Als Antwort auf Vær saa god! oder Vær saa artig! unerläßlich, auch Kellnern, Schaffnern gegenüber; würde neben dem weniger gebrauchten godt! auch dem deutschen schön! entsprechen. — Fühlt man sich zu Gegendank verpflichtet, so sagt man: selv Tak! (Ihnen) selbst (gebührt) Dank! Dem Spender eines genußreichen Tages, einer gesellschaftlichen Zusammenkunft ꝛc. bringt man ein: Tak for sidst (idag, iaften)! Dank für letzthin (heute, heute abend)!

darin — dehnen. 65

darin deri, i den[1] (det, dem) was ist d.? hvad er der i den?
darüber (örtlich) ovenover ich freue mich d. jeg glæder mig over det[1]
darum derfor
darunter nedenunder
(dazwischen) deriblandt, derimellem
das det [be]
(als Artikel vor Adjektiven) den, det
Dasein: der Kampf ums D. Kampen for Tilværelsen
daselbst dér
daß at, for at
dasselbe den (det) samme
Datum: welches D. schreiben wir heute? hvad skriver (III) vi idag?
Dauer en Varighed
dauerhaft varig
dauern: wie lange wird es d.? hvor længe varer det? es darf nicht lange d. det maa ikke vare længe
es dauert mich det gjør (III) mig ondt
Daumen en Tommel, en Tommelfinger [dem)
davon deraf, af den[1] (det, das kommt d., daß ... det kommer af, at ...
d. 3 ab, bleiben 6 tre fra, det bliver seks
weit d. langt derfra

[davon] ich bin noch gut d. gekommen jeg kom dog godt fra det [afsted] sich d. machen skynde(II)sig
davor foran, derfor
dazu dertil, til den[1] (det, dem) [bliver elleve] d. 3, macht 11 tre til, det
dazwischen derimellem, deriblandt [lemkomst]
Dazwischenkunft en Mel-
dazwischen treten blande
debütieren debutére [sig i]
Deck: auf D. paa Dækket auf dem Vorder- forude auf dem Hinter- agterude
Deckbett en Overdyne
Decke[2] : Bett- et Sengetæppe Pferde- et Hestedækken Reise- et Reisetæppe Stepp- et stukket Tæppe Tisch- et Bordtæppe Wagen- et Dækken til Vognen [waunen] wollene D. et uldent Tæppe Zimmer- et Loft, pl. -er: (Balken-) et Spærreloft
Deckel et Laag
decken: d. Sie den Tisch! lad os saa faa dækket Bordet!
defekt defekt, mangelfuld
Degen en Kaarde -scheide en Skede
dehnen: wie weit dehnt sich der Gletscher aus? hvor langt strækker (III) Bræen sig?

---
[1] S. Anm. S. 60.
[2] Sich nach der Decke strecken: sætte Tæring efter Næring, wörtlich: setzen Zeche nach Erwerb.

Deich et Dige, en Vold
Deichsel en Vognstang
[waun-], *pl.* stænge.; en Stjert
dein, deine din, dit, *pl.* dine
deinige, der, die, das din, dit, *pl.* dine
Deklaration en Deklaration ist eine D. nötig? skal der en Deklaration til?
deklarieren deklaréro
Delikatesse en Delikatesse
Delikatessenhandlung en Delikatessehandel
Delphin en Delfin, *en Nise*
demnach derfor, følgelig
Demut en Ydmyghed
demütig ydmyg
Demütigung en Ydmygelse
denken tænke *II*
 was d. Sie! hvad tænker De dog paa!
 d. Sie sich! tænk Dem!
 wie d. Sie darüber? hvad mener (*II*) De om det?
 was d. Sie zu thun? hvad har De tænkt paa at gjøre?
 das habe ich mir gedacht det har jeg nok tænkt
 ich denke nicht daran, es zu thun det har jeg slet ikke tænkt paa at gjøre
 ich dachte, es wäre am besten zu .. jeg mente, det var bedst at ...

Denkmal et Mindesmærke, en Mindestøtte, et Monument, en Bautastēn[1] wen (was) stellt dieses D. vor? hvem (hvad) forestiller dette Mindesmærke?
Denkmünze en Skuepenge
-spruch et Tankesprog
denkwürdig mindeværdig
denn thi, for[2]
 d. Sie wissen for De véd jo
 was gibt es d.? hvad er
dennoch alligevel [der?]
Depesche en Depeche
deponieren deponére
derartig saadan, *slig*
derjenige, diejenige, dasjenige den, det, *pl.* de d., welcher den, som
derselbe, dieselbe, dasselbe den samme, det samme, *pl.* de samme
desgleichen det samme
deshalb derfor
dessen: der Mann, d. Sohn uns begleitete Manden, hvis Søn ledsagede os
 ich erinnere mich d. nicht jeg mindes (husker) det ikke
Dessert en Dessert
desto: d. mehr, weniger, besser, schlimmer desmere, desmindre, desbedre, desværre
deswegen derfor

---

[1] Bautastēne finden sich oft gruppenweise auf Hügeln, auf denen einstmals Gericht abgehalten wurde; einzeln stehende erinnern an Verstorbene.
[2] thi in der Schrift-, for in der Umgangssprache.

deuten tyde, tolke
auf etwas d. vise (*II*) hen⎫
deutlich tydelig [paa noget]⎬
d. sprechen tale (*II*) tydeligt
d. machen gjøre (*III*) forstaaelig
Deutsch tysk
ist jemand hier, der d. spricht? er her nogen, der kan tale Tysk?
verstehen (sprechen) Sie d.? forstaar (taler) De Tysk?
kann er d.? kan han Tysk?
auf d. paa Tysk
ins D. übersetzen oversætte paa Tysk
Deutscher en Tysker
Deutschland Tyskland (*n*)
Deutung en Udtydning
Dialekt et *Bygdemaal*, et *Maalføre*
Diamant en Diamant
Diät: muß ich D. halten? skal jeg holde Diæt (c)?
dicht tæt
d. bei tæt ved, nær ved
dichten digte
Dichter en Digter
dick tyk, *diger*
ein dicker Herr en korpulent (tyk) Mand
dicke Milch en Tykmælk
Dickicht en Tykning
Dieb en Tyv
Diebin en Tyvekvind, *pl.* -er
Diebstahl et Tyveri
Diele en Fjæl
dienen tjene *II*
womit kann ich Ihnen d.? hvormed kan jeg tjene Dem?

bei wem dienen Sie? hos hvem tjener De?
Diener en Tjener
-schaft Tyendet, Tjenestefolkene *pl.*
Dienst en Tjeneste
wollen Sie mir einen D. leisten? vil De gjøre mig en Tjeneste?
Sie würden mir dadurch einen großen D. leisten! De vilde gjøre mig en stor Tjeneste med det!
zu Ihren Diensten! til Tjeneste!
was steht Ihnen zu Diensten? hvad kan jeg tjene Dem⎫
Dienstag en Tirsdag [med?]⎬
nächsten D. paa Tirsdag
Dienstbote en Karl, *en Tjenestegut*, *pl.* -ter
(weibl.) en Tjenestepige, *en Tjenestejente*
-herr en Husbond
-mädchen en Tjenestepige, *en Jente*
Dienstmann et Bybud, *pl.* -e
schicken Sie mir einen D.! faa sagtens fat paa et Bybud til mig!
besorgen Sie dies nach ...! bring det hen til ...!
was bekommen Sie dafür? hvad skal De have, *faa* for det?
welche Nummer haben Sie? hvad Nummer har De?
bringen Sie mir Antwort nach...! bring Besked til...!
diensttuend tjenstgjørende

biefer, biefe, biefeß denne[1], dette, *pl.* disse
biesfeits: b. beß Gebirgfees paa denne Side af Fjeld- vandet [Dirk]
Dietrich (Nachschlüssel) en
Diner en Diner
Ding en Ting, *pl.* Ting vor allen Dingen fremfor
bingen leis, *tinge* [alt] ein Boot b. leis en Baad (feilschen) prutte
binieren dinére
birekt direkte
Direktor en Direktér
Dirigent en Dirigent
birigieren dirigére
bisfontieren diskontére wollen Sie biesen Wechsel b.? vil De diskontére den Veksel? wieviel Prozent Diskont rechnen Sie? hvor mange Procent Diskonto be- regner [-reiner] De?
bisponieren disponére
Distanz en Distance, en Af- stand auf eine D. von etwa 300 Schritt i en Afstand af henved trehundrede Skridt
Distel en Tidsel, *en Tistel*
-fink en Stillids. *pl.* -er
bividieren dividére
boch dog, alligevel

Docht en Væge, *en Veke*
Dock en Dok
Dogge: dänische D. en stor dansk Hund
Dohle en Allike
Doktor der Medizin en Dok- tor i Medicinen
Dolch en Dolk
-messer en Tollekniv
Dolmetsch en Tolk
Dom en Domkirke
Domino: D. spielen spille Domino (c) [-ker]
-stein en Dominobrik, *pl.* ich kann nicht setzen jeg kan ikke lægge (*III*) til
Donner en Torden es donnert und blitzt det tordner og lyner
-schlag et Tordenskrald
Donnerstag en Torsdag
Doppeladler en flakt Ørn
-fenster et dobbelt Vindu(e)
-flinte en tolobet Bøsse
doppelt dobbelt
Dorf en Landsby, *en Bygd,* *pl.* -er im Dorfe *i Bygden* wie heißt bieses D.? hvad hedder den Landsby, *Bygd?*
-bewohner en Mand fra Lan- det, *pl.* Folk fra Landet, *Bygdefolk*
-gemeinde et Sogn [saun], *pl.* -e; *en Bygd, pl.* -er

---

[1] In der Umgangssprache oft den, det, *pl.* de; die Norweger fügen sehr häufig dem darauf folgenden Sub- stantiv den bestimmten Artikel hinzu, z. B. i *dette Landet* 'u Lande, denne Jenten dieses Mädchen.

Dorfprediger en Landsby-præst, *pl.*-er; *en Landsprest, pl. -er*
-schule en Landsbyskole, *en Bygdeskole*
Dorn en Torn, en Tjørn
dornig tornet, tornefuld
dörren tørre, *tørke*
gedörrtes Obst tørret Frugt
Dorsch[1] en Torsk, *pl.* Torsk
Dorschfang *et Torskefiske*
  mit D. beschäftigt *paa Torskefiske* [henne, *did*
dort dēr, hist henne, dēr]
Dose en Daase
Dotter en Blomme, en Æggeblomme
Douche en Douche
kalte kold
warme varm
Draht en Staaltraad [-er]
Drahtstift en Traadstift, *pl.*]
Drang zu Tilbøielighed (c) til, Lyst (c) til
drängen trykke, presse
draußen derude, udenfor
ich will d. essen jeg vil spise udenfor (i det fri)
Drechsler en Dreier
Dreck et Snavs, et Dynd, et Søle, et Pløre
im D. waten vade i Dyndet (Pløret)
drehen dreie, vende *II*
Drehorgel en Lirekasse
drei tre

Dreieck en Trekant, *pl.* -er
dreieckig trekantet
Dreimaster (Schiff) en Tremaster
Dreirad en Tricykle
dreißig tredive, *treti*
dreist dristig
Dreistigkeit en Dristighed
dreizehn tretten
Drell (et) Dreil
dreschen tærske
Dreschflegel en Pleil
dringen nøde *II*
dringende Gefahr Fare (c) paa Færde
dringende Geschäfte presserende Forretninger (*pl.* c)
dringende Bitte en indstændig Bøn (*pl.* -ner)
droben deroppe, histoppe
drohen true
dröhnen drøne
Drohung en Trusel [ågtig]
drollig morsom,(vulg.) grin-]
Drontheim Trondhjem (*n*)
Droschke en Droske, en Droschke
Einspänner en Enspænder
Zweispänner en Tospænder
rufen Sie, besorgen Sie mir eine D.! vil De faa mig en Droschke?
ist diese D. belegt? er den Droschke optaget?
Droschkenfahrt en Kjoretur med Droschke

---

[1] Große Dorsche werden in Norwegen *Stortorsk*, kleine *Smaatorsk* genannt. In Tiefwässern gefangene nennt man *Tarretorsk* im Gegensatze zu den kleinen auf Felsengrund lebenden Dorschen (*Berglaks*).

Drofchtenhalteplatz — Druckfehler

[Droschkenfahrt] was kostet die Fahrt? hvad faar De for Turen?
für 1, 2, 3 Personen for én Person, to, tre Personer hin und zurück frem og tilbage
ich bitte, meine Damen, auf dem Vordersitz Platz zu nehmen! maa jeg bede Damerne om et tage Plads paa Forsædet?
ich werde den Rücksitz einnehmen jeg sidder paa Bagsædet
fahren Sie zunächst nach Königs Neumarkt, dann durch Bredgade und längs der Langelinie nach Osterbro! kjør forst til Kongens Nytorv, saa gjennem Bredgade og langs med Langelinis ad Østerbro til!
fahren Sie möglichst schnell, ich habe Eile! kjør rask til, jeg har travlt!
Sie follen ein gutes Trinkgeld bekommen! De skal faa gode Drikkepenge!
kehren Sie um! vend om!
halten Sie vor Nummer ... in der ...straße an! hold ved Nummer ... i ...gade!
lassen Sie mich aussteigen! her vil jeg staa af!

[Droschkenfahrt] erwarten Sie mich an der Straßenecke! vent paa mig ved Gadehjørnet!
wir sind 2½ Stunden gefahren; was ist dafür zu bezahlen? vi har kjørt i halvtredie Time; hvormeget bliver det?
da, nehmen Sie! die Tour 2 Kronen, Trinkgeld 25 Øre, also bekomme ich 75 Øre zurück[1]! vær saa god! to Kroner for Turen, fem og tyve Øre i Drikkepenge, og saa faar jeg fem og halvfjerds, *sytti* Øre tilbage!
Droschkenhalteplatz en Holdeplads (*pl.* -er) forDroschker
-kutscher en Droschkekudsk
Drossel en Drossel, *en Trost*
drüben paa den anden Side; derovre, *hortenfor*
Druck et Tryk
drucken trykke
drücken trykke
meine Stiefel (Schuhe) b. Støvlerne (Skoene) trykker mig [trykker]
Drücker (Gewehr-) en Af-/Thür- en Dørklinke
Druckerei et Trykkeri
Druckfehler en Trykfeil, *pl.* feil

---

[1] Man versehe sich vor einer Droschkenfahrt mit Kleingeld, weil die Kutscher, besonders wenn es sich um eine geringe Summe handelt, mitunter einen auffälligen Mangel an solchem zeigen.

Drucksachen — Durchschnitt. 71

Drucksachen Tryksager *pl.*
drunten dernede, histnede
Drüse en Kjertel
dulden taale *II*
  ich kann das nicht d. det kan jeg ikke taale
  warum d. Sie das? hvorfor vil De taale det?
dumm dum, indskrænket
  ein dummer Kerl en dum Karl
  · Sie sind nicht so d.! De er ikke saa tosset!
  das ist d. (ärgerlich)! det var dumt! [*pl.* -er}
Dummkopf et Fæhoved,}
Dummheit en Dumhed
dumpf hul
dumpfig muggen
Düne en Klit, *pl.* -ter
düngen gjøde, *gjødsle*
Dünger en Gjødning, (et) Møg [men], *en Frau*
dunkel mørk
  es wird schon d. det begynder allerede at mørknes
Dunkelheit et Mørke
dünn tynd   [dere}
  dünner machen gjøre tyn-}
Dunst en Dunst, *pl.* -er
Duplikat et Duplikat
durch igjennem, gjennem
  (mittels) ved
  d. den Wald gehen gaa igjennem Skoven [Vandet}
  d. das Wasser gjennem}
  d. den Hof over Gaarden

[durch] b. Bekanntschaft ved Bekjendtskab (n)
  die ganze Woche d. hele Ugen igjennem
durchaus aldéles
durchbrechen bryde (*III*) igjennem   [Filigran[1]}
durchbrochene Arbeit (et)}
Durchbruch en Aabning
durchdringend gjennemtrængende   [andre}
durcheinander mellem hver}
Durchfahrt en Gjennemkjørsel
Durchfall en Diarrhoe
durchfallen falde (*III*) igjennem
durchführen (örtlich) føre (*II*) igjennem
  (ausführen) gjennemføre *II*
Durchgang en Gjennemgang
durchgehen gaa (*III*) igjennem
  (Pferd) løbe (*III*) løbsk
  (Rind) bisse, *skjenne*
durchlaufen løbe (*III*) igjennem   [vastrukken}
durchnäßt gjennemblødt,}
Durchreise: auf der D. paa Gjennemreisen
durchschauen (örtlich) se (*III*) igjennem
  (erkennen) gjennemskue
durchschneiden gjennemskjære *III*
Durchschnitt: im D. i Gjennemsnit (n)

---

[1] Filigranarbeiten in Gold und Silber nach altnordischen Mustern sind eine Spezialität der norwegischen Goldschmiede.

durchſehen — Effelt.

durchſehen se (III) igjennem
durchſichtig gjennemsigtig
durchſtrömen gjennem-
  strømme [ransage]
durchſuchen gjennemsøge
durchtrieben forslagen, sne-
  dig
durchweg gjennemgaaënde
durchziehen drage (III) i-
  gjennem
dürfen maa III, tør III
  darf ich um ... bitten? maa
    (tør) jeg bede om ...?
  darf ich fragen, ob ...? maa
    jeg spørge, om ...?
  darf ich mir erlauben, zu ...?
    maa jeg tillade mig at...?
  darf man hier rauchen? er
    det tilladt at ryge her?
  man darf hier nicht rauchen!
    her maa ikke ryges!
  darf man da hineingehen?
    maa (tør) man gaa ind?
  wo (wann) darf man? hvor
    (naar) maa man?
  ich durfte nicht ... jeg turde
    ikke ...
dürftig nødlidende, ussel
dürr tør, tørret
Durſt en Tørst
  ich habe D. jeg er tørstig
  den D. löſchen slukke Tør-
    sten
durſtig tørstig
düſter skummel
  eine düſtere Gegend en trist
    Egn [ein]
Dutzend et Dusin
Ebbe en Ebbe, et Lav-
  vande, en Fjære
  E. und Flut Ebbe og Flod

wann tritt die Ebbe ein?
  naar er der Ebbe (Lav-
  vande)?
eben (glatt) jævn
  (Weg) *ſetlændt
  zu ebener Erde wohnen bo
    i Stuën (Stuëetagen)
  e. als ich ... lige da jeg ...
  e. hatte ich ..., als ... jeg hav-
    de lige ..., da ...
Ebene: Niederungs-enSlette
  Hoch- en Høislette, en
    Fjeldvidde, en Vidde
  Tief- et Sletteland, pl -e;
    et Lavland, pl. -e
  ſchiefe E. et Skraaplan, pl.
ebenfalls ligeledes [-er]
ebens: e. ſchön als ligesaa
    kjøn, vakker som
  e. ſehr als ligesaa meget
  e. wie ligesom [som]
Eber en Orne
ebnen jævne
Echo et Ekko
echt ægte
Echtheit: garantieren Sie für
    die E.? garantérer De for
    Ægtheden?
Ecke et Hjørne
  um die E. om Hjørnet
  an der E. der Straße ved
    Hjørnet af Gaden
Eckenſteher en Sjover [ſjauer]
Eckhaus et Hjørnehus, pl.-e
eckig: drei-, vier-, fünfedig
    trekantet, firkantet, fem-
    kantet
Eckplatz en Hjørneplads, pl.
edel ædel [-er]
Edelſtein en Ædelstēn
Effelt en Effekt

Egge en Harve
eggen harve [stisk]
egoiſtiſch egenkjærlig, egoï-]
ehe før, forend, inden
Ehe et Ægteskab
-frau en Hustru
-hälfte en Ægtemage
-leute Ægtefolk
eheliche Kinder ægte Børn,
sing. et Barn
ehemals forhen [mænd]
Ehemann en Ægtemand, *pl.*
eher før, hellere
  ich würde e. ... als ... jeg
  vilde hellere ... end ...
ehrbar ærbar
Ehre en Ære
  (Ruhm) en Hæder
  mit wem habe ich die E. zu
  ſprechen? hvem har jeg
  den Ære (Fornøielse) at
  tale med?
  auf E.! paa Ære!
ehren ære, hædre
  geehrter Herr! høistærede!
  (in Briefen) Ærede Hr....[1]
Ehrengaſt en Hædersgjæst,
ehrenhaft hæderlig [*pl.* -er]
Ehrenmann en Hædersmand,
  [*pl.* mænd   [*pl.* -mer]
-mitglied et Æresmedlem,
-pforte en Æreport
-wort et Æresord
ehrerbietig ærbødig
Ehrfurcht en Ærefrygt
-gefühl en Æresfølelse

Ehrgeiz en Ærgjérrighed
ehrlich ærlig
Ehrlichkeit en Ærlighed
  ſich auf ſeine E. verlaſſen
  stole paa hans Ærlighed
ehrwürdig ærværdig
ei! naa²! ei, ei! se, se!
  ei bewahre! bevares!
Ei et Æg
-gelb en Æggeblomme
-weiß en Æggehvide
Rühr- (et) Roræg
Spiegel- et Speilæg
(Eier legen lægge (*III*) Æg,
  værpe   [træ]
Eiche en Eg [ebg], et Ege-
Eichel et Agern. *pl.* Agern
-häher en Noddeskrik
eichen af Egetræ
Eichenwald en Egeskov,
  en Egeskog
Eichhörnchen et Egern, et
Eid en Ed [(en) Ekhorn]
  ich kann einen E. darauf ab-
  legen jeg kan aflægge Ed
  paa det; jeg kan sværge
  paa det
Eidechſe et Firbén   [*n*]
Eiderdaunen Edderdun *pl.*
-gans en Edderfugl
Eierbecher et Æggebæger
-bier (et) Æggeøl
-kuchen en Æggekage
-punſch en Æggetoddy
-ſchale en Æggeskal. *pl.* -ler
Eifer en Iver, en Nidkjærhed

---

[1] Folgt Titel oder Name.
[2] Sehr allgemein; man drückt durch das Wort aus, daß man den Erzähler verſtanden hat und ihm in ſeiner Darſtellung gefolgt iſt.

Eifersucht en Skinsyge
eifersüchtig skinsyg
eifrig ivrig
eigen egen, eget, *pl.* egne[1]
es ist mein e. det er min (mit) egen (eget) [selv]
eigenhändig egenhændig,
Eigenlob en Selvros
eigenmächtig egenraadig
-nützig egennyttig
Eigenschaft en Egenskab
eigensinnig egensindig, selv-raadig, egen
eigentlich egentlig
Eigentum en Eiëndom
wessen E. ist das? hvis er det? hvem eiër det?
Eigentümer en Eiër
eigentümlich eiëndómmelig (sonderbar) sær
eignen: sich zu etwas e. egne [sine] sig til noget
Eilbote et Ilbud, *pl.* -e
Eile en Hast [*fygende Fei*] in aller E. i stor Hast; i ich habe E. jeg har travlt
eilen Sie! skynd Dem!
eile mit Weile far i Mag[2]
es eilt det haster
Eilgut et Ilgods
als E. som Ilgods

eilig skyndsomt
Eilwagen (Post): mit dem E. med Diligence[3] [-fiangse] (c)
ich möchte mit dem E. nach Odnes fahren jeg vilde nok kjøre med Diligencen til Odnes
wo bekommt man Billets? hvor faas Billetter?
wann fährt der Wagen ab? naar gaar Vognen?
wo muß man einsteigen? hvor staar man paa?
sind im E. noch zwei Plätze frei? wenn nicht, wünsche ich einen Extrawagen er der to Pladser til? hvis ikke, ønsker jeg en Ekstravogn [-waun]
Eilzug: mit dem E. med Iltoget, *Hurtigtoget*
Eimer en Spand
Milch- en Mælkespand
ein, eine en (et)
einander (zwei) hinanden (mehrere) hverandre
einatmen indaande
frische Luft e. indaande (trække) frisk Luft
einäugig ønøiët

---

[1] Meistens wie „eien", „eiet" und „eine" ausgesprochen, in Zusammensetzungen jedoch wie geschrieben.

[2] Davon abgeleitet ist: Farimagsgade, eine der größten Straßen in Kopenhagen.

[3] Die meisten norwegischen *Diligencer* sind offene Wagen mit vier bequemen Sitzplätzen, haben jedoch ein einfaches aufstellbares Verdeck, *et løst Ruf*. Die Passagiere der Eilpost werden in Bezug auf Nachtlager und Essen andern Reisenden gegenüber bevorzugt.

Einband — eingenommen. 75

Einband: Leinen- et Lærredsbind
Leder- et Læderbind
einfach tarveligt
bitte, wollen Sie mir dieses Buch einbinden lassen!
vil de faa mig den Bog indbundet?
jeden Band einzeln hvert Bind særskilt
beide Teile in einen Band begge Dele i ēt Bind
einbegriffen: ist ... mit e?
er ... indbefattet i det?
einbilden: sich etwas e. bilde (II) sig noget ind
ich bilde mir nicht ein, daß ich ... jeg bilder mig ikke ind, at jeg ...
Einbildung en Indbildning
einbinden indbinde III
einbrechen (Dieb) bryde (III) ind [brast (III)]
die Brücke brach ein Broen]
einbringen trænge (II) ind
eindringlich indtrængende
Eindruck et Indtryk
das hat einen tiefen E. auf mich gemacht det har gjort et stærkt Indtryk paa mig [ēne, det ēne]
einer, eine, eins ēn, ēt; den/
nur e. kun ēn
e. nach dem andern ēn for ēn [ēn]
dort kommt e. dēr kommer/
einerlei: das ist mir alles e.
det er mig ganske det/
einfach tarvelig [samme/
ein einfaches Zimmer et tarveligt Værelse

die Sache ist doch ganz einfach Tingen er dog ganske simpel, grei
Einfahrt (Wagen) en Indkjørsel [Indseilingen]
(Schiff): bei der E. ved/
Einfall et Indfald
ein sonderbarer E. et løiērligt Indfald
einfallen: sein Name will mir nicht e. jeg husker ikke hans Navn
es fällt mir nicht ein, das zu thun det kunde aldrig falde (III) mig ind, at/
einfältig enfoldig [gjøre det/
einfassen kante, indfatte
Einfassung en Indfatning, en Ramme
Einfluß en Indflydelse
einförmig ensformet
Einfuhr en Indførsel
einführen indføre II
eingeführte Waren indførte Varer [ning/
Eingabe (Bericht) en Beret-/
(Gesuch) en Ansøgning
Eingang en Indgang
(Zutritt) en Adgang
eingebildet: eine eingebildete Person en indbildsk Person
Eingeborner en Indfødt
eingeengt: zwischen etwas e. indklemt mellem noget
eingehen: auf etwas e. gaa (III) ind paa noget
eingemachte Früchte hensyltede Frugter (pl. c)
Eingemachtes (et) Syltetøi
eingenommen für indtaget i

eingepökelt — Einladung.

eingepökelt (ned)saltet
  eingepökeltes Fleisch (en)
    Saltmad
eingesalzen saltet
  eingesalzenes Fleisch saltet
    Kjød (n)   [Spegesild]
  eingesalzener Hering en
  eingesalzener Dorsch en Ludfisk   [døret, anbefalet]
eingeschrieben rekommanderet
Eingeweide Indvolde pl.
  (der Fische) (et) Gan
eingießen skjænke i
Eingriff: ein E. in sein Recht
    et Indgreb i hans Rettigheder
einheimisch indenlandsk
  ist in ... e har hjemme i
einheizen fyre; f. auch heizen
einholen indhente, naa
  glauben Sie, daß wir die
    Gesellschaft e.? tror De,
    vi faar indhentet Selskabet?
  Versäumtes e. indhente det
    forsomte; tage (III) sin
einig enig   [Mon igjen]
  über etwas e. enige om. i
    noget   [enige?]
  sind wir einig? er vi saa
einige nogle, somme
  e. so, andre so somme saaledes, slig, andre anderledes
  e. Leute nogle (Folk)
  e. Male flere Gange
einigen, sich enes
einkassieren indkræve
Einkauf et Indkjøb
  Einkaufspreis en Indkjøbspris, pl. -er

[**Einkauf**] ich möchte bei
  Ihnen einige Einläufe
  machen jeg vilde nok
  kjøbe noget hos Dem
ich sehe in Ihrem Auslagekasten ...; was kostet das
  Stück? jeg ser ... i Deres Udhængsskab; hvad
  koster Stykket?
sagen Sie mir den genauesten Preis! vil De sige
  mig den billigste Pris?
so viel könnte ich nicht daran
  wenden saa meget har jeg
  ikke tænkt at give ud
ich will Ihnen 5 Kronen
  geben jeg vil give Dem
  fem Kroner [De om det?]
ist Ihnen das recht? synes
wollen Sie mir eine bessere
  Ware zeigen! vil De vise
  mig en bedre Slags?
schicken Sie mir die Sachen
  nach ...! mein Name ist ...
  send Sagerne hen til ...!
  mit Navn er ...
geben Sie mir eine quittierte
  Rechnung! lad mig faa
  en kvittéret Regning!
einkehren tage (III) ind,
  logére
Einkommen er: Indtægt, pl.
  -er, en Indkomme
einladen indbyde III, invitére
einladend indbydende
Einladung: ich gestatte mir,
  Ihrer freundlichen E. zu
  folgen jeg tillader mig
  at gjøre Brug af Deres
  venlige Indbydelse (c)

einlassen — einseifen. 77

einlassen: darauf kann ich
mich nicht e. det kan jeg
ikke indlade (*III*) mig
paa: det vil jeg ikke
have noget at gjøre med
einlaufen: in den Hafen e.
løbe (*III*) ind i Havnen
einlegen lægge (*III*) ind
einleuchtend indlysende
einmachen sylte; s. auch ein-
   gemacht
einmal engang, ēn Gang
auf e. (auf einen Zug) paa
(plötzlich) med et [ēn Gang]
nicht e. ikke engang
noch e. ēn Gang til
einmischen, sich blande sig i
Einnahme en Indtægt, *pl.*
-er; *en Indkomme*
einnehmen indtage *III*, tage
(*III*) ind
   den Platz von einem an-
   dern e. indtage en an-
   dens Plads
einpacken pakke ind
einprägen: jm. etwas e. ind-
   prente ēn noget
einrahmen indramme
einrechnen: ist ... mit ein-
   gerechnet? er ... med-
   iberegnet [-reinet]?
einreiben indgnide *III*
einrichten indrette, arran-
   gére, *stelle (med)*
Einrichtung en Indretning,
   et Stel
einrücken: eine Anzeige e.
   indrykke en Kundgjø-
eins ēn, et [relse(Annonce)
es ist mir alles e. det er
   mig det samme

einsam ensom, *enslig*
Einsamkeit: in der E. i En-
   somheden
Einsatz en Indsats
einschärfen indskjærpe, ind-
   prente
einschenken skjænke i
einschirren: in den Karren e.
   spænde (*II*) *for Kjærren*
einschlafen sove (*III*) ind,
   sovne
   der Fuß ist mir eingeschlafen
   min Fod sover
einschlagen svøbe (*II*) ind
   einen Nagel e. slaa (*III*) et
   Søm i
   bitte, schlagen Sie mir dies
   ein! vil De ikke nok
   svøbe det ind?
   (Blitz) slaa (*III*) ned
   wo hat es eingeschlagen?
   hvor har Lynet slaaet
   ned?
einschließen lukke inde
einschließlich inklusive, med-
   indbefattet
einschränken, sich indskrænke
   sig
Einschränkung en Ind-
   skrænkning
einschreiben indskrive *III*
   ich bitte, mich als Passagier
   einzuschreiben! vil De ind-
   tegne [-teine] mig som
   Passagér?
eingeschrieben anbefalet, re-
   kommandéret
einsehen se *III*, indse *III*
   Sie werden wohl e., daß ...
   De kan vel nok indse,
einseifen sæbe ind   [at

einfeitig ênsidig
Einfender en Indsender
Einfiedelei en Eneboërs Bolig (c, pl. -er); en Eremitbolig, pl. -er
Einfiedler en Eneboër
einfilbig ordknap, faamælt
einfpannen spænde (II) for
Einfpänner en Enspænder
einfperren indeslutte, indespærre
einfprihen indsprøite
Einfpruch: E. erheben nedlægge (III) Protest (c), Indsigelse (c)
einft engang [Stald]
einftallen sætte (III) paa
einfteden putte i
einftehen für indestaa (III) for
einfteigen stige (III) ind
wo fteigt man ein? hvor stiger man ind?
fteigen Sie ein! vær saa god at stige ind! tag (III) Plads!
fann man ſchon e.? kan man stige ind nu?
einftimmig enstemmig
einftödig med ên Etage
Einfturz: die Hütte droht mit E. Hytten truer med at styrte sammen
einftürzen falde (III) i, ned
einftweilen imidlertid
einteilen inddele II
Einteilung en Inddeling
einträchtig endrægtig
eintragen (Waſſer ꝛc.) bære (III) ind [en Bog] in ein Buch e. indføre (III)

einträglich indbringende
eintreffen: wann trifft die Poſt hier ein? naar kommer (III) Posten?
Eintritt en Adgang.
ift der E. erlaubt? er det tilladt at gaa ind?
wann ist freier E.? naar er der fri Adgang?
Eintrittsgeld en Entré
-farte et Adgangskort, en Billet
einverftanden: damit bin ich nicht e. det er jeg ikke enig med Dem om, i
Einverftändnis: im E. i Overensstémmelse (c), Forstaaélse (c)
Einwand en Indvending
einwechfeln veksle; bytte Penge
einwenden indvende II
einwideln svøbe (II) ind, vikle ind
einwilligen samtykke
einwirken auf indvirke paa
Einwirfung en Indvirkning
Einwohner en Indbygger
die E. des Dorfes Folkene i Byên, Bygden
Einzahlung en Indbetaling
einzeln enkelt
e. oder alle auf einmal? enkeltvis (ên for ên) eller alle paa ên Gang?
einzelne Perſonen nogle faa
einziehen: kann ich gleich e.? kan jeg straks flytte ind?
Erkundigung über etw. e. faa (III) Oplysning (Underretning) om noget

einzig eneste
kein einziger ikke en eneste
Einzug et Indtog
Eis en Is
-bär en Isbjørn
-bärenfell et Isbjørneskind
-behälter en Isbeholder
-berg en Bræ
-ente en Haveld
-rinde et Lag Is
-scholle en Isflage
-wasser (et) Isvand
Erdbeer- (en) Jordbæris
Frucht- (en) Frugtis
Himbeer- (en) Hindbæris
Kaffee- (en) Kaffeïs
Vanille- (en) Vanilleïs
Zitronen- (en) Citronis
bringen Sie mir etwas E.!
faa mig nogen Is!
eine ganze, halbe Portion
en hel, halv Portion
mit E. bedeckt islagt, isbelagt
liegt noch E. auf dem Ge-
birge? ligger der endnu
Is paa Fjeldet?
wann schmilzt hier das E.
gewöhnlich? naar pleier
Isen at smelte her?
hindert das E. noch den
Verkehr? er der endnu Is
i Veien for Færdselen?
Eisen (et) Jern
mit E. beschlagen jernbe-
slaaet, jernet
Eisenbahn en Jernbane, en
Jernvei, pl. -e; s. auch:
Bahnhof, Billet, Gepäck,
Zug

[Eisenbahn] auf, von, nach,
mit der E. paa, fra, til,
med Jernbanen
eingeleisige med Enkelt-
spor (n)   [spor]
zweigeleisige med Dobbelt-
schmalspurige smalsporet

**Vom Hotel bis ins
Koupee**

wo liegt der Bahnhof?
hvor er Banegaarden?
ich möchte mit dem Schnell-
zuge nach ... fahren jeg
tager med Iltoget, Hur-
tigtoget til ...
wann geht er ab? naar
gaar det?
fahren Sie nach dem Ost-
bahnhof! kjør til Øst-
banegaarden!
hier ist mein Gepäck; es
geht als Passagiergut nach
Trondhjem her er mit
Reisetøi; det skal gaa
som Passagérgods til
Trondhjem
ist die Kasse schon offen?
er Billetkontoret aabent?
wo ist die Billetausgabe?
hvor faar man Billet?
wieviel ist für die Benutzung
des Schlafwaggons zu
entrichten? hvad skal,
faar man betale for
Soveplads?
wieviel beträgt das über-
gewicht?[1] hvor stor Over-
vægt er der?

---

[1] 50 Pfund sind frei; auf norwegischen Lokalba..

Eisenbahn.

ist es Zeit einzusteigen? skal, faar man stige ind?
ist kein Sitzplatz mehr frei? er der ikke en Hjørneplads ledig?
gibt es Koupees für Raucher? Damenkoupees? er der Røgekoupeer? Dame- (Kvinde-) koupeer? [taget]
hier ist besetzt der er optaget
entschuldigen Sie, es ist noch Platz für eine Person undskyld, der er Plads for én til

Während der Fahrt
wir sitzen zu gedrängt vi sidder for tæt
es zieht; ich will das Fenster schließen det trækker; jeg vil lukke Vinduet
bitte, schließen Sie das Fenster dort! vil De ikke lukke det Vindus dér?
ich will den Vorhang herablassen jeg vil trække Gardinet for
Sie haben mein Billet bereits gesehen De har set min Billet
findet Wagenwechsel statt? wo? skal, faar vi skifte Vogn? [wann] hvor?
wie heißt diese Station? hvad hedder den Station?
wo haben wir den längsten Aufenthalt? hvor har vi det længste Ophold?
wie lange ist in Hamar Aufenthalt? hvor langt Ophold er der i Hamar?
wann kommen wir in ... an? naar kommer vi til ...?
geschwind drei Butterbrote und ein Glas Bier! lad mig faa tre Stykker Smørrebrød og et Glas Øl i en Fart!
ist noch Zeit, um auf einen Augenblick wegzugehen? er der Tid til at gaa ud et Øieblik?
wo sind die Abtritte? hvor er der en Retirade?
hier steige ich aus! her stiger jeg ud!

Vom Koupee ins Hotel
Träger, hier ist mein Gepäckschein; bringen Sie mein Gepäck! her er min Bagageseddel; faa mig mit Tøi!
tragen Sie die Sachen nach Hotel ...! bær disse Ting hen til Hotel ...!
bestellen Sie einen Wagen! faa mig en Vogn!
warten Sie, es kommt noch etwas Gepäck! vent lidt, der kommer noget Tøi!
fahren Sie ins Hotel ...! kjør til Hotel ...!

findet jedoch in der Regel ein Einschreiben von Freigepäck nicht statt.

Eisenbahnbeamter — Empfang. 81

[Eisenbahn] ist hier ein Omnibus des Hotels ...? er der ikke en Hotelvogn fra Hotel ...?
Eisenbahnbeamter en Jernbaneembedsmand, *pl.* mænd
-brücke en Jernbanebro
-damm en Jernbanevold
-fahrplan en Kjøreplan, *pl.* -er; *en Timetabel*
-fahrt en Reise med Toget
-karte et Jernbanekort; *et Jernbanekart, pl.* -er
-schiene en Jernbaneskinne
Eisenbahnwagen en Jernbanevogn [-waun], en Vaggon
Wagen erster, zweiter, dritter Klasse[1] en første, anden, tredie Klasses Vogn [ende] durchgehender gjennemgaa-
Güterwagen en Godsvogn
Personenwagen en Personvogn
Postwagen en Postvogn
Schlafwagen en Sovevaggon [tog, s. Zug]
Eisenbahnzug et Jernbane-
Eisenblech (et) Blik
-gießerei et Jernstøberi
-händler en Isenkræmmer
-waren Jernvarer *pl.* c
eisern af Jern, Jern-
Eisfeld en Isflade, *en Isbræ*
eiskalt iskold

Eiskeller en Iskjælder
-meer: das nördliche E. det nordlige Ishav, Nordis-
-scholle en Isflage [havet]
-vogel en Isfugl
-zapfen en Istap
eitel forfængelig
Eitelkeit en Forfængelighed
Eiter en Materie
es bildet sich E. der danner sig Materie
-beule en Byld, *pl.* -er
eitern bulne
Eiweiß en Æggehvide
Ekel en Kvalme, en Vammelse
das erregt mir E. jeg væmmes ved det
ekelhaft væmmelig
elastisch elastisk
elegant elegant
elektrisches Licht et elektrisk [Lys]
Element et Element
Elend en Elendighed
elend elendig
Elentier et Elsdyr, *en Elg, [pl. -er]*
elf elleve
Elfenbein (et) Elfenben
Ellbogen en Albue
Elle en Alen, *pl.* Alen
Elster en Skade
Eltern Forældre
leben Ihre E. noch? lever Deres Forældre?
Email en Emaille
Empfang en Modtagelse
wollen Sie den E. bestäti-

---

[1] Alle dänischen Züge führen alle drei Klassen, die norwegischen Schnellzüge, *Hurtigtog*, nur 1. und 2. Klasse; auf einigen Bahnstrecken in Norwegen fehlt die 3. Klasse überhaupt

empfangen — Entenbraten.

gen? vil De kvittére for Modtagelsen?
empfangen modtage III, faa III [taget (prt.)] bankend e. med Tak mod-
Empfänger en Modtager
empfänglich für ... modtagelig for ...
Empfangsschein et Modtagelsesbevis, pl. -er
-zimmer et Modtagelsesvæ-
empfehlen anbefale [relse
können Sie mir einen ... e.? kan De anbefale mig en ...? [befaler mig] ich empfehle mich, jeg an-
e. Sie mich Ihrer Frau Gemahlin! vil De hilse Deres Hustru (Frue) fra mig?
empfehlenswert værd at anbefale
Empfehlung en Anbefaling wollen Sie mir eine E. an ihn mitgeben? vil De give mig en Anbefaling med til ham?
richten Sie meine Empfehlungen an ... aus! vær saa god at hilse ...!
haben Sie gute Empfehlungen? har De gode Anbefalinger?
empfinden føle II
empfindlich følsom (reizbar) øm, pirrelig
empor op, opad
empörend oprørende
emporragen: über etwas e. rage frem over noget

Empörung et Oprør
Ende en Ende [ytre] das äußerste den yderste, wann ist es zu E.? naar er det forbi? naar faar det Slut? [ende] am E. des Weges ved Vei-
enden ende II, faa (III) endgültig definitiv [Slut] endlich endelig
eng snever, trang der Stiefel ist mir zu e. Støvlen er for snever
engbrüstig trangbrystet
-herzig sneverhjertet
Engländer en Englænder, en Engelskmand, pl.
englisch engelsk [mænd] sprechen Sie e.? taler De Engelsk?
Engpaß en trang Vei, pl. -e
Enkel, -in et Barnebarn, pl. Børnebørn
entbehren undvære, savne
entbehrlich undværlig es ist mir e. jeg kan godt undvære det
Entbehrung et Savn
entbinden fritage (III) for
entdecken opdage
Entdeckung en Opdagelse
Ente en And, pl. Ænder
Enterich en Andrik, pl. -ker, en Andstegg, pl. -er
junge E. en Ælling, en Andunge
Eis- en Haveld, pl. -er
Wild- en Vildand, pl. ænder
Entenbraten en Andesteg [1]

---

[1] dänisch -stei, norwegisch -stegt ausgesprochen.

Entenjagd — Entschluß.

Entenjagd en Andejagt
entern entre
entfallen: mir e falde (*III*) fra mig
den Händen e. falde (*III*) ud af Hænderne
das ist mir e. det er gaaet (*III*) mig af Glemme; det mindes jeg ikke
entfernen fjerne, bortfjerne
entfernt: wieviel Meilen ist es von hier e.? hvor langt er det her fra?
sind wir noch weit von der Sennhütte e.? er vi endnu langt fra Sæteren?
Entfernung en Afstand, en Frastand
bei der E. kann ich es nicht sehen i den Afstand kan jeg ikke se det
entgegen imøde
was kommt uns da e.? hvad er det, der kommer os imøde dêr?
wollen wir ihnen nicht e. gehen? skal vi ikke gaa dem imøde?
entgegengesetzt modsat
entgegnen svare
entgehen undgaa *III*
wir entgingen der Gefahr vi undslap Faren

entheben fritage (*III*) for
enthüllen afsløre
entkommen, jm. komme (*III*) bort fra nogen
entkräftet afkræftet
entlang: den Fluß, den Abhang e. langs med Elven, Skrænten
entlassen afskedige
hier will ich Sie e.; jetzt finde ich wohl selbst den Weg nu skal De have, faa Tak; jeg kan nok finde Resten af Veien selv
entlaufen løbe (*III*) bort
entledigen: ich will mich dieser Sachen erst e. jeg vil først se at faa disse Sager af Veien
entrüstet indignéret
entsagen give (*III*) Afkald paa; afstaa (*III*) fra
Entsagung en Resignation
entschädigen erstatte
Entschädigung: ich verlange E. jeg kræver Erstatning (c)
entscheiden afgjøre *III*
darüber müssen Sie e. det maa, faar De afgjøre
Entscheidung en Afgjørelse
entschieden afgjort

entschuldigen — Erbe.

entschuldigen undskylde II e. Sie! undskyld! (bei Versehen) om Forladelse![1]
Entschuldigung en Undskyldning
  Sie haben gar keine E.! De har slet ingen Undskyldning! [lig, græsselig]
entsetzlich rædsom, forfærdelig
  ein entsetzliches Unglück en forfærdelig Ulykke
entsprechen svare til
entsprechend tilsvarende
entspringen: wo entspringt der Fluß? hvor udspringer (III) Elven?
entstehen opstaa III
enttäuschen skuffes
  in den Erwartungen enttäuscht skuffet i Forventningerne   [eller]
entweder ... oder enten ...
entwerfen udkaste, lave
Entwurf: ein E. zu ... et Udkast til ...
entzückt: ich bin von ... e. jeg er henrykt over ...
entzündet tændt
  (Wunde) inflamméret
Entzündung en Betændelse
entzwei itu [brækket itu]
  -gebrochen gaaet istykker;
  -gegangen gaaet itu
  -gerissen revet itu
entzweien: sich mit jm. e. blive (III) uenige med en
  wegen paa Grund af; over

Epheu en Vedbend, pl. -er
Equipage en Ekvipage [det] er (Pers.) han, (Sachen) den
erbarmen: sich über ... e. forbarme sig over ...; ynkes over ...
erbärmlich ussel, ynkelig
erbaulich opbyggelig
Erbe, Erbin en Arving
erben arve
erbieten, sich tilbyde III
  ich erbiete mich zu ... jeg er villig til at ...; jeg tilbyder at ...
erbitten: darf ich mir von Ihnen ... e.? maa jeg bede (III) Dem om ...?
erbittert forbitret
erblich arvelig
erbötig zu ... villig til ...
erbrechen, sich kaste op, faa (III) Kvalme
Erbschaft en Arv
Erbse en Ært, pl. -er
  grüne Erbsen grønne Ærter
Erbsensuppe en Ærtesuppe, gule Ærter (pl.)
Erdbeben et Jordskjælv
Erdbeere et Jordbær
Erdbeeren mit Sahne Jordbær med Fløde
Erde en Jord
  auf der E. liegen ligge (III) paa Jorden
  sich auf die E. legen lægge (III) sig ned paa Jorden
  auf der ganzen E. paa hele Jorden (Jordkloden)

---

[1] Antwort: Jeg beder [behr]! ich bitte! oder ingen rsøilse! kein Versehen!

erbidjtet — Erholung. 85

zu ebener Erbe., im Erb-
geschoß i Stueetagen,
erdichtet opdigtet [i Stuen]
erdig jordet, jordagtig
Erdhütte en Jordhytte, en
  Gamme [Fjeldskred]
Erdrutsch et Jordskred, et
ereifern: e. Sie sich nicht!
  forhast Dem ikke!
ereignen, sich hænde(s) II
Ereignis en Hændelse, en
  Begivenhed
erfahren erfare
wo, wie kann man e., ob...?
  hvor, hvorledes faar man
  at vide, om...?
haben Sie das selbst e.?
  har De selv erfaret det?
ein erfahrener Führer en er-
  faren Fører
Erfahrung en Erfaring
erfinden opfinde III
Erfindung en Opfindelse
Erfolg et Held, et Resultat
  mit, ohne E. med, uden Held
erforderlich nødvendig
erforschen udforske
erfragen spørge (III) om,
  forhøre (II) om, faa (III)
erfreuen glæde   [at vide]
ich bin sehr erfreut, zu hören,
  daß ... det glæder mig
  at høre, at ...
sehr erfreut über ... meget
  glad over ...
erfreulich glædelig
erfrischend vederkvægende,
  forfriskende
Erfrischung: eine E. zu sich
  nehmen nyde (III) en
  Forfriskning

erfroren (tot) frossen ihjel
erfüllen opfylde II
ein Versprechen e. holde (III)
  et Løfte
ergeben: ich muß mich da-
  rein e. det faar jeg finde
  (III) mig i
daraus ergibt sich deraf
  følger III   [tiv]
ergiebig rentabel, produk-
ergötzlich morsom
ergreifen gribe III; tage
  (III) fat paa
erhaben ophøiet
erhalten faa III
wo erhält man ...? hvor
  kan maa faa ...?
ich habe das noch nicht e. jeg
  har endnu ikke faaët det
gut e. godt vedligeholdt
erheben, sich reise (II) sig
  op; staa (III) op
erheitern opmuntre
erhitzen varme
  (Getränke) hidse
ich bin zu sehr erhitzt jeg
  er saa varm
erhöhen: das Trinkgeld e.
  forhøis Drikkepengene
Poststation mit erhöhter Taxe
  en Skydsstation med for-
  høiet Takst
Erhöhung en Forhøining,
  en Bakke
erholen, sich (von Krankheit)
  komme (III) sig; blive
  (III) rask igjen; bedres
hier wollen wir uns erst e.!
  lad os hvile (puste) lidt
  her!   [kreation]
Erholung en Hvile, en Re-

Erholungsreise en Rekreationsreise
erinnern minde, huske
ich kann mich dessen nicht e.
jeg husker (mindes) det ikke
e. Sie mich daran! husk mig paa det!
soviel ich mich erinnere saavidt jeg mindes
e. Sie sich...? husker De...?
Erinnerung: zur E. an ... til Minde (n) om ...
erkälten: ich habe mich auf der gestrigen Tour erkältet
jeg har forkjølet mig paa Turen igaar
ich erkälte mich leicht jeg forkjøles let
erkennen kjende II, gjenkjende (II); drage (III) Kjendsel (c) paa
erkenntlich: ich werde Ihnen sehr e. dafür sein jeg er Dem meget taknemmelig
erklären forklare [derfor]
Erklärung en Forklaring
erklettern, erklimmen klatre op paa, klatre
führt ein Pfad hinauf, oder müssen wir den Berg e.?
gaar der en Fjeldsti opover eller faar vi klatre?
ist der Abhang zu e.? kan den Skrænt klatres?
erkundigen: sich nach ... e. forhøre (II) sig om ...; erkyndige sig om ...
wo kann man sich nach ... e.? hvor kan man faa Underretning (c) om ...?

Erkundigung nach Personen

wohnt Herr N. hier? bor Herr N. her?
kennen Sie seine neue Adresse? kjender De hans ny Adresse?
kennen Sie einen Herrn Namens N.? kjender De en Mand, som hedder N.?
ist er zu Hause? er han hjemme?
ist seine Frau zu Hause, sein Sohn oder sonst jemand von der Familie?
er hans Kone hjemme, hans Søn eller en anden af Familien?
wann ist er sicher zu treffen? naar træffes han sikkert?
ist Herr N. schon nach Hause gekommen? er Herr N. kommen hjem?
wollen Sie ihm sagen, er möchte mir eine Stunde bestimmen, zu der ich ihn morgen sprechen kann?
bed ham om at bestemme en Tid, jeg kan faa ham itale paa imorgen!

Erkundigung nach dem Wege rc.

ist dies der rechte Weg zur Dampfschiffsbrücke? er det den rette Vei til Dampskibsbroen, *Bryggen*?
wie weit ist es von hier? hvor langt er der derhen, *did*?

erlangen — ermüden. 87

[erkundigen] welche Rich-
tung muß ich einschlagen,
um zur „Langelinie", zum
„Wasserfall zu kommen?
hvad Vei skal jeg gaa til
Langelinie, til -fossen?
wie heißt die Straße rechts?
hvad hedder Gaden til-
høire?   [den hen?]
wohin führt sie? hvor gaar
an welcher Straße liegt
„Prinsens Palais"? i
hvilken Gade ligger
Prinsens Palais?
bitte, zeigen Sie mir den
Weg zur Schößstation!
vis mig sagtens Veiðn
til Skydsstationen!
ist ein Postamt, ein Brief-
kasten, ein Telegraphen-
amt in der Nähe? er der
et Posthus, en Postkasse,
et Telegrafkontor her i
Nærheden?
erlangen (erhalten) opnaa,
faa *III*
(hinlangen biß) naa
erlassen fritage (*III*) for
ich erlasse es Ihnen det fri-
tager jeg Dem for;
(Schulden) det eftergiver
(*III*) jeg Dem
erlauben Sie? med Forlov!
tillader De?¹
wenn Sie e.! med Deres
Tilladelse!
e. Sie mir, Ihnen ... anzu-
bieten? maa jeg byde
Dem ...?

ist es erlaubt hineinzugehen?
er det tilladt at gaa ind?
Erlaubnis: mit Ihrer E.
med Deres Tilladelse (c)
ich bitte um E. zu ...! maa
jeg faa Lov (c) til at ...?
an wen hat man sich wegen
der E. zu wenden? hos
hvem skal man have
Tilladelse?
bedarf es einer besondern
E.? behøves der en sær-
lig Tilladelse?
Erle en El, et Elletræ. en
erleben oplevе   [*Older*]
so etwas habe ich früher nie
erlebt noget saadant, *slig
har jeg aldrig oplevet før*
Erlebnis en Oplevelse
erledigen: eine Sache e. faa
(*III*) en Ting af Veiðn
erleichtern lette
Erleichterung en Lettelse
erlogen løgnagtig [leun-]
erlöschen slukkes; gaa (*III*)
erlösen frelse *II*   [ud
Erlöser en Frelser
ermächtigen: jn. zu etwas
e. give (*III*) ēn Fuld-
magt (c) til noget
ermahnen formane
ermäßigt: ermäßigte Preise
nedsat Pris (c, *pl.* -er)
ermitteln tilveiēbringe *III*,
finde *III*
ermüden trætte
das ermüdet det trætter
sind Sie schon ermüdet? er
De allerede træt?

¹ Antwort: vær saa god! Bitte!

ermuntern opmuntre, ani-
ermutigen opmuntre [mére]
ernähren ernære
erneuern forny
Ernst (en) Alvor
im E.! lad os tale alvorlig[1]!
ist das Ihr E.? er det Deres Alvor?
das ist doch nicht Ihr E.? det mener De da ikke for
ernsthaft alvórlig [Alvor?]
Ernte: eine reiche E. en rig Host
Heu- en Høhøst, en Slaat, en Slaataand
Korn- en Kornhøst, en Skur, en Skuraand
zur Erntezeit i Høstens Tid (c), ihøst
Erntefeier et Høstgilde
-kranz en Høstkrans
-wagen en Høstvogn[-waun]
ernten høste
erobern erobre
Eroberung en Erobring
erörtern tale (II) om, diskutére
erprobt paalídelig, prøvet
erraten gjætte
erreichen naa
wann werden wir das Land e.? naar kommer (III) vi til Land?
werden wir etwas damit e.? faar vi opnaaёt noget ved det?
erretten redde, frelse II
Erretter en Redningsmand, pl. mænd

erröten rødme
Ersatz: für etw. E. leisten give (III) Erstatning (c) for noget
ich verlange E. für ... jeg kræver Erstatning for ...
erscheinen vise (II) sig; komme (III) tilsyne
wo, wann, wie oft erscheint dies Blatt? hvor, naar, hvor tit udkommer den Avis?
Erscheinung en Foreteёlse, en Fremtoning
eine anmutige E.! et nydeligt, vakkert Syn!
erschießen: er hat sich erschossen han har skudt (III)
erschlaffen slappes [sig]
erschöpfen udmatte
ich bin ganz erschöpft jeg er helt udmattet (udaset)
erschrecken: jn. e. forskrække nogen; gjøre (III) nogen bange
über etwas e. forskrækkes over noget; blive (III) bange for noget
erschrocken forskrækket, bange, forskræmt (III)
erschweren vanskeliggjøre
lassen wir lieber die Sachen hier! sie würden nur das Gehen e. lad os hellere lade disse Ting blive tilbage! de gjør bare Gangen vanskeligere
ersetzen godtgjøre III, erstatte

---

[1] Wörtlich: lassen Sie uns ernsthaft sprechen!

ersichtlich — Erziehungsanstalt. 89

ich werde Ihnen den Schaden ersetzen jeg skal nokgodtgjøre Dem Skaden
ersichtlich indlysende
ersinnen finde (III) paa,
ersparen spare [hitte paa]
erst: wir sahen e. ..., als ... vi saa først ..., da ...
e. will ich fragen, ob... først vil jeg spørge, om ...
ich bin e. gestern angekommen jeg er først kommen igaar
erstaunen: über etw. e. forbauses over noget
ich bin ganz erstaunt, zu sehen ... jeg er aldeles forbauset over at se ...
Erstaunen en Forbauselse
erstaunlich forbausende
von erstaunlicher Größe af en forbausende Størrelse
Erste, der, die, das den (det) første [som Førstemand]
als Erster som den første,
der e. beste den første, den
ersteigen bestige III [bedste]
ist der Berg schwer (leicht) zu e.? er Fjeldet vanskeligt (let) at bestige?
muß man mitunter klettern? faar man sommetider klatre?
erstens for det første
ersticken (trs.) kvæle III, (intrs) kvæles III
zum Ersticken til at kvæles ved [bitten]
ersuchen bede III; f. auch
darf ich Sie e., zu ...? maa jeg bede Dem om, at ...?

ertappen gribe III
ertappt greben
Ertrag en Indtægt, pl. -er
ertragen taale II, udholde
erträglich taalelig [III]
ertrinken drukne
erwachen vaagne
erwachsen voksen
Erwachsener et voksent Menneske; en Voksen, pl. Voksne [(II) over]
erwägen overveis; tænke
erwähnen omtale II
erwärmen opvarme
erwarten vente paa
ich werde Sie im Hotel e. jeg venter paa Dem i Hotellet
e. Sie mich auf der Poststation! vent paa mig ved Skydsstationen!
ich erwarte Sie schon längst jeg har ventet længe paa Dem [Forventning (c)]
Erwartung: über E. over
Erwerb (Gewerbe) en Næringsvei
(Verdienst) en Fortjeneste
erwidern (entgegnen) svare
(vergelten) gjengjælde II
erwünscht: das ist mir sehr e. det er mig meget kjærkomment, kjært [Malm]
Erz en Erts, pl. -er; en
erzählen fortælle III
Erzählung en Fortælling, en Historie
erziehen opdrage III
Erziehung en Opdragelse
Erziehungsanstalt en Opdragelsesanstalt

erjürnt vred, *sint*
es: ich weiß es jeg véd det
ich bin es det er mig
es gibt, es sind der er
Esche en Ask
Esel et Æsel[1]
Essen en Mad
kaltes E. koldt Bord (n)
warmes E. varm Mad (c)
essen spise II
frühstücken spise Frokost
zu Mittag til Middag
zu Abend til Aften
nach der Karte à la carte
Table d'hote table d'hôte
kann man hier etwas zu e.
 haben? kan man faa
 noget at spise her?
wo bekommt man gutes
 Essen? hvor spiser man
 godt? hvor faar man
 god Mad?
wie ist das Essen auf der
 Poststation in N.? in
 der Berghütte? im Hotel?
 hvorledes er Madstellet
 paa Skydsstationen i N.?
 i Fjeldhytten? i Hotellet?
um welche Zeit pflegt man
 zu e.? hvad Tid spises
 der?
was haben Sie zu e.? hvad
 Retter har De?
was ist fertig? hvad har
 De færdig?
geben Sie mir die Speise-
 karte! lad mig se Spise-
 sedlen (Menuën)!

[essen] geben Sie mir ein
 Kouvert zu 2 Kronen! lad
 mig faa en Kuvert til to
 Kroner!
bringen Sie um 3 Uhr das
 Essen auf mein Zimmer!
 bring Maden op paa mit
 Værelse Klokken tre!
ich habe schriftlich ein Mittag-
 essen auf 1 Uhr bei Ihnen
 bestellt jeg har skriftlig
 bestilt Middagsmad hos
 Dem til Klokken et
ich möchte noch vor der
 Weiterreise etwas zu e.
 haben jeg vilde nok have
 noget at spise, før jeg
 reiser videre
Essenszeit en Spisetid, *pl.* -er
Essenz en Essens
Essig en Eddike [og Olie]
 mit E. und Öl med Eddike]
Essiggurken (kleine) sure
 Agurker (*pl. c*)
 (große) sure Asiër (*pl. c*)
Eßkorb en Madkurv, *en Niste-*
-löffel en Spiseske [*bomme*]
Etage: in der I., II., III. E.
 paa første, anden, tredie
 Sal; i ... Etage
etwa omtrent, næsten, hen-
 ved, henimod
e. 1 Krone en Krones Penge
etwas noget
e. Salz noget Salt
e. weiter noget længere
euch jer[2]
euer jer, jeres[2]

---
[1] Als Schimpfwort: en Æsel.
[2] In der Umgangssprache jer und jeres, in der Schrift-

Eule — fahren. 91

Eule en Ugle
Euter et Yver, *pl.* -e
evangelisch evangelisk
ewig evig
Ewigkeit en Evighed
Examen: ein E. machen tage
 (*III*) en Eksamen
durchfallen falde *III*, falde
 igjennem; (vulg.) dumpe
Exemplar et Eksemplar
existieren eksistére
exportieren eksportére
expreß ekspres
Expreßbote et Ilbud, *pl.*-e;
 et Ekspresbud, *pl.* -e
-zug et Eksprestog
extra: muß man dafür e.
 bezahlen? skal det be-
 tales ekstra, særskilt?
Extrapost en Ekstrapost
-zug et Ekstratog
Fabel en Fabel
fabelhaft fabelagtig
Fabrikstadt en Fabriksby
Fach (im Schrank) en Hylde
das schlägt nicht in mein F.
 det er ikke mit Fag
Fächer en Vifte
Fackel en Fakkel
-zug et Fakkeltog
Faden en Traad [Traad]
 Nadel und F. Naal (c) og
 (Seemaß) en Favn
fähig zu... dygtig til.., duelig
 til ...

ein fähiger Mann en dygtig
 Mand
Fähigkeit en Dudlighed, en
 Inhl blegl [Dygtighed]
Fahne en Fane
fahrbar fremkommelig med
 Vogn [vaun] [*pl.* -er]
Fähre (Ort) et Færgested,
 (Schiff) en Færge
ist keine F. in der Nähe?
 er der ikke et Færgested i
 Nærheden?
mit der D. über den großen
 Belt med Dampfærgen
 over Storebælt
fahren (Wagen) kjøre *II*
 (Schiff) seile; f. auch Drosch-
 kenfahrt, Pferdebahn, Post,
 Wagen
f. Sie mich nach ... kjør
 mig til ... [kjører De?]
wann f. Sie ab? naar
wann fährt d. nächste Pferde-
 bahnwagen? naar gaar
 den næste Sporvogn?
um wieviel Uhr fährt das
 nächste Schiff nach... ab?
 naar gaar det næste Skib
 til ...?
kann man dahin f.? kan
 man kjøre dertil, *did*?
ich werde f. (nicht gehen)
 jeg vil kjøre
ich möchte f. (kutschieren)!
 lad mig faa Tømmen!

---

sprache gewöhnlich eder, eders. Zur Bildung des Neutrums
wird dem jer wie beim Adjektiv ein -t angehängt: jert
Hus, euer Haus; statt jeres sagen und schreiben die Nor-
weger oft auch *jere*.

[1] Dänisch „blei", norwegisch „blek" ausgesprochen.

Fahrgeld — fallen.

[fahren] der Kutscher, der mich gefahren hat den Kudsk, der har kjørt for mig; min Kudsk wenn Sie nicht besser f., bekommen Sie kein Trinkgeld! hvis De ikke kjører bedre, faar De ingen Drikkepenge! ist dies der einzige Fahrweg nach N.? er det den eneste Kjørevei til N.? erlauben Sie, daß ich mitfahre? maa jeg, *jeg faa kjøre med?* um etwas f. kjøre (seile) omkring, *rundt* noget
Fahrgeld Kjørepenge *pl.*
Fährgeld en Færgeløn, *Sundpenge pl.* muß man hier F. bezahlen? skal der her betales Færgeløn?
Fährmann en Færgemand, *pl.* mænd; *en Flotmand, pl. mænd*
Fahrplan: Eisenbahn- en Kjøreplan, *pl.* -er; *en Timetabel;* Schifffahrtsplan en Fartplan, *en Rute* der gültige, neueste den gjældende, nyeste nach dem F. efter Kjøreplanen, *Timetabellen* (Schiff: Fartplanen, *Ruten*)
Fahrstraße en Kjørevei, *pl.* -e
-stuhl en Elevator
Fahrt en Tur
Ruder- en Rotur
Schiff- en Seiltur, en Seilads
Wagen- en Kjøretur

[Fahrt] auf(während) der F. nach ... paa Turen til ... wieviel verlangen Sie für die F. nach ...? hvad forlanger De for en Tur til ...? wie lange dauert die F. nach ...? hvor lang Tid tager Turen til ...? eine F. nach Zeit en Tur efter Timebetaling [-er]
Fahrtaxe en Kjøretakst, *pl.*
Fährte et Spor [Spor] eine F. verfolgen følge et
Fahrwasser et Farvand ruhiges, unruhiges roligt, uroligt
Fahrweg en Kjørevei, *pl.* -e
-zeug et Fartøi, en Skude
falb bleggul, *gulblak*
Falbel en Garnéring, et Læg, en Ruche, en Pibe
Falke en Falk
Fall (Sturz) et Fald (Umstand) et Tilfælde, *pl.* Tilfælde [ikke Tilfældet] das ist nicht der F. det er auf jeden F. i hvert Fald auf keinen F. paa ingen Maade im Not-, nötigenfalls i Nødstilfælde im F., daß ... i Tilfælde af, at ... im besten, schlimmsten F. i bedste, værste Fald Wasser- et Vandfald, *en Fos, pl.* -ser
Falle en Fælde, *en Glekse* in die F. gehen gaa (*III*) i Fælden
fallen falde *III*

fällig — Federbett. 93

[fallen] das Wasser fällt
  Vandet synker
f. Sie nicht! fald ikke!
ein Schuß fiel der faldt et
  Skud   [faldende]
in die Augen fallend iøine-
fällig forfalden
falls ifald, saafremt
Fallsucht en Epilepsi
falsch falsk
falsches Haar falsk Haar
falsche Zähne forlorne Tænder (*pl. c*) [Menneske]
ein falscher Mensch et falsk
das ist f.! det er galt!
falsche Angabe en forkert (feil) Angivelse
falschen Weg einschlagen komme paa feil (gal) Vei
fälschen forfalske
Fälschung en Forfalskning
Falte en Fold, *pl.* -er; et Læg [(*pl. c*) i Ansigtet]
Falten im Gesicht Rynker
falten folde; lægge (*III*) sammen
Familie en Familie
Fang en Fangst
Fisch- et Fiskeri, *et Fiske*
fangen fange
Farbe en Farve
Öl- en Oliefarve
Wasser- en Vandfarve
blau blaa
dunkel mørk
grün grøn
hell lys
rot rød
schwarz sort
weiß hvid
färben farve

farbig farvet, kulørt
Farn en Bregne [breine], *et Ormegræs*
faserig trevlet
es fasert (Zeug) det trevler op
Faß et Fad, *pl.* -e; en Tønde
ein Fäßchen Anchovis en Tønde Ansjoser
fassen (ergreifen) gribe *III*, gribe fat paa
f. Sie an! tag ved!
so viel als die Flasche faßt saa meget, som der kan være i Flasken
Mut f. fatte Mod
fast næsten
Fastnacht (en) Fastelavn
faul (träge) doven, dorsk
faules Wasser raaddent Vand
faule Witze flove Vittigheder (*pl. c*)
faulen raadne
Faulenzer en Dovenkrop
Faust en (knyttet) Næve
fechten fægte
  (betteln) tigge
Fechter en Fægter
  (Bettler) en Tigger
Feder en Fjer, *pl.* Fjer
Stahl- en Pen, en Staalpen
bitte, geben Sie mir eine F. und Tinte! vil De ikke lade mig faa en Pen og lidt Blæk?
Wagen auf Federn en Fjedervogn [-waun], *en Vogn* [waun] *paa Fjere*
Federball en Fjerbold
-bett en Dyne; f. av-

Federhalter en Penneholder; et Penneskaft, *pl.* -er
fegen feie, *sope*
fehl feil, gal, forkørt, *forkjert*
 -**gehen** gaa (*III*) feil Vei, gaa (*III*) mis [bom]
 -**schießen** skyde (*III*) forbi,
 -**treten** træde (*III*) feil
fehlen feile, savne, mangle, fattes [mangler et Glas] mir fehlt ein Glas jeg hier fehlt ein Löffel her mangler en Ske
was fehlt Ihnen noch? hvad savner De?
was fehlt Ihnen? sind Sie krank? hvad feiler Dem? er De syg?
mir fehlt nichts (mir ist wohl) jeg feiler ikke noget
das fehlte noch! det manglede bare!
Fehler en Feil, *pl.* Feil
 begehen begaa *III* [Feil] das ist Ihr F. det er Deres
Fehltritt et Feiltrin
Feier (Fest) en Fest, *pl.* -er; et Gilde; en Høitid, *pl.*-er
feierlich høitidelig [*III*]
feiern feire, høitideligholde
Feiertag en Helligdag
 an den Feiertagen i Helligdagene
 sowohl an Werk- als auch an Feiertagen baade Sogn [feun] og Helg
Feige en Figen

feil tilfals
Feile en Fil
fein fin
 feines Benehmen dannet
 feine Sachen kjønne, *vakre* Ting (*pl. c*)
 feiner Ton (en) god Tone
 feine Welt fine Folk (*pl.*)
Feind en Fjende
feindlich fjendtlig, fjendsk
Feindschaft et Fjendskab
Feinschmecker en Gourmand, *pl.* -er [*Jorde*]
Feld en Mark, *pl.* -er; et aufs F. ud paa Marken
 auf dem F. paa Marken
 -**arbeit** et Markarbeide
 -**hüter** en Markvogter, *en Jætergut, pl.* -ter
 -**lager** en Leir
 -**messer** en Landmaaler, en Landinspektór
 -**weg** en Markvei, *pl.* -e
 -**zug** et Felttog [-er]
Fell et Skind, en Hud, *pl.* Bären- et Bjørneskind
Felleisen en Ransel, *en Skræppe*
Fels, Felsen, et Fjeld, *pl.*-e¹; en Klippe; f. auch Berg, Ge-
 -**block** et Fjeldstykke [birge]
Felsengegend en Fjeldegn [-ein]
 -**gestade** en Fjeldkyst, *pl.* -er
 -**höhle** en Fjeldhule
 -**kluft** et Skar, et Fjeldskar, et Juv

---

¹ In der norwegischen Umgangssprache im Plural auch *Fjeld;* dieselbe hat überhaupt die Neigung, den Plural ~e Endung zu bilden.

Felsenpfad — festsetzen. 95

Felsenpfad en Fjeldsti
-rand en Fjeldkant, pl. -er
-riff et Stup, et Fjeldstup,
  et Skar [pl. -er]
-spitze en Fjeldtop; en Tind,
-stück et Fjeldstykke
  viele losliegende Felsstücke
  en Ur, pl. -er
-sturz en Fjeldstyrtning
-wand en Fjeldvæg
Fenster et Vindu(e)
  bitte, wollen Sie gütigst das
  F. schließen! vil De ikke
  nok være saa god at lukke
  Vinduet?
  lassen Sie nur etwas offen!
  lad det kun staa paa
  Klem!
  wollen wir nicht das F. ein
  wenig öffnen? skal vi
  ikke lukke Vinduet lidt
  op?
  es wäre wohl gut, nur das
  eine F. zu öffnen det er
  vist bedst, at vi kun luk-
  ker det ene Vindu(e) op
Fensterbank en Vinduesskarm
-brüstung Muren under Vin-
  duet [-er]
-kreuz en Vinduespost, pl.
-laden en Vinduesskodde
-scheibe en Vinduesrude,
  en Rude
-vorhang et Rullegardin
Ferien en Ferie
Ferkel en Gris
fern: f. von hier langt herfra
  von f. langt borte fra
  zu f. for langt borte
Ferne det fjerne, en Afstand,
  en Frastand

[Ferne] in die F. ud, bort
  i det fjerne
  in der F. i lang Frastand, i
  det fjerne [fra]
  aus der F. langt borte
ferner: f. (weiter weg) als
  længere borte end
  (adv.) endvidere, fremdeles
Fernrohr en Kikkert, pl. -er
  bitte, leihen Sie mir Ihr F.
  auf einen Augenblick! maa
  jeg laane, faa laane
  Deres Kikkert lidt?
  bitte, wollen Sie mein F.
  benutzen? vær saa god, vil
  De ikke laane min Kik-
  kert? [et Fjernskue]
Fernsicht en Udsigt, pl. -er,
  weite omfattende, vid
  wo hat man hier die beste
  F.? hvor har man den
  bedste Udsigt, det va-
  kreste Fjernskue?
Ferse en Hæl
fertig færdig [gjort istand]
  f. gemacht gjort færdig,
  etwas f. machen faa (III)
  noget færdig
  sich zu etwas f. machen gjøre
  (III) sig færdig (rede) til
  noget
  ich werde wohl ohne ... f.
  werden det faar gaa
  uden ...
Fertigkeit: F. im (Schwim-
  men) Øvelse (c) i at
fest fast [(svømme)]
  halten Sie f.! hold fast!
  machen Sie das f.! faa det
  gjort fast!
-setzen fastsætte III

Fest en Fest, *pl.* -er
-essen et Festmaaltid, *pl.* -er
-land et Fastland, *pl.* -e
-lichkeit en Festlighed
-tag en Festdag
Festung en Fæstning
fett fed
nicht so f. ikke saa fed
ich kann das Fette nicht vertragen jeg kan ikke taale
Fett (et) Fedt [det fede]
Gänse- (et) Gaasefedt
Schweine- (et) Svinefedt
Fetzen en Pjalt, *pl.* -er; en Lase
feucht klam, fugtig, *kram*
feuchtes Wetter fugtigt Veir
feuchter Schnee en Tøsne, *en kram Sne* [Fugtighed]
Feuchtigkeit en Væde, en
Feuer en Ild
darf ich Sie um etwas F bitten? maa jeg faa lidt Ild hos Dem?
machen Sie F. an auf meinem Zimmer! lad mig faa lagt i Kakkelovnen paa mit Værelse! [brænder ikke]
das F. brennt nicht Ilden
ist das F. (der Brand) in der Nähe? er Ildebranden i Nærheden?
F. rufen raabe (*II*) Brand (c) Signalfeuer anzünden gjøre (*III*) Baal¹ (n)

Feuerbake et Fyr
-herd (eisern) et Komfúr;
(steinern) *en Grue; en Peis*, *pl.* -er
-lärm (en) Brandalarm
-raum et Ildsted *pl.* -er
-schiff et Fyrskib, *pl.* -e
-spritze en Brandsprøite
-stein en Flintesten
-zange en Ildtang, *pl.* tænger
-zeug et Fyrtøi
feuern fyre
Feuerung (et) Brændsel
Feuerwehr et Brandkorps
-mann en Brandmand, *pl.* mænd, folk
feurig ildagtig; (fig.) fyrig
Fichte en Gran, *pl.* -er
Fichtenwald en Granskov, *en Granskog*
Fieber en Feber
Wechsel- en Koldfeber
-hitze en Feberhede
Figur en Figur
sie hat eine gute F. hun har en god Figur
Filet: Hammel-, Kalbs-, Rinds- en Lammefilet, en Kalvefilet, en Oksefilet
Filiale en Filial
Filz en (et) Filt
-hut en Filthat
-schuh en Filtsko, *pl.* sko
filzig filtret sammen, *floket*

---

¹ Ist bei Gebirgsreisen in Norwegen mitunter notwendig, wenn der Reisende kein Boot auf dem Gebirgssee zur Beförderung findet. Die Bedeutung eines solchen Feuers ist den Anwohnern des Sees bekannt, und ein Fährmann wird bald erscheinen.

finden — Fischer.

finden finde *III*, hitte
haben Sie nicht ... gefunden?
har De ikke fundet ...?
ich habe einen Schlüssel ge-
funden; wem gehört er?
jeg har fundet en Nøgle
[nenle]; hvis er den?
mir; ich habe ihn verloren det
er min; jeg har tabt den
wenn Sie ein ... f., so gehört
es mir hvis De finder en
(et)..., saa er det min (mit)
wer es findet und mir
bringt, bekommt eine gute
Belohnung hvem der fin-
der den (det) og bringer
mig den (det), faar en god
Findeløn
ich kann mein ... nicht f.;
haben Sie es nirgends
liegen sehen? jeg kan ikke
finde min (mit) ...; har De
ikke set den (det) et eller
andet Sted?
werde ich den Weg dahin
allein f. können? kan jeg
finde Veien derhen, *did*
alene? [*det?*]
f. Sie das? synes (*II*) De?
Finder en Finder
Finderlohn en Findeløn
Finger en Finger
Daumen en Tommel, en
Tommelfinger; (scherz-
haft) en Tommeltot
Zeige- en Pegefinger
Mittel- en Langfinger
Gold- en Ringfinger
kleiner F. en Lillefinger

Fingerhut et Fingerbøl, *pl.*
-ler, *et Fingerbor*
Finne (Finnländer) en Fin,
pl -ner
finnisches Fleisch tintet Kjød
finnisch finsk [(*n*)]
Finnischer Meerbusen den
finske Bugt
finster mørk
Finsternis et Mørke
Firma et Firma
Firnis en Fernis
gefirnißt ferniséret
Fisch en Fisk[1]
nicht ganz frisch ikke helt
gebraten stegt [frisk
gekocht kogt
geräuchert røget
gesalzen (en) Saltfisk, (en)
saltet Fisk
Fluß- en Ferskvandsfisk
See- en Saltvandsfisk
Fischadler en Fiskeørn
-bein et Fiskebøn
fischen fisko; f. auch angeln
Fischer en Fisker
wollen Sie mir diese Fische
verkaufen? vil De sælge
disse Fisk til mig?
was verlangen Sie dafür?
hvad forlanger De for
dem?
haben Sie diese Woche einen
guten Fang gehabt? har
De fanget godt i denne
Uge?
wohin bringen Sie Ihren
Fang? hvorhen bringer
De Deres Fangst?

---

[1] Der Plural regelmäßig oder wie der Singular.

Fischerboot — Flasche.

[**Fischer**] haben Sie ein eignes Boot? eiër De en Baad selv?
Fischerboot en Fiskerbaad, en Kvase, *en Jægte*; f. Anm. 3, S. 52
-dorf et Fiskerleie, *en Fiskerbygd, pl. -er; et Fiskevær*
-garn et Fiskegarn, *et Not, pl. Noter*
-hütte en Fiskerhytte
-kahn en Jolle
Fischfang et Fiskeri, *et Fiske*
auf F. paa Fiskeri, *paa Fiske*
Sommer- *et Sommerfiske*
Winter- *et Vinterfiske*
auf F. gehen gjøre (*III*) en *Fisketur*
auf F. bei den Lofoten *paa Lofotfiske*
Heringsfang *et Sildefiske*
Kabeljaufang *et Torskefiske*
hat der F. angefangen? har Fisket begyndt?
welcher Fisch wird hier gefangen? hvad Slags Fisk fanges her?
ist der F. diese Woche, dies Jahr einträglich? giver Fisket et godt Udbytte i denne Uge, iaar?
Fischgabel en Lyster, *en Lystre*
-gericht en Fiskeret, *pl.* -ter
-geruch en Lugt af Fisk
-gräte et Ben (i Fisken)
-händler en Fiskehandler
-köder en Mading, *et Agn*
-laich (en) Fiskeleg

Fischmarkt et Fisketorv, *pl.*
-messe *et Stevne* [-e]
-netz et Fiskegarn [*Noter*] (groß) et Vod, *et Not, pl.*
-otter en Fiskeodder
-pastete en Fiskepostei
-recht: wer hat das F. auf dem See? hvis er Rettigheden til Fiske i dette Vand?
-rogen en Fiskerogn
-speise en Fiskemad
-suppe en Fiskesuppe
-thran en Fisketran
fix fiks, snil
Fixstern en Fiksstjerne
flach flad, slettlændt
Fläche en Flade
Flächeninhalt et Fladeind- [hold]
Flachs en Hør
flattern flagre, vifte, *blafre*
Fladenbrot et Fladbred
Flagge et Flag
die dänische F. det danske Flag, (et) Danebrog
die norwegische F. det norske [Flag]
hissen heise
streichen tage (*III*) ned, stryge *III* [*pl.* stænger]
Flaggenstange en Flagstang.
Flamme en Flamme
Flanell (et) Flonel
-decke et Flonelstæppe
-hemd en Flonelsskjorte
-jacke en Flonelstreis
Flasche: eine F. Wein, Bier en Flaske Vin, Øl
Bier- en Ølflaske
kann man auch eine halbe F. haben? kan man ogsaa faa en halv Flaske?

Flaschenbier — flimmern. 99

[Flasche] öffnen Sie die F.!
tag Proppen af[1]!
Fläschchen en lille, liden
  Flaske; et Glas [Flaske]
Flaschenbier Øl (n) paa
flatterhaft flanevorn
flattern flagre, flakse
flau: mir ist f. zu mute jeg
  er saa flau (mat)
Flaum et Dun
  Eider- (et) Edderdun
Flechte (Haar-) en Fletning
  (Krankheit) (et) Udslæt
  (Pflanze) (en) Lav
flechten: das Haar f. flette
  Haaret
Fleck en Plet, pl. -ter; en
  Flek, pl. -ker
Fett-: lassen Sie mir den
  F. ausmachen! vil De
  ikke faa mig den Fedt-
  plet, Fedtflek bort?
wir kommen nicht vom F.
  vi kommer ikke af Plet-
  ten, Flekken
Fledermaus en Flagermus,
  pl. Flagermus
Flegel en Pleil
  (Schimpfwort) en Klods, pl.
  -er; en Tølper
flehen bønfalde III
flehentlich bønlig
Fleisch (et) Kjød
  Hammel- (et) Lammekjød
  Kalbs- (et) Kalvekjød
  Ochsen-, Rind- (et) Okse-
    kjød
  Renntier- (et) Rensdyrkjød
  Schweine- (et) Svinekjød

[Fleisch] das F. muss ganz
  frisch sein! Kjødet maa
  være aldeles frisk!
-brühe eu Kjødsuppe
Fleischer en Slagter
-gesell en Slagtersvend
-laden en Slagterbod, pl.
  -er; et Kjødudsalg
fleischfarben kjødfarvet
fleischig kjødfuld
Fleischklößchen en Kjødbolle
-pastete en Kjødpostei
-speise en Kjødmad, (et) Sul
Fleiß (en) Flid
  mit F. (absichtlich) med
  Villië (c); med velberaadt
fleißig flittig   [Hu (c)]
flicken lappe; gjøre(III)istand
  wissen Sie jemand, der mir
  diesen Rock flickt? kjen-
  der De nogen, der kan
  lappe den Frakke for
  mig?   [skrædder]
Flickschneider en Lappe-
-schuster en Lapposkomager
Flieder en Hyld, et Hyldetræ
-blütenthee en Hyldethe
spanischer F. en Syrén
Fliege en Flue
fliegen flyve III
auf-, weg- flyve op, bort
  der Vogel flog zu hoch Fug-
    len fløi for høit
fliehen fly, flygte
fließen flyde III (flydende)
fließend sprechen tale (II)
fließendes Wasser et rin-
  dende Vand
flimmern tindre

---

[1] Wörtlich: nimm den Kork aus!

flint — Fluß.

flint: ein bißchen f.! nu lidt rask!
Flinte en Bøsse, et Gevær laden lade
abdrücken trykke af
Flintenschuß et Bøsseskud
einen F. weit et Bøsseskud herfra
Flitterwochen: in den F. i Hvedebrødsdagene[1] (pl.)
Flocke et Fnug
Schnee- en Sneflok, pl. -ker
Floh en Loppe [de Lopper}
eine Menge Flöhe en Mæng-}
ich bin diese Nacht von Flöhen gepeinigt worden Lopperne har plaget mig inat
Flor (Trauer-) et Sørgeflor
(Blüte) en Flor
Floß en Tømmerflaade, en Flot, pl. -er
-bach en Fløtelv
-holz (et) Flotved [mænd}
-knecht en Flotmand, pl.}
-platz en Flotplads, pl. -er
Flößen: Holz- en Tømmer-} flößen flote [flotning}
Flößer en Flotmand, pl. mænd
Flosse en Finne, en Fisketinne; et Flydholt[2], pl. -er
Flöte en Fløite
F. blasen spille paa Fløite
flöten fløite

flott: ich kann das Boot nicht f. machen jeg kan ikke faa Baaden flot, paa} f. leben flotte sig [Flot}
Flotte en Flaade
Handels- en Handelsflaade
Kriegs- en Marine
Fluch en Banden, en Ed, pl.}
fluchen bande [-er}
Flucht en Flugt
in die F. jagen jage (III)
paa Flugt
eine F. Zimmer en Suite af Værelser [Maager}
eine F. Möven en Sværm}
flüchten flygte
flüchtig flygtig
Flug en Flugt
einen Vogel im F. schießen skyde (III) en Fugl i}
Flügel en Vinge [Flugten}
Haus- en Fløi, pl. -e
-thür en Fløidør
Flugsand et Flyvesand
Flunder en Flynder, en Flyndre [Eng}
Flur (Feld) en Vang, en}
Haus- en Forstue [Elv}
Fluß en Flod[3], pl. -er; en}
wie gelangen wir über den F.? hvorledes kommer vi over Elven?
ist eine Brücke in der Nähe? er der en Bro (en Klop) nærved?

---
[1] Wörtlich: Weizenbrottage.
[2] Schwimmendes Holzstückchen am Netz.
[3] Das dem deutschen „Fluß" entsprechende Wort Flod wird niemals für einheimische Gewässer gebraucht; in Dänemark gibt es nur Bæk, Bach, und Aa, großer Bach.

Flußbad — fort. 101

[Fluß] wie, wo kann man über den F. setzen? hvordan, hvor kan mau komme over Elven? muß man waten? faar man vade Elven? ift er tief? reißend? er den dyb? er der stærk Strøm? ift die Furt weiter oben? unten? er Vadestedet længere oppe? nede?
Flußbad et Bad (*pl.* -e) i Elven
-bett en Flodseng
-fisch en Ferskvandsfisk, *en*
flüssig flydende [*Elvefisk*]
Flüssigkeit en Vædske
flüstern hviske [vande]
Flut (Wassermasse) et Høi-
Meeres- en Flod [-er]
Fockmast en Fokkemast, *pl.*
-raa en Fokkeraa, *pl.* rær
-segel en Fok
Folge et Følge
infolge ifølge
folgen følge *III*
nach- følge (*III*) bagefter
folgendermaßen paa følgende Maade; saaledes,
folgern slutte [*slig*]
folglich følgelig
folgsam lydig [Springvand]
Fontaine en Fontæne, et
wann springt die F.? naar springer Fontænen?
foppen drille; trække (*III*) op [lange *II*]
fordern kræve, fordre, for-

[fordern] Sie f. zu viel De forlanger for meget
was f. Sie dafür? hvad forlanger De for den? (det, *pl.* dem)
fördern fremme
Forderung en Fordring
die F. erkenne ich nicht an den Fordring kan jeg ikke anerkjende
Forelle en Ørred, *pl.* -er
Forellenfang en Ørredfangst, *et Ørretfiske*
Form en Form, *pl.* -er
formell formel [Blanket]
Formular en Formular, en
forschen granske
Forscher en Gransker
Forschung en Granskning
Forst en Skov, *en Skog*
-beamter en Forstembedsmand, *pl.* mænd
-direktor en *Skovdirektør*[1]
-haus et Skovløberhus, *pl.* -e
Förster en Skovfoged,*pl.*-er
Ober- en Skovrider, en *Forstmester*
Oberförsterei en Skovriderbolig, *pl.* -er; *en Forstmesterbolig, pl.* -er
fort afstéd, bort
ich will morgen f. jeg tager afstéd imorgen [ivei]
ich muß f. jeg maa afstéd,
ist er schon f.? er han gaaét.
(gefahren) kjørt? [borte]
mein Hut ist f. min Hat er

---

[1] Ein solcher führt die Aufsicht über die staatlichen Forst-gebiete in Norwegen.

fortbleiben —Freigeist.

[fort] (vorwärts)! fremad!
f. mit dir! gaa din Vei!
fortbleiben blive (*III*) borte
- bringen faa (*III*) af Veien
- dauernd vedvarende
- fahren kjøre *II*, tage (*III*) afstéd; (fortsetzen) fortsætte *III*
- gehen gaa *III*; (fortdauern) vedblive *III*
- kommen (vorwärts-)komme (*III*) videre; (verlorengehen) komme bort
- nehmen tage (*III*) bort
- schaffen skaffe af Veien
Fortschritt et Fremskridt
fortsetzen fortsætte *III*
ich werde heute noch die Reise f. jeg fortsætter Reisen idag [rende]
fortwährend stadig, vedva-
Fracht en Fragt, *en Føring*
- brief et Fragtbrev, *pl*. -e
- fuhrmann en Fragtkudsk
- gut et Fragtgods
- wagen en Fragtvogn
Frack en Kjole [-twaun]
im' schwarzen F. i Kjole
Frage et Spørgsmaal
fragen spørge *III*
nach jm. f. spørge om (efter) nogen
ich möchte Sie f., ob ... maa jeg spørge Dem, om ...
hat jemand nach mir gefragt? har der nogen spurgt efter mig?
fraglich tvivlsom
frankieren frankére

ungenügend frankiert utilstrækkelig frankéret
Frankreich (et) Frankrig
Franse en Frynse
Franzbrot et Franskbrød
Franzose en Franskmand, *pl*. mænd
französisch fransk
Frau en Kone, en Hustru
meine F. min Kone, min Hustru
Ihre F. (Gemahlin) Deres Kone, Deres Hustru; (fur.) Deres Frue
F. Holm Fru Holm
gnädige F.! Frue!
Männer und Frauen Mænd og Kvinder [der!"]
„für Frauen!" „for Kvin-
Frauenzimmer et Fruentimmer, et Kvindfolk
Fräulein en Frøken
mein F.! gnädiges F.! Frø-
frech fræk [ken!]
frei fri
darf ich so f. sein? maa jeg være saa fri?
ich bin so f.! jeg er saa fri!
haben Sie Zimmer (Betten) f.? har De ledige Værelser (Senge)?
ist der Platz f.? er den Plads optaget?[1]
im Freien udenfor; i det fri, i fri Luft
f. von fri for
Freier en Frier, en Beiler
freigebig gavmild
Freigeist en Fritænker

---

[1] Wörtlich: ist dieser Platz besetzt?

Freigepäck[1] Reisegods (n) frit med
Freihafen en Frihavn
Freiheit en Frihed
darf ich mir die F. nehmen, zu ...? maa (tør) jeg være saa fri at ...?
freilich rigtignok, tilvisse
Freimarke et Frimærke
zu 20 Øre et Tyveøres Frimærke
Freimaurer en Frimurer
freimütig frimódig
freisinnig frisindet, liberal
Freitag en Fredag
freiwillig frivillig
fremd fremmed
ich bin ganz f. hier jeg er aldeles fremmed (helt ukjendt) her
Fremde, die Udlandet
Fremdenbuch en Fremmedbog, pl. bøger [Führer
-führer en Fører; f. auch
-zimmer (im Gasthaus) et Gjæsteværelse, en Gjæstestue
Fremder en Fremmed
fressen æde III [Slughals
Fresser en Fraadser, en
Freude en Glæde
mit Freuden med Glæde, med Fornøielse
zu meiner F. til min Glæde
freudig glad
freuen, sich glæde sig, glædes
es freut mich sehr, Sie zu sehen det glæder mig at se Dem

[freuen] ich freue mich, daß ...
jeg glæder mig over, at ...
es sollte mich sehr f. det skulde glæde mig
Freund en Ven, pl. -ner
ein guter F. von mir en god Ven af mig
Freundin en Veninde
freundlich venlig, godslig, snil
wollen Sie so f. sein, zu ...?
vil De ikke være saa god at ...? vær saa venlig at ...!
das ist sehr f. von Ihnen det er meget venligt af Dem
danke, Sie sind sehr f.! Tak for Deres Venlighed!
ein freundliches Dorf en kjøn By, en vakker Bygd
Freundlichkeit en Venlighed
Freundschaft et Venskab
freundschaftlich venskabelig
Frevelthat et Niddingsværk
Friede en Fred [styrrer
Friedenstörer en Fredsfor-
Friedhof en Kirkegaard
auf dem F. paa Kirkegaarden
Friedrich Frederik
frieren fryse III
mich friert jeg fryser
ich friere an den Händen jeg fryser om Hænderne
es friert det fryser
hat es gefroren? har det frosset? [er tilfrossen
der Fluß ist gefroren Elven
Fries (et) Vadmel

---

[1] In der Regel 25 kg.

Frikassee en Frikassé
 Hühner- en Honsefrikassé
 Kalbs- en Kalvefrikassé
frisch frisk, fersk
 frisches Brot frisk (nybagt)
  Brød (n) [net) Smør (n)]
 frische Butter frisk (nykjer-
 frische Eier friske Æg (pl. n)
 frische Milch nymalket (sød)
  Mælk (c) [(pl. c)]
 frische Fische ferske Fisk
 frische Wäsche rent Linned (n)
 auf frischer That paa fersk
  Gjerning (c)
Friseur en Frisør
 schneiden Sie mir das Haar!
  jeg vilde nok klippes!
 ganz kurz helt kort
 waschen Sie mir den Kopf!
  vil De vadske Hovedet?
 thun Sie ein wenig Pomade,
  Haaröl hinein! kom lidt
  Pomade, Haarolie i!
 rasieren Sie mich! jeg vilde
  nok barbéres!
Friseurladen en Frisørstue
frisieren frisére
Frist: in kurzer F. med kort
  Varsel (n)
Frisur en Frisure [-süre]
froh über ... glad over ...
fromm from
Frömmigkeit en Fromhed
Frosch en Fro
Frost en Frost
 -beule en Frostknude
 -salbe en Frostsalve
 Fieber- en Kuldegysning
frösteln: mich fröstelt jeg
  gyser (III u. II) af Kulde
fröstig kuldskjær

Frucht en Frugt, pl. -er
 -händler en Frugthandler,
  en Grønthandler
 -markt et Grønttorv, pl. -e
fruchtbar frugtbar
früh tidlig, aarle [op]
 f. aufstehen staa (III) tidlig
 sich f. aufmachen begive (III)
  sig tidlig afsted, ive
 früher kann ich nicht kom-
  men før kan jeg ikke
  komme
 frühestens um 5 Uhr ikke
  før Klokken fem
 zu f. for tidlig
 werden wir f. genug kom-
  men? kommer vi tidlig
  nok?
 es ist noch viel zu f. det er
  meget for tidligt endnu
 früher (ehemals) for
Frühjahr et Foraar, en
  Vaar
 im F. om Foraaret, om
  Vaaren [ivaar]
 dieses F. i dette Foraar:
 gegen das F. henimod
  Vaaren, paa Vaarsiden
Frühjahrsanzug en For-
  aarsdragt, pl. -er [dag]
Frühlingstag en Foraars-
Frühstück en Frokost; (länd-
  liches F. in Dänemark) en
  Mellemmad
 was geben Sie zum F.?
  hvad har De til Frokost?
 kaltes kold
 warmes varm
 bringen Sie das F. auf mein
  Zimmer! bring Frokosten
  op paa mit Værelse!

frühzeitig — Führer.

[Frühstüd] zum F. komme ich in den Speisesaal til Frokost kommer jeg ned i Spisesalen
zum F. wünsche ich ... jeg ønsker til Frokost ...
frühzeitig betids; i rette
Fuchs en Ræv   [Tid (c)
(Pferd) en Fuks
(junger Student) en Rus, *pl.* -ser
=bau en Rævehule
=fell en Rævebælg, et Ræve=
Fuder et Læs   [skind
fügen, sich fois (skikke), sig
fühlbar følelig
fühlen føle *II*
führen føre *II*
ist jemand da, der mich f. könnte? er der nogen, der kan føre mig?
f. Sie mich nach ...! før mig til ...!
wohin führt dieser Weg? hvor gaar denne Vei hen?
Führer en Fører
(Buch) en Reisehaandbog, *pl.* bøger

Erkundigung nach einem Führer

ist hier ein F. nach ... zu haben? er der her en Fører at faa til ...?

[Führer] meinen Sie, daß ich einen F. nach... brauche? tror De, jeg behøver en Fører til ...?
können Sie mir einen F. nach ... empfehlen? kan De anbefale mig en Fører til ...?
Im Reiseführer ist ... ge= nannt, ist er noch F.? i Reisehaandbogen næv= nes ..., er han Fører endnu?   [han Tysk?
versteht er deutsch? forstaar ist er ein zuverlässiger und nüchterner Mann? er han tilforladelig og ædruelig?
kennt er den Weg genau? er han vel kjendt med Veien?
ist der Mann, den Sie nen= nen, im Besitze des Führer= patentes¹? har Manden, som De nævner, den norske Turistforenings Førerpatent?
schicken Sie, bitte, nach ihm! vil De ikke sende Bud efter ham?
ist er von der Behörde, einem lokalen Touristen= verein angestellt, oder ist seine Beschäftigung ganz privat? er han ansat af Amtet, en lokal Turist-

---

¹ Die meisten Führer für die bekanntesten norwegischen Touristenrouten sind jetzt mit einem »*Førerpatent*«, von der Direktion des norwegischen Touristenvereins ausgestellt, versehen. Das Vorzeigen dieses Patents bietet dem Reisen= den genügende Garantie für die Zuverlässigkeit und Tüchtig= keit des Mannes.

forening, eller er han Fører helt privat?
ist ... zu Hause? hier? er ... hjemme? her?
wann kommt er wieder nach Hause? naar kommer han hjem igjen?
sagen Sie ihm, er möge zu mir kommen; ich wohne ...! bed ham om at komme hen til mig; jeg bor ...!
was bekommt der F. für eine Tour nach ...? hvad faar Føreren for en Tur til ...?

Gespräche mit dem Führer
f. auch Gletscherübergang, Sennhütte, Weg 2c.

sind Sie der F.? er De Føreren?
sind Sie vom norwegischen Touristenverein angestellt? er De ansat af den norske Turistforening?
zeigen Sie mir das Patent! lad mig se Deres Patent!
können Sie mir Empfehlungen zeigen? har De nogle Anbefalinger at fremvise?
ich wünsche nach ... geführt zu werden, dann über ... und wieder zurück! jeg ønsker Føring til ..., saa over ... og tilbage igjen!

ich wünsche den ... zu besteigen jeg ønsker at bestige ...
ich will Ihnen auf der Karte die Tour zeigen, die ich zu machen beabsichtige jeg vil vise Dem paa Kartet den Tur, jeg vil gjøre
Sie müssen uns ein Boot verschaffen und dasselbe selbst nach Tyssedal rudern! De faar sørge for Baad og selv ro den til Tyssedal!
ich reise von ... weiter; Sie müssen Boot und Pferde wieder zurückbringen jeg reiser videre fra ...; De faar bringe Baad og Hest hjem igjen
ist in ... gleich Weiterbeförderung? kan straks faas Viderebefordring i ...?
ist es notwendig Reitpferde zu nehmen, oder läßt sich die Tour zu Fuß ausführen? er det nødvendigt at leie Ridebeste, eller kan Turen gjøres tilfods?
Sie müssen ... Kilogramm tragen! De faar bære ... Kilogram![1]
Sie müssen auf der Hin- und Rückreise selbst für Essen, Trinken und Unterkunft sorgen! De faar selv

---

[1] Die Führer des Touristenvereins sind verpflichtet, im allgemeinen 12 Kilo zu tragen, bei größern Gletschertouren jedoch nur 6 Kilo.

sorge for Mad, Drikke og Logis baade paa Hen- og Tilbageturen!
haben Sie eine feste Taxe? har De en fast Takst?
aus dem Patent ergibt sich, daß ich Ihnen für die Tour nach ... 11 Kronen zu zahlen habe af Patentet ses, at De faar elleve Kroner for Turen til ...[1]
wir sind drei Personen vi er tre Personer
was verlangen Sie für die Führung? hvad forlanger De for at føre os?
ich gebe Ihnen 10 Kronen, sind Sie damit einverstanden? jeg giver Dem ti Kroner, vil De gjøre det for den Sum?
liegen an unserm Wege Sennhütten, Touristenhütten, Gasthäuser? findes der Sætre, Fjeldstuer, Gjæstgiverier paa vor Vei?
muß man etwas Proviant mitnehmen? faar man tage Nistemad (Proviant) med?
wo können wir übernachten? hvor kan vi faa Nattelogis?

wie viel Stunden dauert die Tour? i hvor mange Timer kan vi gjøre Turen?
wann können wir wieder zurück sein? hvad Tid kan vi faa være her igjen?
wann ist die beste Zeit, uns auf den Weg zu machen? hvad Tid er den bedste til at begynde Turen paa?
wir müssen morgen früh um 5 Uhr gehen vi faar gaa Klokken fem imorgen tidlig [hent mig saa her!]
holen Sie mich hier ab! af-

laßen Sie uns den schönsten, kürzesten Weg gehen! lad os gaa ad den vakreste, korteste Vei!
wie heißt dieser Berg, See, dieses Dorf? hvad er Navnet paa dette Fjeld, Vand, denne Bygd?
was ist das? hvad er det?
haben Sie eine Karte? zeigen Sie mir den Ort, an dem wir uns jetzt befinden! har De et Kart? vis mig, hvor vi er nu!
gehen Sie etwas langsamer! vil De ikke gaa lidt langsommere?

---

[1] Dem mit einem Patent versehenen Führer zahlt man für den ersten Reisenden die volle Taxe, für den zweiten 25 Proz., einen dritten 15 Proz. und für jede folgende Person 10 Proz. Zulage. Die Taxe ist im *Førerpatent* angegeben und richtet sich nach den lokalen Verhältnissen.

[Führer] ich bin hungrig und möchte wohl etwas essen jeg er sulten; jog tror, jeg vil spise lidt gehen Sie langsam weiter; ich werde gleich wieder da sein! gaa lidt i Forveien; jeg kommer straks!
führen Sie mich auf den höchsten Punkt! De faar føre mig op paa det høieste Punkt!
kann man in diesem Hause Essen (einen Trank) erhalten? kan man faa noʒen Mad (en Drik) i dette Hus?
wohin führen Sie uns jetzt? ist dort etwas Sehenswertes?¹ hvor forer De os nu hen? er dēr noget at se?
hier müssen wir wohl ein Boot mieten? her faar vi vel leie Baad?
besorgen Sie uns ein Boot und accordieren Sie mit den Ruderern! vil De faa os en Baad og akkordére med Rorsfolkene?
ich möchte etwas näher an den Wasserfall heran jeg kunde nok ønske (jeg likte) at komme noget nærmere hen til Fossen [Führer] ich möchte den Wasserfall von oben betrachten jeg vilde nok se paa Fossen ovenfra
sind wir am Ziel? er vi ved Maalet?
zeigen Sie mir noch einmal Ihr Patent! ich will ein paar Worte hineinschreiben!² maa jeg faa se Deres Patent igjen? jeg vil skrive et Par Ord deri!
ich bin mit Ihnen zufrieden gewesen; hier ist Ihre Bezahlung und 2 Kronen Trinkgeld! jeg har været godt tilfreds med Dem, Tak for god Føring! Vær saa god, her er Betalingen og to Kroner i Drikkepenge!
der Verabredung gemäß erhalten Sie ... Kronen, und dabei bleibt es! ifølge vor Aftale faar De ... Kroner og ikke mere!

Fuhrmann en Vognmand, pl. mænd, *en Stationsholder, en Skydsskaffer*

Fuhrwerk et Kjøretøi

füllen fylde II

f. Sie mir die Flasche mit Kognak, Aquavit! fyld sagtens den Flaske med Kognak, Akvavit [akkewitt]!

---

¹ Den Führern des Touristenvereins liegt die Verpflichtung ob, die Wegesteine, *Varder*, und Brücken, *Broër (Klopper)* des Vereins zu besichtigen.

² Nach beendeter Tour gibt der Tourist dem Führer im Patent ein Zeugniß über sein Verhalten.

gefüllter **Weißkohl** et fyldt Hvidkaalshoved
Füllen et Føl
Fund et Fund
fünf fem
fünfzehn femten
fünfzig halvtreds, *femti*
Funke en Gnist, *pl.* -er
funkeln tindre, gnistre, für för, til [funkle] haben Sie etwas f. mich? har De noget til mig?
f. acht Tage i otte Dage
Stück f. Stück hvert Stykke
das ist f. Sie! det er til Dem, vær saa god!
ich kann nichts dafür; es ist Ihre eigne Schuld jeg kan ikke gjøre ved det; det er Deres egen Skyld
Furche en Fure, en Skure
Furcht en Frygt
aus F. af Frygt
furchtbar frygtelig, rædsom
fürchten frygte; være (*III*) bange, ræd
ich fürchte mich vor der Seekrankheit jeg er bange for Søsygen
ist zu f., daß es Nebel gibt? mon vi faar Taage, *en Skodde?*
furchtlos ikke bange, uræd
-sam bange, ræd
Fürsprache: F. für jemanden einlegen gaa (*III*) i Forbøn (c) for nogen
Fürst en Fyrste
fürstlich fyrstelig
Furt et Vadested, *pl.* -er
ist keine F. in der Nähe? er

der ikke et Vadested nærved?
Fuß en Fod, *pl.* Fødder
3 F. breit tre Fod bred
zu F. gehen gaa *III*; tage (*III*) tilfods
macht man die Tour am besten zu F. oder mit Wagen? skal man holst gjøre Turen tilfods eller tage Vogn [mann]?
ich ziehe vor, zu F. zu gehen jeg foretrækker at gaa
sind Sie gut zu F.? er De en god Fodgjænger?
die Füße thun mir weh jeg har ondt i Fødderne
ich habe mir die Füße wund gelaufen mine Fødder er ømme af at gaa
Blasen an den Füßen Vabler paa Fødderne
geschwollene Füße tykke Bén [der]
schweißige Füße svedte Fødstehenden Fußes paa staaände Fod
am Fuße des Berges ved Fjeldets Fod
Fußbad et Fodbad, *pl.* -e
-bank en Fodskammel
-bekleidung et Fodtøi
-boden et Gulv, *pl.* -e
-gänger en Fodgjænger
-pfad en Fodsti
-reise en Fodtur
-spur et Fodspor
-weg en Vei for Gaaende
Futter et Foder
füttern: die Pferde f. fodre Hestene

Gabe — Gartenkonzert.

Gabe en Gave, en Forøring
Gabel en Gaffel
-frühſtück varm Frokost (c)
gaffen glo
gähnen gabe *II*
galant galant
Gallert en Gelé
Galopp: im kurzen, geſtreckten
    G. i kort, strakt Galop (c)
Gang (Schritt) en Gang
    was gibt es als zweiten
    G.? hvad faar vi som
    anden Ret (c, *pl.* -ter)
    wollen Sie einen G. für
    mich machen? vil De gaa
    et Ærinde for mig?
    in G. bringen sætte (*III*),
    faa (*III*) i Gang
gangbar (Weg) passabel
    iſt der Sumpf g.? kan My-
    ren passéres?
Gans en Gaas, *pl.* Gjæs
Gänſerich en Gase, *en Gaase-*
    stegg
Gänſebraten en Gaasesteg
    -fett (et) Gaasefedt
    -marſch en Gaasegang
ganz hel, ganske, aldéles
    den ganzen Weg hele Veien
    auf d. ganzen Küſte paa hele
    im ganzen ialt [Kysten
    g. gut ganske godt
    g. recht meget vel
    g. und gar nicht paa ingen
        Maade [slaaet
    g. großartig aldéles stor-

das iſt eine ganz andre
    Sache det er en ganske
    anden Sag
gar: das iſt nicht g. det er
    ikke kogt nok
    warum nicht g! hvorfor
    ikke det?
    g. nichts ingenting
    haben Sie g. nichts Trink-
    bares? har De slet ikke
    noget til at drikke?
Garbe et Neg, *et Kornbaand*
Garderobe en Garderobe·
    muß man jeine G. abgeben?
    skal, faar man lægge sit
    Tøi (af med Tøiet)?
    wo gibt man jeine G. ab?
    hvor kommer man af med
    sit Tøi? [Gardin
Gardine et Forhæng, et
Garkoch en Spisevært, *pl.* -er
    -küche et Spisekvartér
Garn et Garn
Garnele en Reke, *en Rege*
    ein Stück Butterbrot mit G.
    belegt et Stykke Smørre-
    brød med Reiər
garnieren garnére
Garten en Have[1] [Have
    botaniſcher G. en botanisk
    zoologiſcher G. en zoologisk
    Have
    iſt es erlaubt, in den G. zu
    gehen? er det tilladt at
    gaa ind i Haven?
    -konzert en Koncert i Haven[2]

---

[1] In Norwegen häufig „hage" ausgeſprochen.
[2] Der Reiſende unterlaſſe nicht, das Kopenhagener
Tivoli, wo im Sommer alltäglich Gartenkonzerte abgehalten
werden, am liebſten aber bei einem Tivolifeſt, zu beſuchen.

Gärtner en Gartner
Handels- en Handels-
  gartner
Gas: G. anzünden tænde (*II*)
  Gassen [ning]
  -beleuchtung en Gasbelys-
  -laterne en Gaslygte
Gasse et Stræde
  auf der G. paa Gaden
Gäßchen en Smoge
Gassenjunge en Gadedreng
Gast en Gjæst, *pl.* -er
  nehmen Sie für Bezahlung
  Gäste auf? tager De mod
  Gjæster for Betaling?
gastfreundlich gjæstfri
Gastfreundschaft en Gjæst-
  frihed
  ich danke Ihnen vielmals
  für Ihre G.! jeg siger Dem
  mange Tak for Deres
  Gjæstfrihed!
Gasthaus, -hof et Gjæst-
  giveri, en Gjæstgiver-
  gaard; f. auch Hotel, Re-
  stauration, Touristenhütte,
  essen
  -stube et Gjæsteværelse
  -wirt[1] en Vært, *pl.* -er; en
  Gjæstgiver
Gatte en Ægtefælle
Gattin en Hustru
Gattung en (et) Slags
Gaumen en Gane

Gauner en Gavtyv
geachtet agtværdig, agtet
Gebäck Kager *pl.* c
gebacken bagt
Gebälk et Bjælkeværk
gebären føde *II*
Gebäude en Bygning
  ein öffentliches en offentlig
geben give*[2]* *III*
  Kellner, g. Sie mir ...! Op-
  varter, giv mig ...! lad
  mig faa ...!
  können, wollen Sie mir ...
  g.? kan, vil De give
  mig ...?
  lassen Sie sich ... g.! faa
  (*III*) mig ...! [her...?]
  gibt es hier ...? er der
  was gibt es (ist geschehen)?
  hvad er der (paa Færde)?
  wieviel Trinkgeld pflegt man
  zu g.? hvad pleier man
  at give i Drikkepenge?
  wem haben Sie es gegeben?
  til hvem har De givet det?
  darauf gebe ich nicht viel det
  regner jeg ikke stort paa
  was wird heute abend ge-
  geben (Theater)? hvad
  spilles der iaften?
Gebet en Bøn, *pl.* -ner
  -buch en Bønnebog, *pl.*
  bøger
gebildet dannet

---

[1] Auf dem Lande in Norwegen meistens mit dem *Stationsholder* der Post identisch.

[2] Den Infinitiv schreiben viele Norweger *gi*, wie er gesprochen wird; auch in Dänemark spricht man das Wort meist so aus; giver wird in beiden Ländern „gier", givet (gegeben) „giet" ausgesprochen.

Gebirge en Bjergkjæde, et Fjeld[1]
im, ins G. i, op i Fjeldet
aufs G. *tilfjelds*
wie heißt dieses G.? hvad kaldes dette Fjeld? [boer]
Gebirgsbewohner en Fjeld-
=dorf en *Fjeldbygd, pl. -er*
=gegend en Fjeldegn [=ein]
=paß en Fjeldovergang
=see et *Fjeldvand, pl. -e; et Fjeldvatn, et Tjern*
Gebirgstour en Fjeldtur, en Tur i Fjeldet (tilfjelds); f. auch Führer, Gletscherübergang 2c.
ich will morgen eine Tour ins ...gebirge unternehmen jeg vil imorgen tage en Tur til ...fjeldet
kann man die Tour zu Fuß machen, oder muß man einen Wagen (ein Pferd) leihen? kan Turen gjøres tilfods, eller faar man tage Vogn [vaun] (Hest)?
können auch Damen die Tour mitmachen? kan Damer ogsaa gjøre Turen?
wo kann man einen Wagen, ein Reitpferd mieten? hvor kan man faa Vogn [vaun], Ridehest?

[**Gebirgstour**] ist der Weg leicht zu finden? er Veien let at finde?
Gebiß Tænder *pl., sing.* en Tand; et Tandsæt
ein künstliches G. forlorne (falske) Tænder
gebogen bøiet, bust
geboren født
wann und wo sind Sie g.? naar og hvor er De født?
ich bin g. zu ... am 11. März jeg er født i ... den ellevte [elfte] Marts
Gebot: zu G. stehen staa (*III*) til Disposition (c)
gebraten stegt
stark g. haardt stegt
Gebrauch en Brug
(Sitte) en Skik, en Sædvane
G. machen von ... gjøre (*III*) Brug af ...
für den eignen G. til eget Brug[2] (nedlagt)
außer G. ude af Brug;
gebrauchen bruge *II*
g. Sie das noch? bruger De det inore?
wozu gebraucht man das? hvortil bruges (benyttes) det?
gebräuchlich brugelig, almindelig, sædvanlig

---

[1] Plural: Fjelde oder *Fjeld*. Im Norwegischen gibt es für zusammenhängende Gebirgsstrecken kein Wort, man wendet hierfür meist die Einzahl *Fjeld* (Berg) an oder bildet Zusammensetzungen wie *Fjeldparti, Fjeldrække, Fjeldmasse, Fjeldstrækning* u. a.

[2] In dieser und in ähnlichen Verbindungen wird Brug als Neutrum gebraucht.

Gebrauchsanweisung — gefüllt.

ist das hier gebräuchlich? er det Skik og Brug her?
Gebrauchsanweisung en Brugsanvisning
Gebrüll en Brølen
Gebühr en Betaling; en Takst, *pl.* -er
nach G. som det sig bør über die G. umaadelig
gebürtig: g. sein aus ... have (*III*) hjemme i ...
Geburtsschein en Døbeattest, en Daabsattest
-tag en Fødselsdag [*skog*]
Gebüsch et Krat, *en Smaa-*
Gedächtnis en Hukommelse dem G. entfallen glemme *II* im G. behalten huske
gedämpft stuvet mit gedämpfter Stimme med dæmpet Stemme
Gedanke en Tanke auf andre Gedanken kommen komme (*III*) paa andre Tanker
Gedeck en Kuvert Kellner, noch ein G.! Opvarter, ēn Kuvert til!
gedeihen trives, lykkes
gedenken: ich gedenke zu ... jeg agter at ...
Gedicht et Digt, *pl.* -e
Gedränge en Trængsel

ist die Gefahr vorüber? er Faren forbi?
gefährlich farlig
Gefährte: Reise- en Reisefælle [om; *like II*]
gefallen behage; synes (*II*) das gefällt mir sehr gut det synes jeg meget godt om; *det liker jeg godt*
das gefällt mir nicht det synes jeg ikke om; *det liker jeg ikke*
wie gefällt Ihnen das Zimmer? hvad siger De om Værelset? *liker De Værelset?*
das lasse ich mir nicht g. det lader jeg mig ikke byde
das muß man sich g. lassen det faar man tage imod
Gefallen: thun Sie mir den G., zu... gjør mig sagtens den Tjeneste at ...
gefällig venlig, behagelig was ist g.? hvad ønsker De? ist es Ihnen g.? synes De om det? *liker De det?*
Gefälligkeit: aus G. af Venlighed (c)
Gefangener en Fange
Gefängnis et Fængsel
Gefäß et Kar [(en) *Fugl*]
Geflügel (et) Fuglevildt,

gegen — gehen.

gegen mod, imod
g. mich mod mig
g. Vorzeigung meines Scheines mod at forevise et Bevis fra mig
g. Norden, Süden mod Nord, Syd, *nordover, sydover* [Vinteren]
g. den Winter henimod
g. bar mod kontant
g. den Strom mod Strømmen
Gegend en Egn [ein], et Strøg[1]; en *Trakt, pl. -er* wilde, öde G. en Ulænde selsige G. en Fjeldegn [-ein] in welcher G. liegt ...? mod hvad Kant (c) ligger ...?
Gegendienst en Gjentjeneste
Gegensatz en Modsætning
gegenseitig gjensidig
Gegenstand en Gjenstand
Gegenteil: im G. tvertimod
gegenüber lige overfor
Gegenwart: in meiner G. i min Nærværelse (c)
gegenwärtig nærværende, tilstede
Gegner en Modstander
Gehalt (Lohn) en Løn (Beamten-) en Gage (Soldaten-) en Lønning
Gehege en Park, *pl. -er*; en Indhegning

geheim hemmelig
g. halten holde (*III*) skjult
Geheimnis en Hemmelighed
gehen gaa *III* [gaa]
ich will jetzt g. nu vil jeg
spazieren g. gaa en Tur
schlafen g. gaa tilsengs
g. Sie mit mir nach dem Wasserfall? vil De gaa med mig til Fossen?
wie weit, lange müssen wir noch g.? hvor langt, længe faar vi gaa endnu?
lassen Sie uns weiter, schneller, langsamer g.! lad os gaa videre, raskere (*fortere*), langsommere!
Sie g. zu rasch! De gaar for stærkt!
muß man rechts oder links g.? skal, *faar* man gaa tilhøire eller tilvenstre?
wo geht es hier hin? hvor kommer (*III*) vi hen?
wie geht es Ihnen? hvorledes har (*III*) De det?[2]
wie geht es zu, daß ...? hvorledes gaar det til, at ...? hvor kan det være, at ...?
das geht so nicht! det gaar ikke saaledes, *slig!*
das geht mich nichts an det vedkommer (*III*) ikke mig

---

[1] Auch Kopenhagener Ausdruck für belebte Straßen, besonders die zwischen Frederiksberggade und Kongens Nytorv liegenden, wo im Winter, wenn die beau monde in der Stadt weilt, zwischen 2 und 4 Uhr promeniert wird. Bo paa Strøget [strøget] = in einer Straße mit starkem Verkehr wohnen.

[2] Wörtlich: Wie haben Sie es?

Geheul — Geld.

Geheul et Hyl, en Tuden
Gehilfe en Modhjælper
Handlungs= en Handels-
  kommis, en Handelsbe-
  tjent, en Bodsvend
Gehirnerschütterung en
  Hjernerystelse
Gehölz en Lund, en Krat-
  skov, et Holt
Gehör et Gehør
gehorchen adlyde III, lystre
gehören tilhøre II [det?]
  wem gehört das? hvis er
  gehört das Ihnen? er det
  Deres? [(ikke) min (mit)]
  das gehört (nicht) mir det er
  gehört dieses Dampfschiff der
  Nordenfjeldschen Dampf-
  schiffahrtsgesellschaft? til-
  hører dette Skib det Nor-
  denfjeldske Dampskibs-
  selskab?
  ich verlange nicht mehr, als
  was sich gehört jeg for-
  langer ikke mere, end der
  tilkommer (III) mig
gehorsam lydig
Gehorsam en Lydighed
Geige en Violin, en Fele
geigen spille paa Violin, Fele
Geiger en Violinspiller; en
  Spillemand, pl. mænd
Geiß en Gjed, pl. -er
Geist en Aand, pl. -er

[Geist](Gespenst) et Spøgelse
Geistesgegenwart en Aands-
  nærværelse
Geistlichkeit en Præstestand
geistlos aandløs
=reich aandrig
geizig gjerrig, gnieragtig
gekocht kogt
Gelächter en Latter
  zum G. werden blive (III)
  til Latter
geladen ladet, ladd [Kalás]
Gelage et Lag, et Sold, et
Geländer et Rækværk, pl.
gelangen komme III [-er]
  wie gelangt man dahin?
  über den Bach (Fluß)?
  hvorledes kan man komme
  dorhen, did? over Elven?
geläufig øvet, flink
  g. sprechen tale (II) flydende
Geläute en Ringen
gelb gul
Geld Penge pl.[1]
  das G. Pengene
  viel, wenig mange, faa
  dänisches G. danske Penge
  deutsches tyske
  norwegisches norske
  Klein= Smaapenge
  bares G. rede Penge
  Papier=[2] Papirspenge
  ich habe kein G. bei mir jeg
  har ingen Penge hos mig

---

[1] Der Singular findet sich nur in einer einzigen Redens=
art: for en billig Penge, für wenig Geld.

[2] Es kursieren außer den Reichsbanknoten der National-
banken i Kjøbenhavn, Norges Bank i Trondhjem und
Sveriges Rigsbank auch Scheine der vielen schwedischen
Privatbanken, enskilda Banker.

[Geld] nehmen Sie deutsches G. an? tager De tyske Penge? [penge] nur Papiergeld kun Papirs-lassen Sie diesen 10-Kronenzettel wechseln! vil De faa mig den Tikroneseddel byttet? ich muß erst wechseln jeg maa først faa byttet können Sie herausgeben? kan De give tilbage? für 20 Kronen Kleingeld! for tyve Kroner Smaapenge! Geldbeutel en Pengepung, en Portemonnæ -brief et Pengebrev, pl. -e -mangel (en) Pengetrang, (en) Forlegenhed for Penge [Bøde] -strafe en Mulkt, pl. -er; en -stück[1] et Pengestykke Geldwechsler[2] en Vekselér wo kann ich mein Geld einwechseln? hvor kan jeg faa vekslet mine Penge? ich möchte deutsches Geld gegen dänisches (nor-wegisches) einwechseln jeg vilde nok have tyske Penge ombyttet med danske (norske) geben Sie mir 200 Kronen in Banknoten oder Gold und den Rest in Silber! maa jeg faa tohundrede Kroner i Guld eller Sedler og Resten i Sølvpenge? geben Sie mir, bitte, für diese Banknote Kleingeld! vil De give mig Smaapenge for den Seddel? gelegen: wo ist ... g.? hvor ligger ....? es ist mir viel daran g. det er mig meget om at gjøre Sie kommen recht g. De kommer lige tilpas Gelegenheit zu ... (en) Leilighed til at ... gelehrig lærvillig, lærenem Gelehrsamkeit en Lærdom gelehrt lærd Gelehrter en Lærd [pl. e] Geleise et Spor, Skinner] Gelenk et Led geliebt elsket

---

[1] Die skandinavischen Münzen (Mønter) sind: in Kupfer (Kobbermønter): en Enøre, Toøre, Femøre (1-, 2- und 5-Øresstücke); in Silber (Sølvmønter): en Tiøre, Femogtyveøre, Halvtredsøre (Femtiøre), en Krone, en Tokrone (10-, 25- und 50-Ørestücke, Krone und Doppelkrone); in Gold (Guldmønter): en Femkrone, en Tikrone, en Tyvekrone (5-, 10- und 20-Kronenstücke).

[2] Die Geldwechsler in Kopenhagen nehmen in der Regel deutsches Geld (Papier und Gold) zum Pariturse an; deutsches Kleingeld ist in dänischen und norwegischen Dörfern wertlos.

Geliebte(r) — genügen. **117**

Geliebte(r) en Kjæreste
gelingen lykkes
 wird es uns g., ganz auf
 den Gipfel zu kommen?
 mon det vil lykkes os at
 naa helt op paa Tinden?
 es gelang nicht det lykkedes ikke
 es ist mir das erste Mal
 nicht gelungen det lykkedes ikke første Gang for
gelten gjælde *III* (mig)
 es gilt, die schönsten Aussichtspunkte aufzusuchen
 det gjælder om at opsøge
 de bedste Udsigtspunkter
 was gilt die Wette? hvad
 skal vi vædde?
gemächlich magelig
Gemälde et Maleri [lung]
 -sammlung en Malerisammlung
 wann ist die Gemäldesammlung zu sehen? hvornaar
 kan Malerisamlingen besés? [med, ifølge]
gemäß overensstemmende
gemäßigt jævn, moderat
gemein (gemeinschaftlich) fælles
 (gewöhnlich) almindelig
 (schlecht) lav [Menig]
 ein Gemeiner (Soldat) en
Gemeinde en Kommune
 die G. Kopenhagen Kjøbenhavns Kommune
 (kirchlich) en Menighed
Gemeinheit en Lavhed, en
 Gemenhed
gemeinschaftlich fælles
 gemeinschaftliches Bett en
 fælles Seng

wollen wir einen Wagen gemeinschaftlich mieten? skal
 vi ikke leie en Vogn sammen?
Gemisch en Blanding
Gemüse Grønsager *pl*, (en) Gemyse
 -händler en Grønthandler
 -suppe en Gemysesuppe
gemütlich: ein gemütliches
 Zimmer et hyggeligt
 Værelse
 (Person) jovial, gemytlig
 es ist hier sehr g. her er
 meget hyggeligt
gemütskrank sindssyg
genau nøie, nøiagtig
 mit genauer Not med Nød
 og neppe
Genauigkeit en Nøiagtighed
geneigt: ist er nicht g., es
 zu thun? har han ingen
 Lyst til at gjøre det?
genesen: von einer Krankheit
 g. komme (*III*) sig af en
 Sygdom
 ist er noch nicht g.? er han ikke
 kommen sig (ikke istand)
genial genial [endnu?]
Genick en Nakke
genieren: g. Sie sich nicht!
 genér Dem ikke!
 geniertSiedies(Paket)nicht?
 genérer den (Pakke) Dem
genießbar spiselig [ikke?]
 (Flüssigkeiten) drikkelig
genießen nyde *III*
Genosse en Fælle
genug nok
genügen: das genügt! det
 er nok!

genügend tilstrækkelig
genügsam nøisom
Genugthuung en Opreisning
Genuß en Nydelse
Gepäck et Reisetøi, en Bagage, et Reisegods
Hand- en Haandbagage
Handkoffer en Haandkuffert, *pl.* -er
Hutschachtel en Hatæske
Kasten en Kasse
Koffer en Kuffert, *pl.* -er
(**Leder-**) en Læderkuffert
Paket en Pakke
Ranzen en Ransel, *en Skræppe*
Reisetasche en Vadsæk
besorgen Sie mein G. (an Bord); hier ist mein Billet!
vil De besørge mit Reisetøi (ombord)? her er min Billet!
machen Sie rasch, es ist hohe Zeit! skynd Dem lidt, det er paa høis Tid!
haben Sie Übergewicht bezahlt? wieviel? maatte De betale noget for Overvægt? hvor meget?
wo haben Sie den Schein? schön! hvor har De Sedlen? Tak!
wieviel Gepäck hat man frei? hvor meget Reisetøi har man frit?
die Sachen sollen nicht eingeschrieben werden; ich nehme sie mit in die Kajütte Tøiet skal ikke indskrives; jeg tager det med ned i Kahytten

[**Gepäck**] kann ich dies mit in den Wagen nehmen? kan jeg tage det med i Vognen?
ich möchte diesen Koffer mit dem Dampfer nach ... schicken; ich selbst reise zu Lande jeg ønsker at sende denne Kuffert med Damperen til ...; jeg reiser selv overland
wo muß er in ... abgeholt werden? hvorfra skal den afhentes i ...?
was habe ich zu zahlen? hvad har jeg at betale?
bekommt man einen Schein? faar man et Garantibevis?
sind Sie Träger? er De Drager, Bærer (Bybud)?
wo ist die Gepäckaufgabe? hvor indleveres Reisegodset? f. auch Bahnhof, Eisenbahn
wo ist die Gepäckausgabe? hvor udleveres Reisegodset?
Ihre Nummer! hvad er Deres Nummer?
hier ist mein Gepäckschein her er min Garantiseddel
nehmen Sie diese Sachen und warten Sie hier auf mich! tag de Sager og vent saa paa mig!
lassen Sie sich mein G. ausliefern; es sind 2 Stücke: ein Koffer und ein Reisesack! faa mig mit Reisetøi; der er to Kolli(er) (Stykker): en Kuffert og en Vadsæk

Gepäckexpedition — Gerstenbrei. 119

[**Gepäck**] tragen Sie die
Sachen nach Hotel ...! bær
Tøiet hen til Hotel ...!
jener Koffer dort ist der
meine den Kuffert der-
henne, *did* er min
geben Sie mir meinen Hand-
koffer; er wurde gestern
mit ... hierher gebracht maa
jeg faa min Haandkuffert;
den kom hertil, *hid* igaar
med ...
besorgen Sie mir dies zur
Droschke! faa mig det hen
til Droschken!
Gepäckexpedition en Eks-
pedition af Reisegods
-schein en Garantiseddel; et
Garantibevis, *pl.* -er
-träger en Drager, *en Bærer*
gerade lige, *bent*
(eben) netop
-aus lige frem, *ret frem*
Gerät et Møbel [*Hausstel*]
Haus- et Moblement, *et*
silbernes G. (et) Sølvtøi
geraten: auf einen falschen
Weg g. komme (*III*) paa
en feil Vei
in etwas g. komme i noget
es geriet gut det lykkedes
godt [Lykke og Fromme]
Geratewohl: aufs G. paa
geräuchert røget
geräumig rummelig
Geräusch en Støi, en Larm
was ist das für ein G.?
hvad er det for en Støi?
gerecht retfærdig

Gerechtigkeit en Retfærdig-
Gerede en Talen [hed]
ins G. kommen komme i
Folkemunde [*pl.* -ter]
Gericht (Essen) en Ret,
wie nennen Sie dieses G.?
hvad kalder De den Ret?
(Gerichtshof) en Ret, *pl.*
-ter; en Domstol
Richter en Dommer
Richterspruch en Dom
Verhör et Forhør
gerichtlich: g. belangen
stævne; anlægge (*III*)
Sag (c, *pl.* -er) mod
gering ringe, ubetydelig
lille, *liden*
geringer mindre, ringere
nicht im geringsten aldeles
ikke, ikke det mindste
geringschätzig ringeagtende
Gerippe et Skelét, *pl.* -ter
gern gjerne
essen Sie g. ...? holder De
meget af ...?
ich gehe g. spazieren jeg
holder nok af at gaa
Ture (at spadsére)
Geröll Rullestene *pl.*; *en*
Løsur, pl. -er
geronnen: geronnene Milch
(en) Tykmælk [Blod (*n*)]
geronnenes Blut størknet
geröstet: geröstetes Fleisch
grilleret Kjød (*n*)
geröstete Kartoffeln brunede
Kartofler, *Potéter*
Gerste (et) Byg
Gerstenbrei en Byggrød[1]

---
[1] Sehr verbreitetes ländliches Gericht in Norwegen;

Gerstengrütze — geschikt.

Gerstengrütze (et) Byggryn, (et) *Halvgryn* [korn]
-korn (am Auge) et Byg-
Gerte en Kvist, et Baand
Geruch en Lugt
sonderbarer, durchbringen-
der G. en mærkelig. gjen-
nemtrængende Lugt
Fisch- en Lugt af Fisk
Geruchsinn en Lugtesans
Gerücht et Rygte
Gerüst et Stillads, *pl.* -er
(zum Dörren der Fische) en
Hjeld, pl. -er
gesalzen saltet (in Zusam-
mensetzungen oft Spege-,
Speke-)
zu wenig (sehr) g. for lidt,
lidet (meget) saltet
Gesandte: der deutsche G.
den tyske Minister (Ge-
sandt) [skab]
Gesandtschaft et Gesandt-
Gesang en Sang
(Kirchen-)enSalmeb [bøger]
-buch en Salmebog, *pl.*
-verein en Sangforening
Gesäß en Bagdel
(Sitz) et Sæde
Geschäft en Forretning, en
Bestilling
in Geschäften reisen være
(*III*) paa en Forretnings-
reise [et Ærinde dér]
ich habe ein G. dort jeg har
haben Sie gute Geschäfte
gemacht? har De gjort
gode Forretninger?

welches ist das bedeutendste
Geschäft hier in Pelz-
waren? hvad En er den
største Forretning i Pels-
varer her paa Pladsen?
geschäftig travl
ein geschäftiger Mensch en
virksom Mand
Geschäftshaus et Kjøb-
mandshus, *pl.* -e; et
Handelshus, *pl.* -e
-leben et Forretningsliv
-lokal et Forretningslokale
-mann enForretningsmand,
pl. mænd
-reisender en Forretnings-
reisende, en Handels-
reisende
geschehen ske *II*, hænde *II*;
tildrage (*III*) sig
was ist g.? hvad er der
sket?
es muß aber gleich g. men
det maa ske straks
gescheit forstandig, flink,
snil
Geschenk en Foræring
Geschichte en Historie, en
Tildragelse
Geschichten erzählen fortælle
(*III*) Historier [dumt!]
eine dumme G.! det var
eine schöne G.! en deilig
Redelighed!
geschichtlich historisk
geschickt (gesandt) sendt
nach ... g. sendt til ...
(gewandt) dygtig, flink, snil

überhaupt spielt die Gerste in der norwegischen Haushaltung
bedeutende Rolle.

Geschirr — gesetzlich. 121

Geschirr: Küchen- Kjokken-
　saker pl.
Pferde- et Seletøi
Geschlecht et Kjøn
　männlichen, weiblichen Ge-
　schlechts (et) Hankjøn, (et)
　Hunkjøn
　ein Wort sächlichen Ge-
　schlechts et Intetkjønsord
　das schöne G. det smukke
　　Kjøn　　[Kjønssygdom]
Geschlechtskrankheit en
-name et Familienavn, pl.
　-e; et Tilnavn, pl. -e; et
　Stammenavn, pl. -e
Geschmack en Smag
　das hat einen guten, schlech-
　ten G. det smager (ll)
　godt, daarligt
　das ist nicht nach meinem G.
　det er ikke efter min
　Smag　　[har sin Smag]
　der G. ist verschieden hver
geschmacklos smagløs
Geschmackssache enSmagssag
geschmackvoll smagfuld
Geschmeide et Smykke
Geschrei et Skrig
　mir kommt es vor, als
　hörte ich ein G. det fore-
　kommer mig, som om jeg
　hørte et Skrig
　viel G. und wenig Wolle
　meget Skrig og lidet
　Uld
geschützt: gegen den Regen g.
　i Ly (n) for Regnen [rel-]
　gegen den Wind g. i Læ (n)
　for Vinden
Geschwätz (et) Vrøvl, (en)
　Sludder, (et) Pjat

geschwind rask, hurtig
　machen Sie ein bischen g.!
　skynd Dem lidt!
Geschwindigkeit en Hurtig-
　hed, en Hastighed
　mit großer G. med stor
　Hurtighed
　in der G. vergaß ich ... i
　Hastværket glemte jeg ...
Geschwister Søskende
Geschworner en Edsvoren
Schwurgericht en Edsvor-
　neret, pl. -ter; en Jury
Geschwulst en Hævelse
Geschwür en Byld, pl. -er
Geselle en Svend; en Gut,
　pl. -ter　　　　[Gut]
lustiger G. en lystig Fyr,
gesellig selskabelig
gesellige Zusammenkunft en
　selskabelig Sammenkomst
　(pl. -er)
Gesellschaft et Selskab
　die feine G. de fine
　die norwegische G. det norske
　Samfund
　geschlossene G. et sluttet
　Selskab
　es ist mir eine Freude ge-
　wesen, in Ihrer G. zu
　reisen det har været mig
　en Fornøielse at reise
　sammen med Dem
Gesellschafter: ein guter G.
　en behagelig Selskabs-
　mand (pl. -mænd)
Gesellschafterin en Selskabs-
　dame [skabsdragt, pl. -er]
Gesellschaftsanzug en Sel-
Gesetz en Lov
gesetzlich lovmæssig

gesetzt: gesetzten Alters i en sat Alder
Gesicht et Ansigt, *pl.* -er
ein schönes G. et smukt, *vakkert* Ansigt
schwaches G. et svagt Syn
aus dem G. verlieren tabe (*II*) afsyne
Gesichtskreis en Synskreds
Gesinde et Tyende
-stube en Borgstue, *en Baarstue*
Gesindel et Pak
gesonnen: ich bin nicht g., das zu thun jeg har ikke isinde at gjøre det
gesotten kogt
Gespann (Pferde) et Spænd (Pferde u. Wagen) Hest (c) og Vogn (c), et Kjøretøi
Gespenst et Spøgelse, et Gjenfærd
Gespensterscheinung (et) Spøgeri, (et) *Skrømt*
Gespräch en Samtale
ein G. anknüpfen mit ... faa (*III*) en Samtale i Gang med ...
gesprächig snaksom
Gestalt en Skikkelse
Geständniß en Tilstaaelse
Gestank: ein abscheulicher G. en afskyelig Lugt
gestatten: g. Sie mir, zu ...! tillad (*III*) mig at ...!
gestehen tilstaa *III*, bekjende *II*
ich muß g., daß ... jog maa tilstaa, at ...
offen gestanden ærlig talt
Gestell et Stillads, *pl.* -er

[Gestel l] Fuß- en Fod, *pl.* Fødder
gestern igaar
g. abend igaar Aftes, iaftes
gestickt broderet
Gestöber et Snefog
Gesträuch et Buskværk, et Krat
gestreift stribet
gestrichen: frisch g. nylig gestrichene Semmel (mit Butter) et Rundstykke med Smør
Gesuch en Ansøgning
ein G. einreichen indsende(*II*) en Ansøgning
gesund rask, sund
un- usund
Gesundheit en Sundhed
mit meiner G. steht es nicht so ganz gut det er ikke saa godt med min Sundhed
auf Ihre G.! Deres Skaal! paa Deres Velgaaende!
Getöse en Larm, en Støi, et Bulder, et *Skrangel*
man kann vor dem G. der Wellen fast nichts hören man kan næsten ingenting høre for Bølgernes Bulder
Getränk en Drik, *pl.* Drikkevarer
welche Sorten von Getränken haben Sie? hvad Slags Drikkevarer har De?
bitte um eine Flasche ..., ein Glas ..., eine Tasse ... maa jeg faa en Flaske ..., et Glas ..., en Kop ...

Getreide — Gewächs. 123

[Getränk] Spirituosen
  Spirituosa
Arrak Arrak c
Bier Øl n¹
  baiersk Øl nachgemachtes
    bayrisches B.; s. Anm. 2,
  Hvidtøl Braun- [S. 46]
  Øl paa Flaske Lager-
  Øl fra Fad B. vom Faß
Grog Toddy c, Grog c
  Arrakstoddy Arak-
  Kognakstoddy Kognak-
  Portvinstoddy Portwein-
  Romtoddy Rum-
  Rødvinstoddy Rotwein-
  Æggetoddy Eier-
Punsch Punch c
  Kaffepunch², Karsk c
    Kaffee-
  svensk Banko c, berühmter schwedischer P.
Rum Rom c, Rum c
Schnaps Dram c, Snaps c
  Akvavit c [akkewitt] Aquavit; s. auch Anm. S. 16.
  dansk, norsk Akvavit
    dänischer, norwegischer
    Aquavit [wein]
  Brændevin c (n) Brannt-
  Kommenakvavit, Kommenbrændevin Kümmel-
  Solbærbrændevin Aal-
Wein Vin c [beeren-]
  Frugtvin Obst-

græsk Vin griechischer W.
Portvin Port-
Rhinskvin Rhein-
Ribsvin Johannisbeer-
Rødvin Rot-
spansk Vin spanischer W.

andre Getränke andre
  Drikkevarer
Limonade Limonade c
  Bruslimonade, Brus c
    Brause- [beer-]
  Hindbærlimonade Him-
  Jordbærlimonade Erd-
    beer-
Selterswasser Seltersvand n
Sodawasser Sodavand n
  Pjolter c S. mit Kognak
  svensk Sodavand eine Art
    Limonade
Obstsaft Frugtsaft c, pl. -er
Kaffee Kaffe c
Schokolade Chokolade c
Thee The c
Milch Mælk c, Melk c
Sahne Fløde c
Wasser Vand n
Getreide (et) Korn
  -arten Kornsorter pl. c;
    Slags (pl. c) Korn
  -feld en Kornmark, pl. -er
  getrocknet tørret, tørket
  getrockneter Fisch (en) Tørfisk
  getrost trøstig, uforfærdet
Gewächs en Plante

---

¹ En Øl (en Sodavand, en Seltersvand) ist: eine Flasche Bier (Sodawasser, Selterswasser).

² Warmer Kaffee, Zucker und Branntwein, beliebtes Getränk auf dem Lande; in Dänemark geht es auch unter dem Namen „en lille Sort", eine kleine Schwarze.

Gewächshaus et Drivhus, pl. -e [*vaagsom*]
gewagt vovet, voveligt, ein gewagtes Unternehmen et voveligt Foretagende
gewährleisten garantére für jn. g. indestaa (*III*) for nogen
Gewalt (en) Vold mit G. med Magt (c)
gewaltig voldsom
gewandt ferm, rask, *snil* ein gewandter Führer en øvet Fører
[*et Vatn*] **Gewässer** et Vand, pl. -e: stillstehendes G. et stillestaaende Vand fließendes et Vandløb, *et Vasdrag*, *en Elv*
Gewehr en Bøsse, en Riffel, et Gevær, *en Rifle*
Gewerbe en Forretning, en Bestilling was für ein G. treiben Sie? hvad Bestilling (Forretning) har De?
Gewicht en Vægt
Gewinn en Fortjeneste, en Gevinst
gewinnen vinde *III*
gewiß vis, vis paa ganz g.! helt sikkert! aldeles bestemt! sind Sie Ihrer Sache g.? er De vis paa det? er kommt g. nicht han kommer vist ikke
Gewißheit: darüber möchte ich G. haben det maa jeg have rigtig Besked (c) paa

Gewitter et Tordenveir werden wir ein G. bekommen? faar vi Tordenveir?
-luft en Tordenluft
-schauer en Tordenbyge, en *Tordenskur*
-wolke en Tordensky
gewöhnen: ich bin noch nicht daran gewöhnt jeg er endnu ikke vant til det man muß sich daran g. man faar vænne sig til det
Gewohnheit en Vane eine üble G. en slem Vane nach G. efter Sædvane (c)
gewöhnlich sædvánlig jo thue ich g. saaledes, *slig* pleier jeg at gjøre thun Sie es wie g.! gjør det, som De pleiеr van!
gewohnt: ich bin das Reiten nicht g. jeg er ikke vant til at ride
Gewölbe en Hvælving
Gewühl (von Menschen) en Vrimmel (af Mennesker)
Gewürz et Kryderi
-händler en Urtekræmmer
gewürzt krydret
gezackt takket
[Kjævleri] **Gezänk** en Kiv, en Trætte, et
geziemen: das geziemt sich nicht det sømmer sig ikke
geziert snerpet, affektéret
Gicht en Gigt
Giebel en Gavl, *et Røst*
-fenster et Gavlvindu(e)
gießen hælde *II*, øse *II* der Regen gießt in Strömen herab Regnen [rei-] øser ned i Strømme

Gießkanne — Gletscher.

[gießen] wie gegossen som støbt
Gießkanne en Vandkande
Gift en Gift
giftig giftig
  (fig.) arrig
Gipfel en Top [Tind, *pl.* -er]
  (Berg-) en Fjeldtop; en
  welches ist der höchste G. in
  dieser Gegend? hvad ên er
  den høieste Tind i denne
  Egn [ein]?   [Toppen]
  auf den (dem) G. op(pe) paa
Gipsfigur en Gipsfigur
Gitter et Stakit; et Rækværk,
  pl. -er   [handsker]
Glacéhandschuhe   Glacé-
  ein Paar et Par
Glanz en Glans
  im vollen G. strahlen straale
  i fuld Glans   [*glitre*]
glänzen skinne, glimre,
glänzend: glänzende Aus-
  sicht et glimrende Skue
Glas et Glas   [Øl, Vin]
  ein G. Bier, Wein et Glas
  ein G. frisches Wasser et
  Glas frisk Vand
Bier- et Ølglas
Fenster- en Rude
-thür en Glasdør
Glaser en Glarmester
glatt glat
  (glitschig) *sleip*   [Glatis]
Glatteis (et) Isslag, (en)
Glatze en skaldet Isse
Glaube: in gutem Glauben
glauben tro [i god Tro (c)]

[glauben] g. Sie, daß ...
  tror De, at ...
das glaube ich wohl! det
  tror jeg nok! [jeg nok!]
ich glaube, ja! jo, det tror
ich glaube, nein! nei, det
  tror jeg ikke!
Glaubersalz engelsk Salt *n*
glaubhaft troværdig
gläubig troënde
Gläubigen, die de Troënde
gleich lig
  (sofort) straks
  g. viel von jeder Sorte lige
  meget af hver Slags
  kommen Sie g.! kom nu
  straks!
  zu gleicher Zeit paa samme
  Tid; samtidig
  das ist mir ganz g. det er
  mig det samme
gleichen ligne
gleichfalls ligeledes
Gleichgewicht: das G. hal-
  ten, verlieren holde (*III*),
  tabe (*II*) Ligevægten
  (Balancen)
gleichgültig ligegyldig
gleichmäßig ligedan; i
  samme Forhold
gleichviel: g.! es muß sein
  ligemeget! det skal gjøres
gleichzeitig samtidig
gleiten glide *III*
  aus- glide (*III*); tabe (*II*)
  Fodfæstet, *rase*
Gletscher: Eis- en Bræ[1], en
  Isbræ

---

[1] Seltener *Jøkul, Jukul;* diese Bezeichnung ist in der Form Jøkel für die isländischen Gletscher üblich.

Gletscherart — Glückwunsch.

[**Gletscher**] Schnee- *en Snebræ; en Fonn, pl. -er; en Snefonn, pl. -er*
nach dem G. til Bræen
über den G. over Bræen
wie heißt dieser G.? hvad kaldes den Bræ?
ist von ... aus der ...gletscher zu sehen? kan man se ...bræen fra ...?
führen Sie mich so weit, daß ich eine Aussicht über den G. habe! for mig saa langt frem, at jeg faar se Bræen!

Gletscherart en Isokse
-fluß *en Bræelv*
-seil[1] *et Brætaug*
nehmen Sie ein G. mit! De faar tage med et Brætaug!

Gletscherübergang en Bræovergang; f. auch Führer
kann man von hier über den Jostedalsbrä gehen? kan man herfra passére Jostedalsbræen?
wollen Sie so freundlich sein, mir eine Schneebrille und einen Alpenstock zu leihen? vil De laane mig et Par Snebriller og en Alpestok (Pigstav)?
um welche Zeit ist es am zweckmäßigsten aufzubrechen? paa hvad Tid er det bedst at gaa?

[**Gletscherübergang**]
haben Sie die notwendigen Seile mitgebracht? har De bragt med de nødvendige Brætang?
legen Sie uns jetzt das Seil an! biud nu Tanget om os! um den Leib om Livet
nehmen Sie das Tau wieder ab! tag af Tauget!
nehmen Sie sich in acht, da ist eine Spalte! pas paa, der er en Revne!

Glied et Lem, *pl.* -mer (Gelenk) et Lød

Glocke en Klokke
Kirchen- en Kirkeklokke

Glockenklang en Klokkeklang
-läuten en Klokkeringning
-turm et Klokketaarn, *pl.*-e; *et Stapul*

Glück en Lykke, et Held
zum G. für uns erhielten wir ... til Held for os fik vi ...
ich wünsche Ihnen viel G.! jeg ønsker Dem alt muligt Held! [Fromme]
auf gut G. paa Lykke og
glücken lykkes
ist es Ihnen geglückt? lykkedes det Dem?

glücklich lykkelig
glücklicherweise heldigvis
Glückwunsch en Lykønskning, en Gratulation

---

[1] Das Mitbringen eines zuverlässigen und genügend langen Seiles ist den mit Patent vom Touristenverein versehenen Führern bei Gletscherübergängen zur Pflicht gemacht.

glühen glöde
(Gesicht) blusse
Glühwein afbrændt Vin (c)
Gnade en Naade
Gold (et) Guld
-ammer en Guldspurv
-münze en Guldmønt, *pl.* -er
-sachen (et) Guldtøi
-schmied en Guldsmed
golden af Guld, Guld-
Golf en Bugt, *pl.* -er
gönnen unde *II*
das gönne ich ihm gern det under jeg ham gjerne
Gönner en Velynder
gotisch: im gotischen Stil gebaut bygget i gotisk Stil
Gott en Gud [(c)]
G. behüte! (o nein!) bevares vel! nei, Gud bevares! [lovet!]
G. sei gedankt! Gud være
bei G.! ved Gud! sgu'! *jaju!* [Skyld!]
um Gotteswillen! for Guds
Gottlob! Gud ske Lov!
Götterbild et Gudebillede
-lehre en Gudelære
nordische G. Asalæren
Gottesdienst en Gudstjeneste

[**Gottesdienst**] während d. Gottesdienstes under Gudstjenesten
ist der G. zu Ende? er Gudstjenesten forbi?
göttlich guddommelig
gottlos ugudelig
Grab en Grav
-denkmal et Gravmæle
-stein en Ligsten
Hünen- en Kæmpehøi, *pl.* -e; en Jættehøi, *pl.* -e
graben grave
Graben en Grøft, *pl.* -er
über den G. springen springe over Grøften, *hoppe* Gra-
Grad en Grad, *pl.* -or [ven]
wieviel G. haben wir? hvor mange Grader har vi?
wir haben 13 G. vi har tretten Grader
unter dem 63. G. (nördlicher Breite) paa den tre og tresindstyvende, *sekstiende* Breddegrad (Grad nordlig Bredde)
in hohem, höchstem G. i høi, høieste Grad
Graf en Greve²
Gräfin en Grevinde³

---

¹ üblich, auch bei Herren der gebildeten Gesellschaft. Das Wort ist eine Abkürzung von saa Gud, bei Gott, und wird nur in Sätzen (Nu har jeg sgu aldrig set Mage! dergleichen habe ich [bei Gott] noch nie gesehen! Det maa De sgu ikke! das dürfen Sie wirklich [bei Gott] nicht!), nie alleinstehend gebraucht.
² In Zusammensetzungen mit Namen Grev, z. B. Graf Moltke Grev Moltke.
³ Die dem deutschen -in entsprechende Endung -inde hat immer den Ton auf dem i.

grämen — Großeltern.

grämen, ſich græmme sig
grämlich vranten, gnaven
Granit en Granit, en Kam-
Gras et Græs [pestēn]
 ſich ins G. legen lægge (*III*)
 sig i Græsset
 =hüpfer en Græshoppe
 =platz en gron Plads, *pl.* -er;
 en Plæne
graſen græsse
gräßlich forfærdelig, rædsom
Gräte et Fiskebēn
gratulieren: ich gratuliere
 Ihnen! jeg ønsker til-
 lykke!¹ jeg gratulérer!¹
grau graa
grauſam grusom
greifen gribe² *III*
Greis en Olding, en gammel
 Mand, *pl.* gamle Mænd;
 en Gamling; *Gamlen*³
grell grel
Grenze en Grænse
 an der G. paa (ved) Grænsen
 wie weit ſind wir von der
 ſchwediſchen G.? hvor
 langt er vi borte fra den
 svenske Grænse?
 das geht über alle Grenzen!
 der er da ingen Maade
 med! [station]
Grenzſtation en Grænse-
 =wache en Grænsevagt, *pl.*-er

Grenzzeichen en Grænsepæl
Greuel: das iſt mir ein G.
 det er mig modbydeligt
 (en Vederſtyggelighed)
Griechenland (et) Græken-
 land
griechiſch græsk
Griff et Greb, et Haandtag
Grille: Grillen fangen faa
 (*III*) Nykker (*pl.* c)
Grind (et) Udslæt, (en) Skurv
grob grov
 ein grober Kerl en grov
 Karl, en Grobian
Grobheit en Grovhed
Grog en Grog, en Toddy;
 ſ. auch Getränke
 geben Sie mir ein Glas
 heißen, kalten, ſtarken G.
 lad mig faa en varm,
 kold, stærk Toddy!
grollen: der Donner grollt
 Tordenen ruller
groß stor
 im großen i det store
 =artig storartet, storslaaēt,
 storslagen
Größe en Størrelse
 von mittlerer G. af Mellem-
 størrelse (c)
 von derſelben G. wie af
 samme Størrelse som
Großeltern Bedsteforældre

---

¹ Antwort: 'Tak (ſkal De have, *faa*)! wörtlich: Dank
(ſollen Sie erhalten)!

² Es ſei darauf aufmerkſam gemacht, daß man im
Norwegiſchen das *b* zwiſchen zwei Vokalen und am Ende
eines Wortes wie *p* ſpricht. Eine ähnliche Erhärtung erleiden
im genannten Falle *d* (wie *t*) und *g* (wie *k*).

³ Kommt nur mit dem beſtimmten Artikel vor.

𝕲𝖗𝖔ß𝖍ä𝖓𝖉𝖑𝖊𝖗 en Grosserer
-𝖐𝖓𝖊𝖈𝖍𝖙 en Avlskarl, *en Hus-
bonddreng*
-𝖒𝖚𝖙𝖙𝖊𝖗 en Bedstemoder[1]
[-𝖒𝖔𝖍𝖗], *pl.* mødre
-𝖛𝖆𝖙𝖊𝖗 en Bedstefader [-𝖋𝖆𝖍𝖗],
pl. fædre
𝖌𝖗ö𝖙𝖙𝖊𝖓𝖙𝖊𝖎𝖑𝖘 for Størstedelen
𝕲𝖗𝖚𝖇𝖊 en Grube
𝖎𝖈𝖍 𝖒ö𝖈𝖍𝖙𝖊 𝖉𝖎𝖊 𝕶ö𝖓𝖎𝖌𝖘𝖌𝖗𝖚𝖇𝖊
𝖘𝖊𝖍𝖊𝖓 jeg likte at faa se
Kongens Grube
𝖜𝖔 𝖊𝖗𝖍ä𝖑𝖙 𝖒𝖆𝖓 𝕶𝖆𝖗𝖙𝖊? 𝕭𝖊𝖗𝖌-
𝖒𝖆𝖓𝖓𝖘𝖐𝖑𝖊𝖎𝖉? 𝕱ü𝖍𝖗𝖊𝖗? hvor
faar man Adgangskart?
Bergmandsdragt? Fører?
𝕲𝖗𝖚𝖋𝖙 en Grav
𝖌𝖗ü𝖓 grøn
𝕲𝖗𝖚𝖓𝖉: 𝖜𝖎𝖗 𝖘𝖎𝖙𝖟𝖊𝖓 𝖆𝖚𝖋 𝖉𝖊𝖒
𝕲. vi er paa Grund (c)
𝖆𝖚𝖘 𝖜𝖊𝖑𝖈𝖍𝖊𝖒 𝕲.? af hvad
Grund?
𝕲𝖗𝖚𝖓𝖉𝖇𝖊𝖘𝖎𝖙𝖟𝖊𝖗 en Grundeier
𝖌𝖗ü𝖓𝖉𝖊𝖓 grundlægge *III*
𝖌𝖗ü𝖓𝖉𝖑𝖎𝖈𝖍 grundig
𝖌𝖗𝖚𝖓𝖉𝖑𝖔𝖘 bundløs [torsdag]
𝕲𝖗ü𝖓𝖉𝖔𝖓𝖓𝖊𝖗𝖘𝖙𝖆𝖌(en) Skjær-
𝕲𝖗𝖚𝖓𝖉𝖘𝖙ü𝖈𝖐 et Grundstykke
𝖌𝖗ü𝖓𝖊𝖓 grønnes, *klæde (II)*
𝕲𝖗ü𝖓𝖐𝖔𝖍𝖑(en) Grønkaal [*sig*]
𝕲𝖗𝖚𝖕𝖕𝖊 en Gruppe
𝕲𝖗𝖚ß en Hilsen
𝖌𝖗üß𝖊𝖓 hilse *II*
  g. 𝕾𝖎𝖊 𝕳𝖊𝖗𝖗𝖓 ... 𝖛𝖔𝖓 𝖒𝖎𝖗!
  hils Herr... fra mig!
  𝖎𝖈𝖍 𝖍𝖆𝖇𝖊 𝖉𝖎𝖊 𝕰𝖍𝖗𝖊, 𝕾𝖎𝖊 𝖟𝖚 g.!
  maa jeg have den For-
  nøielse at hilse paa Dem?

[𝖌𝖗üß𝖊𝖓] 𝖎𝖈𝖍 𝖘𝖔𝖑𝖑 𝖛𝖎𝖊𝖑𝖒𝖆𝖑𝖘
  𝖛𝖔𝖓 ... 𝖌. jeg skal hilse
  mange Gange fra ...
g. 𝕾𝖎𝖊 𝖟𝖚 𝕳𝖆𝖚𝖘𝖊! hils
  hjemme!
𝕲𝖗ü𝖙𝖟𝖊 (et) Gryn
𝕲𝖗ü𝖙𝖟𝖊𝖓𝖇𝖗𝖊𝖎 en Grød
𝖌ü𝖑𝖙𝖎𝖌 gyldig, gjældende
𝖎𝖘𝖙 𝖉𝖎𝖊𝖘𝖊𝖗 𝕾𝖈𝖍𝖊𝖎𝖓 g.? gjælder
  den Seddel?
𝕲𝖚𝖒𝖒𝖎 (et) Gummi
𝕲𝖚𝖒𝖒𝖎𝖘𝖈𝖍𝖚𝖍𝖊 Galocher *pl. c*
𝖌ü𝖓𝖘𝖙𝖎𝖌 gunstig, heldig
𝖌ü𝖓𝖘𝖙𝖎𝖌𝖊𝖘 𝖂𝖊𝖙𝖙𝖊𝖗 et heldigt
  Veir
𝖆𝖚𝖋 günstigen 𝖂𝖎𝖓𝖉 𝖜𝖆𝖗𝖙𝖊𝖓
  vente paa Bør (c)
𝕲𝖚𝖗𝖌𝖊𝖑 en Strube
𝖌𝖚𝖗𝖌𝖊𝖑𝖓 gurgle
𝕲𝖚𝖗𝖐𝖊𝖓 Agurker *pl. c; f.*
  𝖆𝖚𝖈𝖍 𝕰𝖘𝖘𝖎𝖌𝖌𝖚𝖗𝖐𝖊𝖓
-𝖘𝖆𝖑𝖆𝖙 en Agurkesalat
𝕲𝖚𝖗𝖙 (𝕾𝖆𝖙𝖙𝖊𝖑-) en Buggjord
𝖟𝖎𝖊𝖍𝖊𝖓 𝕾𝖎𝖊 𝖉𝖊𝖓 𝕲. 𝖋𝖊𝖘𝖙𝖊𝖗 𝖆𝖓!
  spænd Buggjorden fastere
  (strammere)!
𝕲ü𝖗𝖙𝖊𝖑 et Bælte
𝕲𝖚ß𝖊𝖎𝖘𝖊𝖓 (et) Støbejern
𝖌𝖚𝖙 god
  𝖇𝖊𝖘𝖘𝖊𝖗 bedre
  am 𝖇𝖊𝖘𝖙𝖊𝖓 bedst
  guten 𝕸𝖔𝖗𝖌𝖊𝖓, 𝕿𝖆𝖌, 𝕬𝖇𝖊𝖓𝖉!
  god Morgen, Dag, Aften
  (Kvæld)!
  𝖊𝖘 𝖎𝖘𝖙 g.! det er godt!
  𝖓𝖎𝖈𝖍𝖙 𝖘𝖔 g. 𝖆𝖑𝖘 ... ikke saa
  god(t) som ...
  𝖇𝖊𝖘𝖘𝖊𝖗 𝖆𝖑𝖘 ... bedre end ...

---

[1] 𝕯𝖆𝖓𝖊𝖇𝖊𝖓 𝖆𝖚𝖈𝖍 Farmor, 𝕸𝖚𝖙𝖙𝖊𝖗 𝖉𝖊𝖘 𝕭𝖆𝖙𝖊𝖗𝖘, 𝖚𝖓𝖉
Mormor, 𝕸𝖚𝖙𝖙𝖊𝖗 𝖉𝖊𝖗 𝕸𝖚𝖙𝖙𝖊𝖗.

[gut] wollen Sie so g. sein,
zu ...? vil De være saa god,
snil at ...?
Sie haben g. reden De kan
sagtens snakke
etwas g. haben have (*III*)
noget tilgode
Gut et Gods
Land- en Landeiëndom; et
Landsted, *pl.* -er
Gutachten en Mening
-dünken et Skjøn
nach Gutdünken efter For-
godtbefindende
Güte en Godhed, en Venlighed
wollen Sie die G. haben,
zu ...? vil De have den
Godhed at ...?
Güterexpedition en Godseks-
pedition
-zug et Godstog
Guthaben: ich habe noch ein
kleines G. bei Ihnen jeg
har endnu lidt tilgode
hos Dem [kjende *II*]
gutheißen bifalde *III*, god-
gütig venlig; f. auch gut
danke, Sie sind sehr g.! Tak
for Deres Venlighed (e)!
gütlich: sich g. thun gjøre (*III*)
sig tilgode
lassen Sie uns das g. bei-
legen! lad os afgjøre det
i Mindelighed!
gutmachen godtgjøre *III*
gutmütig godmodig

gutsagen, für være (*III*)
ansvarlig for; gaa (*III*)
i Borgen for
Gutsbesitzer en Godseier; en
Herremand, *pl.* mænd
gutschreiben godskrive *III*
gutwillig godvillig
Gymnasium en Latinskole

Haar et Haar; f. auch Friseur
Haarbürste en Haarborste
-flechte en Haarfletning, en
-nadel en Haarnaal [*Flette*
-netz et Haarnet
-öl en Haarolie
-putz en Haarpynt
haben have *III*¹
(bekommen) faa *III*
ist hier ... zu h.? kan man
her faa ...?   [De dēr?
was h. Sie da? hvad har
wo ist ... zu h.? hvor kan
man faa ...?
habgierig havesyg
habhaft werden faa (*III*) fat
Habicht en Høg   [paa
hacken hakke
(mit dem Schnabel) pikke
feingehackt finhakket
Hafen en Havn
bleibt das Schiff außerhalb
des Hafens liegen? bliver
Skibet liggende udenfor
Havnen?
legt das Schiff an einem
Kai an, oder wird man
durch Boote ans Land ge-

---

¹ Aussprache: have (haben) „ba"; Imperf. havde (hatte,
hatten): im Dänischen „habe", im Norwegischen „habbe";
Part. Perf. havt oder haft (gehabt): im Dänischen „hafft",
im Norwegischen „hatt".

Hafendamm — Haltung. 131

setzt? lægger Skibet til
ved Skibbroën (*Bryggen*)
eller faar man gaa iland
ved Baad? [*Brygge*]
Hafendamm en Mole, *en*
Hafer en Havre
-brei en Havregrød
-brot et Havrebrød
-schleim en Havresuppe
haften: h. Sie dafür? indestaar (*III*) De for det?
Hagebuche en Avnbøg
-butte et Hyben
-dorn en Hvidtorn
hageln: es hagelt det hagler
Hagestolz en Pebersvend[1], en gammel Ungkarl
Hahn en Hane
Hähnchen en Hanekylling
Haifisch en Hai, *en Haa*
Hain en Lund, *et Holt*
häkeln hækle
Häkelnadel en Hæklenaal
Haken en Krog
Angel- en Fiskekrog
halb halv
h. neun Uhr Klokken halv ni
andert- halvanden
dritte- halvtredie
halben Weges Halvveiën
Halbdunkel en Skumring
-insel en Halvø
-jahr et halvt Aar
-kreis en Halvcirkel
-mond en Halvmaane
-stiefel en Halvstøvle
halbwollen halvulden

Hälfte en Halvdël [veiën}
die H. des Weges Halv-/
nur die H. kun det halve
zur H. voll halvfuld
Halfter en Grime
Hals en Hals
ich habe einen geschwollenen
H. min Hals er hovnet
ein steifer H. en stiv Hals
aus vollem H. lachen skoggerle *III*
Halsband et Halsbaand
-entzündung en Betændelse i Halsen
-kragen en Flip, *pl.* -per
-krankheit en Halssygdom
-tuch et Halstørklæde
-weh ondt i Halsen
halt! holdt! stop!
haltbar varig, holdbar
halten stoppe, standse, holde *III*
h.! holdt! stop her!
hält das Schiff in...? stopper Skibet i ...?
hält das Tuch? er Tøiet holdbart?
was h. Sie davon? hvad mener (*II*) De om det?
Halteplatz: H. für Droschken en Holdeplads (*pl.* -er) for Droschker
-stelle (Schiffe, Eisenbahn) et Stoppested, *pl.* -er
Haltung: Körper- en Holdning
(Betragen) en Opførsel

---

[1] *Wörtlich*: Pfeffergeselle, ursprünglich Spitzname der in Dänemark und Norwegen wohnenden hanseatischen Kaufleute und deren Gehilfen, die zum Cölibat verurteilt waren

Hammelbraten en Lamme-
steg, en Bedesteg
-fleisch (et) Lammekjød, (et)
Faarekjød
Hammer en Hammer
hämmern hamre
Hand en Haand, *pl.* Hænder
mit der flachen H. med den
flade Haand
unter der H. underhaanden
bei der H. sein være (*III*)
paa rede Haand
es liegt auf der H. det er
soleklart [hændig]
zu eignen Händen egen-
Handarbeit et Haandarbeide
Handel en Handel
handeln handle
h. mit handle med, drive
(*III*) Forretning (c) med
(feilschen) prutte
ich handle ungern, sagen Sie
den genauesten Preis! jeg
holder ikke af, *liker ikke*
at prutte, sig den nøiøste
Pris!
um was handelt es sich?
hvad dreier det sig om?
Handelshaus et Handelshus,
pl. -e
-mann en Handlende
-reisender en Forretnings-
reisende
-schiff et Koffardiskib, et
Handelsskib, *pl.* -e
Handgeld Penge (*pl.*) paa
Haanden
-gepäck en Haandbagage

ich habe nur etwas Hand-
gepäck jeg har kun lidt
Haandbagage [*pl.* -er]
Handkoffer en Haandkuffert,
-laterne en Haandlygte
Händler en Handlende; en
Handelsmand, en Kjøb-
mand, *pl.* mænd; en
Kræmmer [*handler*]
(auf dem Lande)¹ *en Land-*
handlich let at flytte med
Handlung (That) en Gjer-
ning
(Geschäft) en Handel
Handlungsgehilfe en Kom-
mis, en Handelsbetjent
-weise en Handlemaade
Handpferd en nærmer Hest
-schrift en Haandskrift,
pl. -er
Handschuhe Handsker *pl.* c
ein Paar H. et Par Handsker
mit 1, 2, 3, 4 Knöpfen en-
knaps, toknaps, treknaps,
fireknaps [handsker]
baumwollene H. Bomulds-
dänische danske
Faust- Vanter *pl.* c
Glacé- Glacéhandsker
Kopenhagener kjøben-
havnske
lederne H. Skindhandsker
schwarze sorte
schwedische svenske
seidene H. Silkehandsker
spanische spanske
waschlederne Vadskeskinds
wollene uldne

---

¹ Ein Teil derselben ist, wo in Norwegen Sennhütten
s--len, verpflichtet, Reisende aufzunehmen und zu verpflegen.

Handſchuhknöpfer — Haus.

[Handſchuhe] Zwirn-
Traadbandsker
Nummer 6½ Nummer seks
en halv[1]
ju 2 Kronen til to Kroner
etwas heller (dunkler) lidt
lysere (mørkere)
Handſchuhknöpfer en Hand-
skeknapper
-laden et Handskeudsalg
Handtuch et Haandklæde
reines rent
Handvoll en Haandfuld
Handwerk et Haandværk
treiben Sie ein H.? har
De et Haandværk?
Handwerker en Haandværker
Hanf (en) Hamp [sisik]
Hänfling en Irisk, en Graa-
hängen hænge, trs. II, in-
trs. III
das hängt vom Wetter ab
det kommer an paa Veiret
h. Sie meine Sachen dort-
hin! hæng mit Tøi der-
hen, did!
kann das so h.? kan det
nok hænge saaledes,
Häring f. Hering [slig?]
harmlos: ein harmloſes Ver-
gnügen en uskyldig For-
nøielse
Harn en Urin
den H. verhalten holde (III)
hart haard [Vandet]
Härte en Haardhed

härten hærde; gjøre (III)
haard [Mave (c)]
hartleibig: h. ſein have haard
-nackig haardnakket
Harz en (et) Harpiks
haſchen gribe III, snappe
Haſe en Hare
Haſelhuhn en Hjerpe
-nuß en Hasselnød, pl. -der
-ſtaube en Hasselbusk
Haſenbraten en Haresteg
häßlich grim
Haube en Kappe
Morgen- en Morgenkappe
Nacht- en Natkappe
hauen hugge
Haufe en Hob
(Menſchen) en Flok
(Zeitungen ꝛc.) en Bunke,
en Dynge, en Dunge
häufig tit, ofte [tit]
das kommt h. vor det sker
Haupt et Hoved, pl. -er
-gebäude en Hovedbygning
-mahlzeit det vigtigste
Maaltid (pl. -er)
-ſache en Hovedsag, pl. -er
-ſtadt en Hovedstad, pl.
stæder
Haus et Hus, pl -e
nach Hauſe hjem, hjemad,
hjemover
ju Hauſe hjemme
von Hauſe hjemmefra
iſt ... ju Hauſe? er ... hjem-
me?

---

[1] Stehende Fragen des Ladenmädchens: Til hvad Pris
ønsker Fruen (Frøkenen)? Zu welchem Preiſe wünſchen
Sie dieſelben, gnädige Frau (Fräulein)? Hvad Nummer
har De? Welche Nummer haben Sie?

134 Hausbesitzer — Hausmädchen.

[Haus] wann ist er zu Hause?
naar er han hjemme?
ich werde um 2 Uhr zu Hause
sein jeg er hjemme igjen
Klokken to
kommen Sie gut nach Hause!
kom godt hjem!
wo sind Sie zu Hause? hvor
er De fra?
Hausbesitzer en Huseier
-brot hjemmebagt Brød (n)
-flur en Forstue
-frau Fruen (Konen) i
Huset; en Husmoder, pl.
mødre; en Madmoder, pl.
mødre
-genosse en Husfælle
-gewerbe en Husflid [1]
haushalten holde (III) Hus,
stelle hjemme
Haushälterin en Husbesty-
rerinde, en Husholderske

Hausherr Herren i Huset,
en Husbond
Hausierer en Bissekræmmer
Hausknecht en Karl, en Hotel-
karl; (in einfachen Gast-
höfen und ähnlichen Etab-
lissements) en Gaardskarl
der H. soll zu mir kommen!
lad Karlen komme hen,
hid til mig!
lassen Sie den H. meine
Sachen vom Schiff holen
(an Bord bringen)! lad
Karlen faa hentet mit Tøi
fra Skibet (faa ombord)!
Häusler en Husmand[2], pl.
mænd
häuslich huslig
Hausmädchen en Pige, en
Tjenestepige, *en Jente*
dies (Geld) ist für das H.!
det er til Pigen (*Jenten*)!

---

[1] Wörtlich „Hausfleiß". Die Bauern bereiteten in
frühern Jahren ihren ganzen Bedarf an Kleidern und Ge-
rätschaften selbst; diese Produktion hat in Norwegen wie
in Dänemark an Quantität abgenommen, dagegen, was
die Schönheit der Formen betrifft, sich im Laufe der Zeit
gehoben. Bekannt sind die norwegischen Filigranschmuck-
sachen und Schnitzarbeiten in Holz (*Ski*, Schneeschuhe,
Kjælker, Handschlitten), ebenso die Gewebe nach altnor-
wegischen Mustern (*Væve efter gammelnorske Mønstre*).
Der Dänische Verein für Hausgewerbe („Dansk Husflids-
selskab") umfaßt über 300 Zweigvereine und fördert die
Hausindustrie, Husflidssagen, durch Abhaltung von Kursen
und Vorträgen.
[2] Auch der Pächter eines kleinen Hofes heißt in Nor-
wegen *Husmand*; das Grundstück mit dem Hause ist *en
Husmandsplads*. Zuweilen sind in der *Husmandsstue*
(Pachthof) Milch, Brot, Butter, Eier und Limonade zu
haben.

Hausschlüssel en Gadedørs-
nøgle [-nøule]
bekomme ich einen H.? faar
jeg en Gadedørsnøgle?
-thür en Gadedør
wann schließen Sie die H.?
naar lukker De Gade-
døren? [Skind]
Haut en Hud, *pl.* -er; et
naß bis auf die H. vaad
indtil Skindet
mit heiler H. davonkommen
slippe (*III*) helskindet
heben løfte [derfra]
Hecht en Gjedde
Hecke et Hegn [hein], et
Gjærde, en Hæk
Heer en Hær [-er; et Greb]
Heft (Messer) et Skaft, *pl.*
(Schreib-) et Hæfte; en
Skrivebog, pl. bøger
heften hæfte
Heftpflaster et Hæftplaster
Heide (Mensch) en Hedning
(Gegend) en Hede, *en Mo*
-traut en Lyng
Heidelbeere et Blaabær
heil (unverletzt) hel
(geheilt) istand
Heiland en Frelser [*II*]
heilen helbrede*II*,hele, læge
die Wunde ist geheilt Saa-
heilig hellig [ret er lægt]
Heilmittel et Lægemiddel
Heilung en Helbredelse
Heimat et Hjem [stavn]
in meiner H. i min Hjem-

heimatlich hjemlig [*pl.* -er]
Heimatsdorf *en Hjembygd,*
-recht en Hjemstedsret
Heimchen en Faarekylling,
en Siris [*hjemover*]
heimgehen gaa (*III*) hjem,
heimisch hyggelig, *koselig*
Heimkehr en Hjemkomst
gleich nach unsrer H. von ...
straks efter vor Hjem-
komst fra ...
heimlich hemmelig, lønlig [1]
Heimlichkeit en Hemmelig-
Heimweh en Hjemve [hed
Heirat et Giftemaal
heiraten gifte sig, ægte
sind Sie verheiratet? er De
heiser hæs, *haas* [gift?]
heiß varm, hed
mir ist h. jeg er saa varm
heißes Wasser varmt Vand(n)
heißen hedde *III*, kaldes *II*
wie h. Sie? hvad er Deres
Navn? hvad hedder De?
wie heißt der Führer? hvad
hedder Føreren?
heißt das Schiff nicht ...?
hedder Skibet ikke ...?
ich heiße N. mit Navn er N.
was soll das h.? hvad skal
det betyde?
wer hat Ihnen das ge-
heißen? hvem har sagt,
De skulde gjøre det?
das heißt det vil sige
heiter munter, livlig, *vakker*
heiteres Wetter et frisk Veir

---

[1] In Zusammensetzungen oft Løn-, z. B. Løngang,
heimlicher Weg (Løngangsstræde, eine Straße in Kopen-
hagen), Lønskrift, geheime Schrift, u. a.

heizen — Herbst

heizen lægge (*III*) i Kakkelovnen; fyre
lassen Sie mein Zimmer h.!
læg noget i Kakkelovnen paa mit Værelse!
Heizer en Fyrbøder
Heizung en Opvarmning
Heldenlied en Kjæmpevise
helfen hjælpe *III* [dog!)
h. Sie mir doch! hjælp mig)
das hilft nichts! det nytter (hjælper) ikke noget!
man muß sich zu h. wissen man maa forstaa at)
hell lys, klar [hjælpe sig)
helle Nächte lyse Nætter; *sing.* en lys Nat
Hemd: Männer- en Skjorte
Frauen- en Chemise
reines, frisches rēn
schmutziges snavset
H. wechseln skifte Linned
Nacht- en Natskjorte; (Frauen-) Natchemise, en Natkjole
farbiges Arbeiter- en Bluse
Hemdenknopf en Skjorteknap, *pl.* -per
-kragen en Manschetskjorte, en Skjortekrave
hemmen hæmme
Hengst en Hingst
Henkel et Haandtag
-krug en Mugge
Henne en Høne, *pl.* Høns
her: hin und h. frem og tilbage
geben Sie h.! lad mig faa den (det, *pl.* dem)!
kommen Sie h.! kom herhen, *hid!*

[her] rings um uns h. rundt omkring os [Tid af)
von alters h. fra gammel)
herab ned, nedad [sig ned)
-begeben, sich begive (*III*))
-bringen bringe (*III*) ned,
faa (*III*) ned
-hängen hænge (*III*) ned
herabhängende Schnee-
masse en nedhængende)
-lassen fire ned |Snefonn)
-setzen nedsætte *III*
-stürzen styrte ned
heran: an ... h. hen til ...
-fahren kjøre (*II*) nærmere)
herauf op [hen)
-bringen bringe (*III*) op
-gehen gaa (*III*) op
heraus ud
ich bekomme 50 Öre h. jeg
faar halvtreds, *femti* Öre tilbage
es kommt nichts dabei h.
det kommer der ikke noget ud af
herausfordern, jn. udfordre
En
Herausforderung en Udfordring
herausgeben: können Sie auf einen 10 Kronenschein h.? kan De give (*III*) tilbage paa en Tikroneseddel?
-sehen: aus dem Fenster h.
se (*III*) ud af Vinduet
herb bēdsk
herbei herhen, hid
Herberge et Gjæstgiveri, en Gjæstgivergaard, en Kro
Herbst et Efteraar

Herb — hervorziehen. 137

[Herbſt] im H. om Efter-
im Spät- senhøstes [aaret]
-wetter et Efteraarsveir
Herd en Arne, en Peis, pl.
-er; en Gruë
laſſen Sie mein Zeug am H.
trocknen! faa sagtens tør-
ket mit Tøi ved Peisen!
Spar- et Komfur
Herde: Vieh- en Hjord, en
Buskap [Sauēflok]
Schaf- en Flok Faar, en
herein ind
h.! kom ind!
Hering en Sild[1], pl. Sild
gebraten stegt
gesalzener H. en Spegesild
[ſvei-], en Spekesild
geräuchert roget
Heringsbank en Sildestime
-boot en Sildebaad
-fang et Sildefiskeri, et
Sildefiske
-fiſcher en Sildefisker
-laich en Silderogn
-ſalat en Sildesalat [kat]
Hermelin en Lækat, en Rør-
hermetiſch: h. verſchloſſene
Eßwaren (en) Hermetik
ein h. verſchloſſenes Käſtchen
en hermetisk lukket
Daase, Boks
Herr en Herre
mein H.! min Herre!

[Herr] der H. da den Herre
der
„für Herren" „for Mænd"
An Herrn N. Til Herr
(Hr.) N.
Herreise: auf der H. paa
Reisen hertil, hid
herrichten lave istand, stelle
herrlich herlig, vakker
Herrſchaft et Herskab, pl.-er;
Husbondfolk pl.
(Macht) et Herredømme
herrſchen herske, regjére
Herrſcher en Hersker, en
Styrer
herſtellen (anfertigen) lave
(heilen) faa (III) istand
sind Sie wiederhergeſtellt?
er De rask igjen?
herüber herover; over til
denne Side; hidover
herum rundtom, kringom
um den Tiſch h. rundtom
herunter ned [Bordet]
von oben h. ovenfra ned
die Treppe h. nedad Trappen
hervor frem
-brechen bryde (III) frem
-bringen fremføre II
-gehen: daraus geht h.,
daß... det fremgaar heraf,
-ragen rage frem [at ...]
-thun, ſich udmærke sig
-ziehen trække (III) frem

[1] Die Heringe führen je nach ihrer Größe, der Fang-
zeit ꝛc. verſchiedene Namen; man ſpricht z. B. von Vaar-
sild (im Frühling gefangen), Storsild (große H.), Fedsild,
Flommesild (fette H.), Notsild (in Nøter, großen Netzen
gefangen) u. ſ. w. Redensart: staa stuvet sammen som Sild
i en Tønde, ſo dicht aneinanderſtehen wie Heringe im Faß.

Herweg: auf bem H. paa
  Veien hertil, *hid*
Herz et Hjerte
  sich ein H. fassen tage (III)
  Mod (n) til sig
  übers H. bringen nænne
  von Herzen inderlig; af
  ganske Hjerte (n)
  -klopfen en Hjertebanken
  -leiden et Hjerteonde
herzhaft beljertet
herzlich: h. willkommen!
  hjertelig vélkommen!
hetzen hidse
  (Hunde) auf jn. h. hidse
  (Hundene) paa nogen
Heu (et) Hø
  ein Fuder H. et Læs Hø
  -boden et Høloft, *pl.* -er;
    en Lem
  -ernte en Høhøst, *en Slaat*
  -gabel en Fork
  -scheuer en Holade
  -schober en Høstak, *en*
    Høsaale
Heuchelei et Hykleri
heuer iaar[1]
heulen hyle, *ule*
Heuschrecke en Græshoppe
heute idag
  h. abend iaften
  h. morgen imorges
heutzutage nuomstunder,
  den Dag idag
hier her
  h. zu Lande hertillands

[hier] h. ist es nicht her er
  det ikke
  wann können Sie h. sein?
  naar kan De (*faa*) være
  her?
  h. und da hist og her
  h. unten hernede
  h. oben her oppe
hierbei herved, hermed
  -durch herved
  -her! herhen! *hid!*
  -in heri
  -nach herpaa
  -von heraf
  -zu hertil, *hid* [endnu ...]
  h. kommt ... hertil kommer
hiesig: die hiesige Gegend
  Egnen [einen] her
Hilfe en Hjælp
  H. leisten yde Hjælp, hjælpe
  III   [Hjælp!
  um H. schreien raabe (II) om
  zu H.! hjælp!
hilflos hjælpeløs
Himbeere et Hindbær, *et*
  Bringebær
Himmel en Himmel
  am H. paa Himmelen
  klarer klar
  bedeckter skyet
  unter freiem H. under aaben
    Himmel
  -fahrtstag Kristi Himmel-
    fartsdag (c)
himmlisch himmelsk
hin hen

---

[1] Dergleichen adverbiale Bestimmungen faßt man im Dänischen als Forholdsled, Substantiv mit vorangestellter Präposition, auf und schreibt sie demgemäß oft in zwei Wörtern: i Aar heuer, i Aftes gestern abend, til Lands zu Lande.

hinab — Hirtin. 139

[h in] nach... h. hen, *bort* til...
am Flusse h. langs Elven
h. und her frem og tilbage
h. und zurück frem og tilbage
h. und wieder nu og da; en Gang imellem
hinab ned, nedad, *nedover*
wie kommen wir wieder h.? hvorledes kommer vi ned igjen? [*opover*]
hinan (hinauf) op, opad, den Berg h. opover (op paa) Fjeldet
-steigen stige (*III*) op (opad)
hinaus ud
-gehen gaa (*III*) ud
hinderlich til Hinder
hindern hindre, forhindre
was hindert mich daran? hvad er til Hinder derfor?
Hindernis en Hindring
hinein ind (i)
Hinfahrt: auf der H. nach... paa Reisen til ...
hingehen gaa (*III*) hen
die Zeit geht h. Tiden gaar
ich will das noch einmal h. lassen jeg lader det passére endnu denne Gang
hinken halte
hinlänglich tilstrækkelig
hinreichen: wird das h.? er det nok (tilstrækkeligt)?
Hinsicht: in jeder H. i enhver Henseende [*omme*]
hinten bag, bagved, bag-
h. herum bagom
von h. bagfra
nach h. hinaus wohnen bo
hinter bag [til Gaarden]

hinter uns bag (bagved) os
Hinterdeck en Bagstavn
-grund en Baggrund
-haus en Baghygning
hinterher bagefter
gehen Sie voraus; ich werde h. kommen gaa kun foran; jeg kommer bagefter
Hinterlader en Baglader
hinterlassen efterlade *III*, lade (*III*) tilbage
hinterlistig underfundig
Hinterrad et Baghjul
-teil en Bagdél
-thür en Bagdør
hinüber over; over paa den anden Side
wie kommen wir da h.? hvordan kommer vi over?
setzen Sie mich da h.! vil De sætte mig over paa den anden Side?
hinüberführen føre (*II*) over
-rudern ro over
-schwimmen svømme over
-waten vade over [*over*]
hinunter ned, nedad, *ned-*
Hinweg: auf dem H. paa Henveien, *paa Veien did*
hinzu til
Hirn en Hjerne
Hirsch en Hjort
-braten en Hjortesteg
-fänger en Jagtdolk
-kalb et Kid
-kuh en Hind
Hirt en Hyrde, *en Jæter*
Hirtenknabe en Hyrdedreng, *en Jætergut, pl -ter*
Hirtin en Hyrdepige, *en Jæterjente*

hissen heise (II) op
Hitze en Hede, en Varme
in dieser H. i denne Varme
nicht vertragen ikke taale
hoch, höher, höchst(e) høi,
høiere, høiest
wie h. ist der Berg? hvor
høit er dette Fjeld?
wie h. ist der Preis? hvor
høi er Prisen?
zu h. for høi   [høit]
die See geht h. Søen gaar
wie h. sind wir jetzt über
dem Meeresspiegel? hvor
høit er vi nu over Havfladen?
so h. kann ich nicht springen
saa høit kan jeg ikke
springe
h. oben høit oppe
ist das der höchste Gipfel
dieses Gebirges? er det
den høieste Tind i Fjeldene her?
höchstens eine Viertelstunde
et Kvartér i det høieste
es ist hohe Zeit det er paa
Hoch! Hurra!   [høis Tid]
Hochebene en Høislette, en
Fjeldvidde
-gebirge et Høifjeld
auf, nach dem H. i, op i Høifjeldet
-mut (et) Hovmod
hochmütig hovmodig, kry
-rot høirød
Hochschule en Høiskole
Hochzeit et Bryllup, pl. -per,
en Brudefærd
zur H. til Bryllup   [lup]
machen holde (III) Bryl-

Hochzeitsgast en Bryllupsgjæst, pl. -er
-geschenk en Brudegave
-kleid en Brudedragt, pl. -er
-reise en Bryllupsreise
Höcker en Pukkel
Hof en Gaard
wie heißt dieser H.? hvad
er Navnet paa den
Gaard?
befindet sich die Poststation
(Stydsstation) in diesem
H.? er Skydsstationen i
denne Gaard?
am H. (des Königs) ved
Hove
auf dem H. ude i Gaarden, paa Tunet
Bauern- en Bondegaard, pl.
Bondergaarde
hoffen haabe
hoffentlich forhaabentlig
Hoffnung et Haab
höflich høflig
Höflichkeit en Høflighed
Höhe en Hoide
in einer H. von 100 Metern
i en Hoide af et hundrede Meter
in die H. opad, i Veiret, op
in der H. i Veiret
hohl hul
Höhle en Hule
höhnisch haanlig
holen hente
h. Sie mir ...! hent mig ...!
ist mein Gepäck geholt? er
mit Reisetoi afhentet?
lassen Sie mir ... h.! vil De
faa hentet mig ...?
holländisch hollandsk

Hölle — Hotel. 141

holländischer Käse hollandsk Ost (c)
Hölle et Helvede
holperig: es ist hier sehr h. det skumper (støder II) meget her
Holunder en Hyld
-thee en Hyldethe
Holz (et) Træ, (et) Ved
Bau- (et) Tømmer
Brenn- (et) Brænde
Kleingehauenes (et) Pindebrænde
H. hauen hugge Tømmer
hölzern af Træ, Træ-
hölzerne Geräte (et) Trævirke, (et) Træørke
Holzhandel en Tømmerhandel, en Brændehandel
-händler en Tømmerhandler, en Brændehandler
-hauer en Brændehugger
-lager et Tømmerlager
-scheit et Stykke Brænde
-schuh en Træsko, pl. sko
-schuppen et Brændeskur, et Vedskjul
-späne Spaaner pl. c
Honig en Honning
-kuchen en Honningkage
hörbar hørlig
horchen lytte
hören høre II
h. Sie gut zu! hør godt efter!
h. Sie auf das, was ich sage! hør efter, hvad jeg siger!
Sie, h. Sie mal! hør, De der!
h. Sie etwas? hører De noget?

[hören] haben Sie gehört. daß...? har De hørt, at...?
ich höre nicht gut jeg hører ikke godt
das habe ich schon früher gehört det har jeg hørt før
er will nicht h. han vil ikke høre
Hörensagen: vom H. efter hvad der siges
Horn et Horn
Jagd- et Jagthorn
Post- et Posthorn
Hornisse en Gedehams
Hornvieh (et) Hornkvæg
Hose Bukser pl., ohne sing.; Benklæder pl., ohne sing.; et Par Benklæder
Knie- Knæbukser pl.
aufstreifen smøge op
Hosenträger en Sele
Hotel et Hotel; f. auch Bett, Touristenhütte, Zimmer
H. ersten, mittlern Ranges et første, anden Klasses Hotel
ein gutes, nicht zu teures et godt (bedre), ikke for dyrt
mit mäßigen Preisen med moderate Priser
können Sie mir ein H. in ... empfehlen? kan De anbefale mig et Hotel i ...?

Ankunft
sind noch Zimmer frei? har De endnu ledige Værelser?
mein Name ist ...; ich habe

bei Ihnen ein Zimmer mit Bett telegraphisch bestellt mit Navn er ...; jeg har ved Telegram bestilt et Værelse med en Seng hos Dem

ich bitte um ein Zimmer mit einem Bett kan jeg faa et Værelse med en Seng?

das Zimmer gefällt mir nicht, zeigen Sie mir ein größeres! det Værelse synes, *tykkes* jeg ikke om; vis mig et, der er større!

ich nehme es jeg tager saa det

ich werde einige Tage hier bleiben; was kostet pro Tag Pension, Zimmer und Bedienung? jeg bliver her i nogle Dage; hvad skal, *faar* jeg betale for Pension (fuld Kost), Værelse og Opvartning?

Aufenthalt im Hotel

herein! kom ind!

bringen Sie mir frisches Trinkwasser, Waschwasser! faa mig noget frisk Drikkevand, Vadskevand!

reinigen Sie meine Kleider! vil De rense, *faa renset* mit Toi?

Sie müssen es mir aber vor 4 Uhr wiederbringen men De maa, *faar* bringe mig det for Klokken fire

lassen Sie meine Stiefel und Kleider trocknen! vil De faa torret, *torket* mine Støvler og mit Toi?

um wieviel Uhr wird Table d'hôte gespeist? hvad Klokkeslet spises der ved Table d'hôte?

geben Sie mir ein Licht, Papier, Feder und Tinte! giv mig et Lys, Papir, Pen og Blæk!

Abreise

ich reise morgen mit dem 5 Uhr-Zuge (-Dampfschiff) ab jeg rejser imorgen med Femtoget (Dampskibet Klokken fem)

ich mache morgen früh einen Ausflug nach ... und komme ... wieder zurück; halten Sie bitte dasselbe Zimmer für mich reserviert! jeg tager imorgen tidlig en Tur til ... og kommer igjen paa ...; lad mig saa sagtens faa det samme Værelse igjen!

fährt Ihr Wagen nach der Dampfschiffbrücke, dem Bahnhof? gaar Deres Vogn til Dampskibsbroen, *Bryggen*, Banegaarden?

besorgen Sie rechtzeitig eine Droschke, einen Dienstmann! faa mig en Droschke, et Bybud, *en Bærer* i god Tid!

ich wünsche meine Rechnung! maa jeg faa min Regning?

Hotelbesitzer — Hund. 143

[Hotel] wecken Sie mich
morgen früh um 4 Uhr! vil
De vække mig imorgen
tidlig Klokken fire?
schaffen Sie diesen Koffer
und die Reisetasche nach ...;
ich folge sogleich! bring den
Kuffert og Vadsækken til
...; jeg kommer straks
bagefter!
Hotelbesitzer en Hoteleiör;
en Hotelvært, *pl.* -er
-wagen en Hotelvogn
[-waun]; Hotellets Vogn
hübsch pēn, *vakker*
das ist nicht h. von Ihnen
det er ikke pēnt af
Dem
Huf en Hov
-eisen en Hestesko, *pl.* sko
hinteres en Bagsko
-schmied en Beslagsmed
Hüfte en Hofte
Hügel en Høi, en Bakke, en
Banke, *en Haug*[1]
den H. hinan, hinab op ad,
ned ad Bakken
Hügelchen en Tus[2]
hügelig bakket
Huhn en Høne, *pl.* Høns
junges H. en Kylling
Brat- en Hønsesteg, en Kyl-
lingesteg
Hühnerauge en Ligtorn

Hühneraugenoperateur en
Ligtorneoperator
schneiden Sie mir das H. auf
der rechten kleinen Zehe!
vil De skjære en Ligtorn
paa hoire Lilletaa?
geben Sie nur acht, daß Sie
nicht ins Fleisch schnei-
den! pas paa, De ikke
skjærer i!
Hühnerfrikassee en Hønse-
frikassé, en Kyllingefri-
kassé
-stall et Hønsehus, *pl.* -e
-suppe en Hønsesuppe, en
Kyllingesuppe
Hülsenfrucht en Bælgfrugt,
pl. -er
Humor et Humor
humoristisch morsom humo-}
Hund en Hund [ristisk}
Hündin en Tævehund
junger H. en Hvalp
bellen gjø
bissig bidsk
knurren knurre
winseln logre
Dachs- en Grævlinghund
dänische Dogge en (stor)
dansk Hund
Hühner- en Hønsehund
Mops en Moppe
Schäfer- en Hyrdehund, en
Jæterhund; en Buhund

---

[1] Sehr steile Hügel nennt man *en Brekke*, am Wege
gelegene, wenn auch ganze Ketten, über die ein Steg führt,
heißen *en Klev*.

[2] Im Norwegischen oft „tuwe" ausgesprochen; davon
abgeleitet das Adjektiv tust, voll kleiner Hügel: Stranden
er tust, der Strand ist voll kleiner Erhöhungen.

[Hund] Wind- en Mynde
hundert hundrede
Hundstage, die Hundedagene
-wut en Hundesyge
Hüne en Kjæmpe, en Jætte
Hünengrab en Kjæmpehøi,
  en Jættedysse
ist dieses H. untersucht wor-
  den? er den Kjæmpehøi
  bleven udgravet?
hat man etwas gefunden?
  fandt man noget?
Hunger en Sult
hungern sulte
Hungersnot en Hungersnød
hungrig sulten
sehr h. skrupsulten
Husten en Hoste
husten hoste
Hut (der) en Hat
Cylinder- en Silkehat
Damen- en Damehat
Filz- en Filthat
Herren- en Herrehat
Stroh- en Straahat
ich möchte einen Strohhut
  kaufen! jeg ønsker at
  kjøbe en Straahat!
den H. aufsetzen, abnehmen
  tage (III) Hatten paa, af
Hut (die): auf der H. sein
  passe paa; være (III) paa
  sin Post

Hutband et Hattebaand
hüten vogte
Kühe h. gjæte (jæte) Kjø-
  rene [Sengen]
das Bett h. holde (III)
h. Sie sich vor...! tag Dem
  iagt (ivare) for...!
ich werde mich wohl h. jeg
  skal nok vogte mig
Hutmacher en Hattemager
-schachtel en Hatæske
Hütte en Hytte
Berg- en Fjeldstue; s. S. 40
  Anm. 2
Eisen- et Jernværk, pl. -er
Kupfer- et Kobberværk,
  pl. -er
Senn- en Sæter; en Støl,
  pl -er (s. auch h.)
Silber- et Sølvværk, pl. -er
Touristen- en Turisthytte
  (s. auch h.) [pl -er]
Hüttenwerk et Bergværk,
ich jeg [1]
ich bin gegangen jeg er gaaet
ich bin es (nicht) det er
  (ikke) mig
ich auch nicht jeg heller ikke
Idee en Ide
Igel et Pindsvin
ignorieren ignorére
ihm, ihn (Person) ham
  (Sache) den, det [2]

---

[1] Die Aussprache „Ie" ist die des Volkes (im nördl. Norwegen „ei" oder „æ"); „Iei" ist vorzuziehen, besonders wenn das Wort betont ist. Im Norwegischen wiederholt man mitunter das Pronomen am Ende des Satzes, z. B. det tror jeg ikke, jeg das glaube ich nicht, ich.

[2] Der Dativ wird meist mit vorangestellter Präposition af, til, fra, von, zu, von u. a. gebraucht.

Ihnen, ihnen Dem, dem; f.
  auch Anm. 2, S. 144 [deres]
ihr (*f. sing.*) hende, (*plur.*)
  fagen Sie ihr, daß ...! sig
  til hende, at ...!
  ihr (der Frau) Vater hendes
  Fader [fahr], (der Knaben)
  deres Fader [fahr]
  Ihr: könnt ihr mir fagen?
  kan I sige mig?
Ihr: Ihr Haus Deres Hus
ihrige, der, die, das (Person)
  hendes; (Sache) dens,
  dets, *pl.* deres
Ihrige Deres
Iltis en Ilder
im: i. Wagen i Vognen
Imbiß en Frokost
imitiert imitéret
immer altid
  auf j. for stedse
  i. noch stadig
in: in Norwegen i Norge
  in der Nacht om Natten
inbegriffen   indbefattet,
  medregnet [-rei-]
  ist darin ... i.? er deri ind-
  befattet ...?
indem idet
indessen imidlertid
ineinander i hinanden
infolge ifølge
Inhalt et Indhold
Inländer en Indfødt
inliegend indlagt

innen indvendig, indeni
innere, der, die, das den
  (det) indre
innerhalb indenfor
  (Zeit) inden
Inschrift en Paaskrift, *pl.*
  -er; en Indskrift, *pl.* -er
Insel en Ø   [*holm*[1]]
  kleine I. en Holm, *en Smaa-*
Inspektor en Inspektør[2]
Instandhaltung en Vedlige-
  holdelse
inständig indstændig
Interesse: daran habe ich
  kein I. det har jeg ingen
  Interesse (c) af
inzwischen imedens
irden af Ler, af Jord, Ler ,
  Jord -
irgend etwas noget
  -wo etsteds
  auf i. eine Art paa en eller
  anden Maade
  auf i. eine andre Art paa
  anden Maade
irre: i. gehen gaa (*III*) vild,
  gaa (*III*) feil Vei (c)
  lassen Sie sich nicht i. machen!
  lad Dem ikke vildlede
  (*II*)!   [*tage III*]
irren tage (*III*) feil, *mis-*
  entschuldigen Sie, Sie i.
  sich! undskyld, De tager
  feil!   [taget feil]
  ich habe mich geirrt jeg har

---

[1] Im Dänischen sind Zusammensetzungen mit Smaa-
(Mehrzahl von lille, *liden*, *lidet*) häufig; smaa-, voran-
gestellt, entspricht also der deutschen Endsilbe -chen (-lein).
  [2] Mit betonter Schlußsilbe; so auch Direktor, Guvernør
Translatør 2c. Vgl. Grammatik I c.

Jrrenhans en Daareanstalt,
  et Hospital for Sindssyge
irrig forkért, feil [mænd]
Jrrlicht en Lygtemand, pl.
Jrrtum en Vildfarelse
  Sie sind im J. De tager (III)
  feil
Jrrweg en Afvei, en gal Vei
  auf Jrrwege geraten kom-
  me (III) paa feil Vei (c),
  komme paa Vildstraa
isländisch islandsk
ja ja; (nach Verneinung) jo[1]
  ich glaube, ja det tror jeg nok
Jacht en Jagt, pl. -er; en
  Jægte
Jacke: Damen- en Jakét
  Herren- en Joppe
  Kinder- en Trøie[2]
  wollene en Uldtrøis
Jagd en Jagt, pl. -er
  auf die J. gehen gaa (III)
  paa Jagt
  kann man die Erlaubnis
  erhalten, hier zu jagen?
  faar man Lov til at jage
  her?
  an wen hat man sich zu
  wenden? hvem faar man
  henvende sig til?
  Bären- en Bjørnejagt
  J. auf Schneehühner en
  Rypejagt
  erlegen skyde III, fælde

Jagdgewehr en Bøsse, et
  Gevær
  -recht Ret (c) til at jage
  -schein et Jagtkort; et Jagt-
  kart, pl. -er
  -tasche en Jagttaske
jagen jage
  weg- jage (III) bort
Jäger en Jæger
jäh brat
Jahr et Aar
  das ganze J. hele Aaret
  dies J. iaar
  voriges J ifjor
  künftiges J. næste Aar
  in künftigen Jahren ad
  Aare
Jahrestag en Aarsdag
  -zahl et Aarstal
  -zeit en Aarstid, pl. -er
Jahrhundert: in diesem J.
  i dette Aarhundrede
jährlich aarlig, hvert Aar
Jahrmarkt et Marked, pl. -er
jähzornig hidsig
jämmerlich ussel
jammern jamre (vaande) sig
  es jammert mich det gjør
  (III) mig ondt
jauchzen juble
je: je zwei to ad Gangen
  je nachdem alt eftersom
  je mehr, desto besser jo mere,
  desto bedre

---

[1] Also: Tror De, vi faar Regn? Ja, jeg gjør. Meinen Sie, daß es regnen wird? Ja (ich thue). Har De ikke set min Hattæske? Jo, jeg har. Haben Sie nicht meine Hut-schachtel gesehen? Ja (ich habe). Im Norwegischen fügt man dem ja und jo mitunter ein da hinzu.

[2] Jeg fik en vaad Trøie, ich wurde durchnäßt.

jedenfalls — jütländisch. 147

jedenfalls i hvert Fald
jeder jede, jedes enhver, ethvert
jederzeit til enhver Tid
jedoch dog, imidlertid
jemals nogensinde
jemand nogen
ist j. da? er der nogen?
jener, jene, jenes hin, hint, pl.
   hine [1] [(af); borten for)
jenseits paa den anden Side)
jetzt nu
bis j. hidtil
Joch et Aag
Johannis (Fest)[2] (en) Sankt-hans, Sankt Hanshelgen, en St. Hansdag, en Midsommersdag, (en) Jonsok
-beere et Ribs
schwarze et Solbær
jucken klø, kildre

Jude en Jøde
Jüdin en Jødinde
jüdisch jødisk
Jugend en Ungdom
jung, jünger, jüngst(e) ung, yngre, yngst
Junge (der) en Dreng, en Gut, pl. -ter
Post- en Skydsgut
Junge (das) en Unge
Jungfer en Jomfru
   alte J. en Pebermø[3]
Jungfrau en Jomfru[4], en Mø[5]   [Hagestolz)
-geselle en Ungkarl; f. auch)
Jüngling en Yngling, en ung Mand, en Unggut, pl. -ter
Jütland (et) Jylland
Jütländer en Jyde
jütländisch jydsk

---

[1] Hin, hint, hine gebraucht man nur in der Schrift-sprache; man sagt dafür lieber: denne, dette, pl. disse oder noch häufiger den, det, pl. de. Im Norwegischen fügt man dem darauf folgenden Substantiv außerdem meist noch den bestimmten Artikel hinzu: den Bogen der, dieses Buch (wörtlich: dieses, das Buch da), det Fjeldet, dieser (der) Berg.

[2] Der 24. Juni ist in Norwegen traditioneller Feier-tag; am Abend vorher (St. Hansaften) versammelt sich das junge Volk an verabredeter Stelle und zündet unter Singen Teertonnen und Stroh an („tænde St. Hansblus"). Die Vergnügungsetablissements, wie das Kopenhagener Tivoli, halten Feste („Midsommersfest") ab, und das lustige Treiben auf Dyrehavsbakken erreicht an diesem Tage seinen Höhepunkt.

[3] Wörtlich: „Pfefferjungfer" analog dem Pebersvend (Pfeffergesell) für Hagestolz, f. S. 131 Anm.

[4] Auch Bezeichnung für Mädchen der dienenden Klasse, besonders auf dem Lande.

[5] Poetischer Ausdruck, jedoch allgemein bekannt.

Kabeljau en Kabliau, en Torsk, *en Stortorsk*
-**fang**[1] *et Torskefiske*
Kabine et Baderum
Käfer en Bille
Mai- en Oldenborre
Kaffee en Kaffe
  mit Zucker und Rahm med Sukker (n) og Flode (c)
  eine Tasse K. trinken drikke (III) en Kop Kaffe
  geben Sie mir eine Tasse K.! lad mig faa en Kop Kaffe!
  mit Milch Café au lait
  mit Gebäck med Brod (Kager)
  stark stærk
  heiß varm
Kaffeebohne en Kaffebønne
-**geschirr** et Kaffetoi, et Kaffestel
-**kanne** en Kaffekande
-**löffel** en Kaffeske
-**satz** (et) Kaffegrums
-**tasse** en Kaffekop, *pl* -per
Käfig et Bur, *pl.* -e
kahl bar
-**köpfig** skaldet
Kahn en Baad, *en Færing, en Færingsbaad*
Kai en Kai, *en Brygge*
Kaiser en Keiser
  der deutsche K. den tyske Keiser
-**tum** et Keiserdomme

Kajütte en Kahyt, *pl.* -ter erste, zweite første, anden
  in der K. nede i Kahytten
  in die K. gehen gaa (III) ned i Kahytten
Kalb en Kalv
-**fleisch** (et) Kalvekjød
Kalbsbraten en Kalvesteg
Kalender en Almanak, en Kalender
kalt kold
  es ist heute k. det er koldt idag
  mir ist k. jeg fryser
  ist Ihnen k.? fryser De?
  kalter Braten kold Steg (c)
  kalte Küche koldt Bord (n)
Kälte en Kulde
Kamm en Kam
  Gebirgs- *en Aasryg, en Fjeldryg*
  Taschen- en Lommekam
kämmen: das Haar k. rede (II) Haaret
Kammer et Kammer
Kammerdiener en Kammertjener
-**frau** en Kammerfrue
Kampf en Kamp
kämpfen kæmpe, *kjæmpe*
Kampferöl en Kamferolie
Kanarienvogel en Kanariefugl
Kaninchen en Kanin, *pl.* -er

---

[1] Den Kabeljaufang im Amt Finnmarken (*Torskefisket i Finnmarkens Amt*) nennt man *Loddefisket* nach der *Lodde*, einer Art Kapelin, die nach der Küste zieht, um zu laichen, und dabei ihre Verfolger, die großen Dorsche, *Stortorsken*, den Fischern zuführt. Die *Lodde* dient hier auch als Köder.

Kanne en Kande[1]; et Krus, *pl.* -e
Kanonenboot en Kanonbaad
-schuß et Kanonskud
Kante en Kant, *pl.* -er
kantig kantet
Kanzel en Prædikestol
Kanzlei et Kancelli
Kapelle et Kapel
Kaper en Kapers, *pl.* Kapers
Kapitän en Kaptein
  wo finde ich den K.? hvor finder jeg Kapteinen?
  sind Sie der K.? er De Kapteinen?
Kapsel en Kapsel
Karaffe en Karaffel
Karausche en Karuds, *pl.* -er
Karfreitag en Langfredag
karg gnieragtig, paaholden
Karpfen en Karpe
Karren en Kjærre, *en Stolkjærre;* f. auch Wagen
Karriole *en Kariol*
Karte et Kort; *et Kart, pl.* -er
Eintritts- et Adgangkort
Eisenbahn- et Jernbanekort
Fahr- en Billet; f. auch Billet
Land- et Landkort
See- et Søkort
Visiten- et Visitkort
zeigen Sie mir einige Karten über die Gegend ...!
  maa jeg faa se paa nogle Karter over Egnen ved ...?

[Karte] welche ist die beste, genaueste? hvad for et er det bedste, det noiagtigste?
findet sich der Ort auf der K.? findes Stedet paa Kortet?

Kartenspiel (et) Kortspil
ein Spiel Karten et Spil spielen spille   [Kort
As et Es, *pl.* -ser
König en Konge
Dame en Dame
Bube en Knægt
Zehn en Tier
Neun en Nier; Acht en Otte;
  Sieben en Syv; Sechs en
Karo en Ruder   [Seks
Herz en Hjerter
Kreuz en Klør
Pik en Spar (Spader)
Bild et Billedkort
gute, schlechte Karten gode, daarlige Kort   [Whist
eine Partie Whist et Parti
eine Partie L'hombre en L'hombre
abheben tage (*III*) af
ausspielen spille ud
wer spielt aus? hvem spiller ud? [kjende II
bedienen, bekennen be-
Bete en Bøt, *pl.* -er
Farbe en Farve
geben give *III*   [(c)
groß Schlemm store Slem

---

[1] Auch dänisches Flüssigkeitsmaß, ungefähr 2 Liter; die Kanne hat 2 Potter (*sing.* en Pot) à 4 Pægle.

[**Kartenspiel**] in der Hinterhand i Baghaand (c)
mischen blande (Kortene)
Mitspieler en Medspiller
Partner en Makker
Spielmarke en Jeton, *pl.* -s
stechen stikke *III*
Stich et Stik
Trick et Trik
Strohmann den blinde
Trumpf en Trumf, *pl.* -er
vergeben ikke give (*III*) rigtig [Forhaand (c)]
Vorhand haben have (*III*)
zugeben bekjende *II*
Kartenkunststück en Kortkunst. *pl.*-er
Kartoffel en Kartoffel; *en Potet, pl.* -er [tofler]
Bratkartoffeln stegte Kartofler
Pell- Pillekartofler
gedämpfte stuvede
-brei masede Kartofler
-feld en Kartoffelmark, *pl.* -er, *en Potetager*
Käse en Ost
Quark- *en Kjelost, en Potost*
Süßmilch- en Sødmælksost, *en Sødost, en Hvidost*
Schaf- en *Faaremelksost*
Ziegen- en *Gjedemelksost*
saurer Molken- en *Myseost*
dänischer K. nach Schweizer Art dansk Sveitserost
holländischer hollandsk
holsteinischer holstensk
Kräuter- en *Nøgelost*
Kasse et Billetkontor, et Billetudsalg

wann wird die Kasse geöffnet? naar blive. Billetkontoret aabnet?
Kassierer en Kassérer
Kasten en Kasse
Kater en Hankat
Katze en Kat
Kätzchen en Kattekilling
Mai- en Rakle
Katzenjammer Tømmermænd[1] *pl.*
Kauderwelsch et Kragemaal
Inuen tygge
Tabak t. (pfriemen) skraa
Kauf et Kjob
kaufen kjøbe *II*
wo kauft man ...? hvor kan man kjøbe ...?
ich möchte ... k. jeg vilde nok kjøbe ... [det?]
was kostet das? hvad koster/
Sie haben die gewünschte Sorte nicht De har ikke den Slags, jeg ønsker
Käufer en Kjøber
Kauffahrteischiff et Koffardiskib, et Handelsskib, *pl.* -e
käuflich tilsalg(s)
Kaufmann en Kjøbmand, *pl.* mænd
Groß- en Grossérer
Klein- en Detailhandler
Kaulquappe en Ulk
kaum neppe
Kautabak (en) Skraatobak
ein Stückchen K. en Skraa
Kauz: ein närrischer K. en løierlig Fyr, Gul (*pl.* -ter)

---

[1] Wörtlich: Zimmerleute.

Kegel en Kegle [Kegle]
K. schieben spille Kegler
werfen slaa *III*
aufsetzen reise *II*
-bahn en Keglebane
-kugel en Bossel, en Kugle
Kehle en Strube
in die unrechte K. kommen
komme i Vrangstrube (c),
i den gale Hals
kehren feis, *koste*
den Rücken k. vende (*II*)
Ryggen til
k. Sie sich nicht daran! bryd
(*III*) Dem ikke noget om)
Kehricht(et)Feiskarn [det!]
Keil en Kile
keilförmig kileformet
Keim en Spire
keiner, keine, keins ingen
intet; ikke nogen
kein Mensch ikke en
kein Geld ingen Penge (*pl.*)
ist k. da? er der ingen?
keins von beiden ingen af
Delene
keinerlei: auf k. Art paa
ingen Maade (c)
keineswegs ingenlunde, aldeles
ikke
Keller en Kjælder
Kellner en Opvarter
Kellnerin en Opvartningsjomfru [1]
kennen kjende *II*
k. Sie den Weg genau?
kjender De Veien nøie?
k. lernen lære(*II*) at kjende

Kenner: kein K. von ... ingen
Kjender (c) af ...
kenntlich kjendelig
ist der Weg (durch Steinhaufen
u. dergL.) k. gemacht?
er Veien tydelig
afsat, *opmærket* (*opvardet*)?
Kenntnis (en) Kundskab
man hätte mich davon in
K. setzen sollen! det burde
man have oplyst mig om!
Kennzeichen et Kjendetegn
[-tein]
kentern kæntre
Kerl en Karl[2], en Fyr
guter (schlechter) K. en skikkelig
Fyr (en daarlig Karl)
Kern en Kjerne
-holz (*et*) Godved
Kerze et Lys
Räucher- et Røgelselys
Kessel en Kjedel
Dampf- en Dampkjedel
Thee- en Thekjedel
Kette en Lænke, en Kjæde
eiserne K. en Jernlænke
goldene K. en Guldkjæde
Kettenhund en Lænkehund,
en *Bandhund*
keuchen gispe, stønne
Kiebitz en Vibe
Kiefer: Ober- en Overkjæve
Unter- en Underkjæve
(Baum) en Fyr, et Fyrretræ,
en *Furu*
Kiefernholz (et) Fyrretræ,
(*et*) *Furuved*

---

[1] Anrede: Jomfru! feiner: Frøken!
[2] Im Norwegischen ist hier das l meist stumm.

Kiefernwald en Fyrreskov, en *Furuskog*
Kiel: Schiffs- en Kjøl
Feder- en Pennepose
-wasser et Kjølvand
Kiemen Gjæller *pl.* c
Kies et Grus, *en Aur*
Kiesel en Flint
Kind et Barn, *pl.* Børn
  ein kleines K. et lille, *lidet Barn*
  wieviel Kinder haben Sie? hvor mange Børn har De?
Kindbett en Barselseng
Kinderbillet en Bornebillet
-garten en Bornehave
-mädchen en Barnepige
-stube et Barnekammer
-wagen en Barnevogn
Kindheit en Barndom
  von K. an fra Barnsbén af
kindisch barnagtig, *barnslig*
kindlich barnlig
Kindtaufe en Barnedaab
  (die häusliche Feier) et Bar-
Kinn en Hage [selgilde
Kirche en Kirke
  Neben- en Annékskirke
  in die K. gehen gaa (*III*) til Kirke [(*III*) fra Kirke
  aus der K. kommen komme
Kirchendiener en Kirkebetjent [*Kirkefærd*
Kirchgang en Kirkegang, *en*
-hof en Kirkegaard
-spiel et Sogn [saun], *et Præstegjæld*[1]

Kirchturm et Kirketaarn,
Kirsche et Kirsebær [*pl.* -e
Kirschbaum et Kirsebærtræ
Kissen en Pude
Kopf- en Hovedpude
Sitz- et Hynde
Kiste en Kiste, en Kasse
Kitzel en Kildren, en Kløe
kitzeln kildre, klo
kitzlig kilden
klagen: über... f. klage over...
Klammer (Schriftzeichen) en Parentés
(Eisen- en Krampe
Klappe en Klap, *pl.* -per
klar klar, *grei*
  die Sache ist mir nicht ganz k. Sagen er mig ikke helt klar, *jeg har ikke rigtig Greie paa det*
  im klaren paa det rene
klatschen (Beifall) klappe, applandére
  (plaudern) sladre
Klavier: spielen Sie K.? spiller De Klavér (*n*)?
kleben: an- klæbe paa
Kleks en Klat, *pl.* -ter
Klee en Kløver
  vierblätteriger K. et Firklover
-blatt et Kløverblad, *pl.* -e
-feld en Kløvermark, *pl.* -er
Kleid en Dragt, *pl.* -er; en Klædning (Damen-) en Kjole [(Mähr], mit Toil
  meine Kleider mine Klæder

---

[1] Ein norwegisches *Præstegjæld* umfaßt die Kirchdörfer, welche einen Prediger gemeinschaftlich haben. Die Begriffe *Sogn* und *Præstegjæld* decken sich also nicht immer.

kleiden — knallen.

kleiden: kleidet mich das gut? klæder (II) [klär] det mig godt?
Kleiderbürste en Klædebørste, en Kost
-handel et Udsalg af Klæder
-motte et Møl
-schrank et Klædeskab, pl. -e
Kleidung en Dragt, pl. -er; en Klædning
Kleidungsstück et Klædningsstykke
klein lille, liden, lidet [1] zu k. for lille, for liden (lidet)
Kleingeld Smaapenge pl.
-händler en Smaahandlende, en Detailhandler
Kleinigkeit en Smaating, pl. Smaating; en Ubetydelighed
kleinlich smaalig
klemmen klemme II ich habe mir den Finger geklemmt jeg har klemt min Finger
Klempner en Blikkenslager
klettern klatre, klive
hinauf- klatre op
Klima: mildes, rauhes K. et mildt, raat Klima
Klinge (Messer-) et Knivsblad, pl. -e
Klingel (-zug) en Klokke

klingeln ringe
ich habe zweimal geklingelt jeg har ringet to Gange
Klippe et Skjær, en Klippe; s. auch Schären
Klippfisch en Klipfisk
klopfen: an die Thür k. banke paa Døren
wer klopft? hvem er det, der banker?
Kloß en Bolle
Fleisch- en Kjødbolle
Mehl- en Mølbolle
Klotz en Blok
(Mensch) en Klods, pl. -er; en Klodrian, pl. -er
Kluft en Kløft, pl. -er; et Felsen- et Fjeldskar [Skar]
klug klog
Klugheit en Klogskab
Klüver (Segel) en Klyver
-baum en Klyverbom
Knabe en Dreng, en Gut [2], pl. -ter
Hirten- en Jætergut
Knäblein en Smaagut, en Gutunge
Knabenschule en Drengeskole, en Gutteskole
Knall et Knald
Flinten- et Knald af en Bøsse
Peitschen- et Knald med Pisken
knallen smælde, knalde

---

[1] Der Plural aller drei Worte ist smaa. Zusammensetzungen mit diesem sind häufig, auch für den Singular, vgl. Anm. 1, S. 145.

[2] Gut bezeichnet oft den halberwachsenen Knaben, während man in Norwegen unter Dreng einen Knecht, Burschen versteht.

knapp — Kohl.

knapp knap, kneben
 (Kleid) tætsluttende
knarren knirke [Neste]
Knäuel et Nøgle [nøule], et
Knauserei et Kniberi
Knecht en Karl
 Groß- en Avlskarl, en Hus-
  bonddreng, en Raads-
  dreng [karl]
 Haus- en Karl, en Gaards-
kneifen (kneipen) knibe III
Kneipe et Værtshus, pl. -e;
 en Kippe
Knie et Knæ
 bis an die K. til Knæene,
  tilknæs
 -hose Knæbenklæder pl.
 -scheibe en Knæskal, pl. -ler
knirschen knase
knistern gnistre
Knoblauch et Hvidløg
Knöchel en Ankel
 das Wasser reicht bis an die
  K. Vandet naar til An-
  kelen
Knochen et Ben
Knopf en Knap, pl. -per
 Hemden- en Skjorteknap
 Hosen- en Bukseknap
 Rock- en Frakkeknap
 hier fehlt ein K. her mangler
  en Knap
 bitte, lassen Sie einen K.
  annähen, aber recht fest!
  vil De være saa god at
  faa syet en Knap i, men
  godt fast?
knöpfen: auf- knappe op
 zu- knappe (til)
Knopfloch et Knaphul, pl.
 -ler

das Knopfloch ist ausgerissen
 Knaphullet er revet ud
Knorpel (en) Brusk
Knospe en Knop, pl. -per
Knoten en Knude
 einen K. vorschlagen slaa
  (III) en Knude
 einfacher enkelt
 doppelter dobbelt, en Blaa-
  knude [Knob]
 (Schiffsmaß) en Knob, pl.
knüpfen knytte, binde III
Kobold en (et) Trold
Koch en Kok
kochen koge II [koger]
 das Wasser kocht Vandet
 lassen Sie mir ... k.! vil De
  ikke faa kogt ... til mig?
 gekocht kogt
Köchin en Kokkepige
Köder en Mading, et Agn
ködern: die Angel k. sætte
 (III) Agn paa Krogen
Koffer en Kuffert, pl. -er
 Hand- en Haandkuffert
 Korb- en Kurvekuffert
 Reise- en Rejsekuffert
Koffermacher en Kuffert-
  fabrikant
 -träger en Drager, en Bærer
 (Dienstmann) et Bybud,
Kohl en Kaal [pl. -e]
 Blumen- en Blomkaal
 Grün- (Suppe) en Grønkaal
 Rot- en Rødkaal
 Weiß- en Hvidkaal
  gefüllter W. fyldt Hvid-
   kaalshoved (n)
 Weißkohlsuppe en Hvid-
  kaalssuppe
 Welsch- en Savoykaal

Kohle et Kul
Stein- (et) Stenkul
Kohlendampf en Kuldamp
-kasten en Kulkasse
-schaufel en Kulskovl
Köhler (Fisch)[1] en Sei
(**Kohlenbrenner**) en Kulsvier
Koje en Køis; f. auch Dampf-
kokett koket   [schiff
Kolonialwarenhändler en
    Urtekræmmer, en Kolo-
    nialhandler
kommen komme III
 k. Sie hierher! kom herhen,
    hid!
 ist der Führer gekommen?
    er Føreren kommen?
 wann werden Sie k.? naar
    kommer De?
 ich kam gestern jeg kom igaar
 wie kommt es, daß ...? hvor
    kan det være, at ...?
 werden Sie k.? kommer
    De (saa)?
 gegangen, gefahren k. kom-
    me gaaende, kjørende,
    (mit Schiff) seilende
 gut davon k. slippe (III)
    godt fra det
 wo kommt ... her? hvor
    kommer ... fra (af)?
Komödie en Komedie
Kompott en Kompot
 Apfel- en Æblekompot
 Birnen- en Pærekompot

[**Kompott**] Kirschen- en
    Kirsebærkompot
 Pflaumen- en Blomme-
    kompot
Konditorei et Konditori
König en Konge
Königin en Dronning
königlich kongelig (kgl.)
Königreich et Kongerige
können kunne III
 kann ich ... haben? kan jeg
    faa ...?   [Tysk?
 kann er Deutsch? kan han
 k. Sie mir ... verschaffen?
    kan De faa mig ...?
 warum k. wir das nicht?
    hvorfor kan[2] vi ikke det?
 dafür kann ich nicht! det kan
    jeg ikke gjøre for!
Konsul: der österreichische K.
    den østerrigske Konsul
Kontor et Kontor
Konzert en Koncert
 ins K. gehen gaa (III) til
    Koncert
Kopenhagen Kjøbenhavn n
 ein Kopenhagener en Kjø-
    benhavner
 Kopenhagener Handschuhe
    kjøbenhavnske Handsker
Kopf et Hoved, pl. -er
 vom K. bis zu den Füßen
    fra Top til Taa
 vor den K. stoßen støde (II)
    for Hovedet

---

[1] Wichtiges Objekt des Sommerfischfangs in Norwegen, besonders in Finnmarken.

[2] Man schreibt zwar meistens noch vi kunne, auch I, de kunne, Ihr könnt, sie können, spricht jedoch alle Formen des Präsens immer kan aus.

Kopfkissen en Hovedpude
-putz en Hovedpynt
-schmerz en Hovedpine
-tuch et Hovedtørklæde, et Skaut[1]
kopfüber hovedkulds
Korb en Kurv
Hand- en Haandkurv
Maul- en Mundkurv
Proviant- en Proviantkurv, en Nistekurv
Reise- en Reisekurv
-geflecht en Kurvefletning
-wagen en Kurvevogn
Korinthen Korender pl.
Kork en Prop, pl. -per
ziehen Sie den K. heraus! træk Proppen af!
die Flasche fest zukorken proppe Flasken godt til
-zieher en Proptrækker
Korn et Korn
aufs K. nehmen tage (III) Sigte (n) paa
-ähre ot Kornaks [-er]
-blume en Kornblomst, pl.
-branntwein en (et) Kornbrændevin
-ernte en Kornhøst
-feld en Kornmark, pl. -er
Körper et Legeme
-bau en Legemsbygning
körperlich legemlig
Korrespondenz en Korrespondance
ich stehe mit ihm in K. jeg staar i Brevveksel (c) med ham

Korrespondenzkarte et Korrespondancekort[2]
Kost en Kost; s. auch Beköstigung
kostbar dyr, kostbar
kosten koste
was kostet das? hvad (hvor meget) koster det?
was kostet die Fahrt von hier nach ...? hvad koster Turen herfra til ...?
(probieren) smage II
Kosten Omkostninger pl. c
auf meine (Ihre) K. paa min (Deres) Regning [ret-]
Kostgeld Kostpenge pl.
-haus et Spisekvartér
köstlich kostelig
kostspielig bekostelig, dyr
eine kostspielige Sache en dyr Historie
Kot (et) Dynd, (et) Snavs, (et) Skidt [mekotelet]
Kotelett: Hammel- en Lam-/ Kalbs- en Kalvekotelet
kotig snavset, skiden
Koupee en Koupé
koupieren klippe
mein Billet ist schon koupiert min Billet er klippet
Kouvert en Kuvert
geben Sie mir ein K. zu 2 Kronen! lad mig faa en Kuvert til to Kroner!
Krach en Knagen, en Bragen
krachen knage
krächzen skrige III

---

[1] Kopftuch der norwegischen Bauernmädchen.
[2] Verschließbare Postkarten für das Inland. Korrespondenzkarten für das Ausland heißen Postkort til Udlandet.

Kraft — Kronprinz.

Kraft en Kraft, *pl.* Kræfter
aus allen Kräften af alle
kräftig kraftig [Kræfter]
Kragen en Krave [skjorte]
Hemden- en Manschet-
Steh- en opstaaende Flip,
pl. -per [Flip]
Umlege- en nedfaldende
Krähe en Krage, *en Kraake*
Kralle en Klo, *pl.* Kløer
Kram (-laden) en Butik
Krämer en Kræmmer
Krammetsvogel en Krams-
Krampf en Krampe [fugl]
Lach- en Latterkrampe
Waden- Krampe i Benet
Wein- en Grædekrampe
krampfhaft krampagtig
Kranich en Trane
krank syg
ich bin k. jeg er syg
Sie sehen k. aus De ser
daarlig ud
k. werden blive (*III*) syg
kränken saare
Krankenhaus et Sygehus, *pl.*
-e; et Hospital
-lager et Sygeleie
-pfleger, -in en Sygepleier,
en Sygepleierske [Arzt]
Krankheit en Sygdom; f. auch
durchmachen gjennemgaa *III*
sich eine K. zuziehen paa-
drage (*III*) sig en Sygdom
ansteckende K. en smitsom
Sygdom, en Smitte
kränklich sygelig, svagelig
Kränkung en Krænkelse
Kranz en Krans
winden binde *III*
Krätze (et) Fnat

kratzen kradse
kraus krøllet, kruset
krauses Haar krøllet Haar (*n*)
kräuseln: das Haar l. krølle
Haaret
Kraut en Urt, *pl.* -er
Kräuterkäse *en Nogeløst*
Krawatte et Slips; en Hum-
Krebs en Krebs [bug, *pl.* -e]
(Krankheit) (en) Kræft
-schere en Klosaks
Kredit: auf K. nehmen tage
(*III*) paa Kredit (*c*)
-brief auf ... et Kreditbrev
(*pl.* -e) lydende paa ...
Kreide: ein Stück K. et
Stykke Kridt (*n*)
Kreis (mathem.) en Cirkel
im K. der Familie i Fa-
miliens Kreds (*c*)
Kreisel en Top [i Kreds]
kreisen kredse, bevæge sig
kreisförmig kredsformig
Kreuppe en Skygge
Kreuz et Kors
(Rückgrat) et Kryds [(*n*)]
-band: unter K. i Korsbaand
kreuzen krydse, *baute*
Kreuzer (Schiff) en Krydser
kreuzförmig korsdannet
Kreuzschmerzen Smerter
(*pl. c*) i Hoften
kriechen krybe *III*
Krieg en Krig
führen føre *II*
Kriegsschiff et Orlogsskib,
et Krigsskib, *pl.* -e
Krippe en Krybbe
Krone en Krone
Kronleuchter en Lysekrone
-prinz en Kronprins, *pl.* -

Kronprinzessin en Kronprinsésse
Kropf (Krankheit) (en) Krop
  (Vogel) en Kro
Kröte en Tudse, *en Gro*
Krücke: auf Krücken gehen gaa (*III*) ved Krykker (*pl. c*)
Krug (Gefäß) et Krus, *pl.* -e
  Bier- et Ølkrus
  Henkel- *en Mugge*
  (Wirtshaus) en Kro; et Værtshus, *pl.* -e; et Gjæstgiveri
Krüppel en Krøbling
Kruste (Brot=) en Skorpe
Kübel en Ballie
Küche et Kjøkken
  kalte, warme K. koldt Bord (*n*), varm Mad (*c*)
  hat man da gute K.? spiser man godt dér? *er der et godt Madsted?*
  wo gibt es die beste K.? hvor spiser man bedst? *hvor er det bedste Madsted?*
Kuchen en Kage
  ein Stück K. et Stykke Kage
  kleine, süße K. Smaakager
  Apfel- en Æblekage
  Brezel en Kringle
  Eier- en Æggekage
  Eis- en Iskage
  Honig- en Honningkage
  Makrone en Makron [kage]
  Makronentorte en Kranse-
  Pfann- en Pandekage
  Rahm- en Flødekage
  Sandtorte en Sandkage
  Spritz- en Kleine
  Torte en Tørte
  Wecken en Bolle, en Hvede

[**Kuchen**] Würz- *en Vorterkage*
  Zwieback en Tvebak, *pl.*-ker
  Gewürzzwieback en Kryddertvebak
Kuchenbäcker en Fintbrødsbager, en Konditor
Küchengerät Kjøkkensager *pl., et Kjøkkenstel*
  -herd et Komfur, *en Grue*
  -mädchen en Kokkepige
  -schrank et Kjøkkenskab, *pl.*
Küchlein en Kylling [-e]
Kuckuck en Gjøg, *en Gouk*
Kugel en Kugle
Kuh en Ko, *pl.* Køer (*Kjer*)
  -euter et Yver
  -fleisch (et) Kokjød
  -herde en Hjord, en Flok Køer, *en Buskap*
  -hirt en Kohyrde, *en Jætergut, pl.* -ter
  -horn et Kohorn
kühl kjølig, sval
Kühle en Kjølighed
kühlen kjøle
Kuhmilch (en) Komælk
  -mist (en) Kogjødning
  -stall en Kostald, *et Fjøs*
kühn dristig, modig
Kühnheit en Dristighed
Kümmelbranntwein en (et) Kommenbrændevin
kümmerlich ussel, daarlig
kümmern: was kümmert mich das? hvad bryder (*III*), bryr jeg mig om det?
  k. Sie sich besser darum! De faar passe bedre paa!
  k. Sie sich um sich selbst! pas bare Dem selv!

Kunde: K. erhalten von ...
faa (*III*) Efterretning (c)
om ...
ein K. von mir min Kunde
kündigen opsige *III*
ich kündige meine Wohnung
zum nächsten Ersten jeg
opsiger min Leilighed til
den første i næste Maaned
künftig herefter, i Fremtiden
das müssen Sie s. besser
machen! det faar De gjøre
bedre i Fremtiden!
Kunst en Kunst, *pl.* -er
-ausstellung en Kunstud-
stilling [hed]
-fertigkeit en Kunstfærdig-
-händler en Kunsthandler
-handlung en Kunsthandel
zeigen Sie mir einige An-
sichten der Stadt und ihrer
Umgebung! maa jeg (*faa*)
se nogle Billeder af Byen
og dens Omegn [-ein]?
Künstler en Kunstner
künstlich (nicht natürlich)
kunstlet
(kunstvoll) kunstig
Kunstreiter en Kunstberider
-sachen Kunstsager *pl.*

Kunstsammlung en Kunst-
samling
-stück et Kunststykke
-verständiger en Kunst-
Kupfer(et) Kobber [kjender]
-bergwerk et Kobberværk,
pl. -er [-er]
-münze en Kobbermønt, *pl.*
-stich et Kobberstik
Kuppe en Top, *en Hø*, *en Tunge*
Kur en Kur; f. auch Bad
ich will hier die K. ge-
brauchen jeg ønsker at
bruge Kur her
Brunnen- en Brøndkur
Kürbis et Græskar
Kurgast en Kurgjæst, *pl.* -er
sind hier viele Kurgäste? er
der mange Kurgjæster
her?
-ort et Badested, *pl.* -er
-taxe Kurpenge *pl.*
kurieren helbrede *II*, kurére
Kurierzug et Kurértog
Kurs: hat dies Geld hier
K.? staar den Slags Penge
i Kurs (c) her?
Kursaal en Kursal
Kursbuch[1] en Reiseliste

---

[1] Das dänische Kursbuch: Reiseliste for Kongeriget Danmark, erscheint monatlich zweimal, 20 Ø.; das norwegische: *Norges Communicationer*, jeden Sonnabend, 30 Ø. Das Studium des letztern ist durchaus notwendig; die wichtigsten Abkürzungen sind:
T. = Telegraphenstation, im Fahrplan der Bergenske og Nordenfjeldske Dampskibe jedoch: Touristenroute.
aaben = geöffnet
T³† = Fischereitelegraphenstation, nur zur Zeit der großen Fischfänge geöffnet.

[Kursbuch] die neueste
   Nummer det sidste Num-
   mer
Kürschner en Buntmager
kurz kort
vor kurzem for kort siden
k. nachher lidt efter
kurzatmig stakaandet, and-
Kürze en Korthed [pust]
kürzen (Weg ꝛc.) afkorte
kürzlich for kort siden
kurzsichtig nærsynet
Kürzungen Forkortning, en
Kuß et Kys [Afkortelse]
küssen kysse
Küste en Kyst, pl. -er
   die K. von Norwegen Norges
   Kyst
   an der K. ved Kysten

[Küste] unweit der K. ikke
   langt fra Kysten
die K. entlang fahren (zu
   Schiff) seile (zu Wagen:
   kjøre II) langs Kysten
   gehen, rudern gaa III, ro
Küstenbewohner en Kystboer
-fahrer et Kystfartøi
   (nordländischer) en Jægte
   (russischer) en Lodje
-fahrt en Kystseilads, pl. -er
Küster en Degn [bein], en
   Kantor, en Klokker
Kutsche en Vienervogn
   [-vraun]
Kutscher en Kudsk; f. auch
   unter „Post"
   sind Sie der K.? er De
   Kudsken?

T³* = Telegraph, nur mit
   Sommerdienst
T⁴ u. T⁶ = Eisenbahntelegr.
S. T. = Semaphoristation
   (Seetelegraph)
Tℓ., Jtf., Ptf. = Telephon-
   station

P. T. = Persontog Perso-
   nenzug
Bl. T. = blandet Tog ge-
   mischter Zug
H. T. = Hurtigtog Schnell-
   zug

Aft. = Aften Abend
Em. = Eftermiddag Nach-
   mittag

Fm. = Formiddag Vor-
   mittag
Fr. = Fredag Freitag
Kl. = Klokken Uhr
Lø. = Lørdag Sonnabend
Ma. = Mandag Montag
Mdd. = Middag Mittag
Mrg. = Morgen Morgen
On. = Onsdag Mittwoch
Sø. = Søndag Sonntag
Ti. = Tirsdag Dienstag
To. (Tho.) = Torsdag Don-
   nerstag

× = Dampfschiff hält nur
   auf Signal
„ = Dampfschiff hält nicht.

Die Zeiten (Klokkeslettene) zwischen 6 Uhr abends und
5 6/9 Uhr morgens sind durch Striche unter der Minutenzahl
bezeichnet.

Rutfcherbock — lanben. 161

Rutfcherbock: auf dem K. paa Bukken (Kudskosædet)
laben vederkvæge
Laberban en Bergfisk, en
lächeln smile [*Ludfisk*]
lachen le *III* [jeg le ad...]
ich muß ... über L. nu maa
aus vollem Halse l. skoggerle *III*
lächerlich latterlig
Lachs en Laks, *pl.* Laks
-fang et Laksefiskeri, en Laksefangst
Lack en Lak [feil-]
Siegel- en (et) Segllak
laden: das Gewehr l. lade
Bøssen, (Geværet)
(Schiffe) lade
(Wagen) læsse paa
vor Gericht l. stævne
ein- indbyde *III*, invitére
Laden en Butik
Fenster- en Vinduesskodde
zumachen lukke
aufmachen lukke op
Ladenbiener en Handelsbetjent, en Handelskommis, en Kramboddreng
-mädchen en Butiksjomfru
-tisch en Disk
Ladung (Schiff) en Ladning;
en Fragt, *pl.* -er; en
Føring
(Pulver) en Ladning
Lage: die Stadt hat eine
schöne L. Byen har en
smuk, *vakker* Beliggenhed
ich bin in einer schlimmen
L. jeg er i en uheldig
Situation (Stilling)

Lager (Waren-) et Lager;
et Pakhus, *pl.* -e; et Vareoplag
(militärisch) en Leir [Leis]
ein bequemes L. et godt
lagern, sich leire sig
lahm (hinkend) halt, lam
(gelähmt) lamslaaet
Laib (Brot) et Brød
Laich (Fisch-) en Leg
-zeit (en) Gydetid, *pl.* -er
Laie en Lægmand, *pl.* Læg-
Lake en Lage [folk
Laken (Bett-) et Lagen
Lamm et Lam
-braten en Lammesteg
-fleisch (et) Lammekjød
Lampe en Lampe [kuppel
Lampenglocke en Lampe-
-licht et Lampelys
-schirm en Lampeskjærm
Land et Land, *pl.* -e
hierzulande hertillands
aufs L. reisen tage (*III*) ud
paa Landet
die Reise (Fahrt) zu Lande
machen gjøre (*III*) Reisen
(Turen) tillands (overland)
ans L. gehen gaa (*III*) iland
ans L. setzen sætte (*III*) iland
Landbesitz en Landeiëndom
-bewohner en Landboer
landen lande; gaa (*III*) iland
wo l. wir? hvor skal vi
gaa iland?
wird hier nicht gelandet?
lægges der ikke til her?
fahren wir ganz ans Ufer?
lægge vi helt ind til Stranden?

Landenge — Lappländer.

[landen] müssen wir ein Boot nehmen und uns ans Land setzen lassen? faar vi tage Baad til at sætte os iland? [*Eid*]
Landenge en Landtange, *et* über die L. *over Eidet*
-gemeinde et Landsogn, *en Bygd, pl. -er*
-gut en Landeiendom
-haus et Landsted, *pl. -er*
-karte et Landkort, *et Landkart, pl. -er*
ländlich landlig
Landmann en Landmand, *pl.* mænd; en Bonde, *pl.* Bønder; *en Gaardbruger*
-schaft et Landskab, *pl. -er*
-sitz en Villa
Landsmann en Landsmand; *pl.* mænd
Landspitze en Odde; en Pynt, *pl. -er;* et Næs
-straße en Landevei
-streicher en Landstryger; *en Fant, pl. -er*
Landung en Landing, en Landgang
Landungsbrücke en Skibbro, en Landgangsbro, *en Brygge*
(für Boote) *en Baadstø*
bei der L. nede ved Landgangsbroen, *Bryggen*
-stelle et Landingssted, *pl. -er* [*et Bygdefolk*]
Landvolk Landsbyfolk *pl.*,
landwärts tilland mod Land (*n*)
Landwirt en Bonde, *pl.* Bønder; *en Gaardbruger*

Landwirtschaft et Landvæsen, *et Gaardbrug*
lang lang
länger als længere end
lange længe [længe]
das dauert l. det varer, wie l. dauert es noch? hvor længe varer det endnu? l. vorher, nachher længe iforveien, efter
so l. bis, als saa længe til,
Länge en Længde [som, in die L. ziehen trække (*III*) , i Langdrag
Langeweile en Kjedsomhed
länglich langagtig
längs dem Ufer langs (med), langsam langsom [Kysten, es geht zu l. det gaar for langsomt
Langschläfer en Syvsover
längst for længe siden
wir hätten l. da sein müssen vi skulde have været, faa være der for længe siden
längstens i det seneste
langweilen kjede [mig, es langweilt mich det kjeder, langweilig kjedelig, kjedsommelig
eine langweilige Fahrt en kjedelig Tur
Lappen en Lap, *pl. -per* (Leinen-) en Lærredslap
Lappländer en Lap, *pl. -per;* en Fin, *pl. -ner;* (nomadisierender) en Fjeldlap, en Flytlap, *pl. -per*
lappländische Familie en Lappefamilie

Lärche — Läufer.

[Lappländer] lappische Frau en Lappekone lappländische Gegenstände Lappesager [Lappelein lappländisches Lager¹ en] Besuch bei den Lappländern et Besøg hos Lapperne ist dieser Mann ein L.? er den Mand en Lap, Fin?
Lärche(nbaum) et Lærketræ
Lärm en Støi, en Alarm was ist das für ein L.? hvad er det for en Støi?
blinder L. blind Alarm
lassen lade *III*
lassen Sie mir ... bringen! faa mig (sagtens) ...!
lassen Sie (wir) das sein! lad (os lade) det være!
das ließ sich erwarten det var til at vente
Last en Last, en Byrde
jm. zur L. sein være ën til Besvær (*n*)
lästig brydsom, besværlig

[lästig] ich fürchte, lästig zu fallen jeg er bange for at falde til Besvær (at være til Uleilighed)
Lastpferd en Pakhest, *en Klovhest*
mieten leis, tinge
-träger en Drager, *en Bærer*
Laterne en Lygte
Schiffs- en Skibslanterne
Straßen- en Gadelygte
Latte en Lægte
Lattenboden *en Hjeld, pl.* -*er; en Helem; en Love*
lau lunken
laues Wasser lunkent Vand
Laub et Løv
Laube et Lysthus, *pl.* -*e*
Laubwald en Løvskov
Lauf et Løb
im L. i Løb
laufen løbe *III*
schnell l. løbe rask, *storspringe III*
Läufer en Løber

¹ Für die Besucher des lappländischen Lagers bei Tromsö mögen hier einige Wörter in der Lappensprache folgen: Kaata (hölzerne Wohnung oder Zelt aus Wolldecken), Gamme (Erdhütte), Ronks, Hark (junges Renntiermännchen), Sarvo (älteres Renntiermännchen), Altoa vaja (Renntierweibchen), Akja (Schlitten zur Renntierfahrt), Svoka (Saumsattel), Gæisa (Packkorb), Glæsis (Renntiergeschirr), Lautka (Halfter), Dulia (Renntierfell), Supona (Lasso aus Sehnen), Nappi (Milcheimer), Galkovisa (Proviantsack), Baste (Löffel), Træoka (Schneeschuhe), Rovero (Gewehr), Nippe (Messer), Gerkom (Wiege), Raaka (Bettzeug), Gammossæka (Schlafsäde aus Kalbsleder), Guattat (Nähsachen), Dubak tasko (Tabaksbeutel), Halsis (silberner Halsschmuck der Lappfrauen), Gautki (Küchengeschirr).

Laune et Lune, et Humør
guter, übler L. i godt,
daarligt Humør
launenhaft lunefuld
Laus en Lus, pl. Lus
lauschen auf lytte til
laut: I. sprechen tale (II)
Laut en Lyd [høit]
lauten lyde III
wie lautet das? hvorledes
läuten ringe [lyder det?]
zur Kirche til Kirke
hat es schon geläutet? har
det ringet?
lauter: I. Männer, Weiber
lutter Mænd, Kvinder
lavieren krydse, *baute*
Lawine en Lavine, et Sne-
  skred [middel]
Laxiermittel et Afførings-
Lebehoch: er lebe hoch! han
leve! hurra! hurra! hurra!
leben leve
lebt es sich dort angenehm?
kan man have, *faa* det
behageligt der?
haben Sie lange hier gelebt?
har De været længe her?
l. Sie wohl! lev vel (og
hav [ha] det godt)! [1]
Leben et Liv
am L. ilive [(III) afdage
ums L. kommen komme
ist das L. dort teuer? er
det dyrt at leve der?
nach dem L. (zeichnen) efter
Naturen
lebendig lévende

Lebensart en Levemaade
keine L. ingen Levemaade
lebensgefährlich livsfarlig
Lebensgröße en Legemsstør-
  relse
lebenslänglich paa Livstid(c)
Lebenslauf et Levnedsløb
-mittel Levnedsmidler *pl. n*
-weise en Levevis, en Maade
  at leve paa
-zeichen et Livstegn [-tein]
Leber en Lever
Kalbs- en Kalvelever
-pastete en Leverpostei
-thran en Levertran
Lebewohl (et) Farvel
lebhaft livlig
leck: das Boot ist l. Baaden
  er sprungen læk
lecker lækker
Leckerbissen en Lækker-
  bidsken, *en Godbid*
Leder et Læder [lär], et
  Skind [*pl. c*]
-handschuhe Skindhandsker
-hosen Skindbukser *pl.*
-tasche en Lædertaske
ledern af Læder (*n*)
ledig (frei) ledig
  (unverheiratet) ugift
leer tom
  (Papier) ubeskrevet
leeren tømme II
leewärts i Læ
legen lægge [2] III
ich will mich zu Bett l. jeg
  vil gaa tilsengs, (Schiff)
  tilkøis

---

[1] Die Lappen sagen: bliv i Fred! bleibe im Frieden!
[2] Imperfekt lagde [la]; die Formen von lægge werden

Lehm — leihen.

[legen] wo haben Sie ... hingelegt? hvor har De lagt ... (hen)?
Lehm et Ler [en Lere
-boden et Lergulv, pl. -e;
Lehnstuhl en Lænestol
Lehrbursche en Læredreng; en Læregut, pl. -ter
Lehre en Lære, en Lærdom
lehren lære II
Lehrer en Lærer
-in en Lærerinde
Lehrling en Lærling
lehrreich lærerig
Leib en Krop, et Legeme
-essen en Livret, pl. -ter
-rock en Kjole, en Livkjole
-schmerzen en Mavepine
Leiche et Lig
Leichenbegängnis en Begravelse, en Ligbegængelse, en Ligfærd
-stein en Ligsten
-wagen en Ligvogn [-mann]
-zug et Ligfølge
leicht let
L. zu handhaben let at haandtére, letvindt
das werden Sie L. können det kan De let gjøre
-gläubig lettroende
-sinnig letsindig [hed (c)
Leichtigkeit: mitL. medLet-
leid: es thut mir L, Ihnen nicht dienen zu können ... det gjør mig ondt, at jeg ikke kan hjælpe Dem

das thut mir leid um ihn det gjor mig ondt for ham, jeg synes Synd i ham
leiden lide III
ich leide an der Gicht jeg lider af Gigt
woran l. Sie? hvad skader Dem? hvad feiler Dem?
ich kann das nicht L.! det kan jeg ikke lide! det liker jeg ikke! (tadelnd) det taaler (II) jeg ikke!
Leiden en Lidelse; en Sorg, pl. -er
altes L. gammel Skade (c)
leidend lidende
Leidenschaft en Lidenskab
leidenschaftlich: leidenschaftlicher Raucher en lidenskåbelig Røger
leider desværre
leidlich taalelig
es geht so L.! det gaar saa nogenlunde!
Leier en Lyre
es ist die alte L.! det er den gamle Historie!
-kasten en Lirekasse
-mann en Liremand, pl. mænd
leihen laane II
ich möchte gern ein paar Bücher l.! jeg vilde gjerne laane nogle Bøger!
können Sie mir eine Angelschnur L? vil De ikke laane mig en (et) Snøre?

vom Volke fortwährend mit denen von ligge (liegen) verwechselt: han laa (statt lagde) Avisen paa Bordet, er legte die Zeitung auf den Tisch; lig (statt læg) det her! lege es hir

Leim — leutselig.

[leihen] ist einer der Herren so freundlich, mir den Fahrplan (des Dampfschiffes) zu l.? er ikke ēn af de Herrer saa venlig at laane mig Fartplanen, *Ruten?*[1] (mieten) leië, hyre, *tinge* ich möchte ein Reitpferd nach ... l. jeg ønsker atleië en Ridehest til ...
wo kann man hier ... l.? hvor kan man (*faa*) leië...?
Leim en Lim
leimen lime
Leine en Line, en Snor
Leinen (Leinwand) (et) Lærred, (et) Linned
leinen Lærreds-, af Lærred
leise sagte
Sie sprechen zu l., ich verstehe Sie nicht! De taler for sagte, jeg forstaar Dem ikke!
leisten gjøre *III*, udrette, præstére
Dienst l. gjøre en Tjeneste wollen Sie mir Gesellschaft l.? vil De gjøre mig Selskab?
Leistung en Præstation
leiten lede, retlede, føre *II*
Leiter en Stige (Direktor) en Bestyrer
-wagen en Høstvogn[-waun]

Leitung en Ledelse, en Ledning
Lektüre en Lekture
Reise- en Reiselekture
humoristische humoristisk, leichte let [morsom
Lende en Lænd, *pl.* -er
Lendenbraten en Mørbrad-
lenken styre, lede [steg
(Rosse) kjøre *II*
Lenz en Vaar
im L. om Vaaren, ved Lovspring (*n*), *ved Løvspret*
Lerche en Lærke [(*n*)
lernen lære *II*
ich will Dänisch l. jeg vil
lesen læse[2] *II* [lære Dansk
Lesezimmer et Læseværelse
letzte sidste [tion (c) før ...
l. Station vor ... sidste Sta-
leuchten lyse *II*, skinne
l. Sie mir etwas! aa, lys lidt for mig!
Leuchter en Lysestage
Leuchtfeuer et Fyr
-turm et Fyrtaarn, *pl.* -e
leugnen nægte
Leute Folk
Leute! Folkens!
gastfreie, freundliche, unangenehme L. gjæstfrie, venlige (*vakre*), ubehagelige Folk [venlig
leutselig vennesæl, meget

---

[1] Indem man das Geliehene wieder zurückgibt, sagt man immer: Vær saa god! Tak for Laan! bitte! (meinen) Dank fürs Leihen! worauf mit: Jeg beder [be'r]! ich bitte! geantwortet wird.
[2] Auch im Sinne von „studieren" gebraucht: han læser til Artium, er bereitet sich auf das Maturitätsexamen vor.

Licht — Loch.

Licht et Lys
 zünden Sie das L. an! tænd Lyset!
elektrisches L. elektrisk Lys
Gas- (et) Gaslys
Lampen- (et) Lampelys
L. der Mitternachtssonne Midnatssolens Lys
Sonnen- (et) Sollys
Talg- et Tællelys
Wachs- et Vokslys
Lichtblick et Lysglimt
 -schirm en Lampeskjærm
 -strahl en Lysstraale
lieb kjær, elsket
 das ist mir l. det er mig kjært
Liebe en Kjærlighed
lieben elske
liebenswürdig elskværdig, rar[1], *godslig, snil*
lieber: ich will jetzt l. gehen nu vil jeg hellere gaa
 wollen Sie l. hier sitzen? vil De hellere sidde her?
am liebsten helst
Liebhaber: ist das Ihr L.? er det Deres Kjæreste?
L. von ... en Elsker (Ynder) af ... [*vakker*]
lieblich yndig, nydelig,
Liebling en Yndling
Lied en Sang, en Vise
Helden- en Kæmpevise
Kirchen- en Salme
liefern levére [S. 164]
liegen ligge III; f. Anm. 2,
 wo liegt ... hvor ligger ...?

[liegen] so kann der Koffer nicht l. saaledes, *slig* kan Kufferten ikke ligge
 lassen Sie das l.! lad det ligge!
 ich habe es in der Kajütte (auf meinem Zimmer) l. lassen jeg har ladet det ligge i Kahytten (paa mit Værelse)
 es liegt mir sehr viel daran! det er mig meget om at!
Linde et Lindetræ [gjøre!]
Linderung en Lindring
Lineal en Lineal
liniiert liniéret
linke, der, die, das den (det) venstre [Haand]
 zur linken Hand paa venstre
Linke (polit. Partei) (et)
links tilvenstre [Venstre]
 muß ich l. oder rechts gehen? skal, *faar* jeg gaa til-venstre eller tilhoire?
Lippe en Læbe
Ober- en Overlæbe
Unter- en Underlæbe
aufgesprungene Lippen daarlige Læber
List en List
Liste en Liste
Lob en Ros
loben rose II
 er verdient gelobt zu werden han fortjener at roses
Loch et Hul, *pl.* -ler
 (im Wege) et Grop, et Lop
 (im Eis) en Vaago, en Vaak

---

[1] Darf in Norwegen durchaus nicht in diesem Sinne gebraucht werden; dort bedeutet das Wort „wunderlich"

[**Lod**] ich habe mir ein L.
in den Rock gerissen jeg
har faaet revet et Hůl i
min Frakke
nåhen Sie das L. zu! vil
De sy mig det Hůl til?
Lode en Lok, *pl.* -ker
loden: an sich l. lokke til sig
loker løs
Løffel en Ske
Ausgebe- en Potageske
Eß- en Spiseske
Thee- en Theske
einen L. voll en Skefuld
logieren: wo logiert man gut
in ...? hvor kan man faa
et godt Logis i ...?
wo l. Sie? hvor logérer De?
Logis: ein gutes L. et godt
Logis
ich suche ein einfaches L. jeg
søger et tarveligt, men
pænt Logis
logisch logisk
Lohn (Führer) en Betaling
(Arbeiter) Løn
Lohndiener en Leietjener
lohnen (be-) belønne
lohnt es (Geschäft)? fortjenes der godt ved det?
lohnt es der Mühe, den
Berg zu besteigen? er det
Umagen værd at bestige
dette Fjeld?
mit Undank l. belønne med
Lokal et Lokale [Utak
Lokalkenntnis: L. haben have
Lokalkjendskab (*n*)
Lokomotive et Lokomotiv
Lokomotivführer en Lokomotivfører

Lorbeerblatt et Laurbærblad, *pl.* -e
Los (Lotterie-) en Lodseddel
los løs   [med En
in. l. werden blive (*III*) af
was ist l.? hvad er der paa
losbinden løsne   [Færde?
-brechen bryde (*III*) løs
löschen: den Durst, das Feuer
l. slukke Tørsten, Ilden
(Schiffsladung) losse, ud-
(Kalt) lædske   [losse
Löschpapier et Trækpapir
løse løs
losen kaste Lod (*n*)
lösen løse *II*
losgehen: der Schuß ging
nicht los Skuddet gik (*III*)
ikke af
jetzt geht es los! nu begynder (*II*) det
loslassen slippe *III*
ließ los slap
lassen Sie los! slip!
losmachen løsne
-reißen rive (*III*) løs
Losungswort et Løsen
loswerden: ich kann den Menschen nicht l. jeg kan ikke
blive (*III*) fri for det
Menneske
Lot (Senk-) et Lod, *pl.* -der
loten lodde
wie tief ist es hier? hvor
dybt er der her?
löten lodde
lötig: zwölflötiges Silber
tolvlodigt Sølv (*n*)
lotrecht lodret, tværbrat
Lotse en Lods, *pl* -er
Lotsenboot en Lodsbaad

Luchs — machen.

Luchs en Los, *pl.* -ser; en
Lücke en Aabning [*Goupe*] (Fehlendes) en Mangel
Luft en Luft
 die L. ist hier schlecht, öffnen Sie ein paar Fenster! her er en daarlig Luft, luk et Par Vinduer op!
 Gebirgs- en Fjeldluft
 See- en Søluft
Luftballon: mit dem L. aufsteigen gaa (*III*) op med Ballonen
 -blase en Luftblære
luftdicht verschlossen lufttæt tillukket
Luftdruck et Lufttryk
lüften lufte ud
Lufthauch et Pust (frisk Luft)
luftig: ein luftiges Zimmer et luftigt Værelse
Luftkissen en Luftpude
 -loch et Lufthul, *pl.* -ler
 -schiffahrt en Luftseilads, *pl.* -er
 -schiffer en Luftskipper
 -schlösser bauen bygge Luftkasteller
 -spiegelung en Luftspeiling
 -veränderung en Forandring af Luften
 -zug en Træk; f. auch Zug
Lüge en Løgn [leun]
lügen lyve *III, skrøne*
Lügner en Løgner [leuner], en Løgnhals [leun-]
Luke en Luge, en Lem

Lumme[1] en Teiste, en *Lom*
Lump en Pjalt; en *Fillefant*, *pl.* -er
Lumpen en Pjalt, en *Fille*
Lungenentzündung en Lungebetændelse
lungenkrank svindsottig, brystsyg
Lust en Lyst, *pl.* -er
 ich hätte große L. jeg kunde nok have Lyst
 ich habe keine L. dazu det har jeg ikke Lyst til, paa
Lustfahrt en Lysttur (zur See) en Lystseilads, *pl.* -er
lustig lystig
Lustspiel et Lystspil
lutherisch luthersk
Luvseite (en) Luvart
luvwärts til Luvart
machen gjøre *III*, lave
 lassen Sie mir ... m.! vil De lave mig ...!
 m. Sie schnell! skynd Dem!
 sich davon m. pakke sig bort
 er macht lange det tager (*III*) Tid for ham
 m. Sie es, wie Sie wollen! gjør det, som De synes!
 bitte, das macht nichts! jeg beder [behr], det gjør ikke noget
 da läßt sich nichts m.! det er der ikke noget at gjøre ved! [gaar nok] es wird sich schon m. det

---

[1] Im nördlichen Norwegen sehr zahlreich vertretene Strandvögel.

[machen] warum haben Sie das nicht gemacht? hvorfor har De ikke gjort det? was macht es (Betrag)? hvad bliver det? Zimmer n. gjøre (III) Værelset istand, *stelle i Værelset*
Bett n. rede (III) Sengen wie wird es gemacht? hvorledes laves (gjøres) det? das läßt sich wohl nicht m.? det lader sig vel ikke gjøre? [Evne]
Macht en Magt, *pl.* -er; en das steht nicht in meiner M. det evner jeg ikke
mächtig vældig, mægtig
Madame! Frue! (weniger fein) Madam!
Mädchen en Pige, *en Jente* Dienst- en Tjenestepige, *en Jente*
Stuben- en Stuepige (im Gasthofe) en Opvartningsjomfru, en Jomfru geben Sie dies (Trinkgeld) Ihrem M.! vil De give det til Deres Pige, *Jente*?
-schule en Pigeskole
Made en Maddike

Magd en Tjenestepige, *en Tjenestejente*
Magen en Mave ich habe mir den M. erkältet, verdorben jeg har forkjølet, fordærvet min Mave [krampe]
Magenkrampf en Mave-
-schmerzen en Mavepine
-schwäche en Mavesvækkelse
-tropfen Mavedraaber *pl.* c
mager mager [naal]
Magnetnadel en Magnet-
mähen: Gras m. slaa (III) Græs
Korn m. høste, *skjære* Korn
Mäher en Meiër; *en Slaattekarl, pl. folk [pl. -er]*
Mahl ('Mahlzeit)[1] et Maaltid, gesegnete Mahlzeit![2] Velbekomme!
Mähne en Manke
mahnen: jn. an etwas m. paaminde én om noget
Mähre en Mær, *en Fillegamp, pl. -er [pl. -ler]*
Maiglöckchen en Liliekonval,
-käfer en Oldenborre
Majestät: Seine M. Hans
mäkeln vrage [Majestæt (c)]
Makler en Mægler

---

[1] Die Mahlzeiten auf dem Lande in Norwegen sind: Foresbid Morgenkaffee, Frokost Frühstück, Middagsmad Mittagsessen, Non (dänisch: Mellemmad) Vesperbrot, und Kvældsvær Abendessen.

[2] Der Hausfrau, unter Umständen auch dem Herrn und den beim Servieren mitwirkenden weiblichen Mitgliedern des Hauses sagt man nach dem Essen: Tak for Mad! (Meinen) Dank für die Mahlzeit! und erhält als Erwiderung ein Velbekomme! Wohl bekomm's!

Makrele en Makrel
mal: dies- denne Gang (c)
ein-, zwei- engang (en
Gang), to Gange
ein für alle- engang for alle
jedes- hver Gang
manch- mangen Gang
kein einziges Mal ikke en
eneste Gang
hören Sie m.! hør!
Mal (Zeichen) et Mærke
malen male
in Öl i Olie
mit Wasserfarben med
Vandfarve (c)
Malerei et Maleri
Malzzucker (et) Maltsukker
Mamsell: M. ...! Jomfru...!
man: m. sagt, daß ... man
(Folk) siger, at ...
mancher, manche, manches
mangen en, mangt et, pl.
mange
mancherlei mange (for-
skjellige) Slags (pl. c)
manchmal mangen Gang
Mandel en Mandel
geschwollene Mandeln hov-
nede Halskjertler
Knack- en Krakmandel
Mandelmilch en Mandel-
mælk
-seife en Mandelsæbe
Mangel: aus M. an ... af
Mangel (c) paa... [ner...]
ich habe M. an ... jeg sav-
daran ist kein M. det er
der ingen Mangel paa
mangelhaft mangelfuld

mangeln feile, fattes, savne
es mangelt an ... der fattes ...
(Wäsche) mangle
Manier en Maade
Mann en Mand, pl. Mænd
mein M. (Gatte) min Mand
das macht ... auf den M.
det bliver ... for hver
„für Männer" „for Mænd"
Männchen (Tier) en Han,
pl. -ner
männlich (et) Mandkjøn
(thatkräftig) mandhaftig
Mannschaft et Mandskab
Mannshöhe (en) Mandshøide
-leute Mandfolk, Karfolk[1]
Manfarbe en Kvistleilighed
Manschette: ein Paar leinene
Manschetten et Par Lær-
reds Manschetter (pl. c)
Manschettenknöpfe Man-
schetknapper pl. c
Mantel (Herren-) en Kappe
(Damen-) en Kaabe
-sack en Vadsæk
Mappe en Mappe
Märchen et Eventyr
Marder en Maar
Edel- en Skovmaar
Stein- en Husmaar
Marienkäfer en Mariehøne
Marine en Marine
-offizier en Søofficér
Mark (Knochen-) en Marv
Marke et Mærke, et Kjen-
detegn [-tein]
Brief- et Frimærke
Spiel- en Jeton, pl. -s
Markt et Marked, pl. -er

---

[1] Singular: et Mandfolk, en Karmand.

Marktbube en Markedsbod, *pl.* -er
-**platz** et Torv, *pl.* -e
-**tag** en Torvedag
-**weib** en Torvekone
Fisch- et Fisketorv [ked]
Wochen- et ugentligt Mar-]
markten handle, tinge
Marmor et Marmor
Martini en Mortensdag
März (en) Marts
Maschine en Maskine
Maschinenmeister en Maskinmester
Masern Mæslinger *pl.*
Maß et Maal
nehmen Sie mir M. zu...! vil De tage Maal af mig til...!
M. halten holde (*III*) Maade (c)
mäßig maadeholden
ein mäßiges Logis et maadeligt Logis
mäßigen moderére
sich m holde (*III*) Maade (c)
Mäßigkeitsverein en Maadeholdsforéning
maßlos umaadelig
Maßregeln: M. treffen træffe (*III*) Forholdsregler (*pl.* c)
Maßstab en Maalestok
Mast (Mastbaum) en Mast, *pl.* -er
Vorder-, Mittel-, Hinter- en Fokkemast, en Stormast, en Mesanmast
M. ohne Raa en Barkmast
Bugspriet et Bugspryd
-**korb** et Mærs

Mastdarm en Endetarm
mästen mæske, fede
Mastochse en Fedestud
-**schwein** et fedt (mæsket)
-**vieh** et Fedekvæg [Svin]
Materialwarenhändler en Materialist
Matratze en Madrás
Heu- en Hømadras [madras]
Roßhaar- en Hestehaars-]
Seegras- en Tangmadras
Stroh- en Halmmadras
Matrose en Matrós
matt mat, udmattet
Matte (Decke) en Maatte, en Gulvmaatte [Beite]
(Weide) en Græsgang, en]
Mattigkeit en Mathed, en Udmattelse
Mauer en Mur
Felsen- en Fjeldmur
-**stein** en Mursten
-**werk** et Murværk
mauern mure
Maul en Snude
(Pferd) en Mule
-**korb** en Mundkurv
-**wurf** en Muldvarp
Maurer en Murer
Frei- en Frimurer
Maus en Mus, *pl.* Mus
Mausefalle en Musefælde
-**loch** et Musehul, *pl.* -ler
mausig: sich m. machen gjøre (*III*) sig udtilbøns
medern bræge
Medizin: M. einnehmen tage (*III*) Medicin (c)
Meer et Hav, *pl.*- e; Søen[1]

---

[1] en Sø = ein See. In Norwegen spricht man Sjø(n).

Meeradler — Meilenstein.

[Meer] auf dem hohen M. i aaben (rum) Sø
das Atlantische M. Atlanterhavet
das Nördliche Eis- havet, Ishavet Nordishavet, Ishavet
das Stille M. Stillehavet, (Südsee) Sydhavet
das Mittelländische M. Middelhavet
das Rote, Schwarze, Weiße M. det røde Hav, Sortehavet, det hvide Hav
Meeradler en Fiskeørn
-busen en Bugt, pl. -er; en Fjord
-enge et Sund, pl. -e
-ente en Vildand, pl. ænder
-rettig (en) Peberrod
-ich um (et) Merskum
-schwalbe en Terne
-schwein et Marsvin, en Nise
-wasser et Havvand, et Søvand
Meeresarm en Havarm
-boden: auf dem M. paa Havets Bund (c)
-leuchten (en) Morild ¹
-spiegel (et) Søspeil
-stille (et) Havblik
-strudel en Malstrøm
Mehl et Mel
mehlig melet
Mehlklöße Melboller pl. c

Mehlspeise en Melmad
-suppe en Mølvælling, *en Melkesuppe*
mehr mør, mere [Øre til] 50 Øre m. halvtreds, *femti*
jetzt kann ich nicht m. nu kan jeg ikke mere
m. gebe ich Ihnen nicht mere faar De ikke
w..nschen Sie noch m.? ønsker De mere endnu?
bitte, etwas m.! lidt mere, om jeg tør bede!
thun Sie das nicht m.! gjør ikke det tiøre!
dreimal m. als tre Gange mere end [jo bedre]
je m., desto besser jo mere!
es ist niemand m. da der er ingen flere
mehrere flere
mehrmals flere Gange (*pl. c*)
Mehrzahl et Flertal
meiden undgaa III
Meier en Meïerist
-in en Meïerske
Meierei et Meïeri
Meile² en Mil, pl. Mil
wieviel Meilen sind es von Kopenhagen nach Helsingör? hvor mange Mil er der fra Kjøben..avn til Helsingør?
Meilenstein en Milepæl

---

¹ In einigen Gegenden Norwegens *Vættelys* genannt, weil der Schein der Sage nach aus den Wohnungen der *Vætter* (Ergeister) stammt.

² Eine dänische Meile hat 12,000 Alen (Ellen) = 7,5 Kilometer, eine norwegische hatte 11,293 Alen, eine skandinavische Seemeile hat 11,800 Alen.

mein — Meter.

mein, meine min, mit, *pl.*
  mine [(Ting), mit Tøi]
  meine Sachen mine¹ Sager
meinen mene *II*, tro, tænke*II*
  wie m. Sie? hvad behager
  [behar]? hvad mener De?
  was m. Sie dazu? hvad er
  Deres Mening om det?
  so hatte ich es nicht gemeint
  det var ikke min Mening
meinerseits jeg for min Part
meinethalben! for min
  Skyld gjerne! lad gaa!
Meinung en Mening, et
  Tykke, et Skjøn
  nach meiner M. efter min
  Mening
Meise (Vogel) en Meise;
  en Musvit, *pl.* -fer; en
meist mest [*Tite*
  die meisten de fleste
  das meiste Geld de fleste
  Penge (*pl.*)
meistens for det meste
Meister en Mester
 -stück et Mesterstykke
melden melde *II*
  ich habe meine Ankunft
  frühzeitig gemeldet jeg
  har anmeldt mit Komme
  i rette Tid
melken malke, *melke*
  frisch gemolkene Milch ny-
  malket, *nysiët* Mælk

Melkeimer en Mælkespand
Menge en Mængde. en Hob;
  mengen blande [en hēl Flok
Mensch et Menneske²
  kein M. ikke et Menneske
  die Menschen (allg.) Folk
  pl. [Menneske
  ein braver M. et vakkert
menschlich menneskelig
merken mærke
  ich merke nichts jeg kan ikke
  mærke noget
  m. Sie sich das! husk det!
merklich kjendelig; til at
  mærke
Merkmal et Kjendemærke,
  et Kjendetegn [-tein], et
  Særkjende
merkwürdig mærkværdig,
  mærkelig, sær
Merkwürdigkeit en Mærk-
  værdighed
Messe: Fisch- *et Stævne*
messen maale *II*
Messer en Kniv
  mit Korkzieher med Prop-
  trækker(c) [Blade(*pl. n*)
  mit zwei Klingen med to
  Feder- en Penneknif
  Taschen- en Lommeknif
 -schmied en Kleinsmed
Meter en Meter, *pl.* Meter
  wieviel M. sind das? hvor
  mange Meter er det?

---

¹ In der norwegischen Umgangssprache und besonders dialektisch stellt man das possessive Fürwort oft hinter das Substantiv, z. B. *Smaabogen din*, dein Büchlein, *Gutten vor*, unser Junge.

² Der Plural ist regelmäßig: Mennesker; kommt aber der bestimmte Artikel hinzu, so fällt das r aus: Menneskene.

Mettwurſt en Medisterpølse
Metzger en Slagter
mich mig [mei]
  das geht m. nichts an det angaar (vedkommer) ikke mig
  iſt ein Brief an m. da? er der et Brev til mig?
Michaelis (en) Mikkelsdag
Miete en Leie
  an M. bezahlen betale ileie für den Tag om Dagen
mieten leie, tinge
  ich wünſche Pferd und Wagen zu m.! jeg ønsker at leie Hest og Vogn (vaun)!
  ein Zimmer auf ein paar Tage et Værelse for et Par
Mieter en Leier [Dage]
Mietsgeld en Leie
 -**kutſche** en leiet Vogn (vaun), en Hyrevogn
mietweiſe leiet, tilleie
Milben Midder pl. c
Milch en Mælk (Melk)
  (der Fiſche) en Mælke, en Issel
  geben Sie mir ein Glas, eine Taſſe M.!¹ maa jeg faa et Glas, en Kop Mælk?
abgerahmt skummet
 -**Butter** en Kjernemælk

[**Milch**] dicke M. en Tykmælk, (et) Skjør
  friſche M. en Sødmælk, nysiet Mælk
Kuh- en Komælk
Ziegen- en Gjedemælk
Milchbrei en Grød; ſ. auch Brei
 -**brot** et Franskbrød
 -**eimer** en Mælkespand
 -**kübel** en Melkeringe [(kjør)]
 -**kuh** en Malkeko, pl. køör
 -**kur** en Mœlkekur
 -**ſpeiſe**² en Mælkemad
 -**ſtraße** en Mœlkevei [suppe]
 -**ſuppe** en Vælling, en Melke-
 -**wirtſchaft** et Meieri; (in der Sennhütte) et Melkesteʃ
Milderung en Lindring, en Formildelse
mildthätig godgjørende
Mildthätigkeit en Godgjørenhed
mindern formindske
mindeſt: das mindeſte det mindſte
  mindeſtens i det mindſte
Mineralwaſſer et Mineralvand, pl. -e
Miniſter en Minister; en Stateraad, pl. -er
Miniſterium et Ministerium³, et Departement

---

¹ In den Senn- und Touriſtenhütten wird die Milch häufig auch in Kummer, großen, henkelloſen Taſſen, ca. 1 Liter faſſend, ſerviert.

² Die Milchſpeiſen ſpielen in den beiden Viehzucht treibenden Ländern eine wichtige Rolle, und zwar ſind die gewöhnlichſten Formen Grød, dicker Grützenbrei in Milch gekocht, und Vælling, Milchſuppe mit Grütze oder Mehl

³ Mit dem beſtimmten Artikel: Ministeriët.

Minute — mitnehmen.

[**Ministerium**] Chef des M. en Konseilspræsident, *en Statsminister*[1]
das M. der öffentlichen Arbeiten *Arbeidsdepartementet*
des Auswärtigen Udenrigsministeriet, *Udenrigsdepartementet*
der Finanzen Finansministeriet, *Finansdepartementet*
des Innern Indenrigsministeriet, *Indenrigsdepartementet*
der Justiz Justitsministeriet, *Justits- og Politidepartementet*
des Krieges Krigsministeriet, *Armédepartementet*
des Kultus Kirke- og Undervisningsministeriet, *Kirkedepartementet*
der Marine Marineministeriet, *Marine- og Postdepartementet*
Minute et (en) Minut, *pl.* [-ter] in 10 Minuten om ti Minutter
mir: er hat es m. gegeben han har givet det til mig geben Sie m. ...! maa jeg (lad mig) faa ...!
jetzt ist es an m. nu skal jeg; nu er det min Tur
mischen: Karten m. blande Kortene
Mischung en Blanding
mißachten ringeagte

mißbilligen misbil ige
Mißbrauch en Misbrug
mißdeuten mistyde
missen (ver-) savne
mißfallen mishage [held]
Mißgeschick et Uheld, et Vanskæbne, en Vanskabning
mißglücken mislykkes [des] es mißglückte det mislykkedes
mißhandeln handle ilde med; mishandle [tænke II]
mißtrauen mistro, mis-
mißvergnügt: m. über misfornøiet med [stanölse]
Mißverständnis en Misforståelse
mißverstehen: Sie m. mich De misforstaar (*III*) mig
Mist en Gjødning, *en Gjødsel* -haufen en Mødding
mit med
mitbringen bringe (*III*) med
miteinander sammen; med hverandre
mitfahren kjøre (*II*) med
mitgeben give (*III*) med geben Sie dem Boten... mit! lad Budet faa ... med!
Mitglied et Medlem, *pl.*-mer
mithin altsaa, følgelig
mitkommen komme (*III*) med
Mitleid: mit jm. M. haben have Medlidenhed (e) med en
mitmachen: haben Sie Lust die Tour mitzumachen? har De Lyst til at gjøre (*III*) Turen med?
mitnehmen tage (*III*) med

---

[1] Ein zweiter *Statsminister* und 2 *Statsraader* weilen stets in der Residenz des Königs.

Mittag — mögen. 177

[mitnehmen] nehmen Sie die Sachen mit zurück! tag Tingene med tilbage!
mitgenommen (angegriffen) medtaget
Mittag en Middag
heute m. imiddag; (wenn vorüber) imiddags
Mittagessen en Middagsmad; f. auch essen
mittags om Middagen
Mittagsschläfchen en Middagssøvn, en Middagslur
-stunde en Middagstime
-tisch et Middagsbord
Mitte en Midte [imellem] in der M. zwischen midt
M. Wegs halvveis
M. Juli i Midten af Juli
einer aus unsrer M. En af vor Midte; en af os
mitteilen meddele II
Mitteilung en Meddelelse
Mittel et Middel, et Raad
Arznei- et Lægemiddel
ein M. gegen Seekrankheit, wunde Füße et Middel mod (et Raad for) Søsyge, ømme Fødder
meine M. erlauben es mir nicht det har jeg ikke Raad til
mittelmäßig middelmaadig
Mittelmast en Stormast, pl. -er
-punkt et Midtpunkt, pl. -er
-sorte en Mellemslags
-stand en Mellemstand
mittels ved Hjælp af
mittelste, der, die, das den, det mellemste

mitten: m. in midt i
m. zwischen midt imellem
Mitternacht en Midnat
um M. ved Midnatstid
Mitternachtssonne en Midnatssol
rührt dieser Schein von der M. her? kommer det Skin fra Midnatssolen?
Mittwoch en Onsdag
mitunter sommetider
Mitwirkung en Medvirkning
Mitwissen: ohne mein M. uden mit Vidende
möbliert: ein möbliertes Zimmer et møbleret Værelse
Mockturtle=Ragout (forloren) Skildpadde (c)
-Suppe en Skildpaddesuppe
Mode: die neueste M. den nyeste Mode
nach der M. paa Moden
aus der M. kommen komme (III) af Moden
Modewarengeschäft en Modehandel
mögen holde (III) af, like II
ich mag das nicht det holder jeg ikke af; det liker jeg ikke
ich möchte jetzt essen jeg vilde nok spise nu; jeg likte at spise nu
ich möchte wissen, ob ... jeg vilde gjerne vide, om ...; jeg likte at faa vide, om ...
ich möchte nicht lästig fallen jeg vilde nødig være til Uleilighed

möglich — Morgen.

[mögen] er mag gehen! lad ham bare gaa!
was mag das sein? hvad kan det vel være?
ich mag (will) nicht mehr jeg gider, *liker* ikke mere
möglich mulig
(glaubhaft) trolig
halten Sie es für m., den Gipfel zu besteigen? holder De det for muligt at komme op paa Toppen?
so bald als m. saa snart som muligt
thun Sie Ihr Möglichstes! gjør Deres Bedste! gjør, hvad De kan!
Möglichkeit en Mulighed
Mohn en Valmus
-kuchen et Birkesbrød
Möhre en Gulerod, *pl.* rodder (weiße) en Pastinák, *pl.* -ker
Molch en Salamander
Molke en Valle, *en Myse*
Molkebeere[1] et Multebær, *en Molt* [s. auch Zeiten]
Monat en Maaned, *pl.* -er;
monatlich hver Maaned
Mönch en Munk
Mond en Maane
Halb- en Halvmaane
Neu- en Nymaane
Voll- en Fuldmaane
erstes, letztes Viertel første, sidste Kvartér (*n*)
der M. ist im Abnehmen, Zunehmen Maanen er i Aftagende, Tiltagende

wann geht der Mond auf? naar kommer Maanen?
Mondfinsterniß en Maaneformørkelse
-schein et Maaneskin
-wechsel et Maaneskifte
mondhell maaneklar
Montag en Mandag
nächsten M. paa Mandag
Moor en Mose, *en Myr, pl.* -er
wie weit erstreckt sich dieses M.? hvor langt gaar den Myr?
ist das M. gangbar? kan Myren passéres?
Moorbad et Gytjebad, et Slambad, *pl.* -e; s. Anm. S. 29.
-boden en Myrbund
mosricht myrlændt
Moos et Mos, *pl.* -ser, *en Mose* [*en Renmose*]
Rennthier- et Rensdyrmos, bemoost mosgroët
Moosbeere et Tranebær
Morast et Morads, *pl.* -er; et Dynd
(auf dem Wege) en Søle
Mord et Mord [mehr], et Drab [slaa (*III*) ihjel]
morden myrde, dræbe *II*;
Mörder en Morder; en Drabsmand, *pl.* mænd
morgen imorgen
m. früh imorgen tidlig
heute m. imorges
über- iovermorgen
Morgen en Morgen

---

[1] Eine große gelbe Art ist nicht selten in den Sennhütten zu haben; mit guter Milch eine wohlschmeckende Speise.

[**Morgen**] guten M.! god
Morgen!
vom M. bis Abend fra
Morgen til Aften
am frühen M. tidlig om
Morgenen [dragt, *pl.* -er]
Morgenanzug en Morgen-
-blatt en Morgenavis, *pl.* -er
-dämmerung: in der M. ved
Daggry (*n*)
-kleid en Morgenkjole
-röte en Morgenrøde
-sonne en Morgensøl
-trank en Morgendrik
morgens om Morgenen
morsch skjør, raadden
Mörtel en Murkalk
Moskitonetz et Moskitonet
Mostrich en Sennep
-büchse et Sennepsglas
Motte en (et) Møl
moussierende Limonade en
Bruslimonade, en *Brus*
Möwe en Maage, en *Maase*
Silber- en *Graamaase*
Mücke en Myg, *pl.* Myg
Mückenschleier et Myggeslør
wo ist ein M. zu haben? hvor
faar man et Myggeslør?
-schwarm en Myggesværm
-stich et Myggestik
müde træt [allerede træt?]
sind Sie schon m.? er De
ich bin es m. jeg er kjed af det
Müdigkeit en Trædhed
Muff en Muffe
Müffchen en Muffedise

Mühe en Møie, en Uleilighed
M. machen gjøre (*III*)
Uleilighed [*stræve*]
sich M. geben stræbe *II*,
ohne M. uden Møie
das ist nicht der M. wert!
det lønner sig ikke!
Mühle en Mølle [*brug*]
Säge- en Savmølle, et *Sag-*
Wasser- en Vandmølle
Wind- en Veirmølle
Mühlenrad et Møllehjul
-stein en Kværn
mühsam møisómmelig
Müller en Møller
Mund en Mund
reinen M. halten holde (*III*)
Tand for Tunge[1]
den M. zumachen lukke
Munden (i)
Mundart en Dialekt, et
Bygdemaal
münden udmunde
mündlich: ich werde es ihm
m. sagen jeg vil sige det
mundtlig til ham
Mündung en Munding; en
Os[2], *pl.* -er
an der M. des Flusses ved
Elvens Udløb (*n*)
Mundvorrat (en) Proviant,
en *Niste*; f. auch Proviant
munter munter, livlig
Münze (Geldstück u. Münz-
amt) en Mønt, *pl.* -er
Scheide- en Skillemønt
klingende M. klingende Mønt

---

[1] Wörtlich: halten Zahn vor Zunge.
[2] *Nidaros*, die alte Bezeichnung für Trondhjem.
„Mündung des Nidflusses".

mürbe mør, skjør
murmeln mumle
(Bach) risle
mürrisch gnaven, *gretten*
Mus en Mos [*pl Skjæl*]
Muschel en Musling, *en Skjæl*,
Museum et Musoum
    das M.Museet, bie Museen
    Museerne
    M. für nordische Altertümer
    oldnordisk Museum
    ethnographisches ethnografisk
    [historisk]
    naturhistorisches natur-
    wann ist es geöffnet? naar
    er der aabent?
Musik: Streich-, Blech- Musik (c) paa Strygeinstrumenter, Blæseinstrumenter (Hornmusik)
Musikalienhandlung en Musikhandel
musikalisch musikalsk
Musikstück et Musikstykke
musizieren spille
Muskel en Muskel
Muße en Fritid
müssen maa *III*, bør *III*
    ich muß jetzt abreisen nu
    maa jeg reise
    das m. Sie! det bør, *faar*
    De gjøre!
    wie lange muß ich noch
    warten? hvor længe skal,
    faar jeg vente endnu?
    wir müssen wohl ... vi kommer nok til at ...
müßig ledig, ørkesløs

Müßiggang en Lediggang
Muster et Mønster
mustern mønstre
Mut et Mod
    M. fassen fatte Mod
    den M. verlieren tabe (*II*)
    Modet
    mir ist nicht gut zu Mute
    jeg er ikke vel tilmode
mutig modig
mutlos modfalden, ræd
Mutmaßung en Formodning,
    en Gisning [*pl.* Modre]
Mutter en Moder[1], *en Mor,*
    -sprache et Modersmaal
mütterlich moderlig
mutwillig overgiven, kaad
Mütze en Kaskjet, *pl.* -ter; en
Nabe (Rad-) et Nav [Hus]
Nabel en Navle
    -bruch et Navlebrok
nach til, efter [paa, *nordover*]
    n. Norden reisen reise nord-
    fährt das Schiff n. Norden?
    er det Skib paa Nordgaaende?
    n. Hause hjem, hjemad,
        hjemover [ham!]
    laufen Sie ihm n.! løbefter
    n. meiner Ankunft efter min
        Ankomst
    n. 5 Uhr efter Klokken fem
    n. dem Wege fragen spørge
        (*III*) om Vei [efter...]
    es riecht n. ... det lugter
    sehen Sie n., ob alles in
        Ordnung ist! vil De se
        efter, om alt er i Orden?

---

[1] In Dänemark fast immer Moder geschrieben, in beiden Ländern aber „mohr" gesprochen. Vergl. auch Bruder, Vater.

nachahmen — nächſt. 181

[nach] dem Anſchein n. tilsyneladende
n. und n. lidt efter lidt, *smaat om smaat*
n. 8 Tagen om otte Dage
n. wie vor (nu) som altid
n. Belieben efter Behag
meine Uhr geht n. mit Uhr gaar for sagte
nachahmen efterligne
Nachbar en Nabo¹
-in en Naboerske
-ſchaft et Nabolag; *en Grend, pl. -er*
nachdem efter at
kommen Sie wieder, n. Sie das beſorgt haben! kom saa igjen, naar De har besørget det! [overveis]
nachdenken tænke (II) efter,
ich will doch über die Sache n. jeg vil dog overveis Sagen
nachdrücklich: n. verlangen fordre paa det bestemteste
nacheilen sætte (III) efter
nacheinander paa Rad
Nachen en Baad, *en Færing, en Færingsbaad*
nachfolgen følge (III) efter
Nachfolger en Efterfølger
Nachfrage en Efterspørgsel
nachführen føre (II) bagefter
nachgeben give (III) efter
nachgehen: jm. n. følge (III) efter nogen

die Uhr geht nach Uhret gaar for sagte
Nachgeſchmack en Eftersmag
nachgiebig føielig [paa]
nachher senere, siden, efter-
nachholen: Verſäumtes n. indhente det forsømte
Nachhut en Bagtrop
Nachkommen Efterkommere *pl. c*
nachkommen: ich komme nach! jeg kommer (III) bagefter!
nachlaſſen (hinterlaſſen) lade (III) blive tilbage
(vom Preiſe) slaa (III) af
der Regen hat nachgelaſſen Regnen er sagtnet
nachläſſig forsømmelig
nachlaufen løbe (III) efter
nachmachen gjøre (III) efter
Nachmittag en Eftermiddag
nachmittags om Eftermiddagen [ning]
Nachnahme en Postopkræv-
nachrechnen regne [reine] efter
Nachricht en Efterretning, en Underretning
gute Nachrichten erhalten faa (III) gode Tidender *(pl. c)*
nachſchicken sende (II) efter
nachſehen, ob se (III) efter, om
nachſichtig overbærende
nächſt næst, nærmest²

---

¹ Der gegenüber Wohnende (Sitzende) heißt en Gjenbo.
² Die beiden Ausdrücke ſind nicht gleichbedeutend; nær-

[nächſt] wo ist der n. Weg nach ...? hvor er den nærmeste Vei til ...?
die nächſte Barbierſtube? den nærmeste Barbérstue? [dag] nächſten Sonntag paa Søn-
nächſtens med det første
nachſuchen opsøge II; lede (II) efter
Nacht en Nat, pl. Nætter
gute N.! ſchlafen Sie wohl! god Nat! sov vel!
bei N. ved Nattetide
tief in der N. langt ud paa Natten [Nat]
helle, dunkle N. en lys, mørk
es wird N., ehe wir nach ... kommen det bliver mørkt, inden vi naar ...
Nachtarbeit et Nattearbeide
-dienſt en Nattjeneste
Nachteil en Skade [heldig]
nachteilig ufordelagtig, u-
Nachteſſen en Aftensmad
-geſchirr en Natpotte, en Kammerpotte
-haube en Natkappe
-hemd en Natskjorte; (für Frauen) en Natkjole
Nachtherberge et Nattelogis; ſ. auch übernachten
Nachtigall en Nattergal
Nachtiſch en Dessert
Nachtjacke en Nattrøis
-lager et Natteleie

Nachtlampe en Natlampe
-luft en Natteluft
-mütze en Nathus
-quartier et Nattelogis; ſ. auch übernachten
-ſtuhl en Natstöl, et Nat-
-zug et Nattog [skrin]
nachts om Natten
nachweiſen (Stelle) give (III) Anvisning (c) paa (beweiſen) eftervise II
nachzahlen: betale (II) til, mere
wieviel muß ich n.? hvad skal, faar jeg betale til?
nachzählen tælle (III) efter
Nachzahlung en Efterbetaling
Nachzügler en Efternøler
Nacken en Nakke
nackt nogen
Nadel en Naal
(Baum) en Naal, et Bar
N. und Faden Synaal og Traad (c)
Buſen- en Brystnaal
Haar- en Haarnaal
Näh- en Synaal [naal]
Sicherheits- en Sikkerheds-
Steck- en Knappenaal
Stopf- en Stoppenaal, en Stemnaal
Strick- en Strikkepind
Nadelholz en Naaleskov, en Barskog
-öhr et Naaleøis

bezieht ſich auf die Reihenfolge, nærmest auf die Entfernung; den næste By (Bygd) ist das erſte Dorf, welches ich auf meiner Reiſe antreffe, den nærmeste dasjenige, welches mir näher als jedes andre liegt.

Nagel (Finger-) en Negl
(Metall-) et Søm [[nein]]
nageln sømme fast
nagen gnave
nahe nær
 zu n. for nær
 -bei nærved
Nähe en Nærhed
 ist hier in der N. ein ...?
 er der ikke en ... i Nærheden?
 in der N. des Dorfes i Nærheden af Byen, *Bygden*
nähen sy
 n. Sie den Knopf an! vil
 De ikke sy Knappen i?
 zu-: das Loch z. sy Hullet til
näher nærmere
 können wir dem Wasserfall
 etwas n. kommen? kan vi
 ikke faa se Fossen paa
 nært Hold?
Näherin en Sypige, en
 Syjomfru, en Syerske
nähern, sich nærme sig
Nähnadel en Synaal
nahrhaft nærende
Nahrung en Næring, en
 Føde [-ter]
Naht en Søm, *en Skjøt, pl.*
 ist aufgegangen er gaaet op
Nähzeug et Sytøi
Name et Navn, *pl.* -e
 mein N. ist ... mit Navn
 er ...

[**Name**] wie ist Ihr werter N.?
 hvad er Deres ærede Navn?
 wie ist der N. dieses Dorfes?
 hvad er Navnet paa den
 Landsby, *Bygd?*
 nur dem Namen nach kun af
 Namens ved Navn [Navn]
namentlich især, navnlig
nämlich nemlig
Napf en Skaal; et Fad, *pl.* -e
Narbe et Ar, en Skramme
Narr en Nar, *en Tulling*
 zum Narren haben holde
 (*III*) for Nar
närrisch narágtig
Nase en Næse
Nasenbluten (et) Næseblod
 -loch et Næsebor
 -spitze en Næsetip, *pl.* -per
naseweis næsvis
naß vaad
 ich bin ganz n. geworden
 jeg er bleven helt vaad
Nationalhymne[1] en Nationalsang
 -tracht en Nationaldragt,
Natur en Natur [*pl.* -er]
 eine starke N. en stærk
 Natur
 nach der N. efter Naturen
Naturerscheinung et Naturfænomén; en Fremtoning
 i Naturen
 -forscher en Naturforsker
 -gesetz en Naturlov

---

[1] Die dänische Nationalhymne ist „Kong Kristian stod ved hoien Mast" (König Christian stand am hohen Mast), Chor aus Ewalds Schauspiel „Fiskerne"; als norwegische Nationalhymne ist „*Ja, vi elsker dette Landet*" (Ja, wir lieben dieses Land) von Björnstjerne Björnson anzusehen.

natürlich: ein natürliches Be-
nehmen et ukonstlet (lige-
fremt) Væsen
(selbstverständlich) naturlig;
adv. naturligvis
Nebel en Taage, *en Skodde*
ist N. zu befürchten? tror De,
vi faar Taage, *en Skodde?*
wird sich der N. aufklären?
mon Skodden snart let-
ter? mon det klarer op?
nebelig taaget
neben ved Siden af
n. mir ved min Side
nebenan tæt ved Siden af
-bei (beiläufig) leilighedsvis
-einander Side om Side
Nebeneinkünfte Biindtægter
pl. c; Sportler *pl. c*
-fluß en Biflod, *pl.* -er
-gebäude et Udhus, *pl.* -e
-sache en Biting, *pl.* Biting
-zimmer et Sideværelse
nebst tilligemed
necken drille, *erte*
Neckerei et Drilleri
Neffe en Neveu
nehmen tage [1] III
n. Sie! vær saa god!
neidisch: n. sein auf være
(III) misundelig paa

Neige: es geht auf die N. det
lakker mod Enden
neigen, sich neig, bukke sig
(Abhang) hælde, skraane
Neigung (et) Hang
der Abhang hat eine sanfte
N. Skrænten har en
svag Hældning
nein nei
nennen kalde *II*, nævne
wie n. Sie das auf Dänisch,
Norwegisch? hvad kaldes
det paa Dansk, Norsk?
können Sie mir hier ein
gutes Hotel n.? kan De
anbefale mig et godt
Hotel her i Byen?
nervenstärkend nervestyr-
nervös nervøs   [kende
Nest en (*et*) Rede
nett pæn, *vakker*
das ist nicht n. von Ihnen
det er ikke pænt af Dem
Netz (Haar-) et Haarnet
(Fisch-) et Garn
Schlepp- et Slæbevod, *et
Drivegarn*
N. ausbessern bøde Garnet;
bøte paa Garnet
N. stellen sætte (*III*) Garn;
kaste; gjøre (III) et Kast [2]

---

[1] Aussprache: tage (nehmen), „ta", tager (nehme,
nimmst ꝛc.), „tahr", tag! (nimm!), „ta". Tage wird im
Dänischen sehr häufig gebraucht (s. z. B. Anm. 5 S. 1); die
niedern Klassen Kopenhagens stellen es sogar als eine Art
Verstärkung vor jedes andre beliebige Verbum, z. B. aa ta'
og hent mig en Stol! wörtlich: o, nimm und hole mir
einen Stuhl! ska(l) vi saa ta' og gaa? wörtlich: wollen wir
denn nehmen und gehen?
[2] Auch der Ort, wo man die Netze gestellt hat, heißt *etKast*.

neu — noch.

fann man bei Jhnen ein Netz
  leihen? kan man faa laane⸗
neu ny [et Garn hos Dem?]
n. angefommen nylig kom⸗
  von neuem paany [men]
neuerdings for kort siden;
  nys, *njos*
neugierig nysgjerrig
Neuigkeit en Nyhed
Neujahr et Nytaar
  herzlichen Glückwunsch zum
  neuen Jahr! glædeligt⸗
neulich nylig [Nytaar!]
Reumond en Nymaane
neun ni
nicht ikke[1], (dial.: et, *inkje*)
  ich auch n. jeg heller ikke
  durchaus n. aldeles ikke;
  paa ingen Maade
  n. wahr? ikke sandt?
  n. doch! vist ikke nei!
  n. einmal ikke engang
  mit nichten ingenlunde
Nichte en Nièce
Nichtraucher en Ikkerøger
nichts ikke noget, ingenting
  ich weiß n. davon det véd
  jeg ikke noget af
  weiter n.? er der ellers
  ingenting?
  haben Sie gar n., was Sie
  uns zu essen geben können?
  har De da slet ingenting,
  vi kan faa spise?
  so gut wie n. saa godt
  som ingenting

nichtswürdig lumpen
nicken nikke
nie aldrig, ingensinde
nieder ned
niedergeschlagen nedslaaet
niederlassen rulle (trække
  III) ned
  sich n. sætte (*III*) sig ned
  niederlegen lægge (*III*) ned
Niederschlag en Nedbør, *en
  Nedbur*
niederstürzen styrte ned
niederwerfen kaste ned
niedlich nydelig, *vakker*
niedrig lav [Lavvande⸗
  niedriger Wasserstand (et)]
niemals ingensinde
niemand ingen
  ist n. da (zu Hause)? er
  der ingen (hjemme)?
  hat n. einen Korkzieher? er
  der ingen, der har en
  Proptrækker?
  haben Sie n. gesehen? saa⸗
Niere en Nyre [De ingen?]
niesen nyse II
nimmer aldrig
nirgends intetsteds; ingen
  Steder
nisten bygge Rede c (n)
Nix (Fluß⸗) en Nøk, *pl.*-ker
  (Wasserfall⸗) en *Fossegrim*
noch endnu
  n. nicht endnu ikke
  n. nicht halb so groß ikke
  nær halv saa stor

---

[1] In Befehls⸗ und Fragesätzen viel gebraucht: Vil De
ikke faa mig en Vogn? Bitte, verschaffen Sie mir einen
Wagen! Kan De ikke faa det færdig til iaften? Können
Sie es bis heute abend fertig stellen?

[noch] n. heute endnu idag weder Essen n. Trinken hverken Mad eller Drikke wäre es n. so beschwerlich om ogsaa det var nok saa anstrængende
nochmals igjen, atter
Norden (et) Nord
im N. i Nord, nordpaa
im hohen N. i det høis Nord
nach N. nordpaa, nordover (ein Schiff) nach N. fahrend(et Skib) paa Nordgaaënde
vom N. nordfra
nordisch nordisk
Nordkap: eine Reise nach dem N. en Tur til Nordkap (n)
Nordländer (Bewohner des Nordens) en Nordbo
(des Amtes Nordland) en Nordlænding
nördlich: n. von nordlig for
die nördliche Seite den nordre Side
der nördliche Polarkreis den nordlige Polarkreds
das nördliche Eismeer Nordishavet
das nördliche Norwegen det nordlige Norge, det Nordenfjeldske

Nordlicht et Nordlys
-ost (et) Nordøst
-see Nordsøen [1]
-wind en Nordenvind
normal normal
Norwegen (et) Norge
auf meiner Reise nach N. paa min Reise til Norge; paa min Norgestur
Norweger en Nordmand, pl. mænd
norwegisch norsk
Not en Nød [ingen Nød!] das hat keine N. I det har mit genauer N. med Nød og neppe [Nød] in der äußersten N. i høieste
Notburft [2] en Nødtørft wo ist der Abort, Abtritt, das Pissoir? hvor er der en Retirade, et Privet (et Kloset, et Lokum), et Pissoir? „für Herren" „for Mænd" „für Damen","for Kvinder"[3]
Nachtgeschirr en Natpotte, en Kammerpotte
ich muß mal wohin gehen jeg skal, faar gaa hen et Sted
ist jemand drinn? er der nogen derinde?

---

[1] Mehr norwegisch, in Dänemark meist Vesterhavet.

[2] In Kopenhagen finden sich städtische Nødtørftshuse, Bedürfnisanstalten, mit Räumen 1. und 2. Klasse, auch für Damen. Gegen eine Kleinigkeit liefert die Aufwärterin Handtuch und Seife, Hoffmannstropfen und Kampfertropfen (Lad mig faa et Haandklæde! Sæbe! nogle Kamferdraaber! geben Sie mir ein Handtuch! Seife! ein paar Kampfertropfen!).

[3] Auf Bahnhöfen und Restaurationen et Dametoilet ober Toiletværelse for Damer.

Note (Bank-) en Pengeseddel
(Musik-) en Node
Notfall: im N. i Nødstil-
 fælde (n)
-geschrei et Nødraab
nötig: das haben Sie nicht
 n. (zu thun) det behøver
 De ikke (at gjøre)
ich brauche es sehr n. jeg
 maa nødvendigvis have,
 faa det
sorgen Sie für alles nötige!
 vil De saa sørge for alt,
 hvad der behøves?
nötigen nøde II
ich bin genötigt zu ... jeg er
 nødt til at ...; jeg faar ...
Notschuß et Nødskud
Notwehr (et) Nødværge
notwendig nødvéndig; s.auch)
nüchtern fastende [nötig]
 (Trinken) ædru
nun nu
von n. an fra nu af
nur kun, blot, bare
es kostet n. 2 Kronen det
 koster kun to Kroner
wären wir n. bald da!
 bare vi var, fik være der
 snart!
nicht n. ... sondern auch ikke
 blot ... men ogsaa
Nuß en Nød, pl. -der
-schale en Nøddeskal, pl. -ler
Nutzen en Nytte, et Gavn,
 et Gagn
welchen N. hat das? til
 hvad Nytte (Gavn) er det?
nutzen nytte, gavne
es nützt nichts det nytter
 ikke noget

nützlich nyttig, gavnlig
nutzlos unyttig
ob om
 mir ist, als ob ... det fore-
  kommer mig, som om ...
 ich weiß nicht, ob ... jeg véd
  ikke, om ... [(et) Huslyj
Obdach: (in einem Hause)]
 O. vor dem Regen suchen
  søge (II) Ly (n) for]
oben oppe [Regnen [reinen)]
 dort o. histoppe, der oppe
 weiter o. længere oppe
 nach o. opad, opover
 von o. her ovenfra, oppe-)
 -auf ovenpaa   [fra]
obere, der, die, das den,
 det øverste
 der o. Teil von ... den øver-
  ste Del af ...
Oberfläche en Overflade
 die O. des Wassers Vandets
  Overflade; Vandskorpen
oberhalb ovenfor
Oberhemd en Overskjorte
-kiefer en Overkjæve
-lehrer en Overlærer
-lippe en Overlæbe
-schenkel et Laar
-tasse en Overkop, pl. -per
obgleich hvorvel, omend,
 endskjønt
Obrigkeit en Øvrighed
Obst en Frugt, pl. -er
eingemachtes O. syltede
 Frugter
-bau en Frugtavl
-baum et Frugttræ
-garten en Frugthave
-händler en Frugthandler
-markt et Grønttorv, pl. -e

Obstwein — opfern.

Obstwein en Frugtvin
Ochs en Okse, en Tyr, en Stud
Ochsenauge: (rundes Fenster) et Kooiø, *pl.* øine
(Spiegelei) et Speilæg
-braten en Oksesteg
-fleisch (et) Oksekjød
-zunge en Oksetunge
öde øde, ubeboet, *ulændt*
Öde en Ørken, *en Ulænde, en Vidde*
auf der Öde paa Vidderne
oder eller [*pl.*]
entweder, o. enten, eller
Ofen en Ovn
Stuben- en Kakkelovn
den O. heizen lægge (*III*) i Kakkelovnen
der O. ist zu heiß Kakkelovnen er for varm
Ofenschirm en Kakkelovnsskjærm
-thür en Kakkelovnslaage
-wärme en Kakkelovns-
offen aaben [varme
offene See aaben (rum) Sø (c)
offenbar aabenbar, vitterlig
-herzig aabenhjertet, oprig-
öffentlich offentlig [tig
Offizier en Officér
öffnen aabne, lukke op
Öffnung en Aabning
oft tit, ofte, mangen Gang

wie oft wird der Ort täglich vom Dampfschiff berührt? hvor tit passéres Stedet af Dampskibet om Dagen?
Oheim en Onkel[1]
ohne: o. Führer uden Fører
o. Ihre Hilfe uden Deres Hjælp (c)
Ohnmacht: in O. fallen falde (*III*) i Afmagt (c); besvime
ohnmächtig: sie ist o. geworden hun er besvimet
Ohr et Øre[2]
-feige et Øresigen [Orene
Ohrenbrausen en Susen for
-schmerz en Ørepine
Öl en Olie
Haar- en Haarolie
-farbe en Oliefarve
-gemälde et Oliemaleri
Omnibus en Omnibus, en Dagvogn [-waun][3]; s. auch Pferdebahn
wann fährt ein O. nach...? naar gaar der en Omnibus
Oper en Opera [til ...?
Opernsänger, -in en Operasanger, en Operasangerinde [stilling
-vorstellung en Operafore-
Opfer et Offer
opfern: dem Gott des Meeres o. offre til Havets Gud

---

[1] Daneben auch Farbroder (Farbror), Bruder des Vaters, und Morbroder (Morbror), Bruder der Mutter.

[2] Der Plural außer der regelmäßigen Bildung auch Øren.

[3] So nennt man gewöhnlich die Omnibusse, welche in Provinzialstädten oder größern Dörfern ver-

optisch — Papagei.

optisch: optische Täuschung en optisk Skuffelse
Orden en Orden
ordentlich ordentlig
Ordnung en Orden
  das ist nicht in der O.! det er slet ikke i sin Orden!
  bringen Sie das in O.! faa (sagtens) det i Orden!
  ist alles in O.? er alting i Orden? [Orgel (n)]
Orgel: O. spielen spille Dreh- en Lirekasse
orientieren: ich kann mich hier nicht o. jeg kan ikke oriëntére mig (finde mig tilrette) her
Ort et Sted, *pl.* -er; en Plads, *pl.* -er [Pladsen] am hiesigen O. her paa wie heißt der O? hvad hedder det Sted? aus welchem O. sind Sie? hvor er De fra? ein gewisser O. et vist Sted
örtlich stedlig
Ortschaft: (Stadt) en By (Dorf) en Landsby; en Bygd, *pl.* -er [og en Malle]
Öse: Halen und Ö. en Hægte
Osten (et) Øst
  im O. mod Øst, østpaa
  nach O. østpaa, østover
  von O. østfra
Ostern en Paaske
Ostersonntag første Paaskedag (c)
Österreich (et) Østrig
österreichisch østerrigsk
östlich østlig
  ö. von østfor

Bewohner des östlichen Norwegens *en Østlænding*
Ostsee Østersøen
  -hafen en østersøisk Havn
Ostwind en Østenvind
Ozean: Atlantischer O. At- Paar et Pär [lanterhavet] ein P. Strümpfe et Pär Strømper
paar: nur ein p. kun et Pär, kun nogle faa
  -weise parvis
Pacht en Forpagtning
  haben Sie den Hof in P.? har De Gaarden i Forpagtning?
pachten forpagte, *bygsle*
Pächter en Forpagter, *en Bygselmand, pl. mænd*
Pachthof en Forpagtergaard
packen pakke
  ich will meinen Koffer p. jeg vil pakke min Kuffert
  p. Sie meinen Koffer auf den Wagen (Karren)! faa saa min Kuffert op paa Vognen [vau-] (Kjærren)!
  einen p. gribe (*III*) ën
Packpapier(et) Indpaknings-
  -pferd *en Klevhest* [papir]
  -sattel *en Klevsadel*
  -träger en Drager, *en Bærer*
Paket en Pakke [dag]
Palmsonntag en Palmesøn-
Pantoffeln Tøfler *pl.* c
  Holz- Klodser *pl.* c
  unter dem Pantoffel stehen staa (*III*) under Tøffelen
Panzer en Brynje, et Pansor
  -schiff et Panserskib, *pl.* -e
Papagei en Papegøis

Papier et Papir
ein Bogen et Ark
liniiert liniéret
Tinte, Feder und P. Blæk
(n), Pen (c) og Papir
P. habe ich Papir har jeg
Brief= et Brevpapir
6 Bogen gewöhnliches Brief=
papier mit Kouverts seks
Ark sædvanligt Brevpapir
med Konvolutter
Druck= et Trykpapir
Lösch= et Trækpapir, et
Klatpapir
Pack= et Indpakningspapir
Schreib= et Skrivpapir
Zeichen= et Tegnepapir [tei-]
=düte et Kræmmerhus, *pl.* -e
=geld Papirspenge *pl.*
=handlung en Papirhandel
=korb en Papirkurv
Wertpapiere Værdipapirer]
Pappe et Pap [*pl. n*]
Pappel et Poppeltræ
Papst en Pave
Partei et Parti
welcher politischen P. gehören
Sie an? til hvad politisk
Parti hører De?
parteiisch partisk
Partie et Parti
(Ausflug) en Tur
Partner en Deltager, en
Makker
Parzellist *en Afbygger*
Paß (Gebirgs=) et Pas, *pl.*
-ser; *en Fjeldovergang,
en Fjeldsnevring*
Reise= et Pas, *pl.* -ser

Paßkarte et Legitimations-
bevis, *pl* -er
Passagier en Passagér
passen: p. Sie auf, daß Sie
nichts von den Sachen ver-
lieren! pas paa, at De ikke
taber noget af Tøiet!
sagen wir um 7 Uhr! paßt
Ihnen diese Zeit? skal vi
sige Klokken syv? passer
den Tid Dem?
das paßt mir nicht! (ist gegen
meinen Wunsch) det passer
mig ikke!
der Hut paßt mir nicht! Hat-
ten passer mig ikke
das paßt sich nicht! det
passer (sømmer) sig ikke!
passend passende
passieren: läßt sich der Pfad
(zu Pferd) p.? kan Stien
passéres (tilhest)?
was ist da passiert? hvad
er der sket (hændet)?
Pastete en Postei
Fleisch= en Kjødpostei
Pastor en Præst (*Prest*),
pl. -er [1] [Præstekald]
Pastorat et Sognekald, et
Pate en Gudfar, *pl.* fædre,
Patin en Gudmor, *pl.* mødre
Patrone en Patron
scharfe, blinde skarp, løs
Pech et Beg
P. haben være (*III*) uhéldig,
have (*III*) Uheld (*n*)
pechschwarz begsort
peinlich pinlig, pinágtig
Peitsche en Pisk, en Svøbe

---

[1] In der Anrede „Hr. [herr] Pástor".

peitschen — Pferd. **191**

mit der **Peitsche** knallen knalde med Pisken; slaa (*III*) et Knald
peitschen piske
Pelz en Pels
-decke et Tæppe af Skind
-handschuhe Pelshandsker *pl. c*; laadne Handsker
-jacke en Pelstrøie
-kragen en Polskrave
-mantel (Damen) en Pelskaabe, en laadden Kaabe
-mütze en Pelshue, en Skindhue
-stiefel Pelsstøvler *pl.* c
-werk (et) Pelsværk
Pension: kann man hier mit voller P. wohnen? kan man faa fuld Forpleining (c) her? [*pl.* c]
Perlen: echte P. ægte Perler
-fischerei et Perlefiskeri
Perlmuschel en Perlemusling
Perlmutter (et) Perlemor
Perron: auf dem P. paa Perronen
Person en Person
was kostet das für die P.? hvad koster det for én (Person)? [Part]
ich für meine P. jeg for min
Sexual: das männliche

[P f a d] Gebirgs- en Fjeldsti
wohin führt dieser P.? hvor fører den Sti hen?
Pfahl en Pæl
Pfand et Pant, *pl.* -er
-haus en Laanekontor
Pfanne en Pande
Pfannkuchen en Pandekage
Pfarramt et Præstekald
Pfarre (Gemeinde) et Sogn [faun], *pl.* -e; *et Præstegjæld*; f. Anm. S. 152
Pfarrer en Præst (*Præst*), *pl.* -er [Præsten her?] wohnt der P. hier? bor
Pfarrhaus en Præstegaard; en Præstebolig, *pl.* -er
Pfeffer (et) Peber
Pfefferminzkügelchen en Pebermyntekage
für 20 Øre for tyve Øre
pfeffern: zu stark gepfeffert for stærkt pebret
Pfeife: Signal- en Signal-
Quer- en Tværfløite [flöite]
Tabaks- en Tobakspibe
ist ausgegangen er gaaet ud
will nicht recht ziehen trækker ikke rigtig
pfeifen pibe *III*
(mit dem Mund) fløite, flistre
Pfeifendeckel en Hætte
-kopf et Pibehoved, *pl.* -er

Pferdebremse — Pfingsten.

[**Pferd**] Rappe sort
Schecke broget, *borket*
Fuchs en Fuks, rød
Schimmel en Skimmel
Hengst en Hingst
Stute et Øg [en *Vetle*]
Fohlen en Plag, en *Unghest*,
Füllen et Fol
Rasse- en Blodshest [Hest]
jütländisches P. en jydsk
norwegischer Klepper en Nor-
bagge, en *Fjøring*, en
Fjordhest[1]
gut zugeritten godt tilreden
gut eingefahren godt tilkjørt
Hufeisen: hat ein H. ver-
loren har tabt en Sko
Mähne en Manke
Schweif en Hale
hartmäulig haardmundet
kitzlig kilden
lahm halt, lam
steif stiv
zu Pferde tilhest
aufsitzen sidde (*III*) op
absteigen staa (*III*) af
Pferde wechseln skifte Heste
Pferdebremse en Heste-
brems, *pl.* -er

Pferdedecke et Hestedækken
Pferdeeisenbahn en Sporvei,
pl. -e; en Sporvogn[2]
geht dieser Wagen nach..?
gaar den Vogn til...?
im Wagen inde
hinten bagpaa
beim Kutscher hos Kudsken
auf dem Verdeck ovenpaa
lassen Sie bei ... anhalten!
vil De holde ved ...?
muß ich umsteigen, um nach
Østerbro zu kommen? skal
jeg skifte Vogn [vaun]
til Østerbro?
Pferdefleisch (et) Hestekjød
-futter (et) Foder til Hestene
-geschirr et Seletøi
-händler en Hestehandler
-knecht en Staldkarl
-stall en Hestestald
-verleiher en Vognmand, *pl.*
mænd; En der leier
Heste ud
Pfiff en Piben, en Fløiten
rührt der Pfiff vom Dampf-
schiff her? er det Damp-
skibet, der fløiter?
Pfingsten (en) Pintse

---

[1] So genannt, weil das Pferd aus den Gegenden am *Nord-* und *Sørfjord* stammt. Auch mit *Vestlandshesten* bezeichnet, wird es am meisten bei Gebirgsreisen und auf den Skydsstationen geritten. Das Tier ist durchweg zu-verlässig und kommt in der Regel auch da vorwärts, wo nur noch ein Mann gehen kann, allerdings mitunter nur langsam, weil es nicht eher fest auftritt, bevor es untersucht hat, ob der Boden sicher ist.

[2] Die Sporvogne [-vanne] in Christiania haben keinen besondern Schaffner; die Passagiere legen das Fahrgeld in eine Büchse am Platz des Kutschers.

Pflanze en Plante
Pflaster (Heil-) et Plaster
englisches engelsk
Heft- et Heftplaster
Straßen- en Stenbro
gepflastert brolagt
Pflaume en Blomme
eingemachte Pflaumen syl-
 tede Blommer
Pflege en Pleis, en For-
 pleining
-eltern Pleisforældre pl.
-kind et Pleisbarn, pl. børn
pflegen pleis
ich pflege es zu thun jeg
 pleier at gjøre det, slig
Pflicht en Pligt, pl. -er
-gefühl en Pligtfølelse
pflichtwidrig pligtstridig
Pflock en Pind
pflücken plukke
Pflug en Plov, en Plog
pflügen pløis   [-ber]
Pfote en Pote; en Lab, pl.
Pfriem en Syl
Pfropfen en Prop
-zieher en Proptrækker
pfui! fy!
Pfund et Pund[1]
 ein halbes P. et halvt Pund
 ein viertel P. Tabak et
 Fjerdingspund Tobak
Pfuscherei et Jaskeri, et
 Kluderi, et Fuskeri
Pfütze en Pyt, pl. -ter

Photograph en Fotograf
welcher P. hat die reichste
 Auswahl von Ansichten
 der hiesigen Gegend? hvad
 Fotograf har det største
 Udvalg i Fotografier af
 Omegnen [omeinen]?
zeigen Sie mir Bilder von
 norwegischen Landschaften
 (Trachten)! maa jeg faa
 se nogle Billeder af norske
 Landskaber (Dragter)?
Photographie: P. in Visit-
 format et Fotografi i Visit-
 format
Brustbild et Brystbillede
Kniestück et Knæstykke
ganze Figur hel Figur (c)
was berechnen Sie für 6
 Stück? hvad tager De for
 seks Billeder?
photographieren: ich wünsche
 mich p. zu lassen jeg øn-
 sker at fotograferes
Pianoforte et Fortepiano
Pik (Bergspitze) en Top
 (Karte) en Spar, pl. -er
Pilz en Paddehat, en Svamp
Pinguin en Pingvin
-ei et Pingvinæg
Pinsel en Pensel
Pistole en Pistol
Pistolenkugel en Pistolkugle
-schuß et Pistolskud
plagen, sich plage sig

---

[1] Das dänische Pund ist ½ Kilo und wird in 100 Kvint à 10 Ort geteilt; 16 Pund bilden et Lispund. Obwohl in Norwegen das metrische Gewichtssystem eingeführt ist, rechnet man auch noch oft nach Pund à 2 Mærker; en

Plan: ich habe den P. auf-
gegeben, geändert jeg har
opgivet, ændret Planen
plappern snakke, pludre
plätschern plaske
Platte en Plade
Holz- en Træplade
plätten stryge *III*
Platz en Plads, *pl.* -er
öffentlicher P. en offentlig
Plads
Ed- en Hjørneplads
Sitz- en Siddeplads
ist dieser P. besetzt? er den
Plads optaget?
ist noch ein P. zu haben? er
der en Plads til?
ist es notwendig, im voraus
Plätze zu belegen? be-
høver man at, *faar man
bestille Plads i Forveien?*
bitte, nehmen Sie P.! vær
saa god, tag Plads!
Platzregen en Skylregn
[stöürein]; en Plaskregn
[-rein]
Plauderei en Passiár, en
Sladder
plaudern snakke
plötzlich pludselig, brat
plump klodset
Pökelfleisch saltet Kjød (*n*)
-hering en Spegesild [spege-
sild], *pl.* sild; *en Speke-
sild, pl. sild*
Polarfuchs en Hvidræv
-kreis: der nördliche P. den
nordlige Polarkreds
-stern en Polarstjerne
Polizei et Politi
Geheim- et Opdagelsespoliti

Polizeiamt en Politistation,
et Politikammer
-beamter en Politiembeds-
mand, *pl.* mænd
-diener, Schutzmann en Po-
litibetjent
(auf dem Lande in Norwe-
gen) *en Lensmandskarl*
-gericht en Politiret, *pl.* -ter
-kommissar en Politiasi-
stent [af Politiet]
von der P. verboten forbudt)
polnisch pölsk
Portier en Portner
Portwein en Portvin
Porzellan et Porcelæn
Possen: jm. einen P. spielen
spille ên un et Puds
Post en Post
mit der Post med Posten

Personenbeförderung
mit der Post in Nor-
wegen (*en*) *Skyds* [schüß]
Skyds zu Lande (en) Land-
skyds
per Boot (en) Vandskyds,
(en) Baadskyds
befördern skydse
mit Skyds reisen .reise (*II*)
med Skyds
Beförderung bestellen be-
stille (*II*) Skyds, (auf An-
sageftationen) sende (*II*)
Forbud (*n*)
von ... nach ... fra ... til ...
Skydsstation (Poststation)
en Skydsstation, et Skyds-
skifte; (wo Postpferde ge-
halten werden) en fast
Skydsstation

Poſt. 195

mit erhöhten Taxen med forhøiöt Pris, med Betaling efter den ny Takst
mit alten Taxen med sædvanlig Pris, med Betaling efter gammel Takst
Poſtſtation und Gaſthof Skydsstation og Gjæstgivergaard [sosstation]
Anſageſtation en Tilsigel-
Anſage, Meldung en Tilsigelse, et Forbud
Anſagegebühr Betaling, for Tilsigelsen
Anſagezettel, Meldezettel [1] en Tilsigelsesseddel, en Forbudsseddel
ſenden sende II
Stationshalter en Stationsholder, en Skydsskaffer
Wagen en Vogn [vaun]; ſ. auch Wagen
Tagebuch (Beſchwerdebuch) en Dagbog, en Skydsbog, *pl.* bøger
ſchicken Sie dieſen Meldezettel zur Skydsſtation! vil De sende det Forbud til Skydsstationen?
wollen Sie mir den Gefallen thun, dem Stationshalter dieſe Anſage zu übermitteln? vil De gjøre mig den Tjeneste at give Stationsholderen det Forbud?
iſt die Skydsſtation hier? er Skydsstationen her?
ich möchte den Stationshalter ſprechen jeg ønsker at tale med Stationsholderen (Skydsskafferen)
ich möchte ſobald wie möglich nach ... befördert werden jeg vilde gjerne have Skyds til ... saa snart som muligt
welche Arten von Wagen haben Sie? hvad Slags Vogne [vaune] har De?
ich möchte lieber eine Karriole, einen Landauer als einen Stuhlkarren haben jeg vilde hellere have en

---

[1] Eine ſolche Meldung lautet etwa folgendermaßen: Til Stationsholderen i ...! Paa Skydsskifte ... bestilles herved en Kariol (Stolkjærre) med en Hest til Onsdag den 15. Juli 1893, Formiddag Klokken 11. Klokken 10 Frokost til 2 Personer (Name) überſetzung: An den Stationshalter zu ...! Auf der Skydsſtation ... wird hierdurch eine Karriole (ein Stuhlkarren) mit einem Pferd auf Mittwoch den 15. Juli 1893, Vormittag 11 Uhr, beſtellt. 10 Uhr Frühſtück für 2 Perſonen. — Eine telegraphiſche Anſage (eine ſolche bis zu 15 Wörtern befördert der Eiſenbahntelegraph für 40 Öre) würde auf folgende Weiſe abgefaßt werden können: Skydsstation ...! Ønsker Kariol (Kjærre) og en Hest 5. August Klokken 12 Middag. (Name.)

Kariol, en Trille end en Stolkjærre
wieviel wird das über die Taxe kosten? hvad kommer det til at koste udover Taksten?
kann ich gleich abfahren? kan jeg komme til at kjøre straks?
wie lange muß ich warten? hvor længe faar jeg vente?
mein Name ist ...; Sie werden gestern einen Ansagezettel von mir empfangen haben, auf welchem ich eine Karriole und ein Pferd bestellt habe mit Navn er ...; De har vist faaet en Forbudsseddel fra mig igaar, hvorpaa der bestilles Kariol og en Hest
haben Sie mein Telegramm (meine Briefkarte) erhalten? har De faaet mit Telegram (mit Brevkort)?
ist das Pferd noch nicht geholt? har De endnu ikke faaet hentet Hesten?
meine Ankunft ist viele Stunden im voraus gemeldet worden; ich werde mich im Tagebuch(Beschwerdebuch) beklagen! mit Komme er anmeldt mange Timer i Forveien; jeg vil klage i Dagbogen!
ich komme zu spät; man hat mich ohne meine Schuld in N. aufgehalten jeg kommer for sent; jeg er bleven opholdt i N. uden egen Skyld
geben Sie mir eine Bescheinigung[1], daß ich hier über die Zeit aufgehalten wurde! De faar give mig et Bevis for, at jeg er bleven forsinket her!
zeigen Sie mir die Taxe! vil De vise mig Taksten?
was muß ich für die Ansage bezahlen? hvad faar jeg betale for Tilsigelsen?
für die Fahrt nach ...? for Skyds til ...?
für 2 Personen? for to Personer? [spændt?]
ist angespannt? er der forspændt? lassen Sie anspannen! vil De lade spænde for?
wo bringen wir das Gepäck unter? hvor faar vi lægge Tøiet?
ist der Koffer gut festgemacht? er Kufferten bundet godt fast?
ich habe meinen Reiseplan geändert und kann von dem bestellten Fuhrwerk keinen Gebrauch machen jeg har ændret min Reiseplan og kan ikke benytte det bestilte Kjøretøi
was ist an Wartegeld zu zahlen? hvad faar jeg betale i Ventepenge?

---

[1] Eine solche darf nicht verweigert werden; wer die Verzögerung veranlaßt, muß die Kosten tragen.

Postagentur.

[Post] Sie müssen mir einen zuverlässigen Kutscher mitgeben; ich will nicht selbst fahren! De faar give mig en sikker Kudsk; jeg vil ikke kjøre selv!

Während der Fahrt
f. auch fahren

wie weit ist es zur nächsten Station? hvor langt er der til næste Skydsskifte? kann man da gleich weiterfahren? kan man straks kjøre videre derfra? halt! ich will aussteigen stop! jeg vil stige ud! fahren Sie nur langsam vorwärts; ich komme gleich nach! kjør bare langsomt frem; jeg kommer straks! warum halten Sie? hvorfor holder (stopper) De? fehlt dem Pferd etwas? feiler Hesten noget? fahren Sie langsamer; es rüttelt so sehr! kjør lidt langsommere; det støder (ryster) saa stærkt! fahren Sie schneller! De maa kjøre fortere! um 4 Uhr müssen wir in ... sein Klokken fire maa vi være i ... ist dieser Hof die Skydsstation? er den Gaard der Skydsstationen?

ich bin mit Ihnen zufrieden gewesen; dies ist für Sie! Tak for god Skyds[1]! Vær saa god, det er til Dem! Postagentur et Brevsamlingssted, *pl.* -er; et *Postaabneri*
samt et Posthus, *pl.* -e

Auf dem Postamt
Paa Posthuset

auf die Post bringen bringe (III) paa Posthuset
Ausgabe et Kontor for Udlevéring [bort]
Brief et Brev, *pl.* -e; f. auch
Drucksachen Tryksager *pl.*
eingeschriebener Brief et rekommandéret (anbefalet) Brev
Empfangsschein des Adressaten[2] et Modtagelsesbevis (*pl.* -er) fra Adressaten
Geldbrief et Pengebrev, *pl.*-e
Korrespondenzkarte et Korrespondancekort
Kreuzband en Korsbaandsforsendelse
unter K. i Korsbaand (*n*)
Nachnahme en Postopkrævning
Paket en Pakke
Wertbrief et Værdibrev
ist hier ein Postamt? er der her et Posthus? [det?]
wo liegt es? hvor ligger

---

[1] Wörtlich: Dank für gute Beförderung!
[2] Kostet in Dänemark 8, in Norwegen 10 Øre.

Postanweisung — Postmarke

[Postamt] wann ist die Post geöffnet? naar er Posthuset aabent?
wann geht die Post ab? naar gaar Posten?
ist der Postdampfer schon gekommen? er Postdampskibet kommet?
besorgen Sie diesen Brief auf die Post! vil De besorge dette Brev paa Posthuset?
es muß aber vor 10 Uhr geschehen! men det maa være for Klokken ti!
lagert hier für mich ein Brief aus Deutschland? er der et Brev til mig fra Tyskland?
bis wann müssen die Briefe aufgegeben sein, die noch mit dem Dampfschiff nach Süden abgehen sollen? til hvad Klokkeslet faar de Breve, der skal med Dampskibet sydover, være paa Posthuset?
falls ein Brief für mich ankommen sollte, bitte ich Sie, ihn nach ... senden zu wollen; hier ist meine Adresse! hvis der skulde komme et Brev til mig, er De sagtens saa god at sende det til ...; her er min Adresse!
ich bitte um den Betrag dieser Postanweisung! maa jeg faa Beløbet for den Anvisning?
bitte um eine Postkarte fürs Ausland und 4 Marken zu 5 Öre! maa jeg faa et Tiøres Postkort og fire Femøres Frimærker?
genügend(ungenügend) frankiert tilstrækkelig (utilstrækkelig) frankéret
Postanweisung[1] en Postanvisning
-beamter en Postembedsmand, pl. mænd
-bote et Postbud, pl. -e
-büreau et Postkontor
-dampfschiff et Postdampskib, pl. -e
-eilwagen en Diligence [-sjangse]
-halter en Postholder, en Stationsholder, en Skydsskaffer
-karte et Postkort, et Brevkort
fürs Inland, Ausland[2] til Indlandet, Udlandet
mit bezahlter Antwort med betalt Svar
-kutsche en Postvogn[-vann], en Diligence [-sjangse]
-kutscher en Postillon, en Kudsk, en Skydsgut, pl. -ter
postlagernd poste restante
Postmarke et Frimærke

---

[1] Der Betrag muß vom Postamt abgeholt werden.
[2] Eine Postkarte fürs Inland kostet 5 Öre, fürs Ausland 10 Öre.

Poftmeifter — Proviantforb. 199

[Poftmarfe] ju 20 Øre et
 Tyveøres Frimærke
Poftmeifter en Postmester
 -pferd en Posthest, en
  Skydshest
 -ftation en Poststation, en
  Skydsstation, et Skyds-
  skifte
Poften: auf P. ftehen staa
 (III) paa Post (c)
Pracht en Pragt, en Stads
Prachtausgabe en Pragtud-
 gave
 -bau en Pragtbygning
prächtig prægtig, deilig
prahlen prale; rose (II)
 sig
Praris: in der P. i Praksis (c)
präjis: p. 10 Uhr præcis
 Klokken ti
predigen prædike, præke
Prediger en Præst (Prest),
 pl. -er
Predigt en Prædiken, en Tale
Preis en Pris, pl. -er
 ift das der billigfte P.? er
 det den nøiëste Pris?
 der P. ift mir ju hoch Pri-
 sen er mig for høi
 was ift der P.? hvad er
 Prisen?
 fefte Preife bestemte Priser
preifen prise, berømme
Preisliste en Priskurant
Preißelbeere et Tyttebær
preiswürdig prisværdig
prellen snyde III; trække
 (III) op
Prellerei et Snyderi, et
 Optrækkeri
prickeln prikke, stikke III

Prinz en Prins, pl. -er
Prinzeffin en Prinsesse
Prife: ift Ihnen eine P.
 gefällig? maa jeg byde
 Dem en Pris Tobak?
 darf ich Sie um eine P.
 bitten? maa jeg faa en
 Pris hos Dem?
Privathaus en Privatbolig,
 pl. -er; et Privathus,
 pl. -e
 -mann en Privatmand, pl.
 mænd
 -unterricht en Privatunder-
Probe en Prøve [visning]
probieren prøve
Propft en Provst, pl. -er
Propftei et Provsti
proft! Skaal!
Proftituierte en Skjøge
Proteft: dagegen muß ich
 P. erheben det maa jeg
 nedlægge Protest (c) imod
Proviant en Proviant, en
 Niste, en Nistemad
 ift es notwendig, P. mitzu-
 nehmen? er det nødven-
 digt at tage Proviant,
 Niste med?
 können Sie uns P. mit-
 geben? kan De give os
 Proviant, Niste med?
Proviantforb en Madkurv,
 en Nistebomme
 wollen Sie uns einen P.
 leihen? vil De laane os
 en Madkurv?
 der Führer wird denselben
 wieder zurückbringen Fø-
 reren bringer den med
 tilbage igjen

Projeß: wegen ... P. führen
fore (*II*) Proces (c) om ...
prüfen prøve [mination]
Prüfung enPrøve, en Eksa-
bestehen bestaa *III*
Abiturienten- (en) Artium
Prügel (Stok) en Kjæp
P. bekommen faa (*III*)
Prygl (*pl.*)
prügeln prygle, tampe
Pudding en Budding
Puder (et) Pudder [Pudder]
eine Schachtel P. en Æske
Puls: der P. schlägt zu
schnell Pulsen slaar for
-ader en Pulsaare [rask]
-wärmer Muffediser *pl.* c
Pult en Pult, et Katheder
Pulver (Schieß-) (et) Krudt
-horn et Krudthorn
-maß et Krudtmaal
Pumpe en Pumpe, en Post
Punkt et Punkt, *pl.* -er
der höchste P. det høieste
Punkt [og Prikke]
pünktlich punktlig, til Punkt
Punsch: ein Glas P. et Glas
Punsch (c); f. auch Getränke
Puter en Kalkún, *pl.* -er
Putz en Pynt [pynt]
Kleideraufputz en Mode-
putzen (schmücken) pynte
(reinigen) pudse
Stiefel p. pudse Støvler
Putzgeschäft en Modehandel
-macherin en Modehand-
lerinde

putzsüchtig pyntesyg
Quai (Kai) et Bolværk, *pl.*
-er; en Kai, *en Brygge*
quälen pine *II*, plage
Quälgeist en Plageaand,
pl. -er
Qualle en Vandmand, *pl.*
mænd; *en Maanedt, pl.*-er
Quark en Ostelobe
Quartier et Kvartér, et
Logis
Quatember en Tamperdag [1]
Quelle en Kilde, *et Opkom-
mervand*
quellen vælde frem
Quellwasser et Kildevand
quer tvers, paa tvers
q. über die Bucht tvers over
Fjorden
Querbalken en Tverbjælke
-straße en Tvergade
quetschen knuse *II*
Quittung en Kvittéring
Raa en Raa, *pl.* Røer
Raaen bemannen mande
-segel et Raaseil [Røer]
Haupt- en Storraa
Rabatt: geben Sie keinen
R.? giver De ingen
Rabe en Ravn [Rabat(c)?]
Rache en Hævn
rächen hævne
sich r. an... hævne sig paa ...
Rachen et Svælg
Rad et Hjul
Fahr- en Cykle
Zwei- en Bicykle

---

[1] An den 4 Tamperdage des Jahres tagte in früherer Zeit ein Gerichtshof, Tamperretten, welcher Eheverhältnisse ordnete.

[Rad] Drei- en Tricykle
zweiräderiger Wagen en
tohjulet Vogn [vaun]
Raddampfer en Hjuldamper
-fahrer en Cyklist
-fahrerverein en Cyklist-
radieren radére [forening]
Radiergummi: ein Stück R.
et Stykke Radérgummi(n)
-messer en Radérkniv
Radieschen en Radis, pl. -er
Radspur et Hjulspor
Rahm en Flöde
Rahmen en Ramme
Rakete en Raket, pl. -ter
Rand en Rand [Æsing
Schiffs- en Ræling, en]
am R. des Abgrundes ved
Randen af Afgrunden
zu nahe an den R. treten
komme for nær til Randen
-bemerkung en Randglose
Rang: ein Hotel I., II. Ranges
et Hotel af første, anden
Rang (c) [ning
-ordnung en Rangforord-]
Ranzen et (en) Tornyster,
en Ransel, en Skræppe
ranzig: es schmeckt r. det
smager harsk, hersk
rasch rask [lidt!
machen Sie r.! skynd Dem]
Rasen et Grønsvær
-bank en Græsbænk
Raseur en Barbér
wo wohnt ein R.? hvor bor
der en Barbér?
ich möchte mich gern rasieren
lassen jeg vilde nok
barbéres
lassen Sie den Schnurrbart

stehen! vil De lade Over-
skjægget staa?
Rasiermesser en Barbérkniv
-stube en Barbérstue
Rast en Rast, en Hvile
ohne R. zu halten uden at
hvile
-stätte et Bedested, pl. -er
-tag en Rastdag
Rat: -schlagen Raadslagning
R. pflegen raadslaa III
R. schaffen skaffe Raad (n)
etwas zu Rate halten omgaas
(III) sparsomt med noget
raten raade
(er-) gjætte
r. Sie mir, die Tour zu
unternehmen? raader De
mig til at gjøre Turen?
Rathaus et Raadhus, pl. -e;
et Tinghus, pl. -e
rätlich: ich halte es nicht
für r. jeg holder det ikke
for tilraadeligt
ratlos raadvild
Rätsel en Gaade [klárlig
rätselhaft gaadefuld, ufor-]
Ratte en Rotte
Land- en Landrotte
Wasser- en Vandrotte
Raub et Rov
rauben røve
Räuber en Rover
Raubfisch en Rovfisk
-tier et Rovdyr
-vogel en Rovfugl
Rauch en Røg [dänisch: reu]
rauchen ryge III, røge III
darf man hier r.? er det
tilladt at ryge her?
r. Sie nicht? ryger De ik-

Raucher — rechte.

ist Ihnen das Rauchen un-
angenehm? kan De ikke
taale Tobaksrøgen?
Raucher en Røger, en Ryger
„für Raucher" „for Røgere"
ich bin kein starker R. jeg
ryger ikke meget
Rauchfang en Skorstēn
-fleisch røget Kjød (n)
-coupée en Rogekupé
-zimmer et Rogeværelse,
en Rogesalon
Räude (en) Skurv, (et) Fnat
Rauferei et Slagsmaal
rauh (Stimme) hæs
(Gegend) vild
(Wetter) raat [pl. -er)
Raum et Rum; en Plads,
räumen flytte
Räumlichkeiten: schlechte R.
daarlige Lokaliteter (pl c)
Rausch: er hat sich einen R.
geholt han har faaet sig
en Rus
rauschen (Meer) bruse II
(Wind) suse
Rebhuhn en Agerhøne, pl.
høns; en Raphøne, pl.høns
Rechenbuch en Regnebog
[reine-], pl. bøger
-fehler en Regnefeil [reine-],
pl. feil
-schaft: R. ablegen aflægge
(III) Regnskab (n)
rechnen regne [reine]
wie hoch r. Sie das? hvad
tager (III) De for det?
r. Sie mir das vor! regn
det ud for mig!
wie r. Sie das? hvorledes
regner De det ud?

[rechnen] kann ich bestimmt
darauf r.? kan jeg gjøre
sikker Regning [rei-]
paa det?
im Kopfe r. regne i Hovedet
Rechnung en Regning [rei-]
geben Sie mir die R.! maa
jeg faa min Regning?
was macht meine R.? hvor
meget skylder jeg?
die R. stimmt nicht mit den
Preisen des Touristenver-
eins überein Regningen
stemmer ikke medTurist-
foréningens Priser
quittierte R. en kvittéret
Regning
schreiben Sie das auf die
R.! vil De skrive det paa
Regningen?
ein Strich durch die R. en
Streg i Regningen
recht ret, rigtig
das ist r.! det er rigtigt!
das ist ihm r.! det har han
godt af!
Sie müssen zur rechten Zeit
kommen De maa, faar
komme til rette Tid
wenn es Ihnen r. ist, werde
ich ... hvis De synes om
det, vil jeg ...
Sie haben recht De har Ret
Recht en Ret
(Gesetz) en Lov
bei wem erhält man das
R. zu fischen? hos hvem
faar man Lov til at fiske?
die Rechte studieren læse (II)
til Jurist [det høire)
rechte, der, die. das den.

[rechte] r. Hand hoire
Haand (c)
(richtige) den, det rette
Rechte (politische Partei) (et)
Høire
Anhänger derselben en
Høiremand, pl. mænd
rechtfertigen retfærdiggjø-
rechts tilhoire [re III]
r. oder links? tilhøire eller
tilvenstre?
r. um! hoire om!
Rechtsanwalt en Advokat,
en Overretssagfører
rechtschaffen hæderlig, ret-
Rede en Tale [skaffen]
davon ist nicht die R. det
er der ikke Tale om
o bitte, das ist nicht der
R. wert! aa, jeg beder
[behr], det er ikke noget
at tale om!
zur R. stellen drage (III) til
reden tale II [Ansvar (n)]
r. wir nicht mehr davon! lad
os ikke tale mere om det!
Redensart en Talemaade
redlich retskaffen, redelig,
Redner en Taler [ærlig]
redselig snakkesalig
Reede en Rhed
das Schiff liegt auf der R.
Skibet ligger paa Rheden
Reeder en Skibsrheder
reel reël
Regal en Hylde
Regel en Regel
das habe ich mir zur R.
gemacht det har jeg gjort
til Regel
regellos uregelmæssig

regen, sich røre (II) sig
Regen en (et) Regn [rein]
feiner R. en fin Regn, en
Støvregn, en Yr
anhaltender R. en vedhol-
dende, vedvarende Regn
Platz- en Plaskregn, en
ordentlig Skylle, en Skyl-
regn [ſtörrein]
glauben Sie, daß wir heute
R. bekommen? tror De,
vi faar Regn idag?
Schutz gegen den R. suchen
søge (II) Ly for Regnen
Regenbogen en Regnbue
-mantel en Regnfrakke; en
Regnfrak, pl. -ker
-pfeifer en Strandryle
-schauer en Byge, en Skylle;
en Floskur, pl. -er
Regenschirm en Paraply
ist es notwendig, einen R.
mitzunehmen? mon det
er nødvendigt at tage en
Paraply med?
Regentropfen en Regndraabe
-wasser et Regnvand
-wetter et Regnveir [meist:
reinwähr]
-wolke en Regnsky
Regierung en Regjering
Regierungsgebäude en Re-
gjeringsbygning
regnen regne [reine]; s. auch
Regen
(wenig) smaaregne
es regnet (noch) det regner
(endnu)
wenn es heute nachmittag
regnet, gebe ich die Fahrt
nach... auf hvis det regn..

i Eftermiddag, vil jeg opgive Turen til ...
Reh et Raadyr
-bock en Raabuk
-braten en Raadyrsteg, en
-kalb et Kid [Dyresteg]
Ricke en Hind
reiben gnide *III*
reich rig
reiche Leute rige Folk
Reich et Rige
im ganzen R. i hele Landet
reichen (genügen) strække (*III*) til
wird es r.? er det nok?
bitte, wollen Sie mir die Butter r.! vil De ikke tage (*III*) mig Smørret?
das Wasser reicht bis an die Brust Vandet naar til Brystet
mein Auge reicht nicht so weit saa langt kan jeg ikke se
Reichstag en Rigsdag, *et Storting*[1]
Reichstagsabgeordneter en Rigsdagsmand, *pl.* mænd, en *Stortingsmand*
Reichtum en Rigdom
reif moden   [Rimfrost]
Reif (Frost) en Rim, en
reifen: das Korn reift Kornet modnes
es hat (heute nacht) gereift

der er falden Rim (c) (inat)
Reihe en Række, en Rad
der R. nach paa Rad
wann bin ich an der R.? naar er det min Tur?
eine R. von Felsen en Fjeldrække
Reiher en Heire
reimen rime
rein ren, renlig, *renslig*
reinigen rense, *renske*
lassen Sie das Mädchen meine Kleider r.! vil De lade Pigen, *Jenten* rense mit Tøi?
reinlich renlig, *renslig*
Reinlichkeit en Renlighed
Reis en Ris
-brei en Risengrød
-suppe en Risenvælling
Reise en Reise
Fuß- en Fodreise, en Fodtur
See- en Seilads, *pl.* -er; en Søreise
auf meiner R. nach Norwegen paa min Reise til Norge
die R. antreten begynde (*II*) paa Reisen; tiltræde (*III*) Reisen
glückliche R.! Lykke paa Reisen! lykkelig Reise!
Reiseanzug en Reisedragt, *pl.* -er

---

[1] Das norwegische *Storting* (Versammlung der Großen) zerfällt in *Lagting* (gemeinschaftliche Versammlung) und *Odelsting* (Versammlung der Edlen); die Kammern des dänischen Rigsdag (Reichstag) heißen Landsting (Landesversammlung) und Folketing (Volksversammlung).

Reisebuch — Reitpeitsche. 205

Reisebuch en Reisehaandbog,
  pl. bøger
 -dække et Reisetæppe
 -effekten (et) Reisetøi, en
  Bagage
reisefærtig reisefærdig
Reisegefährte en Reisefælle
 -gesellschaft et Reiseselskab
 -hut en Reisehat
 -kleid en Reisekjole
 -kosten Reiseomkostninger
 -mütze en Reisehue [pl. c]
reisen reise¹ II [De hen?]
 wohin r. Sie? hvor reiser
 r. Sie auch dahin? reiser
  De ogsaa derhen, did?
 als ich über ... nach ... reiste
  da jeg reiste over ... til ...
 zur Erholung r. være paa
  en Rekreationsreise
 in Geschäften i Forretninger
 der Gesundheit halber for
  Sundheds Skyld
 zum Vergnügen for For-
  nøielse
Reisender en Reisende
 Mit- en Medreisende, en
  Medpassagér
 Vergnügungs- en Turist
Reisesack en Vadsæk
 -wetter et Reiseveir
 -zeit en Reisetid
Reisig (et) Kvas
reißen (ziehen) rive III,
  trække III
 (entzweigehen) briste III,
  gaa (III) itu
reißend: ein reißender Strom
  en rivende Strøm

Reitanzug en Ridedragt, pl.
  -er
 -bahn en Ridebane; et
  Ridehus, pl. -e
reiten ride III; f. auch Pferd
 Gebiß et Bidsel
 Gurt en Buggjord
 Halfter en Grime
 Sattel en Sadel
  Damen- en Damesadel
  Saum- en Klevsadel
 Satteldecke et Dækken
 Sporen Sporer pl. c
 Steigbügel en Stigbøile
 Zaum Tøile (c) og Bidsel
  (n), et Hovedlag
 Zügel en Tøile
 kann man dahin r.? kan
  man ride derhen, did?
 ich kann nicht r. jeg kan
  ikke ride
 r. Sie mit? rider De med?
 Sie müssen voran r.! De faar
  ride foran!
 im Schritt i Skridt
 im Trab i Trav
 im Galopp i Galop
 den Zügel hängen lassen
  give (III) los Tøile
 die Zügel anziehen holde
  (III) stramt i Tøilerne
 durchgehen løbe (III) løbsk
Reiter en Rytter
 -in en Rytterske
Reithose Ridebukser pl.
 -kleid für Damen en Ride-
  kjole   [Gut, pl. -ter]
 -knecht en Rideknægt; en
 -peitsche en Ridepisk

---

¹ Siehe auch S. 1, Anm. 5.

Reitpferd en Ridehest
-**stiefel** en Ridestøvle
Reiz en Tillokkelse, en Ynde (Erregung) en Pirring
reizend henrivende, fortryllende [Middel]
Reizmittel et stimulerende
rennen rende *II*, løbe *III*
Renntier en Rēn, *pl.* -er; et Rensdyr¹
-**fell** et Rensdyrskind
-**fleisch** (et) Rensdyrkjød
-**kuh** *en Simle* [Hanrēn]
-**männchen** en Rēnbuk, en
-**milch** *en Rēnmelk*
-**moos**, -**flechte** *en Rēnmose*
Restauration² en Restauration, en Restaurant; f. auch essen [staurationen?] wo ist die R.? hvor er Re- welche R. empfehlen Sie mir? hvad Restauration (Kafé) kan De anbefale mig?

[**Restauration**] gibt es hier eine R., wo Bier oder Wein zu haben ist? er der her en Kafé, hvor man kan faa Øl eller Vin? können Sie uns ein separates Zimmer geben? har De et Seperatværelse til os? [lukker De?³] wann wird geschlossen? naar
Retourbillet en Returbillet, en Dobbeltbillet; f. **Anm.** S. 48 auf wie lange ist es gültig? hvor længe gjælder den?
retten redde [*pl.* mænd]
Retter en Redningsmand,
Rettich en Ræddike
Rettung en Redning, en Frelse [baad]
Rettungsboot en Rednings-
-**gürtel** et Redningsbælte
-**versuch** et Redningsforsøg
-**wesen** et Redningsvæsen

---

¹ Über die lappischen Ausdrücke f. Anm. S. 163; im Besitze der finnmärkischen *Flytlapper* (nomadisierende Lappländer) befinden sich ca. 70,000 Renntiere.

² In den dänischen Restaurationer, Restaurants und Kaféer kann man sowohl Essen als auch Bier, Weine, Kaffee und andre Getränke haben, dagegen gibt es Bierwirtschaften im Sinne des deutschen „Bräu" nicht (sehr einfache Restaurationen nennen sich allerdings Ølhal und häufig, aber falsch, auch: Ølhalle). In den Landgasthöfen Norwegens und den Restaurationen der norwegischen Kleinstädte verkauft man keine Spirituosen.

³ Antwort: In Kopenhagen Klokken tolv, 12 Uhr, einzelne Restaurants erst um 2 Uhr morgens (Nattekaféerne), nach 12 Uhr stellen sich in diesen die Preise etwas höher. Nattekaféerne sind meistens überfüllt und können von anständigen Damen nicht besucht werden.

rettungsloś — Robbenfang. 207

rettungsloś: r. verloren redningslos fortabt
Reue en Fortrydelse
reuen angre, fortryde III
es reut mich, daß ich nach
... gegangen bin jeg fortryder, at jeg er taget til ... [ning]
Reugeld en Skadeserstatning
Reuse en Ruse; en Not, pl.
reuten rydde [Noter]
Rezept en Recept
verschreiben skrive III
das R. in die Apotheke schicken sende Recepten paa Apoteket
Rhein Rhinen
am R. ved Rhinen
Rheinwein en Rhinskvin
richten rette
(Gebäude) reise II
sich nach ... r. rette sig efter ...
r. Sie sich danach! det maa, faar De rette Dem after!
das Fernrohr auf ... r. rette Kikkerten paa ...
Richter en Dommer
richtig: ist dies der richtige Weg nach ...? er det den rigtige (rette) Vei til ...?
ist das r.? er det rigtigt?
sehr r.! meget rigtigt!
Richtung en Retning; en Kant, pl. -er
in welcher R. liegt ...? fahren wir? i hvad Retning ligger ...? kjører (Schiff: seiler) vi?
riechen lugte [flakon]
Riechfläschchen en Lugte-

Riegel en Slaa, en Skodde
Riemen en Rem
Riese en Kæmpe, en Jætte, en Jutul
riesengroß kæmpestor
Riff et Rev, en Revle, et Skjær, en Baa
Rind (et) Hornkvæg; en Ko, pl. Køër, Kjør
Rinde en Bark
Birken- (en) Næver
Rinderbraten en Oksesteg
Rindfleisch (et) Oksekjød
geräuchert und gesalzen (et)
Ring en Ring [Spekekjod]
goldner R. en Guldring
Ringelblume en Sölsikke
-natter en Snog
ringen kæmpe
die Hände r. vride (III) sine Hænder
Ringkampf en Brydning
rings: -herum rundtomkring
r. um das Dorf rundt om Byen, rundt Bygden
Rinne en Rende
Rinnstein en Rendestēn
Rippe et Ribbēn [benene]
Rippenstoß et Stød i Ribriskieren risikére
riskiert man etwas dabei? risikérer man noget derRiß en Rift. pl. -er [ved?]
Ritt et Ridt, en Ridetur
Ritter en Ridder
rittlings paaskrævs
Ritze en Revne
Robbe en Sæl, pl. -er; eu Sælhund, en Kobbe
Robbenfang en Sælhundefangst

Robbenfell et Sælhunde-
skind
-jäger en Sælhundejæger
Rochen en Rokke
Rock en Frakke; *en Frak*,
pl. -ker
Leib- en Kjole, en Livkjole
roben rydde
Rogen (Fisch-) en Rogn
Roggen en Rug
-brot et Rugbrød
-feld en Rugmark, *pl. -er*
-stroh en Rughalm
roh raa
Roheit en Raahed
Rohr (Schilf) et Siv
(Pfeifen- zc.) et Rør
-stock en Rørstok
-stuhl en Rørstøl
Rohstoff et Raamateriale
Rolle en Rulle
eine große R. spielen spille
en stor Rolle
Wäsch- en Tøirulle
rollen rulle [skøite]
Rollschlitt|schuh en Rulle-]
-stuhl en Rullestøl
-vorhang et Rullegardin
romantisch: eine romantische
Gegend en romantisk
römisch romersk [Egn [ein]]
Rose en Rose [*pl. -e*]
Rosenblatt et Rosenblad,]
-knospe en Rosenknop, *pl.*
-per
-strauch en Rosenbusk
Roß en Hest
-haar et Hestehaar

Roßmähne en Manke
-schweif en Hestehale
Rost en Rust
-braten en Karbonade
-fleck en Rustplet, *pl. -ter* ;
en *Rustflek*, *pl. -ker*
rosten ruste
rösten riste
(in der Pfanne) brune
geröstete Kartoffeln brunede
Kartofler, *Poteter* (*pl. c*)
rostig rusten
rot rød
Röte: Morgen- en Morgen-
røde
Abend- en Aftenrøde[1]
Rotfuchs en rødbrun Hest
rotgefleckt rødplettet
-haarig rødhaaret
Rotkehlchen en Rødkjelk
-kohl en Rødkaal
rötlich rødlig, rødladen
Rotwein en Rødvin
Rouleau et Rullegardin
Route en Rute
auf dieser R. paa denne Rute
eine andre R. wählen, vor-
ziehen vælge (*III*), fore-
trække(*III*)en andenRute
Rübe en Ro, *en Næpe*
gelbe en Gulerod, *pl.* rødder
rote eu Rødbede
Mohr- en Gulerod
Runkel- en Runkelro
Rübenfeld en Romark, *pl.* -er
-zucker et Rosukker
Ruck et Ryk, et Stød
Rückblick et Tilbageblik

---

[1] Sprichwörtlich: Aften rød gjør Morgen sød, ein roter
Abend macht einen schönen Morgen.

rüden — rudern. 209

rüden rykke, flytte bitte, r. Sie ein wenig! aa, vil De ikke flytte Dem lidt?
Rücken en Ryg
auf dem R. tragen bære (III) paa Ryggen
Gebirgs- en Fjeldryg, en Aas, en Aasryg
Rückfahrt en Tilbagetur, en Hjemtur, en Hjemreise
die R. antreten tage (III) hjem
während der R. von ... paa Tilbagereisen fra ...
Rückfall et Tilbagefald
rückgängig machen tilbagekalde II, annulére
Rückgrat en Rygrad
-lehr: nach (vor) meiner R. efter (før) min Tilbagekomst (c)
-reise en Tilbagereise; s. auch Rückfahrt
-seite en Bagside
-sicht: R. nehmen auf ... tage (III) Hensyn (n) til ... [til ...] in R. auf ... med Hensyn
rücksichtslos hensynsløs
-voll hensynsfuld
Rücksitz et Bagsæde
rückständig resterende
rückwärts baglængs
-gehen gaa (III) baglængs
-sitzen sidde (III) med Ryggen til
Rückweg en Tilbagevei
-zahlung en Tilbagebetaling
Rudel en Flok
ein R. Renntiere en Rênflok

Ruder en Aare
am R. ved Roret
-bank en Tofte
-boot en Robaad; s. auch Boot
Steuer- et Ror, et Styr
Ruderer ēn til at ro; en Rorskarl, pl. Rorsfolk
wie viele R. sind notwendig? hvor mange behøves der til at ro? hvor mange Rorsfolk behøves der?
Rudernagel en Aaretol
-pinne en Rorpind, en Styrvol
rudern ro
über die Bucht, den Fluß, den See over Fjorden, Elven, Søen
zum andern Ufer over til den anden Side
vom Lande weg ud fra Land
können Sie mich nach ... r.? kan De ro mig til ...?
r. Sie mich auf den Fjord, daß wir dort aufs Schiff achtgeben können! ro mig ud paa Fjorden, saa faar vi der passe op Dampskibet!
r. Sie jetzt heran an das Schiff! So, nun das Gepäck auf das Deck! ro saa hen til Skibet! Saa, nu Bagagen op paa Dækket!
r. Sie weiter hinaus! vi faar længere ud!
legen Sie hier ans Land! her maa De lægge til!

Rubern — Runenstein.

[rudern] ich will im See
ein paar Stunden angeln;
wollen Sie mich hinaus-
rudern? jeg vil fiske et
Par Timers Tid paa
Søen; vil De ro mig ud?
halten Sie sich näher an der
Küste! hold Dem nær-
mere til Kysten!
Rudern (das) en Roning
durch R. ved at ro
sind Sie im R. geübt? er
De øvet i at ro? [ning]
Ruderwettfahrt en Kapro-
Ruf (Schrei) et Raab
steht in einem guten R. har
et godt Rygte
rufen (aus-) raabe II
herbei- kalde (II) paa
r. Sie mir einen Führer!
vil De faa (III) mig en
Fører?
nach einem Boot r. raabe,
hauke efter Baad
wie gerufen som kaldet
Rüge en Irettesættelse
rügen dadle, irettesætte III
Ruhe en Ro, en Hvile
nächtliche R. en Nattero
zur R. kommen komme (III)
til Ro
ich bedarf der R. jeg træn-
ger til Ro
lassen Sie mich in R.! lad
mig være i Ro!
Ruhekissen en Sovepude.

ruhen hvile[1]
lassen Sie uns hier ein
wenig r.! lad os hvile
lidt her! [-er]
Ruheplatz en Hvileplads, pl.
-stätte et Hvilested, pl. -er
-störer en Fredsforstyrrer
-tag en Hviledag
ruhig rolig
Sie können ganz r. sein! De
kan være ganske rolig!
Ruhm en Ros, en Hæder,
en Berømmelse
rühmen: sich mit ... r. rose
(II) sig af ...
rühmlich rosværdig, priselig
Rühreier Røræg pl. n
rühren røre II
gerührt rørt
Rührung en Rørelse
Ruine en Ruïn
Rumpf en Krop
(des Schiffes) et Skrog
rund rund
r. heraus rent ud
Rundschau et Rundskue
eine großartige R. über die
Gebirge, die ganze Gegend
et storartet Rundskue
over Fjeldet, hele Egnen
[et-]
Runen (-schrift) en Rune[2],
en Helleristning
-stein en Runestèn
aus welchem Jahrhundert
stammt dieser R.? fra

---

[1] Im Dänischen immer nach I, im Norwegischen nach II.
[2] Runen, zum Zwecke der Zauberei auf Spangen,
Waffen, Trinkgefäßen u. dgl. eingeritzt, nennt man Løn-
runer, die Schrift der Runensteine heißt Minderuner.

hvad Aarhundrede er den Runestēn?
Runzel en Rynke
runzelig rynket
rupfen plukke
ruppig laset, pjaltet, *fillet*
Ruß (en) Sod
Rüssel en Snude
Elefanten- en Snabel
rußig sodet
rüstig rask, kraftig
Rüstung en Rustning
Rute et Ris, en Vaand
rutschen glide *III*
rätteln ryste, støde *II*
fahren Sie hier langsamer, es rüttelt so sehr! kjør her lidt langsomt, det støder saa slemt!
Saal en Sal, en Salon
Saat en Sæd
Säbel en Sabel
Sache en Ting, *pl.* Ting; en Sag, *pl.* -er
das ist Ihre S.! det bliver, *det faar blive* Deres Sag! haben Sie meine Sachen? har De mit Tøi? wo sind meine Sachen? hvor er mine Ting?
Sachkundiger en Sagkyndig
Sachse en Sakser
Sachsen Saksen *n*
sächsisch saksisk
sachte sagte, lemfældig
Sack en Sæk [og Pak] mit S. und Pack med Pik] (Tasche) en Lomme

säen saa
Saft en Saft, *pl.* -er
saftig saftig
Sage et Sagn
Säge en Sav, *en Sag [brug]* -mühle en Savmølle, *et Sag-* -späne Savspaaner *pl. c,* Sagtafs *pl. n*
sägen save, *sage*
sagen sige[1]
bitte, s. Sie mir ...! vil De ikke sige mig ...? das kann ich Ihnen nicht s. det kan jeg ikke sige Dem können Sie mir nicht s., ob ...? kan De ikke sige mig, om ...? was sagten Sie? hvad var det, De sagde? hvad sagde De? das hat nichts zu s. det gjør ikke noget
Säger (Vogel) en Fiskeand. *pl.* ænder
Sahne en Fløde
Schlag- (et) Flødeskum
Sahnenbrei *en Rømmegrød* -käse en Flødeost
Saite en Streng
Salat en Salat
Fisch- en Fiskesalat
Gurken- en Agurkesalat
Herings- en Sildesalat
Kartoffel- en Kartoffelsalat, *en Potétsalat*
Kopf- et Salathoved, *pl.* -er
Salbe en Salve
Salm en Laks

---

[1] Aussprache: sagen sige [st-e]; sage, sagst *rc.* siger [ser]; sagte, sagtest *rc.* sagde [sa]; gesagt sagt [sachtt].

Salz et Salt
-faß et Saltkar
salzig (gesalzen) saltet
salziges Wasser salt Vand n, (et) Saltvand
Same et Frø
sammeln samle, sanke
Sammlung en Samling
Samstag en Lørdag
Samt (et) Fløil
sämtlich: sämtliche Personen allesammen
Sand (et) Sand
-bank en Sandrevle, en Baa auf eine S. geraten støde(II) paa en Sandrevle, en Baa
-korn et Sandskorn
-mann: der S. kommt! Ole Lukøis er nok ved at
-torte en Sandkage [komme!]
-uhr et Timeglas
sanft blid
Sänger en Sanger
-in en Sangerinde
Sarg en Ligkiste
satt mæt
ich bin noch nicht s. jeg er ikke mæt endnu
jetzt bin ich es s.! nu har jeg faaet nok af det!
Sattel en Sadel
helfen Sie mir in den S.! hjælp mig op paa Hesten!
Damen- en Damesadel
Saum- en Klovsadel
-decke et Sadeldækken
-gurt en Buggjord
-kissen et Sadelhynde

satteln sadle
sättigen: sich daran s. mætte sig ved det
Satz (grammat.) en Sætning (Sprung) et Spring, et Sprang
Boden- et Bundfald
Kaffee- (et) Kaffegrums
Sau en So, pl. Søer
sauber pæn, proper, renslig
sauberes Logis et pænt
säubern rense [Logis]
Sauce en Sauce [sɑus]
Braten- en Stegesauce
Butter- smeltet Smør (n)
Rahm- en Flødesauce
Senf- en Sennepssauce
sauer sur
saure Milch sur Mælk (c)
Sauerbrot et Surbrød
-kraut en Surkaal
-stoff en Ilt
saufen solde, drikke [kenbolt]
Säufer en Dranker, en Druk-
saugen suge
Säugetier et Pattedyr
Säugling et Pattebarn, pl. børn [kante]
säumen (nähen) sømme,
Saumpferd en Klovhest
-sattel en Klovsadel
säumselig sendrægtig, smø-
säuseln vifte [levorn]
sausen suse II[1]
schaben skrabe
schäbig lurvet
Schabracke et Hestedækken
Schach Skak[2]

---
[1] Zuweilen auch regelmäßig gebraucht.
[2] Stets ohne Artikel.

Schachtel — Schalter.

[Schach]-brett et Skakbræt, pl. -ter
Bauer en Bonde, pl. Bønder
Feld et Felt, pl. -er
Figur en Brik, pl. -ker; en
König en Konge [Figur]
Königin en Dronning
Läufer en Løber
Springer en Springer
Turm et Taarn, pl. -e
angreifen angribe III
aufsetzen: die Figuren a. stille Brikkerne op [den!]
berührt! De har rørt ved
bedecken dække, gardére
gedeckt dækket, gardéret
gehen: mit einer Figur auf ein Feld g. flytte en Brik
opfern offre
patt (matt) machen gjøre (III) pat (mat)
S. bieten byde (III) Skak
schlagen slaa III
vorgeben give (III) forud
vorgehen flytte frem, avancére
ziehen trække III, flytte
Zug et Træk
zurückgehen flytte tilbage
spielen Sie S.? spiller De Skak?
wollen wir eine Partie S. spielen? skal vi ikke spille et Parti Skak?
Schachtel en Æske
schade! det var kjedeligt!
schaden skade; volde (II) Skade
das schadet nichts! det gjør ingenting! [Ugagn]
Schaden (en) Skade, (et)

Schaden anrichten gjøre (III) Skade [erstatning]
Schadenersatz en Skades-freude en Skadefryd
schadhaft beskadiget, daar-
schädlich skadelig [lig]
schadlos: s. halten holde (III) skadesløs
Schaf et Faar, en Sau
-bock en Vædder, en Saubuk
-fleisch (et) Faarekjød
-herde en Faarehjord, en Sauëflok [Sauëmelk]
-milch en Faaremælk, en
-stall en Faarestald
Schäfer en Faarehyrde, en Jætergut, pl. -ter
schaffen skaffe, faa III
s. Sie mir den Koffer zum Dampfschiff! vil De faa bragt Kufferten til Dampskibet? [bestille]
viel zu s. travlt; meget at
Schaffner en Konduktør
Schafsfell et Faareskind
schal doven, flau
schales Bier dovent Øl [-ler]
Schale (Hülse) en Skal, pl.
Apfel- en Æbleskrælling
Eier- en Æggeskal
Muschel- en Muslingskal, en Skjæl, pl. Skjæl
eine S. Milch en Skaal (Kumme) Mælk
schalkhaft skjelmsk
Schall en Lyd
schallen lyde III
Schalter: Billet- et Billetudsalg, et Billetkontor
Post- en Brevekspedition

Schaltjahr et Skudaar
schämen, sich skamme sig
f. Sie sich! skam Dem noget!
schamhaft skamfuld
 (verschämt) blufærdig, und-
 -los ublu, fræk [sëdlig]
Schande en Skam
schändlich skammelig
Schar en Skare, en Flok
Scharbe (Vogel, Carbo major)
 en Storskarv
Schären (Klippen) et Skjær
 blinde S.¹ blinde Skjær pl.;
 Tarrer pl. c [rene]
 entlang den S. langs Skjæ-
 außerhalb, innerhalb der S.
 udenskjærs, indenskjærs
scharenweise i Flokke,
scharf skarp [driftevis]
Scharfblick enSkarpsynethed
scharfsinnig skarpsindig
Scharlach(fieber) en Skar-
 lagensfeber
scharren skrabe
Scharte et Skaar
Schatten en Skygge
 im S. i Skyggen
schattig skyggefuld
Schatz en Skat
schätzen agte, skatte; sætte
 (III) Pris (c) paa
 wie hoch f. Sie das? hvad
 anslaar (III) De det til?
 gering- ringeagte, agte for
 hoch- agte hoit [ringe]
schauderhaft gyselig, rædsom, græsselig
Schauer(Schauder)enGysen,
 en Rysten

[**Schauer**] (Regenbach)) et
 Skur [skur]
Regen- en Byge, en Flo-
schauern gyse III
Schaufel en Skovl, en Skufle
Schaufenster: was im S.
 ausliegt hvad der ligger
 i Butiksvinduet
schaukeln gynge, disse
 es schaukelt so sehr det gynger saa voldsomt
 ich vertrage das Schaukeln
 des Schiffes nicht gut jeg
 kan ikke godt taale Skibets Gyngen
Schaum et Skum
schäumen skumme
schäumende Wellen fraadende Bølger
Schauplatz en Skueplads
 -spiel et Skuespil
 -spieler en Skuespiller
 -spielerin en Skuespiller-
Scheffel en Skjæppe [inde]
Scheibe en Skive
Fenster- en Rude
 in Scheiben geschnitten
 skaaret i Skiver
Scheibenschießen en Skiveskydning
Scheidemünze en Skillemønt,enSmaamønt,pl.-er
scheiden: hier müssen wir
 f. her maa, faar vi
 skilles (II)
Scheidewand en Skillevæg
 -weg en Skillevei, en Korsvei, pl. -e
Schein et Skin

---

¹ Klippen unter dem Meeresspiegel.

ſcheinbar — ſchief. 215

(Schein) nur zum S. kun for
et Syns Skyld
Empfangs- et Modtagelses-
bevis, *pl.* -er; en Kvitté-
ring
Geld- en Pengeseddel
Hundertkronen- en Hun-
dredekronersseddel
ſcheinbar tilsyneladende
ſcheinen (Licht) skinne
(vorkommen) synes *II*, tyk-
kes *II*
die Sonne ſcheint ſehr heiß
Solen skinner saa varmt
mir ſcheint, daß ..jeg synes,
ſcheinheilig skinhellig [at...
-tot skindød
Scheitel en Isse
ſcheitern strande
der Plan ſcheiterte Planen
gik overstyr
Schelle en Bjælde, en Klokke
ſchellen ringe
Schellfiſch en Kuller, *en Hyse*,
Schelm en Skjelm [*en Kolje*]
ein armer S. en stakkels
Djævel; *en Stakkar*
ſchelten skjænde *II*, skjælde
(*II*) ad
Schemel en Skammel
Schenke et Værtshus, *pl.* -e
(ländliche) en Kro
Schenkel et Laar
ſchenken: (ein-) skjænke (i)
(verehren) forære
ſ. Sie mir ein Glas Bier ein!
skjænk mig et Glas Øl!
das ſchenke ich Ihnen det
forærer jeg Dem
das hat ... mir geſchenkt det
har ... foræret mig

Scherbe et Potteskaar
Schere en Saks
ſcheren klippe
Schererei et Bryderi
Scherz en Spøg; Loiër *pl.*
ich ſagte das nur im Scherz
jeg sagde det kun for
ſcherzen spøge *II* [Spøg]
ſcheu sky, ræd, *skvetten*
ſcheuern: den Fußboden ſ.
skure Gulvet
Scheune en Lade, en Længe,
en *Laave; et Udhus, pl.*-e
ſcheußlich rædsom
Schicht et Lag
ſchicken sende *II*
ſ. Sie gefälligſt dieſe An-
ſage zur Poſtſtation! vil
De sende det Forbud til
Skydsstationen?
ich möchte eins der Kinder
nach ... ſchicken maa jeg
faa Lov til at sende et
af Børnene til ...?
hat jm. nach mir geſchickt?
har der nogen sendt Bud
efter mig? [ser sig ikke]
das ſchickt ſich nicht det pas-
ſchicklich passende, sømmelig
Schickſal en Skjæbne
wir müſſen uns in das S.
fügen vi faar føie os i
vor Skjæbne
ſchieben skyde *III*, skubbe
die Schuld auf jn. ſ. skyde
Skylden paa nogen
Schieber (Riegel) en Slaa
den S. vorſchieben skyde
(*III*) Slaaën for
den S. wegziehen skyde (*III*)
ſchief skjæv [Slaaën fra]

[schief] die Stiefel s. treten
 gaa skjævt paa Støvlerne
Schieferstift en Griffel
 -tafel en Tavle
schielen skele
Schienbein et Skinneben
Schiene en Skinne
schießen skyde III
 nach Vögeln, einer Scheibe s.
 skyde efter Fugle, efter
 en Skive
wer schießt dort? hvem er
 det, der skyder där?
fehl-, vorbeigeschossen ikke
 truffet; skudt forbi
dem Pferd die Zügel s. lassen
 give (III) Hesten løs Tøile
Erlaubnis zum Schießen Til-
 ladelse (c) til at skyde
ist es erlaubt, hier zu s.? har
 man Lov til at skyde her?
Schießgewehr et Gevær, en
 -pulver (et) Krudt [Bøsse]
Schiff et Skib, pl. -e; et
 Fartøi, en Skude
Dampf- et Dampskib, en
 Damper; s. auch Dampf-
 schiff
Handels- et Handelsskib
Kriegs- et Krigsskib, et
 Orlogsskib
Segel- et Seilskib
an einem S. vorbeisegeln
 seile forbi et Skib
einem S. begegnen møde (II)
 et Skib
vom S. aus fra Skibet af
Schiffahrt en Skibsfart, en
 Søfart, en Seilåds
schiffbar seilbar
Schiffbau et Skibsbyggeri

Schiffbruch: S. erleiden lide
 (III) Skibbrud (n)
Schiffbrüchiger en Skibbru-
 den   [Brygge]
Schiffbrücke en Skibbro, en
fahren Sie nach der S.! kjør
 til Skibbroën, Bryggen!
schiffen seile   [Baadfører]
Schiffer en Skipper, en
Schiffsarzt en Skibslæge
-fracht Skibets Fragt (c)
-glocke en Skibsklokke
-junge en Skibsdreng
-koch en Skibskok
-kost en Skibskost
-küche en Kabys, pl. -ser
-mannschaft et Mandskab;
 Skibsfolk pl.
-raum en Last
-treppe en Skibstrappe
-werft et Værft, pl. -er
-zimmermann en Skibstøm-
 rer
Schild, das et Skilt, pl. -er
der S. et Skjold, pl. -e
schildern skildre
Schilderung en Skildring, en
 Beskrivelse
Schildkrötenragout (nach-
 gemacht) (forloren) Skild-
 padde (c)
-suppe en Skildpaddesuppe
Schildpatt (et) Skildpadde
Schildwache en Skildvagt,
Schilf et Siv   [pl. -er]
schillern glimre
Schimmel en Skimmel
Schimmer et Skjær. en
Schimpf en Skam [Glans]
schimpfen: auf jn. s. skjænde
 (II) paa ēn

Schindelbach — Schleier.

Schindelbach et Spaantag, *pl.* -e
Schinken en Skinke
Schirm: Regen= en Paraply
Sonnen= en Parasol
=dach et Skur
(von Leinwand) et Sōlseil
Schlacht et Slag
schlachten slagte
Schlächter en Slagter
Schlachtfeld en Valplads,
Schlaf en Søvn [*pl.* -er]
Schläfchen et Blund, en lille
Schläfe en Tinding [Lur]
schlafen sove *III*; s. auch Bett
ich will s. gehen jeg vil gaa tilsengs, (Schiff) tilkøis
bitte, zeigen Sie mir, wo ich s. muß! vil De vise mig, hvor jeg skal sove?
ich habe sehr gut (schlecht) geschlafen jeg har sovet meget godt (daarligt)
ich habe die ganze Nacht nicht geschlafen jeg fik ikke sovet hele Natten
aus= sove ud
wecken Sie mich um 6 Uhr! vil De vække mig Klokken seks?
ich möchte es nicht gern verschlafen jeg vilde ikke gjerne sove over mig
Schlafenszeit en Sengetid
Schlafgenoß en Sovekammerat
=kammer et Sovekammer

Schlafkoje en Køis
=toupee [1] en Sovekupé
=losigkeit (en) Søvnløshed
=mittel et Sovepulver
=mütze en Nathus
schläfrig søvnig
Schlafrock en Slaabrok
=sofa en Sovesofa
=stelle en Seng
schlaftrunken søvndrukken
Schlafzimmer et Soveværelse
Schlag et Slag
S. 9 Uhr paa Slaget ni
Schlaganfall et Slagtilfælde
=baum en Bom
schlagen slaa *III*
aus= sparke
mit den Flügeln s. baske med Vingerne
es hat eben 5 geschlagen den har lige slaaet fem
die Nachtigall schlägt schön Nattergalen synger (*III*) deiligt, *vakkert* [*pl.* -ter]
Schläger (Rapier) en Floret
Schlamm et Dynd, *en Gytje*
Schlange en Snog, en Slange,
schlank rank [*en Orm*]
schlau snu, snedig
schlecht daarlig, slet
Schlehen Slaaën *pl. c*; Slaapebær *pl.* n
schleichen snige (*III*) sig
(leise auftreten) liste
Schleie (Fisch) en Suder
Schleier et Slør
Mücken= et Myggeslør

---

[1] Passagiere 1. Klasse auf der Strecke Christiania—Trondhjem erhalten in der Regel Schlafplätze ohne besondere Vergütung.

218 Schleife — Schlucken.

Schleife en Sløife
schleifen slibe III
Schleifstein en Slibestēn
Schleim en Slim
schleimig slimet
schlendern: hinterher s.
  sjokke bagefter
  herum- traske (drive III) om
schleppen slæbe II
Schleppkleid en Kjole med
  Slæb (n)
-netz et Drivegarn
-tau et Slæbetoug
  ein Schiff im S. et Skib
  paa Slæbetoug
schleudern: einen Stein s.
  kaste (kyle) en Stēn
schleunigst snarest mulig
Schleuse en Sluse
Schleusenthor en Sluseport
schlichten: den Streit s. jævne
schließen lukke [Trætten
  (enden, folgern) slutte
  s. Sie auf (zu)! luk op
  (til, i)! [lukkes der?
  wann wird geschlossen? naar
  mit geschlossenen Augen med
  lukkede Øine [ner
Schließer(Pförtner)en Port-
-in en Portnerske
schließlich endelig, tilslut
schlimm: das ist s.! det var
  slemt! [vi værre faren
  jetzt sind wir s. daran nu er

Schlinge en Løkke
  Fang- en Snare
Schlingel en Slyngel
schlingen: das Essen hinun-
  ter- sluge (II) Maden i sig
Schlingpflanze en Slyng-
Schlips et Slips [plante
Schlitten (einfacher Holz-)
  en Slæde ¹; (fnr.) en Kane
  Hand- en Kjelke
  -bahn et Slædeføre, et
  Kaneføre
Schlittschuh en Skøite
  S.- laufen løbe (III) paa
  Skøiter
-läufer en Skøiteløber
Schlitz en Split, pl. -ter
Schloß (Thür-, Koffer-) en
  Laas [er gaaēt itu
  das S. ist entzwei Laasen
  ist jemand hier im Dorf, der
  mir das S. am Koffer
  zurechtmachen könnte? er
  der ēn her i Byēn, Byg-
  den, der kan faa Laasen
  paa min Kuffert istand?
  (Burg) et Slot, pl. -te
Schlosser en Kleinsmed
Schlucht et Skar, et Fjeldskar
  (Hohlweg) et Dalføre
schluchzen hulke
Schluck en Taar, en Slurk
schlucken synke III [Hikke
Schlucken (Aufstoßen) en

¹ Die gewöhnliche Form wird in Norwegen auch Styrslæde genannt; andre Arten sind Bredslæde (für zwei Personen) und Sluffe (für mehr als zwei Personen). Ein kurzer Schlitten zum Holztransport wird en Støtting genannt. Der bootförmige Schlitten der Lappen, mit flachem Boden, — dem Hinterteil und von Renntieren gezogen, heißt en Pulk.

schlummern blunde, slumre
schlüpfrig (Weg) glat, sleip;
(fig.) slibrig [en Slut)
Schluß enEnde, enSlutning,
am S. meiner Reise i Slut-
ningen, *Slutten* af min
Reise [ning, tilslut\
zum S. tilsidst, til Slut-/
vor Thorschluß forend der
lukkes
Schlüssel en Nøgle [neute]
Haus- en Gadedørsnøgle
Koffer- en Nøgle til Kuffer-
ten
der S. schließt nicht Nøglen
kan ikke lukke
ich habe den S. im Schloß
verdreht jeg har faaet
Nøglen i Vranglaas
wo holt man den S.? hvor
faar man Nøglen?
Schlüsselbein et Nøgleben
[neu-], et Kraveben
-bund et Nøgleknippe [neu-]
-loch et Nøglehül [neu-], pl.
-ler
schmachten: vor Durst (Hitze)
s. vansmægte af Tørst\
schmächtig spinkel [(Hede)/
schmackhaft velsmagende
schmal smal, snever, *trang*
Schmalz (et) Fedt
Gänse- (et) Gaasefedt
Schweine- (et) Svinefedt
Schmaus et Gilde, et
Gjæstebud
schmecken smage *II*
das schmeckt schlecht det
smager daarligt
das schmeckt nach nichts det
smager ingenting efter

[**schmecken**] lassen Sie mich
s.! maa jeg, *maa jeg faa
smage paa det?*
wie schmeckt Ihnen das Bier?
hvorledes smager Øllet
Dem?
schmeichelhaft smigrende
schmeicheln smigre
Schmeichler en Smigrer
schmelzen smelte
wann schmilzt das Eis (der
Schnee) dort? naar smel-
ter Isen (Sneen) deroppe?
Schmerz en Pine, en Smerte,
ondt
haben Sie irgendwo S.?
gjør det ondt nogetsteds?
Hals- ondt i Halsen
Kopf- en Hovedpine
Magen- en Mavepine
Zahn- en Tandpine
schmerzhaft smertefuld
-stillend: ein schmerzstillendes
Mittel noget, der kan
lindre (dulme) Smerterne
Schmetterling en Sommer-
Schmied en Smed [fugl/
Huf- en Beslagsmed
Schmiede en Smedie, en
Smie
Schmiere en Smørelse
schmieren smøre *III*
s. Sie meine Stiefel mit Fett!
smør mine Støvler ind i
Fedt!
haben Sie die Räder ge-
schmiert? har De smurt
Hjulene?
geschmiertes Brot (et) Smør-
rebrød; s. auch Butterbrot
schmierig fedtet

Schminke en Sminke
schminken, sich sminke sig
schmoren stuve
Schmorkartoffeln stuvede Kartofler, *Poteler (pl. c)*
-kraut stuvet Kaal (c)
schmücken, sich pynte sig
Schmucksachen Smykker)
Schmutz (et) Snavs [*pl. n*]
-fleck en Plet, *pl.* -ter; *en Flek, pl.* -ker
schmutzig snavset, skiden es ist so s. auf dem Wege der er saa solet paa Veien
Schnabel et Næb
Schnalle et Spænde (filberne) *en Solje*
bitte, machen Sie mir diese S. zu (auf)! vil De ikke spænde det (det op)?
Schnaps en Snaps, en Dram; s. auch **Getränk**
schnarchen snorke
schnauben puste
Schnauze en Snude, en Tryne
Schnecke en Snegl [sneil]
Schneckenhaus et Sneglehus)
Schnee en Sne   [snei-])
frisch gefallener S. nyfalden Sne, *(en) Nysne*
S. vom vorigen Jahre Hsr Sne fra ifjor
frei von S. snefri
mit S. bedeckt snedækket

[**Schnee**] den S. wegschaufeln skovle, *skufle* Sneen bort
fällt hier viel S.? falder der megen Sne her?
wann taut hier der S. gewöhnlich auf? naar pleier Sneen at tø her?
liegt noch S. auf dem Wege? er der endnu Sne paa Veien?
Schneeball en Snebold
-brille: können Sie mir eine S. verschaffen? kan De faa mig et Par Snebriller?
-feld *en Bræ; en Fonn, pl. -er*
-flocken Sneflokker *pl. c*
-gestöber et Snevair, et Snefog, *et Snedrev*
-gletscher *en Snefonn, pl. -er; en Fonn*
-glöckchen en Vintergjæk
-grenze (en) Snegrænse
-haufe en Snedrive, *en Snekave*
Schneehuhn en Rype
-jagd en Rypejagt
Schneeluft en Sneluft, *en Snetykning* [plog)
-pflug en Sneplov, *en Sne-*)
Schneeschuh en Ski[1], *pl.* Ski
ein Paar Schneeschuhe et Par Ski
S. laufen rende (*II*) paa Ski, løbe (*III*) paa Ski

---

[1] So nennt man die langen, schmalen Schneeschuhe aus einem Holzstück. Dem Sinken auf sumpfigem Boden oder weichem Schnee vorzubeugen, bedient man sich einer andern Art Schneeschuhe, *Truger*, die aus einem breiten hölzernen Rahmen und einem Bindfadengeflecht hergestellt sind.

Schneeschuhlaufen en Ski-
færd, et Skirend
Schneeschuhläufer en Ski-
Schneide en Eg [ägg] [lober]
schneiden (Messer) skjære¹
(Schere) klippe [III]
ich habe mich geschnitten jeg
har skaaret mig
bitte, s. Sie mir ein Stück ab!
vil De ikke være saa god
at skjære et Stykke af til
mig?
Schneider en Skrædder
ich bitte das auszubessern!
vil De gjøre det istand?
ist zerrissen er itu
ich muß den Rock heute noch
haben jeg maa have, faa
Frakken endnu idag
nehmen Sie mir Maß zu
einem Anzug! vil De tage
Maal af mig til en Dragt
(Klædning)?
überzieher en Overfrakke,
en Ytterfrak, pl. -ker
Rock en Frakke, en Frak,
Weste en Vest [pl. -ker]
Hose Benklæder pl., Bukser
pl.
Knie- Knæbenklæder pl.
aus dunklem (hellem) Stoff
af mørkt (lyst) Stof
schicken Sie es nach ...! send
det til ...!
Schneiderin en Dameskræd-
derinde, en Syjomfru; s.
auch Damenschneiderin
Schneiderrechnung en
Skrædderregning [-rei-]

schneien sne
es schneit det sner
schnell rask
schneller raskero, fortere
machen Sie s.! skynd Dem
lidt!
wir müssen s. machen vi faar
nok skynde, svinte os
Schnelle (Strom-) en Strøm-
hvirvel
Schnelligkeit en Hurtighed
mit großer S. i en Ruf
Schnellsegler en Hurtig-
seiler
-zug et Iltog, et Hurtigtog
Schnepfe en Sneppe
schneuzen, sich pudse Næsen
Schnitte en Skive, et Stykke
Brot- et Stykke Brød; en
Rundtenom, pl. -mer
Schnittlauch (et) Purløg
Schnittwarenhändler en
Manufakturhandler
schnitzen snitte, skjære III
Schnitzer en Billedskjærer
(Fehler) en Bommert, pl.
-er [beide]
Schnitzwerk udskaaret Ar-
Schnupfen en Snus
ich habe mir einen S. geholt
jeg har faaet Snus
schnupfen snuse [Snustobak]
Schnupftabak (en)Snus, (en)
Schnupftabaksdose en Snus-
tobaksdaase [tørklæde]
Schnupftuch et Lomme-
Schnur(Bindfaden)et Stykke
Seglgarn [seil-], en Strik-
ke, en Snor

¹ Das Präsens im Norwegischen: skjær.

222 Schnürband — Schreibpapier.

[Schnur] Perlen- en Perlesnor
Schnürband et Snorebaand
schnüren snøre II [Korsét]
Schnürleib et Snøreliv, et
-loch et Snørehůl, pl. -ler
Schnurrbart et Overskjæg
schnurren spinde III
schnurrig pudsig, løiërlig
Schnürschuhe Snøresko pl. c
-stiefel Snørestøvler pl. c
Schober en Hæs, en Stak
Schokolade: eine Tasse S.
en Kop Chokolade (c)
Scholle (Fisch) en Flynder,
  en Flyndre, en Rød-
Eis- en Isflage [spætte
schon alleréde
kommt das Schiff f.? kommer Skibet (alleréde[1])?
das weiß ich s. det véd jeg nok
schön kjøn, smuk, vakker
das schöne Geschlecht det smukke Kjøn
das ist nicht s. von Ihnen det er ikke pænt af Dem
schön! godt! Tak!
schonen skaane [(n)]
Schonen (Landschaft)Skaane
Schoner (Schiff) en Skonnert
Schönheit en Skjønhed
-sinn (en) Skjønhedssans
Schonzeit en Fredetid, pl.
schöpfen øse II [-er]
das Boot ausschöpfen øse
Schöpfer en Skaber [Baaden

Schöpfkelle et Øsekar, en Øster
Schöpfung en Skabelse
Schornstein en Skorstén
-feger en Skorstensfeiër
Schoß et Skjød, et Fang
auf dem S. paa Skjødet, i Fanget
Schote (Segeltau) et Skjøde
festhalten holde (III) fast
losgeben slippe III
Schoten: junge S. grønne Ærter (pl. c)
schottisch skotsk
schräg skraa, paa Sned
Schrank et Skab, pl. -e
Kleider- et Klædeskab
Schraube en Skrue, en Skruve
schrauben skrue
Schraubendampfer en Skrusdamper
-mutter en Møtrik, pl. -ker
-zieher en Skruetrækker
Schreck en Skræk, en Rædsel
Schrecken einjagen forskrække
schrecklich skrækkelig, forfærdelig, græsselig, ræd-
Schrei et Skrig [som
schreiben skrive III
ich habe (noch) einen Brief zu s. jeg skal (endnu) skrive et Brev
Schreibfeder en Pen [riale
-material (et) Skrivemate-
-papier (et) Skrivpapir

---

[1] Alleréde wird nur hinzugefügt, wenn man die Ankunft noch nicht erwartet hatte; es wird überhaupt weit seltener als das deutsche „schon" gebraucht.

Schreibtisch — Schuld.

Schreibtisch et Skrivebord.}
-zeug et Skrivetøi [pl. -e]
schreien skrige III
Schrein et Skrin
Schrift en Skrift, pl. -er
Auf- en Paaskrift
In- en Indskrift
Schriftführer en Protokolforer, en Sekretær
schriftlich skriftlig
Schriftsprache et Skriftsprog, Bogsprog
-steller en Forfatter
Schritt et Skridt
S. für S. Skridt for Skridt
im S. gehen gaa (III) i Skridtgang
schroff brat, steil
schroffes Auftreten en frastødende Optræden
Schrot (Hagel) et Hagl
Schubfenster et Trækvindu(e)
-karren en Trillebør
-kasten en Skuffe [bly]
schüchtern ræd, frygtagtig,}
Schuh en Sko, pl. Sko
ein Paar Schuhe et Par}
Damen- en Damesko [Sko]
Halb- Ankelsko pl. c
Herren- en Herresko
Knöpf- en Knapsko
Morgen- en Morgensko
Schnürschuhe Snoresko pl. c
S. mit hohen Absätzen und dicken Sohlen høihælede Sko med tykke Saaler mit niedrigen Absätzen med lave Hæle
Touristen- Turistsko pl.

die Schuhe anziehen, ausziehen trække (III) Skoene paa, af
Schuhabsatz en Skohæl
-anzieher et Skohorn
-band et Skobaand
-bürste en Skobørste
-knöpfer en Støvleknapper
Schuhmacher en Skomager [1]
nehmen Sie mir Maß zu einem Paar Stiefel! vil De tage Maal af mig til et Par Støvler?
auf Lager færdigsyede
Fabrikware (et) Fabrikarbeide
selbstverfertigte haandsyede
besohlen forsaale
vorschuhen galochére
flicken flikke
einfache Sohlen enkelte Saaler pl. c
Doppelsohlen dobbelte Saaler pl. c
die Stiefel drücken mich, weiten Sie diese Stelle aus! mine Støvler trykker, vil De udvide dem lidt dēr?
Schuhwerk et Skotøi, et Fodtøi
-wichse (en) Blanksværte
Schulbuch en Skolebog, pl.}
Schuld en Skyld [bøger]
wieviel beträgt meine S.? hvad er jeg skyldig?
ich bin nicht schuld daran det er jeg ikke Skyld i
an wem liegt die S.? hvem er Skyld i det?

223

[1] Im Norwegischen auch *Skomåger*.

224 **schulden — Schuß.**

Sie sind schuld daran, daß ich zu spät komme De faar tage Skylden for, at jeg kommer for sent **schulden:** was schulde ich? hvor meget skylder (*II*) jeg?
schuldig: ich bin Ihnen noch 2 Kronen s. jeg skylder Dem endnu to Kroner
Schule en Skole [Skole] in die S. gehen gaa (*III*) i S. halten holde (*III*) Skole
Bürger- en Borgerskole
Dorf- en Landsbyskole, *en Bygdeskole* [1]
Elementar- en Almueskole
Gemeinde- en Kommune-)
Hoch- et Universitét [skole]
Volks- en Højskole, en Folkehøjskole [2]
Knaben- en Drengeskole, *en Gutteskole*
landwirtschaftliche S. en Landbohøjskole
Latein- en Latinskole
Mädchen- en Pigeskole

[**Schule**] polyteknische S. en polyteknisk Læreanstalt
Sonntags- en Søndagsskole
Schüler en Elév, *pl.* -er
Schuljunge en Skoledreng; *en Skolegut, pl. -ter*
-**lehrer** en Skolelærer
-**lehrerin** en Lærerinde
-**mädchen** en Skolepige, *en liden Jente*
-**zimmer** en Skolestue
Schulter en Skulder
auf der S. tragen bære (*III*) paa Skuldrene
Schulze en Sognefoged, *pl. -er; en Lensmand, pl. mænd*
Schuppe (Fisch-) et Skjæl
Schuppen (für Wagen) et (für Boote) *et Nøst* [Skur]
Schürze et Forklæde umbinden tage (*III*) paa
Schurzfell et Skjødskind, *et Fangskind*
Schuß et Skud [Skud] es fiel ein S. der faldt et

---

[1] Die natürliche Beschaffenheit und die klimatischen Verhältnisse Norwegens haben die sogen. *Omgangsskoler* oder *omgaaënde Skoler* hervorgerufen, die in einigen Gegenden noch heute erhalten sind; der Unterricht wird dabei nicht in für den Zweck gebauten Schulhäusern, sondern abwechselnd in den Elternhäusern erteilt.

[2] Eine eigenartige Erscheinung von großer Bedeutung für die Volksbildung und ein wichtiger Faktor im politischen und religiösen Leben. Die Folkehøjskoler sind vom Staate unabhängige ländliche Fortbildungsanstalten für Erwachsene, meistens durch freiwillige Beiträge der Bauern ins Leben gerufen; als ihr Stifter ist der Kirchenreformator ⸺tionale Dichter Grundtvig anzusehen.

Schüssel — Schweiß. 225

[Schuß] auf Schußweite indenfor Skudvidde [Skaal]
Schüssel et Fad, *pl.* -e; en
Schuster en Skomager; f. auch
  Schuhmacher
schütteln ryste
schütten (ver-) spilde *II*
Schutz: S. suchen søge (*II*)
  Beskyttelse (c), Ly (n)
Schütze en Skytte, *en Skytter*
schützen: sich gegen etwas f. beskytte sig mod noget
Schützenfest en Skyttefest,
  pl. -er
Schutzmann en Politibetjent
schwach svag, skrøbelig
Schwäche en Svaghed
schwachsinnig sindssvag
Schwadroneur en Storpraler
Schwager en Svoger
Schwägerin en Svigerinde
Schwalbe en Svale
Schwalbennest en Svalerede
Schwamm en Svamp
Schwan en Svane
schwanger frugtsømmelig
Schwangerschaft et Svangerskab
schwanken gynge, vakle
  ich kann das Schwanken des
  Schiffes nicht vertragen
  jeg kan ikke taale, Skibet
Schwanz en Hale   [ruller]
-feder en Halefjer, *pl.* fjer
-flosse en Halefinne
-riemen en Rumperem, en
  Bagrem   [en Sværm]
Schwarm (Bienen-, Vogel-)
  (Menschen-) en Flok

schwärmen: für etwas f.
  sværme for noget
Schwarte en Flæskesvær
schwarz sort   [Skyer]
  schwarze Wolken   sorte
Schwarzbrot et Rugbrød
schwatzen snakke, sludre,
  pjatte, *pjatre*
Schwätzer en Sludrer; et
  Vrøvlehoved, *pl.* -er
schweben svæve
Schwede en Svensker
Schweden Sverige *n*
Schwedin en svensk Dame
  (Kone, Pige, *Jente*)
schwedisch svensk
  an der schwedischen Grenze
  ved den svenske Grænse
  f. sprechen tale (*II*) Svensk
  schwedisches Geld svenske
  Penge (*pl.*)
Schwefel (et) Svovl
-holz en Tændstik, *pl.* -ker;
  en Fyrstik, *pl.* -ker
Schweif en Hale
schweigen tie *III*[1]
schweigsam ordknap, *faa-*
Schwein et Svin   [mælt]
  junges S. en Gris
  Wild- et Vildsvin
Schweinebraten en Svinesteg
-fleisch (et) Svinekjød
-schmalz (et) Svinefedt, (*et*)
  Svinesmør
-stall en Svinesti
Schweinskopf et Svinehoved
Schweiß en Sved
  ich bin ganz in S. jeg er
  meget svedt

---

[1] Im Norwegischen oft regelmäßig.
Dänischer Sprachführer. 15

schweißig svedt
schweißtreibend: schweiß-
treibendes Mittel noget at
svede paa [ost]
Schweizerkäse en Sveitser-
schwelgen fraadse
Schwelle en Dørtærskel
schwellen svulme, stige III
der Wind schwellt das Segel
Vinden fylder Seilet
schwer (Gewicht) tung (Kom-
par. im Norweg. *tyngere*,
Superl. *tyngest*)
(schwierig) vanskelig
(Getränk) stærk
wie s. ist das? hvad veiër
det?
wird Ihnen das Gepäck zu
s.? bliver Tøiet for tungt
for Dem?
ist der Berg s. zu besteigen?
er Fjeldet vanskeligt at
bestige?
s. zu finden vanskelig at
finde
schwerfällig tung, ubehjælp-
som
schwerhörig tunghør
schwerlich! vanskelig! neppe!
schwermütig tungsindig
Schwester en Søster
Schwiegereltern Svigerfor-
ældre *pl.*
-mutter en Svigermoder
[-mohr], *pl.* modre
-sohn en Svigersøn, *pl.*
-ner
-tochter en Svigerdatter, *pl.*
døtre
-vater en Svigerfader [-fahr],
pl. fædre

schwierig vanskelig
ein schwieriger Aufstieg (Ab-
stieg) en vanskelig Op-
stigning (Nedstigning)
Schwimmanstalt en Svøm-
meanstalt
-bassin et Svømmebassin
schwimmen svømme
können Sie s.? kan De
svømme?
ans Land s. svømme iland
Schwimmgürtel et Svømme-
bælte
-hose Svømmebukser *pl.*
-vogel en Svømmefugl
Schwindel (en) Humbug,
et Snyderi
(Krankheit) en Svimmelhed,
en Svindel
schwindeln: mir schwindelt
det svimler for mig
schwinden svinde III
schwindlig: werden Sie leicht
s.? bliver De let svimmel?
mir wird s. dabei jeg bliver
svimmel ved det
Schwindsucht en Udtæring,
en Tæring
schwitzen svede II
ich schwitze stark jeg er saa
svedt (svedig)
ich schwitze nicht leicht jeg
kommer ikke let til at
svede
schwören sværge III, bande
schwül: die Luft ist so s.
Luften er saa lummer
(kvalm)
Schwung et Sving
Schwur: S. leisten aflægge)
sechs seks [(III) Ed (c)]

See (die) Søen¹; et Hav, *pl.* -e (der) en Sø¹
auf S. paa Søen
auf hoher S. i aaben Sø, zur S. tilsøs [i rum Sø]
können Sie mich über den S. rudern? kan De ro mig over Søen?
auf dem S. umherrudern ro omkring paa Søen
die (der) S. ist heute sehr unruhig (ruhig) Søen er saa urolig (rolig) idag
wie lange dauert die Fahrt auf offener S.? hvor længe varer Seiladsen paa rum Sø? [anden Side af Søen]
jenseit des Sees paa den auf der nördlichen Seite des Sees. paa Søens Nordside
Gebirgs= et Fjeldvand
Sturz= en Braadsø [*pl.* -er]
Seebad (Ort) et Badested, ein S. nehmen tage (III) et Strømbad (*pl.* -e)
-fahrer en Sømand, *pl.* mænd (folk)
-fahrt en Seilåds, *pl.* -er
-fisch en Saltvandsfisk
-gang en Søgang
-gras (en) Tang
-handel en Søhandel
-hund en Sæl, *pl.* -er; en Sælhund, *en Kobbe*
-igel et Søpindsvin, *en Kraakebolle*
-jungfer en Havfrue

Seekarte et Søkort; *et Søkart, pl.* -er
-kennung et Sømærke
seekrank søsyg [let søsyg] ich werde leicht f. jeg bliver
Seekrankheit en Søsyge
wo hält man sich während der S. am besten auf? hvor er det bedst at være, mens Søsygen staar paa?
seekundig søvant
Seeland Sjælland *n*
Seeländer en Sjællænder
seeländisch sjællandsk
Seele en Sjæl
Seeleuchten en Morild
-leute Søfolk, Sømænd, *sing.* en Sømand
-luft en Søluft
-mann en Sømand, *pl.* mænd (folk)
-meile en Sømil
-reise en Reise tilsøs; en Seilåds, *pl.* -er
-route en Sørute; (längs der Küste) en Kystrute
ich ziehe die S. der Reise zu Lande vor jeg foretrækker Kystruten fremfor Reisen overland
-salz (et) Havsalt
-stadt en Søstad, *pl.* stæder
-stern en Søstjerne
-sturm en Storm paa Søen (starker) *et Sørok*
-tang en Tang
-taube en Teiste

---

¹ Daneben im Norwegischen auch *Sjøn, Sjø*; es empfiehlt sich, das Wort in Norwegen der letztern Schreibweise gemäß auszusprechen, auch in allen Zusammensetzungen.

Seetelegraph (Zeichentelegraph an der Küste) en Semafortelegraf
-tier et Sødyr
-vogel en Søfugl
-wasser et Havvand, et Søvand
-weg en Søvei
Segel et Seil
das große et Storseil
die obern Topseil pl. n
Fock- en Fok
Klüver en Klyver
spannen sætte (III) op
einziehen, streichen tage (III) ind, stryge III
alle S. beisetzen sætte (III) alle Seil til [Seil oppe]
das S. führen have (III)
-boot en Seilbaad
segelfertig seilklar
segeln seile [seile]
ab- gaa (III) under Seil;
vor dem Winde s. have (III) Medvind (c), Bør (c)
gegen den Wind s. have (III) Modvind (c)
mit vollen Segeln s. gaa (III) for fulde Seil
um die Landspitze herumsegeln seile rundt Odden
(das) Segeln en Seilads, en Seiling
Segelschiff et Seilskib, pl. -e
-tuch en Seildug
Segen en Velsignelse
Segler: ein S. in Sicht! en Seiler i Læ!
segnen: gesegnete Mahlzeit! Velbekomme! s. auch S. 170, Anmerkung 2
sehen se III

[sehen] etwas in der Ferne s. øine noget
wie ich sehe som jeg ser
kann man von hier ... s.? kan man se ... herfra?
was ist das, was man dort sieht? hvad er det, vi dér ser?
ich sehe es nicht jeg kan ikke faa (III) Øie paa det
ich möchte ... s. jeg gad nok, jeg likte faa se ...
wann können wir das Nordkap s.? naar faar vi se Nordkap?
haben Sie meinen Regenschirm gesehen? har De ikke set min Paraply?
sieh (s. Sie) da! se dér!
das sieht ihm ähnlich det ligner ham
sehenswürdig seværdig
Sehenswürdigkeit en Seværdighed
was für Sehenswürdigkeiten gibt es hier? hvad seværdigt er der her (paa Pladsen)?
geben Sie mir eine Liste über die Sehenswürdigkeiten, die heute angesehen werden können! lad mig se en Erindringsliste over, hvad der er at se idag!
sehnen: sich nach etwas s. længes (II) efter noget
Sehnsucht en Længsel
sehr meget [dänisch: mei-et] zu s. for meget
seicht grundt, grund [Brot] seichte Stelle im Fluß et

Seibe en Silke
seiden: ein seidenes Tuch et Silketørklæde [Silkehat]
Seidenhut en høi Hat, en
Seife: ein Stück S. et Stykke Sæbe (c), Saape (c)
Seil et Reb, et Toug (Tov), en Strikke
Gletscher= et Brælaug anlegen binde (III) om
sein være; Praes. er, Impf. var, Perf. har været
ich bin schon 2 Tage hier jeg har været her i to Dage
wo waren Sie so lange? hvor har De været i saa lang Tid?
das wäre! hvad for noget!
wir müssen um 7 Uhr da s. vi maa være der Klokken syv [ikke ...?]
ist das nicht ...? er det
wer ist das? hvem er det?
was ist Ihnen? hvad feiler Dem?
sein, seine hans; sin, sit, pl. sine
seinerseits fra hans Side
seinetwegen for hans Skyld
seit siden
s. gestern siden igaar
s. wann? siden naar?
Seite en Side; en Kant, pl. -er
auf dieser (der andern) S. paa denne (den anden) Side
an der rechten (linken) S. paa høire (venstre) Side
zu beiden Seiten des Sees paa begge Sider af Søen

[Seite] auf welcher S.? paa hvad Side?
auf die andre S. gehen gaa (III) over paa den anden Side
etwas von der S. ansehen se (III) paa noget fra Siden
beiseite legen lægge (III) tilside
Seitenansicht en Profil
=gasse en Sidegade
=gebäude et Sidehus, pl. -e
=stechen et Sting i Siden
=stück et Sidestykke
seither siden, hidindtil
seitwärts fra Siden
s. gehen gaa (III) til Siden
Sekunde et Sekund
selbst selv
von s. af sig selv
selbstgebraut hjemmebrygget
=ständig selvstændig
=verfertigt hjemmelavet
=verständlich: das ist s. det forstaar sig af sig selv
selig salig
selten sjelden
Seltenheit en Sjeldenhed
Selterwasser (et) Seltser-
seltsam forunderlig [vand]
s. geformte Felsen forunderlig formede Fjelde
Semmel et Rundstykke
senden sende II; s. auch schicken
Sendung en Sending
Senf en Sennep
Senfblei et Lod
senkrecht lodret, tverbrat
eine senkrechte Felswand en tverbrat Fjeldvæg

Senn (Hirte) *en Sætergut,*
pl. -ter
Sennerin *en Sæterjente, en
Budeie*
Sennhütte *en Sæter; en
Støl, pl. -er; en Sæter-
hytte, en Sæterstøl; et Sæl,
pl. -er;* f. auch Alp
ist die | S. bewohnt? er
Sæteren beboet?
der verlassen? eller forladt?
wie lange müssen wir noch
gehen, bis wir eine S.
erreichen? hvor langt faar
vi gaa endnu, til vi naar
en Sæter?
glauben Sie, daß wir in
dieser S. etwas zu essen
(trinken) haben können?
tror De, vi kan faa noget
at spise (drikke) i den
Sæter dèr?
können Sie uns etwas zu
essen (trinken) geben? kan
vi faa noget at spise
(drikke) hos Dem?
ich will bezahlen, was wir
verzehren jeg vil betale,
hvad vi faar
was muß ich zahlen? hvad
faar jeg betale?
kann man hier übernachten?
har De Plads til os for
inat?

[Sennhütte] zeigen Sie
mir, wo ich schlafen soll!
vil De vise mig, hvor jeg
skal sove?
geben Sie mir Waschwasser
(Licht)! maa jeg faa noget
Vand til at vadske mig
i (et Lys)?
Sennhüttenbesitzer[1], der Sæ-
terens Eier
Sense *en* Le, *en Lja*
Serviette *en* Serviét
Sessel *en* Støl
setzen sætte *III*
bitte, f. Sie sich! vær saa
god at tage Plads!
f. Sie mich über den Fjord!
vil De sætte mig over
Fjorden?
über den Bach f. (springen)
hoppe Elven
Setzer *en* Sætter
Seuche *en* Syge, *en* Sot
seufzen sukke
Shawl *et* Sjal, *et Shawl*
sich sig [sel]
haben Sie Kleingeld bei s?
har De Smaapenge hos
Dem?
Sie sollten sich schämen!
De burde skamme Dem!
Sichel *en* Segl [sejl], *en
Skjære, en Skjuru*
sicher sikker

---

[1] Die Sennhüttenbesitzer haben im allgemeinen keine
Verpflichtung, Reisende aufzunehmen, aber einige stehen mit
den norske Turistforening (dem norwegischen Touristen-
verein) in Verbindung und sind gehalten, innerhalb gewisser
Grenzen Touristen zu beherbergen; zuweilen findet sich neben
der Sennhütte *et Logishus,* ein Logierhaus.

Sicherheit — Sinn. 231

[sicher] wissen Sie das ganz
 s.? vēd De det aldéles
 sikkert?
sind Sie der Sache s.? er
 De vis paa det?
Sicherheit en Vished
 ich muß darüber volle S.
 haben jeg maa have, faa
 fuld Vished om det
sicherlich tilforládelig
Sicht (et) Sigte
 wann kommt ... in S.? naar
 faar vi ... i Sigte?
sichtbar synlig
sickern sive, dryppe
sie hun; (Sachen) den, det,
 pl. de
 wo ist s.? hvor er hun?
Sie De [bi]
sieben syv
 eine Sieben et Syvtal
Siebenschläfer en Syvsover
sieden koge II
 zum Sieden bringen faa (III)
 i Kog [Vand (n)
 siedendes Wasser koghedt
Sieg en Seir
Siegel et Segl [segl]
Siegellack (en, et) Lak
siegeln forsegle [-seile]
Siegelring en Signétring
siegen seire
Sieger en Seirherre
siegreich seirrig
Signal et Signal
 hält das Dampfschiff nur
 auf S.? stopper Dampski-
 bet kun paa Signal?
 geben Sie das S. zum An-
 halten! giv Signal til at
 stoppe!

Silbe: keine S ikke en Sta-
Silber (et) Sølv [velse
 -geld Sølvpenge pl.
 -geschirr (et) Sølvtøi
silbern af Sølv, Sølv-
 silberne Uhr et Sølvuhr
 silberne Knöpfe Sølvknap-
 per pl. c
 silberne Schmucksachen Sølv-
 smykker pl. n
 silberne Hochzeit et Sølv-
 bryllup, pl. -per
singen synge III
 ein Lied s. synge en Sang
 s. Sie uns etwas! lad os
 faa en lille Sang!
Singvogel en Sangfugl
sinken synke III [(III) ned
 die Sonne sinkt Solen gaar
 den Mut s. lassen tabe (II)
 Modet [bunds
 auf den Grund s. gaa til-
 in Gefahr, zu s. i Fare for
 at synke [er sunket
 das Schiff ist gesunken Skibet
 nieder- synke ned
Sinn en Sans, pl. -er
 ich habe im S., zu ... jeg
 har isinde at ...
 S. für etwas haben have
 Sans for noget [rusk
 von Sinnen fra Forstanden,
 das kam mir nie in den S.!
 det kunde aldrig falde
 mig ind!
 das ist nicht nach meinem
 S. det er ikke efter mit
 Hoved
 was ist der S. dieses Satzes?
 hvad er Meningen med
 den Sætning?

finnlich — follen.

finnlich sanselig [en Brug
Sitte en Skik, en Sædvane,
nach alter S. und altem
Brauch efter gammel Skik
og Brug
gegen die gute S. verstoßen
støde (II) an mod god
sittlich sædelig [Tone (c)
Sittlichkeit en Sædelighed
sittsam ærbar
Sitz et Sæde
Bischofs= et Bispesæde
sitzen sidde III
Sitzplatz en Siddeplads,
 pl. -er
ich sitze ganz gut (sehr gut,
 schlecht) jeg sidder ganske
 godt (udmærket, daarligt)
wie s. Sie? hvorledes sid-
 der De?
mehr als 2 können hier nicht s.
 der kan ikke sidde flere
 end to her [godt?
s. Sie bequem? sidder De
ich will lieber hier s., um
 dem Zug zu entgehen jeg
 vil hellere sidde her for
 at undgaa Træk
auf dem Verdeck s. sidde paa
 Dækket
bei dem Kutscher s. sidde
 hos Kudsken [sidde paa
Sitzkissen en Pude til at
 (im Wagen) et Hynde
=platz en Siddeplads, pl. -er
Skandinavien: in ganz S.
 i hele Skandinavien (n)
Skandinavier en Skandinav,
 pl. -er
Skydsstation en Skyds-
 station [schüß=]; s. auch Post

so saa, saaledes, slig
so! jetzt ist es gut! saa, nu
 er det godt!
so geht das nicht saaledes,
 slig gaar det ikke
wie so? hvorledes det?
so ist es! saadan, slig er
 so? saa?   [det!
so groß wie saa stor som
sobald: s. als möglich saa
 snart som muligt
s. Sie können saa snart
 som De kan
Socke en Sok, pl. -ker
wollene Socken Uldsokker
baumwollene S. Bomulds-
Sockel en Sokkel [sokker
sodann saa
Sodawasser (et) Sodavand
ein Siphon S. en Sifon
 Sodavand
Sodbrennen en Halsbrynde
soeben nu lige, lige i dette
 Øieblik
ich bin s. angekommen jeg
Sofa en Sofa [kom lige nu
sofort straks, ufortøvet
sogar endog (saa)
sogleich straks
Sohle en Saal, pl. -er
zerrissene Sohlen opslidte
 Saaler
Sohn en Søn, pl. -ner
solcher, solche, solches saadan,
 saadant, pl. saadanne;
 slig, sligt, pl. slige
Soldat en Soldat
solid solid
sollen skulle III
soll ich das thun? skal jeg
 gjøre det?

somit — sorgen.

[sollen] was soll ich damit? hvad skal jeg med det? er sollte jetzt da sein! nu skulde han være kommen! er soll gestorben sein man sigər, han er død
somit altsaa
Sommer en Sommer
zwei S. to Somre
diesen S. isommer
vorigen S. ifjor Sommer
im S. om Sommeren
Mitt- en Midsommer
-anzug en Sommerdragt, pl. -er; (et) Sommertøi
-aufenthalt et Sommerophold
-monat en Sommermaaned, pl. -er
-nacht en Sommernat, pl. nætter [-sreiner] pl. c}
-sprossen Sommerfregner}
-überzieher en Sommeroverfrakke, en Sommerytterfrak, pl.-ker [pl. -er}
-wohnung en Sommerbolig,}
-zeit: zur S. ved Sommertid (c)
sonderbar mærkelig, sær
Sonderling en Særling
sondern men
nicht nur, s. auch ikke blot, men ogsaa
(trennen) skille II
Sonnabend en Lørdag
Sonne (en) Søl

[Sonne] Mitternachts- en Midnatssøl
wann geht die S. auf? naar staar (III) Solen op? wann geht die S. unter? naar gaar (III) Solen ned? die S. sticht Solen stikker III
Sonnenaufgang en Sølopgang, en Sølrenning
-finsterniß en Sølformør-}
-schein et Sølskin [kelse}
im S. i Sølskinnet, i Sølstegen
-schirm en Parasol
-seite: auf der S. paa Sølsiden
-stich (et) Sølstik
-strahl en Sølstraale
-untergang en Sølnedgang, et Solefald
sonnig sølbeskinnet
Sonntag[1] en Søndag
nächsten S. paa Søndag
womit haben Sie den S. verbracht? hvormed har De tilbragt Søndagen?
sonntags om Søndagen
Sonntagsanzug (et) Søn-}
sonst ellers [dagstøi}
wenn es s. nichts ist hvis der ellers ikke er noget
Sorge: S. tragen für ... bære (III) Omsorg (c) for ...
(Besorgniß) en Bekymring
sorgen für sørge for

---

[1] In Norwegen wird der Sonntag streng gefeiert. Auch in Dänemark werden jetzt nach dem neuen dänischen Sonntagsgesetz (Helligdagslov) alle Läden (ausgenommen die der Bäcker) nach 9 Uhr vormittags geschlossen.

Sorgfalt — spazieren.

[forgen] s. Sie dafür, daß nichts vergessen wird! sørg for, at der ingenting glemmes!
s. Sie für das Pferd! De faar sorge for Hesten!
lassen Sie mich dafür s.! lad mig sørge for det!
Sorgfalt en Omhyggelighed
sorgfältig omhyggelig
sorglos sorgløs, ligeglad
Sorglosigkeit en Sorgløshed
sorgsam ombyggelig
Sorte en (et) Slags, pl. Slags
das ist nicht die richtige S. det er ikke den rigtige Slags
haben Sie mehrere Sorten? har De flere Slags?
sortieren sortére
soviel saa meget
ebensoviel ligesaa meget
s. ich weiß efter hvad jeg véd
s. müssen Sie tragen! saa meget faar De bære!
sowie (sobald) saa snart som (auch) som ogsaa
sowohl: s ... als auch ... saavel ... som ogsaa
Spalte en Revne
spalten (Holz) kløve
Span(hobel-)enHøvlspaan,
Spange et Spænde [pl. -er]
Spangrün (et) Spanskgrønt
Spanien Spaniën n
spanisch spansk
spanische Wand et Skjærmbræt, pl. -ter
spannen spænde II
sparen spare
Spargel Asparges pl. c
'rren et Spær, en Spærre

sparsam sparsómmelig
Sparsamkeit en Sparsómmelighed [en Morskab]
Spaß Løier pl., en Spøg,
ich sagte das bloß im S. jeg sagde det bare i Spøg
das macht mir viel S. det morer mig
spaßen spøge II, skjemte
ich lasse nicht mit mir s.! De maa ikke tro, De kan gjøre Løiër med mig!
spaßhaft spøgefuld, morsom
Spaßvogel en Spøgefugl, en Skøiër
spät silde, sén, sildig
es ist schon s. am Abend det er allerede sént paa Aftenen, om Kvælden [det?]
wie s. ist es? hvor sént er
spätestens um 7 Uhr i det seneste Klokken syv
ich komme zu s. jeg kommer for silde
komme ich zu s.? kommer jeg for sént?
es wird s. werden, bis wir dorthin kommen det bliver sént, inden vi naar derhen, did
ich werde später wieder nachfragen jeg vil senere forhøre mig om det igjen
Spaten en Spade
Spätherbst en Efterhøst
im S. sénhostes [spurv]
Spatz en Spurv, en Graaspazieren gehen gaa (III) en Tur, spadsére
s. fahren kjøre (II) en Tur, tage (III) en Kjøretur

Spazierfahrt — Speisekarte.

[spazieren] s. reiten ride
(*III*) en Tur
umher- gaa (*III*) omkring
Spazierfahrt en Kjøretur
-gang en Spadséretur
-gænger en Spadsérende
-ritt en Ridetur
-stok en Spadsérestok
Spæht en. Spætte; en
 Hakspet, pl. -ter
Spæk (et) Flæsk
 (des Wals) et Spæk
-schnitte en Skive Flæsk
-schwarte en Flæskesvær
Speiche en Hjulege
Speichel et Spyt
Speicher et Pakhus, *pl.* -e
 (am Meer) en Søbod,
speien spytte [*pl.* -er]
Speise en Føde, en Mad;
 s. auch essen [*pl.* -e]
Speisehaus et Spisehus,
 -kammer et Spisekammer
Speisekarte en Spiseseddel[1],
 en Menu
haben Sie eine S.? har De
 en Spiseseddel?
geben Sie mir Ihre S.! lad
 mig se Deres Spiseseddel!

Spiseseddel
Suppe (c) Suppe
gule Ærter *pl.* Erbsen-
Hyldebær- Fliederbeeren-
Hønse- Hühner-
Kirsebær- Kirsch-
Kjød- Fleischbrühe
 med Ris og Boller mit
 Reis und Klößen
Skildpadde- Mockturtle-
Sød- süße S.
Vælling c Milch-
Øllebrød n Brot in Bier
 gekocht.

Gemyse (c) Gemüse

Asparges *pl.* Spargel
Blomkaal c Blumenkohl
Bønner *pl.* Bohnen
Grønlangkaal c geschmorter
 Grünkohl mit Bratkar-
 toffeln
Grønærter *pl.* Schoten
Hvidkaal c Weißkohl
Kartofler *pl.* Kartoffeln
Løg *pl.* Zwiebeln
Poteter pl. Kartoffeln
Rødbeder *pl.* rote Rüben
Rødkaal c Rotkohl
Snittebønner *pl.* Schnitt-
 bohnen

Fisk (c) Fisch

Brasen c Brassen
Gjedde c Hecht
Helleflynder c Heilbutt
Laks (Lax) c Lachs
Makrel c Makrele

---

[1] In den größern Hotels und Restaurationen ist die französische Küche vorherrschend, und die Gerichte treten hier unter ihrem ausländischen Namen auf. Vorliegende Speisen-karte läßt die kosmopolitischen Ausdrücke meist unberück-sichtigt und enthält einige der hauptsächlichsten Gerichte, die unter dänischem Namen aufgeführt werden.

Speisekarte.

Rodspætte c Goldbutt
Sild c Hering
Suder c Schleie
Torsk c Dorsch
Ørred c Lachsforelle

Kjødretter (pl. c)
Fleischspeisen
Bankekjød *n* eine Art Gulasch
Bøf (Boeuf) c Beefsteak
Flæskesteg c Svinesteg c Schweinebraten
Kalvesteg c Kalbsbraten
Lammesteg c Lammbraten
Medisterpølse c Bratwurst
Mørbrad c Lendenbraten
Oksesteg (Oxe-) c Rinderbraten
Ribbensteg c Schweinerippchen
Skildpadde (forloren S.) c Mockturtle-Ragout
Skinke c Schinken

And c Ente
Dus c Taube
Gaas c Gans
Kapun c Kapaun
Kylling c Hühnchen

Dyreryg c Rehrüden
Dyresteg c Rehbraten
Elsdyrsteg c Elenbraten
Haresteg c Hasenbraten
Hjortesteg c Hirschbraten
Rensdyrsteg c Renntierbraten

Aarfugl c Birkhuhn
Agerhøne c Rebhuhn
Rype c Schneehuhn
Røi c Auerhuhn
Tiur c Auerhahn

Kjødpostei c Fleischpastete
Røræg pl. Rühreier
Speilæg pl. Spiegeleier
Vienerpølse c Bierwurst
Æg *n* Ei

Confektures
Eingemachtes
Asiër: søde A. pl. Zuckergurken
Blommer pl. Pflaumen
Hindbær pl. Himbeeren
Ingefær c Ingwer
Jordbær pl. Erdbeeren
Kvæder pl. Quitten
Pærekompot c Birnenkompott
Ribs pl. Johannisbeeren
Sølbær pl. Aalbeeren
Stikkelsbær pl. Stachelbeeren
Svedsker pl. Zwetschen
Tyttebær pl. Preißelbeeren
Æblekompot c Apfelkompott

Dessert (c) Nachtisch
Budding c Pudding
Frugt c Obst
Jordbær (pl.) med Fløde Erdbeeren mit Sahne
Kransekage c Matronentorte
Multebær, Multer pl. Moltebeeren
Pandekage c Pfannkuchen
Plumbudding c Rosinenpudding
Rødgrød (c) med Fløde rote Grütze mit Sahne
Stikkelsbærgrød c Stachelbeergrütze
Tærte c Torte
Vindruer pl. Weintrauben
Æbler pl. Äpfel

Speifekorb — Spirituofen.

koldt Bord (n)
kalte Küche;
f. auch S. 59, Anm. 1
Agurker pl. Effiggurken
Gaaseleverpostei c Gänse-
 leberpastete
Grisesylte c Sülze
Kiks (pl c) med Kaviar (c)
 Cakes mit Kaviar
Lageagurker pl. Salzgurken
Ost c Käse; f. auch Käse
Pølse c Wurst
Radiser pl. Radieschen
Reiør, Reger pl. Garneelen
Rullepølse c Rollwurst
røget Gaasebryst n geräu-
 cherte Gänsebrust
Sildesalat c Heringssalat
Sky c Bratensatz
Tunge c Zunge
Østers pl. c Austern
Speisekorb en Madkurv, en
 Nistebomme
spisen spise II; f. auch essen
Spisesaal en Spisesal, en
 Spisestue
-skrank et Madskab, pl. -e
-zettel f. Speisekarte
Spektakel en Støi, en Opstyr
 S. machen gjøre (III) Støi
Sperber en Høg
Sperling en Spurv, en Graa-
 spurv
Sperrbaum en Bom

sperren (Weg) spærre
 ein- indespærre
Sperrsitz (Theater) en nume-
 réret Plads, pl. -er
Spezereihandlung en Mate-
 rialhandel
spicken spække
Spiegel et Speil, pl. -e
 Hand- et Haandspeil
 Taschen- et Lommespeil
 sich im S. besehen se (III)
  sig i Speilet
Spiegeleier Speilæg pl. c
spiegeln, sich speile sig
Spiel (Karten-) et Spil
 (der Kinder) en Leg[1]
 Ball- et Boldspil [Kort]
 Karten- (et) Kortspil, et Spil
 aufs S. setzen sætte (III)
  paa Spil
 das S. verloren geben op-
  give (III) Ævret
spielen (Ball, Billard, ein
 Instrument ic.) spille
 (mit Spielzeug ic.) lege[2]
Spieler en Spiller
Spielerei et Legeværk
Spielkarten Spillekort pl. n
 -marken Jetons pl. c
 -zeug et Legetøi
Spinne en Edderkop
spinnen spinde III
Spinnwebe en Spindelvæv
Spinnrad en Rok
Spirituosen[3] Spirituosa

---

[1] Dänisch: „let", norwegisch: „let" ausgesprochen.
[2] Dänisch: „leie", norwegisch: „lehte" ausgesprochen.
[3] Die Mäßigkeitsvereine (Afholdsforeningerne) haben in Norwegen große Erfolge aufzuweisen, so daß auf den Skydsstationen und in vielen Restaurationen keine Spirituosen

Spital — Spreu.

[Spirituosen] wo bekommt man hier S.? hvor kan man her (faa) kjøbe Spirituosa? haben Sie das Recht, S. zu verabreichen? maa De udskjænke spirituøse Drikkevarer?
Spital et Hospital
spitz spids [-er]
Spitze en Top; en Tind, pl. bis zur S. des Berges helt op til Toppen af Fjeldet auf der S. des Berges paa Fjeldtoppen, paa Fjeldtinden [Fjeldtind]
Felsen- en Fjeldtop, en
Zigarren- et Cigarrør
Spitzen Kniplinger pl. c
spitzen spidse
Spitzname et Øgenavn, pl. -e, et Slængenavn, pl. -e
Splitter en Splint, pl. -er
Sporn en Spore
spornen spore
das Pferd s. give (III) Hesten af Sporerne
Sport: ein hübscher, nützlicher S. en behagelig (vakker), gavnlig Sport (Idræt)
spotten spotte
spöttisch spydig
Sprache et Sprog, et Maal

[Sprache] Mutter- et Modersmaal
Schrift- et Bogsprog
Umgangs- et Talesprog, en Dagligtale, et Omgangssprog
Volks- et Folkesprog, et Landsmaal, et Bygdemaal [kjendskab]
Sprachkenntniß et Sprog-
-lehrer en Sproglærer
sprachlos maalløs
sprechen tale II
über (von) etwas s. tale om noget [Tysk?]
s. Sie Deutsch? kan De talo?
ist jemand hier, der Deutsch spricht? er der nogen her, som kan tale Tysk?
ich kann nicht Dänisch (Norwegisch) s. jeg kan ikke tale Dansk (Norsk)
bitte, s. Sie ganz langsam! De maa endelig tale, De faar tale meget langsomt!
Sie s. zu schnell De taler altfor hurtigt
kann ich Herrn ... s.? kan jeg faa Herr ... itale?
Sprechstunde (Beamter) en Kontortid
(Arzt) en Konsultationstid
sprengen sprænge II
Spreu Avner pl. c

verabreicht werden; für einige Turisthytter (Touristenhütten) hat den norske Turistforening (der norwegische Touristenverein) das Ølret (das Recht, Bier zu verkaufen) erworben; in den Städten findet sich meistens eine konzessionierte Schankstätte für Spirituosen, Bolaget oder Samlag (Verein, Aktiengesellschaft) genannt.

Sprichwort — stampfen. 239

Sprichwort et Ordsprog
Sprietsegel et Sprydseil
springen springe *III*
über den Bach, Graben s.
springe over, *hoppe* Elven,
Grøften
kann man darüber s? kan
man springe over?
Spritze: Feuer- en Brand-
sprøite
Garten- en Vandkande
spritzen sprøite, stænke
Spritzleder et Vognlæder, *et*
sprøde skjør [*Skvætlæder*]
Sprosse (Leiter-) et Trin
Sprotte en Brisling
Spruch en Sentens, en Udta-
lelse
Bibel- et Skriftsted, *pl.* -er
Richter- en Dom
sprühen gnistre
Sprung et Spring, *et Sprang*
im S. i Spring, *Sprang*
-brett et Springbræt, *pl.*
brædder
-feder en Springfjer
spucken spytte
Spucknapf en Spyttebakke
Spuk et Spøgeri, *et Skræmt*
-geschichte en Spøgelses-
historie [(*II*)]
spuken: es spukt det spøger
spülen skylle
Spund et Spunds, *pl.* -er
Spur et Spor
im. auf die S kommen
komme paa Spor efter no-
Wagen- et Hjulspor [gen
spüren mærke
Staatsbeamter en Statsem-
bedsmand, *pl.* mænd

Staatsverfassung en Stats-
forfatning, en Grundlov
Stab en Stav, en Kjæp, *en
Stavr*
Stachel en Braad, en Pig
-beere et Stikkelsbær
-schwein et Pindsvin
Stadt en By; en Kjøbstad;
pl. stæder
in, nach der S. i, til Byen
Haupt- en Hovedstad
-bewohner en Kjøbstadboër
-leben et Byliv
-mauer en Stadsmur
-post en Bypost
-rat (die Behörde) en Magi-
strat [medlem, *pl.* -mer]
(ein Mitglied) et Byraads-
-teil en Bydél
städtisch kjøbstadagtig
Stahl (et) Staal
-feder en Staalpen
-stich et Staalstik
Stall en Stald
Kuh- en Kostald, *et Fjøs*
Pferde- en Hestestald
Schweine- en Svinesti; *et
Svinehus*, *pl.* -e
-knecht en Staldkarl
-thür en Stalddør, *en
Fjøsdør* [stamme]
Stamm (Baum-) en Træ-
(Geschlecht) en Herkomst;
en Æt, *pl.*-ter [Kongeæt
löniglichen Stammes af
stammeln stamme
stammen: ab- nedstamme
stammverwandt mit beslæg-
tet med
stampfen: mit den Füßen s.
stampe med Fødderne

Stand — Staubfaden.

Stand: eine Person von S.
en Rangsperson
in gutem S. i god Stand (c)
zu Stande bringen faa (III) i
Orden; *stelle*
Standbild en Státus
Ständchen en Serenade
standhaft standhaftig
standhalten holde(III)Stand
ständig permanent, vedvarende
Standort et Sted, *pl.* -er
Stange en Stang, *pl.*
Stænger; en Stage, *en Stavr*
Stapel en Stabel, en Bedding
vom S. laufen løbe (III) af Stabelen
-platz et Ladested, *pl.* -er
Star (Vogel) en Stær
(Krankheit) (en) Stær
stark stærk [*stærk*,
sehr f. meget stærk, *skam-*
das ist f.! det er dog for|
Stärke en Styrke [galt!]
(Wäsche) en Stivelse
stärken styrke
(Wäsche) stive
Stärkung: eine S. zu sich
nehmen tage (III) en
Hjertestyrkning
starr stiv
Starrkopf en Stivnakke
-krampf en Stivkrampe
Station en Station
wie heißt diese S.? hvad er Navnet paa den Station?
auf welcher S. kann man Mittagessen bekommen? paa hvad Station kan man faa Middagsmad?

[**Station**] **Ansage-** en Tilsigelsesstation
Eisenbahn- en Jernbanestation; et Stoppested, *pl.* -er
feste S. (wo stets Pferde bereit stehen) *en fast Station*
Post- en Poststation, *en Skydsstation, et Skydsskifte*
ist hier eine **Skyds-**? findes der her en Skydsstation?
f. auch **Post**
Stationsgebäude en Stationsbygning
-halter *en Stationsholder, en Skydsskaffer*
-vorsteher en Stationsforvalter, *en Stationsmester*
stätisch (Pferd) stædig
statt: f. dessen istedetfor
f. meiner istedetfor mig
von statten gehen gaa (III) fra Haanden
das darf nicht stattfinden det maa ikke forekomme
statthaft tilladt, tilládelig
-lich statelig, *stout*
Statur: von großer kleiner, mittlerer, kräftiger S. stor, lille *(liden)*, uf Mellemhøide, godt bygget
Staub (et) Støv
sich aus dem S. machen stikke (III) af, smøre (III) Haser
stauben: es stäubt sehr det støver meget
Staubbesen en Støvekost
-faden en Støvtraad

Staubgefäß — Steigung. 241

Staubgefäß et Støv-
  gjemme; en Støvknap, pl.
  -per
-mantel en Støvkappe
-regen en Støvregn [-rein]
-wolke en Støvsky
stauen (Waren) stuve [det]
  (Wasser) dæmme (for Van-
staunen forbauses, undre
  paa
Stearinkerze et Stearinlys
stechen stikke III
  die Sonne sticht Solen stikker
  in See ft. staa (III) udef-
  ter; stikke i Søen
Stechfliege en Brems, pl. -er
Steckbrief et Stikbrev, pl. -e
stecken stikke III, putte
  in die Tasche ft. putte i
  Lommen [De henne?
  wo ft. Sie denn? hvor er
  ft. bleiben gaa (III) istaa
Steckenpferd en Kjæphest
Stecknadel en Knappenaal
Steg en Sti
  wohin führt dieser S.? hvor
  gaar den Sti hen?
  wo ist ein S. über diesen
  Bach zu finden? hvor er
  der en Bro (Klop) over
  Elven? [-per]
  (an der Hose) en Strop, pl.
Stegreif: aus dem S. paa
  staaände Fod
stehen staa III
  ich lasse das Bier ft., bis ich
  wiederkomme jeg lader
  det staa her, til jeg kom-
  mer igjen
  ich stehe im Begriff zu ...
  jeg er ifærd med at ...

[stehen] meine Uhr ist st.
  geblieben mit Uhr er
  gaaët istaa
  das steht Ihnen gut det klæ-
  der (II) Dem godt
  wie steht's? hvorledes gaar
  det? hvorledes har De
  det?
  für etwas st. (bürgen) inde-
  staa (III) for noget
Stehkragen en opstaaände
  Flip, pl. -per
stehlen stjæle III
Stehplatz en Staaplads, pl.
steif stiv [-er]
Steigbügel en Stigbøile
  den S. länger, kürzer schnal-
  len gjøre Stigbøilen læn-
  gere, kortere
-eisen (bei Gletscherfahrten)
  en Pigstav
steigen stige III
  auf den Berg st. gaa (III) op
  paa Fjeldet, bestige Fjeldet
  können wir nicht höher ft.?
  kan vi ikke stige høiëre
  op?
  wie lange hat man zu st.?
  hvor længe faar vi stige
  opover?
  hinab- stige ned, gaa (III)
  nedad, nedover
  hinauf- stige op
  das Wasser steigt Vandet
  stiger, flor
  das Bier ist ihm in den Kopf
  gestiegen Øllet er steget
  ham til Hovedet
steigern: den Preis st. forhøiê
  Prisen
Steigung en Stigning

242 steil — Stiefeltern.

[Steigung] starke brat
 schwache jævn
steil steil, *brat*
 geht der Weg st. hinauf?
 gaar Veien brat opad?
 ist er mit Karriole fahrbar?
 kan den kjøres med Ka-
Stein en Stēn   [riol?
 Edel- en Ædelstēn
 Kiesel- en Flintestēn
Steinalter (en) Stēnalder
 -butt en Pighvar
 -damm et Stēndige, et
  Stēngjærde
steinern af Stēn, Stēn-
Steingut Lērvarer *pl.*
 -haufen en Stēndysse, *en
  Stēnrøse;* f. auch S. 4, Anm.
 -metz en Stēnhugger
steinig stenet, *uret*
Steinkohle Stēnkul *pl. n*
 -trug et Stēnkrus
Steiß en Rumpe
Stellbichein et Stævnemøde
Stelle et Sted, *pl.* -er
 an Ihrer S. i Deres Sted
 an Ort und S. paa Pladsen
 lassen Sie uns eine bessere
  S. aufsuchen! vi maa hel-
  lere se at, *vi faar hellere
  finde et bedre Sted!*
 auf der S.! straks!
stellen stille
 st. Sie das dorthin! stil det
  derhen, *did!*
 die Uhr st. stille Uhret
 zur Rede st. kræve til Ansvar
stellenweise sommesteder
Stellung en Stilling [træder
Stellvertreter en Stedfor-
 '[fuß et Træbēn

Stemmeisen et Stemmejern
stemmen støtte imod
Stempel et Stempel
 -bogen et Ark Stempelpapir
 -marke et Stempelmærke
Stengel en Stengel
Steppdecke et vattéret Tæppe
Sterbebett en Dødsseng
sterben dø *III*
 ist er gestorben? er han død?
 wann starb er? naar døde
  han?
Sterbestunde en Dødstime
sterblich: st. verliebt dødelig
  forelsket
Sterblichkeit en Dødelighed
Stern en Stjerne
 -bild et Stjernebillede
sternhell stjerneklar
Sternschnuppe et Stjerne-
  skud
 -warte et Observatorium
Steuer en Skat, *pl.* -ter
 Einkommen- en Indkomst-
  skat
 Gemeinde- en Kommuneskat
Steuerbord (et) Styrbord
 -mann en Styrmand, *pl.*
steuern styre   [mænd
Steuerrad et Rat
 -ruder et Ror, *et Styr*
 am S. sitzen sidde (*III*) ved
Stich et Stik   [Roret
 im S. lassen lade (*III*) i
  Stikken
Stichling en Hundesteile
sticken brodére, baldyre
Stickerei et Broderi
Stiefbruder en Stifbroder
 [-bruhr], *pl.* brødre
 -eltern Stifforældre *pl.*

Stiefel — stopfen. 243

Stiefel en Støvle[1]
Schaft- Skaftestøvler *pl.* c
Wasser- Vandstøvler *pl.* c,
Fedtlædersstøvler *pl.* c
anziehen trække (*III*) paa
ausziehen tage (*III*) af
putzen pudse, blanke
schmieren smøre *III*
Stiefeletten Støvletter *pl.* c
Stiefelknecht en Støvleknægt
-putzer en Støvlepudser
Stiege (20) en Snēs
Stiel et Skaft, *pl.* -er
Stier en Tyr
stier stiv [f. Anm. 1, S. 50]
Stift, das et Stift, *pl.* -er:
(der) S. en Stift, *pl* -er
Blei- en Blyant, *pl.* -er
Stiftung en Stiftelse
still stille
still! tys!
Stille en .Stilhed
stillen stille
 den Hunger st. stille Sulten
 den Durst st. slukke Tørsten
 das Blut st. standse Blodet
Stillschweigen en Taushed
stillschweigen ties (*III*) stille
stillsitzen sidde (*III*) stille
-stehen staa (*III*) stille
Stimme en Stemme; en Røst,
 pl. -er
 sie ist nicht bei S. hun er
 ikke ved Stemme
stimmen: das stimmt (nicht)
 det stemmer (ikke)
 ich stimme dafür, daß …
 jeg stemmer for, at …

stimmt diese Angabe noch,
 oder hat sich etwas daran
 verändert? passer den
 Angivelse endnu, eller er
 der forandret noget ved
 den? [Lune]
Stimmung et Humør, et
 in guter (schlechter) S. i godt
 (daarligt) Humør
stinken stinke
Stirn en Pande
stochern stikke [Tænder]
 in den Zähnen st. stange
Stock (Stab) en Stok, en
 Kjæp, en Stav [Pigstav]
 Alpen- en Alpestok, en
 Spazier- en Spadsérestok
 (Stockwert) en Etage
 im I., II., III., IV. S. woh-
 nen bo paa første, anden,
 tredie, fjerde Sal
 im Souterrain i Kjælderen
 Parterre, Erdgeschoß en
 Stue, en Stueetage
 Mansarde, Dachzimmer en
 Kvist
 fünfstödig femetages
stockfinster bælgmørk
Stockfisch en Tørfisk
-werk en Etage [-fer; et Tøi]
Stoff (Zeug) et Stof, *pl.*
stöhnen stønne; vaande sig
Stolle en Julekage
stolpern snuble
stolz stolt, hovmódig
 auf etwas st. stolt af noget
Stolz en Stolthed, et Hov-
stopfen stoppe [mod]

---

 [1] Die aus Renntierfell gefertigten Stiefel der Lappen
heißen *Komager* oder *Finsko.*

Stopfgarn (et) Stoppegarn
-nadel en Stoppenaal
stopp! stop! holdt!
Stoppel en Stub
-feld en Stubmark, *pl.* -er
Stöpsel en Prop, *pl.* -per;
en Tol; et Spunds, *pl.* -er
Storch en Stork
-nest en *(et)* Storkerede
stören forstyrre
  ich möchte nicht st. jeg vilde
  nødig forstyrre
  ich störe doch nicht? jeg kommer dog vel ikke til Uleilighed?
  entschuldigen Sie, daß ich
  Sie störe! undskyld, at
  jeg forstyrrer Dem!
  lassen Sie sich nicht st! lad
  Dem endelig ikke forstyrre!
störrisch haardnakket
Störung en Forstyrrelse
Stoß et Stød
  Aften- en Bunke Doku-
stoßen støde *II* [menter]
  (mit dem Fuß) sparke
  haben Sie sich gestoßen? har
  De stødt Dem?
  auf den Grund st. støde paa
stottern stamme [Grund]
strafbar strafværdig
Strafe en Straf
  Geld- en Bøde
straff: st. anbinden binde
  (III) stramt til
Strafgesetz en Straffelov

Sträfling en Straffefange
Strahl en Straale
  Licht- en Lysstraale
  Sonnen- en Sølstraale
  Wasser- en Vandstraale
strahlen straale
stramm stram
Strand en Strand; en
  Strandbred, *pl.* -der
  am S. ved Stranden
  auf den S. geraten løbe *(III)*
  paa Grund   [boër]
Strandbewohner en Kyst-
stranden strande
  ein gestrandetes **Schiff** et
  strandet Skib
Strandgut et Strandingsgods, et Vraggods [vibe]
-läufer (Vogel) en Strand-
Strandung en Stranding
  einer S. beiwohnen overvære en Stranding
Strandvogel en Strandfugl,
  en Søfugl
Strang et Reb, en Strikke
  Wagen- en Skagle, *en Skokle*
Strapazen Strabadser *pl.*,
Straße en Gade [en Møis]
  Land- en Vei, en Landevei
  Meeres- et Sund, *pl.* -e
  auf der S. paa Gaden
  in der Bredgade i Bredgade[1]
  über die S. gehen gaa *(III)*
  over Gaden
  ...S., Nr. 14, 3 Treppen
  links ...gade, Nummer fjorten, tredie Sal tilvenstre

---

[1] Doch heißt es von einigen Kopenhagener Straßen
(Ostergade, Kjøbmagergade ꝛc) „paa"; „i" würde in
dieser Verbindung „unter" bedeuten.

Straßenarbeit — Strohdach.

[Straße] in der Mitte der S. midt i Gaden [...gade?] wo ist die ...S.? hvor er/ führt diese S. nach...? gaar den Gade til ...?
Haupt- der Stadt Byens Hovedgade
Neben-, Seiten- en Sidegade
Quer- en Tvergade
gepflastert brolagt
Bürgersteig en Spadséresti
Straßenarbeit et Brolægningsarbeide
-beleuchtung en Gadebelysning
-ecke et Gadehjørne
-junge en Gadedreng
-kehrer en Gadefeiër
-laterne en Gadelygte
-pflaster en Stenbro
-schild et Gadeskilt, pl -er
sträuben, sich vægre sig, modsætte (III) sig
Strauch en Busk
Strauß (Blumen-) en Bukét (Vogel) en Struds
streben: nach etwas st. tragte (stræbe II) efter noget
Strecke en Strækning
auf der S. von ... bis ... paa Strækningen fra ... til ...
eine S. Weges et Stykke Vei
strecken strække III
sich in das Gras st. kaste sig ned i Græsset
Streich: ein dummer S. en dum Streg [strei]
(Schlag) et Hug
streicheln klappe
streichen stryge III [smurt] gestrichen strøget; (Brot)
[streichen] die Segel, die Fahne st. stryge Seilene, Flaget
gestrichene Semmel et Rundstykke med Smør frisch gestrichen! malet!
Streichholz en Tændstik, pl. -ker; en Fyrstik, pl. -ker
-musik Musik (c) paa Strygeinstrumenter
-riemen en Strygerem
Streifen en Strimmel, en Stribe   [en Trætte]
Streit en Strid, en Tvist,/
streiten stride(s) III, trættes
darüber wollen wir nicht st.! det vil vi ikke trættes om!
Streitfrage et Stridsspørgsmaal
streitig stridig
streitsüchtig trættekjær
streng stræng [Kulde]
strenge Kälte en haard/
st. genommen strængt taget
Strenge en Strænghed
streuen strø
Strich en Streg [strei]
das hat mir einen S. durch die Rechnung gemacht det har gjort mig en Streg i Regningen [rei-]
Strick en Strikke, et Reb
stricken strikke
Strickleiter en Rebstige
-strumpf en Strikkestrømpe
-zeug et Strikketøi
Stroh et Straa, en Halm
auf dem S. liegen ligge (III) i Halmen
Strohbund et Halmknippe
-dach et Straatag

Strohhalm et Halmstraa
-hut en Straahat
-wisch en Halmvisk
Strolch en Vagabond; en
  Fant, pl. -er
Strom en Strøm
(Fluß) en Elv
reißender S. en stærk Strøm
(Strömung) *en Raas, pl.*
  -er; en *Stryk*
stromab med Strømmen
stromauf mod Strømmen
-bett et Strømleie
-enge en Strømsnevring
-schnelle en Strømhvirvel
strömen: der Regen strömt
  herab Regnen [reinen]
  strømmer ned
Strudel en Malstrøm
Strumpf en Strømpe
ein Paar Strümpfe et Par
  Strømper [uldsstrømper]
baumwoll. Strümpfe Bom-
  wollene Strümpfe Uld-
  strømper
Socken Sokker *pl.* c
-band et Strømpebaand
Stube en Stue   [merat]
Stubengenosse en Stuekam-
-mädchen en Stuepige; (in
  Gasthöfen) en Opvart-
  ningsjomfru [1]
Stück et Stykke
was kostet das S.? hvad
  koster Stykket?
aus freien Stücken af egen
Stufe et Trin   [Drift (c)]
Stufenleiter en Trappestige
stufenweise gradvis

Anrede: Jomfru!

Stuhl en Stol
Feld- en Feltstøl
Lehn- en Lænestol
Schaukel- en Gyngestol
Stuhlgang (en) Aabning
keinen S. ingen Aabning
harter S. haard Mave c
stumm stum, maalløs
taub- døvstum
Stummel (Zigarren-) en
  Cigarstump, *pl* -er
(Glied) en Ledstump
Stümper en Fusker, en Stak-
  kel, *en Stakkar*
stumpf: ein stumpfes Messer
  en sløi Kniv
Stunde en Time
in (nach) einer S. om en
  Time; om en Timestid
auf (für) eine S. for (i) en
  Time   [vis]
auf die S. mieten leie time-
vor einer S. war er hier
  han har været her for
  en Timestid siden
vor einer S. werde ich nicht
  zurückkommen jeg kom-
  mer ikke igjen før om
  en Timestid
in wieviel Stunden werden
  wir wieder hier sein kön-
  nen? efter hvor mange
  Timers Forløb kan vi
  (faa) være tilbage igjen?
in wieviel Stunden fahren
  wir von ... nach ...? hvor
  mange Timer er vi om
  at kjøre (Schiff: seile)
  fra ... til ...?

ſtündlich — Suppe. 247

Stunde] eine S. von hier
 en Mils Vei herfra
 eine Viertel- et Kvartér
 eine halbe S. en halv Time
 dreiviertel S. tre Kvartér
 anderthalb Stunden halv-
 anden Time
ſtündlich i hver Time
Sturm en Storm
 bekommen wir S.? faar vi
 Storm? [et Sorok}
 See- en Storm paa Søen;}
 glauben Sie, daß sich der
 S. bald legen wird? tror
 De, Stormen snart lægger}
ſtürmen storme [sig?}
Sturmflut en Stormflod
 -haube en Stormhue
ſtürmiſch stormfuld
 (ungeſtüm) fremfusende
Sturmvogel en Stormfugl
Sturz et Fald [et Stup}
 Berg- en Fjeldstyrtning,}
 Schnee- et Sneskred
 -bad et Styrtebad, pl. -e
ſtürzen (intrans.) styrte,
 falde III [faldt (skvat)}
 das Pferd ſtürzte Hesten}
 (trans.) kaste
Sturzsee en Braadsø; en
 Skavl, pl. -er
Stute en Hoppe
Stütze en Støtte
ſtutzen studse
 (türzen) stækko
ſtützen: sich auf etwas ſ.
 støtte sig til noget

Stutzer en Spradebasse
ſubtrahieren trække (III) fra
ſuchen nach søge (II) efter,
 lede (II) efter
 Zimmer ſ. søge Værelse (n)
 was ſ. Sie? hvad leder De}
Sucht en Syge [efter?}
Süden (et) Syd¹, Sønden
 im S. sydpaa
 von S. sydfra [sydover}
 nach S. (südwärts) sydpaa,}
 (Schiff) nach S. fahrend paa
 Sydgaaënde
Südfrüchte Sydfrugter pl. c
ſüdlich: ſ. von... Syd for...
 im ſüdlichen Norwegen i det
 Søndenfjeldske
Südost (et) Sydøst
 -wind en Søndenvind
Sülze en Sylte
Summe en Sum, pl. -mer
 was macht es in Summa?
 hvor meget bliver det}
ſummen summe [hele?}
ſummieren summére
Sumpf en Sump; en Myr,
 pl. -er
 muß man über einen S.
 gehen? skal vi over en
 Sump? faar vi passére
 en Myr?
 -boden en Hængemyr
ſumpfig sumpet, myrlændt
Sund et Sund, pl. -e
Sünde en Synd, pl. -er
Suppe en Suppe [Suppe}
 ein Teller S. en Tallérken}

---

¹ In Norwegen, besonders in Zusammensetzungen, auch
 Sør, z. B. Sørfjord Südbucht, Sørlænding Bewohner
 einer ſüdlichen Gegend.

[**Suppe**] **Aal-** en Aalesuppe
Brot- en Brødsuppe [brød]
Bier- mit **Brot** (et) Øllo-
Erbsen- gule Ærter *pl.*
Fleischbrühe en Kjødsuppe
Grünkohl- (en) Grønkaal
Milch- en Vælling, *en Melkesuppe* [suppe]
Mockturtle- en Skildpadde-
Ochsenschwanz- en Oksehalesuppe
Weißkohl- en Hvidkaalssuppe
Suppenfleisch (et) Suppekjød
-**löffel** en Potageske
-**schüssel** en Suppeterrin
-**teller** en dyb Tallerken
süß sød
süßes Wasser fersk Vand(*n*)[1]
Süßigkeiten søde Sager *pl.*
Tabak en Tobak; f. auch **rauchen**
Kau- en Skraatobak
Tabaksasche en Tobaksaske
-**beutel** en Tobakspung
-**laden** en Tobakshandel
-**pfeife** en Tobakspibe
-**rauch** en Tobaksrøg
Table d'hôte et Table d'hôte
wird hier T. gespeist? spises
 der ved Table d'hôte?
um welche Zeit? til hvad
 Tid?
was kostet das Kouvert?
 hvad koster en Kuvert?
Wein inbegriffen? er Vin
 med iberegnet [-rei-]?
Tadel en Dadel
tadellos ulastelig

tadeln dadle, laste
tadelnswert dadelværdig
Tafel en Tavle
 an der T. ved Bordet
Tafelwerk et Panél [Dag]
Tag (so lange es hell ist) en
 (24 Stunden) et Døgn
 [benn] [fjorten Dage]
 acht, vierzehn Tage otte,
 am, bei Tage om Dagen
 pro T., tageweise om Dagen
 eines Tages en Dag
 den T. vorher, nachher Dagen iforveien, efter
 dieser Tage i disse Dage
 heutzutage i vore Dage
 guten T.! god Dag!
 bei Tagesanbruch ved Daggry, *i Graalysningen*
 es ist schon heller T. det
 er alleréde høilys Dag
 an den T. kommen komme
 (*III*) for en Dag
Tageblatt et Dagblad, *pl.* -e
-**buch** en Dagbog, *pl.* bøger
-**lohn** en Dagløn
-**löhner** en Dagleier; en
 Arbeidsmand, *pl.* mænd
-**reise** en Dags Reise
tagen: es tagt det dages
 (Versammlung) holde (*III*)
 Møde (*n*)
Tageslicht et Dagslys
-**ordnung:** zur T. übergehen
 gaa (*III*) over til Dagsorden (c)
täglich daglig, hver Dag
 zweimal t. to Gange om
 Dagen

---

[1] Gegensatz: Saltvand, Salz-, Meerwasser.

Taille en Talje [*Rig*]
Tafelage en Rigning, *en*]
Taft: T. halten holde (*III*)
  Takt (*c*) [Takt]
  den T. schlagen slaa (*III*)
  aus dem T. kommen komme
  (*III*) ud af Takten
taktlos taktløs
  -voll taktfuld
Talg en Tælle
  -licht et Tællelys
tändeln spøge *II*, fjase
Tang (en) Tang, (et) Søgræs
Tanne en Gran, *pl*. -er; et
  Grantræ [granklædt]
  mit Tannen bewachsen]
Tannenwald en Granskov,
  en *Granskog*
  -zapfen en Grankogle
Tante en Tante [1]
Tanz en Dans
tanzen danse
Tänzer: sind Sie kein T.?
  danser De ikke?
Tanzmelodie en Dansemelo-
  di, en *Slaat*
  -saal en Dansesal, *pl*. -er
  -schuh en Balsko, *pl*. sko
tapfer tapper, gjæv
täppisch kluntet
Tasche en Taske
  (Kleider-) en Lomme
  in die T. stecken putte i
  Lommen
  es steckt in der rechten Sei-
  tentasche det ligger i høire
  Sidelomme
Brust- en Brystlomme

[Tasche] Hosen- en Bukse-
  lomme
  Reise- en Vadsæk
  Rock- en Frakkelomme
  Umhänge- en Haandtaske
  Westen- en Vestelomme
Taschenbuch en Lommebog,
  pl. bøger
  -dieb en Lommetyv
  -geld Lommepenge *pl*.
  -kamm en Lommekam
  -messer en Lommekniv
  -spieler en Gjøgler, en
  Taskenspiller
  -tuch et Lommetørklæde
  -uhr et Lommeuhr
Tasse en Kop, *pl*. -per
  Ober- en Overkop
  Unter- en Underkop
  eine T. Kaffee en Kop Kaffe
Tatze en Pote; en Lab, *pl*.]
Tau (der) en Dug [-ber]
  -wetter (en) Tø, et Tøveir,
  et *Læveir*, et *Lindveir*
  (das) et Toug, *pl*. -e; et
  Reb
  Gletscher- et Brætaug
taub døv
Taube en Due
Taubenschlag et Dueslag
Taubheit en Døvhed
tauchen dykke, dukke
Taucher en Dykker
tauen (auf-) tø, slaa (*III*) op
  es hat stark getaut der er
  falden (*III*) stærk Dug
Taufe en Daab
taugen dus

---

[1] Auch Faster (Schwester des Vaters) und Moster (Schwester der Mutter).

250 Taugenichts — Telegramm.

[**taugen**] das taugt nichts; geben Sie mir ein andres! det duer ikke; lad mig faa et andet! [*pl.* -er]
Taugenichts en Drivert,
tauglich brugbar
taumeln rave
Tausch et Bytte
tauschen bytte
täuschen skuffe, narre ich habe mich getäuscht jeg har taget feil
Täuschung en Skuffelse
tausend tusinde
zu Tausenden i Tusindvis
Taxe en Takst(Taxt), *pl.* -er; f. auch Führer, Post zeigen Sie mir die T.! lad mig (*faa*) se Deres Takst! wieviel beträgt die T.? hvad er Taksten?
Teer (en) Tjære
-**tuch** en Presenning
teeren tjære, *tjærebrede* II
Teich en Dam, *et lidet Tjern*
Teig en Deig
Teil en Del; en Part, *pl.* -er der größte T. Størsteparten

[**Teil**] zum T. tildels, for en Del
in zwei Teile i to Dele
teilbar delelig
teilen dele II
Teilnahme: seine T. bezeigen bevidne sin Deltagelse
teilnehmen an ... tage (*III*) Del i ...
wenn Sie nichts dagegen haben, meine Herren, möchte ich gern an dem Ausflug t. hvis de Herrer ikke har noget derimod, kunde jeg lide, *likte jeg at være med paa* Turen
teils dels
teilweise delvis
Telegramm[1] et Telegram aufgeben sende II
T., enthaltend eine Eilbotschaft et Telegram indeholdende en Skydstilsigelse
Bestellung auf ein Zimmer Bestilling paa et Værelse
Worttaxe en Takst for hvert Ord

---

[1] In Norwegen zahlt man für ein Telegramm im Inland von 10 Wörtern 50 Öre als Grundtaxe und 5 Öre für jedes Wort darüber. Eine Eilbotschaft (*Skydstilsigelse*) von 15 Wörtern befördert der Eisenbahntelegraph für 40 Öre (Formular f. S. 195, Anm.). Eine Depesche nach Deutschland kostet 16, nach Österreich-Ungarn 25 Öre per Wort. Grundtaxe 80 Öre. — In Dänemark kostet ein Telegramm im Inland bis zu 20 Wörtern 50 Öre (innerhalb Kopenhagens 25 Öre); eine Depesche nach Deutschland: Grundtaxe 24 Öre (Österreich-Ungarn 45 Öre), jedes Wort außerdem noch 8 Öre (Österreich-Ungarn 15 Öre).

Telegraphenamt — Theater.

[Telegramm] Grundtaxe en Minimumstakst
Telegraphenamt, -büreau et Telegrafkontor
kann man hier eine Depesche nach... aufgeben? kan man (faa) sende et Telegram herfra til ...?
wo ist das T. hvor er Telegrafkontoret?
wie lange ist es offen?[1] hvor længe er det aabent?
bitte, geben Sie mir ein Formular! maa jeg faa en Blanket?
ich wünsche die Antwort vorauszubezahlen![2] jeg ønsker at betale for Svaret
das ist eine Stydsmeldung! vær saa god, det er en Skydstilsigelse!
Telegraphenbeamter en Telegrafembedsmand, pl. mænd
-draht en Telegraftraad
-leitung en Telegrafledning
-station en Telegrafstation ist hier eine -station? er der her en Telegrafstation?
telegraphieren[3] telegrafére
telephonieren: nach ... t. telefonére til ...

Telephonverbindung en Telefonforbindelse
Teller en Tallérken
Temperatur: hohe, niedrige T. en høi, lav Temperatur
Tenne en Lo
Teppich et Tæppe
Termin en Termin
teuer dyr
sehr t. meget dyr, skamdyr
wie t. ist es? hvad koster det?
das wird mir zu t. det bliver mig for dyrt
Teufel (en) Fanden, en Djævel
ein armer T. en stakkels Djævel, en Stakkar
Thal en Dal, et Dalstrøg
ins T. hinab ned i Dalen
That en Gjerning, en Daad
in der T.? saa? virkelig?
Thäter en Gjerningsmand, pl. mænd; en Ophavsmand
thätig virksom
Thätigkeit en Virksomhed
Thatsache en Kjendsgjerning, et Faktum
Theater et Theater
ins T. gehen gaa (III) i Theater
Ausstattungsstück et Udstyrsstykke
Lustspiel et Lystspil
Oper en Opera

---

[1] Die Stationen des norwegischen Reichstelegraphen (de indenrigske Telegrafstationer) in der Regel von 8 Uhr vormittags bis 9 Uhr abends.
[2] Man schreibt vor die Adresse: „Svar betalt" oder „Rp" (réponse payée).
[3] Die Weiterbeförderung durch Expreßboten (Expresse) kostet in Norwegen 30 Øre pro Kilometer.

Theater.

Posse en Farce
Schauspiel et Skuespil
Schauspieler en Skuespiller
-in en Skuespillerinde
Trauerspiel et Sørgespil, en Tragedie
ist heute T.? spilles der paa Theatret iaften?
in welchem T.? i hvilket Theater? [spilles der?]
was wird gegeben? hvad?
wann beginnt die Vorstellung? naar begynder Forestillingen?
wann ist sie aus? naar er den forbi?
wann sind Billets zu haben¹? naar kan man faa Billetter?
können Sie mir ein Billet verschaffen? kan De faa mig en Billet?
ich wünsche einen Platz im

Parkett, Parterre, auf dem Balkon, der Galerie jeg ønsker en Plads i Parkettet, Parterret, paa Balkonen, Galleriet
in der 1., 2. Reihe paa første, anden Række
in der Mitte i Midten
an der Seite ved Siden
der Bühne gerade gegenüber lige overfor Scenen
Logenschließer en Kontrollér
Opernguker en Kikkert, *pl.* -er

1., 2., 3., 4. Akt første, anden, tredie, fjerde Akt (c)
Aufgang en Opgang
Ausgang en Udgang
Bühne: auf der B. paa tlatschen klappe [Scenen]
Platz² en Plads, *pl.* -er
Sitz et Sæde, en Bænk

---

¹ An der Kasse (Billetkontoret) vor 12 Uhr zu erhöhten (forhøist Pris), nach 12 Uhr zu gewöhnlichen Preisen (ordinær Pris); wie hoch dieselben für die einzelnen Plätze sind, liest man auf allen Theaterzetteln (Theaterplakater). Auch sind beim Billethändler (Billetgrosserer, Billetsjover [-sjauer]) Billets zu haben. Ein solcher erscheint, wenn man ein paar Minuten vor dem betreffenden Theater stehen bleibt, und fragt: Ønsker De en Billet? Wünschen Sie ein Billet? Man zeigt (oder nennt) ihm den gewünschten Platz mit der Frage: Hvad tager De for den Plads? Was kostet dieser Platz bei Ihnen? und erhält in einem benachbarten Lokal die Karte. Diese Weise, sich ein Billet zu verschaffen, ist in Kopenhagen allgemein; die Provision ist meistens sehr mäßig (25 Øre), und man ist an keine bestimmte Zeit gebunden.

² In Kopenhagener Theatern, auch in solchen zweiten Ranges (Sekondtheatrene), alle numeriert.

Theaterkasse — Thürsteher. 253

[Theater] Treppe nach der
  (dem)... en Opgang til...
Vorhang et Tæppe
geht auf, fält gaar (*III*)op,
  gaar (*III*) ned (falder *III*)
Zuschauerraum en Tilskuer-
  plads, *pl.* -er [*pl.* -er]
Zwischenakt en Mellemakt,
wo ist das Foyer? hvor er
  Foyeren?
wie lange dauert die Pause?
  hvor lang Pause er der?
Theaterkasse et Billetsalg,
  et Billetkontor
-zettel et Program
(Anschlag) en Theaterpla-
  kat   [The (c)]
Thee: T. trinken drikke(*III*)
ich möchte um 8 Uhr eine
  Tasse T. und etwas But-
  terbrot haben! lad mig
  (maa jeg) faa en Kop
  The og noget Smørre-
  brød Klokken otte!
Theebrett en Thebakke
-kanne en Thekande
-kessel en Thekjedel
-löffel en Theske
-maschine en Themaskine
-sieb en Thesi
-tasse en Thekop, *pl.* -per
Thermometer: was zeigt
  das T.? hvad viser Ther-
  mometret paa?
14 Grad Wärme fjorten
  Graders Varme
2 Grad Kälte to Graders
Thon (et) Lər   [Kulde]
-erde (en) Lərjord
-gefäß et Lərkar
Thor en Port

[Thor] (Narr) en Tosse, en
  Taabe, en Daare
Thorheit en Daarskab
thöricht taabelig, gal
Thorwärter en Portner
Thran (en) Tran
-geruch (en) Tranlugt
-siederei et Trankogeri
Leber- (en) Levertran
Thräne en Taare
thranig tranet
Thron en Trone
Thronfolger en Tronfølger
thun gjøre *III*   [ikke!]
  t. Sie das nicht! gjør det
  das müssen Sie t.! det bør,
  faar De gjøre!
  wollen Sie das t.? vil De
  gjøre det?
  wer hat das gethan? hvem
  har gjort det?
  das thut nichts! det gjør
  ikke noget! [jeg gjøre?]
  was soll ich t.? hvad skal
  ich will nichts damit zu t.
  haben det vil jeg ikke
  have noget at gjøre med
  haben Sie viel zu t.? har
  De travlt?   [noget i]
  etwas hinein- komme (*III*)
Thür en Dør
  die T. geht nicht auf, nicht zu
  Døren kan ikke lukkes op,
  ikke lukkes [paa Døren]
  an die T. klopfen banke
Thürangel en Dørhængsel
-flügel en Fløidør
-klinke en Dørklinke
-schloß en Dørlaas
-schlüssel en Nøgle[neuse] til
-steher en Portner [Dør-

tief dyb
 wie t. ist es hier? hvor dybt
  er der her? [i Landet
  t. ins Land hinein dybt ind]
Tiefe en Dybde, et Dyb
Tiefgang (et) Dybgaaende
Tier et Dyr
 -arzt en Dyrlæge
 -garten en Dyrehave
 -quälerei et Dyrplageri
 -reich et Dyrerige
 -schutzverein en Forening til
  Dyrenes Beskyttelse
Tinte (et) Blæk
Tintenfaß et Blækglas; et
  Blækhus, pl. -e
 -fisch en Blæksprutte
 -fleck en Blækklat, pl. -ter
Tisch et Bord, pl. -e
 zu T. gehen gaa (III) til-
  bords [sig fra Bordet
 vom T. aufstehen reise (II)
 den T. decken dække Bordet
 den T. abdecken tage (III)
  af Bordet
 führt man dort einen guten
  T.? spiser man godt dér?
  er dér et godt Madsted?
Tischbesteck Kniv (c) og Gaf-
 -decke et Bordtæppe [fel(c)
 -gedeck en Kuvert
 -gesellschaft et Bordselskab
Tischler en Snedker
Tischtuch en Borddug
Titel en Titel
Toast: einen T. ausbringen
  udbringe (III) en Skaal
toben rase, bruse II
Tobsucht en Galskab

Tochter en Datter, pl. Døtre
Tod en Død
 zum Tode krank dødssyg
 ein Kind des Todes dødsens
Todesfall et Dødsfald
 -gefahr: in T. schweben
  svæve i Dødsfare (c)
 -urteil en Dødsdom
tödlich dødelig
Toilette: T. machen gjøre
 toll gal [(III) Toilette (n)
Tollheit en Galskab
tollkühn dumdristig
Tollkühnheit en Dumdristig-
  hed
Tölpel en Klodrian
Ton en Tone
 das gehört zum guten T.
  det hører med til god Tone
tönen lyde III
Tonne en Tønde
Topf en Potte
 -gewächs en Potteplante
Torf en Tørv, pl. Tørv
 mit T. heizen brænde (II)
 Tørv [Myr, pl. -er
 -moor en Tørvemose; en
Tornister et Tornyster
Torte en Tærte
tosen suse II¹, bruse II
tot død
 seit wann ist er t.? hvor
  længe er det, siden han
  der Tote den Afdøde [døde?
total total [ihjel
töten dræbe II, slaa (III)
Totengräber en Graver
Totschlag et Drab, et Mord
Tour en Tur [mehr

---

¹ Zuweilen auch regelmäßig.

[Tour] eine T. nach dem nördlichen Norwegen, ins Gebirge en Tur til det nordlige Norge, op i Fjeldet ich will morgen eine T. zu Fuß nach ... machen jeg tager imorgen tilfods til ...
welche T. bietet die meisten schönen Aussichtspunkte? hvad Tur frembyder flest vakre Udsigtspunkter?
in einer T. i en (ет) Kjøre
Tourist en Turist
sind Sie T. oder reisen Sie in Geschäftsangelegenheiten? er De Turist eller reiser De i Forretninger?
wird der Ort viel von Touristen besucht? kommer der tit Turister derhen, *did* (hertil, *hid*)?
Touristenhütte *en Turisthytte, en Fjeldstue;* f. auch Hotel, essen, Bett, übernachten
liegen auf der Strecke von ... bis ... Touristenhütten? er der Turisthytter mellem ... og ...?

[Touristenhütte] wie w von hier liegt die T.? hv langt ligger Turisthytte herfra?
ich wünsche den Wirt, G schäftsführer, die Wirti zu sprechen jeg ønsker a tale med Værten, Besty reren, Værtinden
haben Sie Platz für mi heute nacht? har De Plad til mig inat?
sind alle Betten belegt[1]? e alle Senge optaget?
was können Sie mir z essen geben? hvad har D af Spisevarer?
haben Sie Fleischkonserven[2] har De Hermetik?
ich möchte ein wenig Toi lette machen; gibt es hie ein Toilettenzimmer? jeg vilde nok, *jeg likte* gjøre en Smule Toilette; ha De et Toiletteværelse?
wieviel Personen müssen in diesem Zimmer schlafen? hvor mange kommer der til at sove i det Værelse?

---

[1] Die Mitglieder des norwegischen Touristenvereins haben in Bezug auf Nachtlager andern Reisenden gegenüber den Vorzug, auch wenn letztere früher angekommen sind, und zahlen gewöhnlich nur 40 Øre für Nachtquartier, andre Reisende dagegen 1,25 Kr. Dieses Recht der Mitglieder kann bis 10 Uhr abends geltend gemacht werden.

[2] Solche werden in erwärmtem Zustande mit 25 Proz. Zuschlag geliefert; auch ist man gern bereit, von den Reisenden mitgebrachte Konserven gegen eine kleine Vergütung zu wärmen.

[**Touristenhütte**] belegen Sie das Bett für mich! maa jeg bede Dem om at reservére Sengen til mig?

Touristenschiff et Turistskib, *pl.* -e; f. S. 63, Anm. ich fahre mit dem T. nach dem Nordkap jeg reiser med Turistskibet til Nordkap; f. auch **Dampfschiff**

-schuhe Turistsko *pl. c*

-verein: Mitglied des norwegischen Touristenvereins Medlem (*n*) af den norske Turistforening[1] Taxen des n. T. den norske Turistforenings Takster (*pl. c*)

Touristenverkehr: starker T. stærkt Besøg (*n*) af Tu-

Trab en (et) Trav [rister] **traben** trave (langsam) lunte, *dille*

[**traben**] das Pferd t. lassen lade (*III*) Hesten gaa i Trav

Traber en Traver

Tracht en Dragt, *pl.* -er; en Klædedragt, *pl.* -er

tragbar transportabel

träge doven (schwerfällig) dorsk, treven

tragen bære *III* ich trage jeg bærer, bær wollen Sie mir dies t.? vil De bære det for mig? t. Sie das zur Schiffsbrücke! vil De bære det ned paa Skibbroen, *Bryggen*? Sie müssen ohne besondere Bezahlung 12 Kilo t. (f. S. 108, Anm.) De faar bære tolv Kilogram uden særskilt Betaling

Träger et Bybud, *pl.* -e Gepäck- en Drager, en Bærer

---

[1] Auf allen Reiserouten in Norwegen wird der Tourist den wirksamen Einfluß des Vereins verspüren können; derselbe arbeitet jetzt mit Staatsunterstützung und ist in stetem Wachsen begriffen. In den letzten Jahren sind lokale Touristenvereine ins Leben gerufen worden, die in ihren engern Kreisen durch Verbesserung der Wege und Brücken, Aufstellen von *Varder* (Wegweisern), Belehrung der Wirtsleute über Bedienung und Speisewirtschaft (*Madstel*), Anstellung von Führern und Herausgabe von Karten thätig sind. Durch einen jährlichen Beitrag von 4 Kronen oder eine einmalige Zahlung von 50 Kronen kann sich jeder die Mitgliedschaft des norwegischen Touristenvereins erwerben (Jeg ønsker at indtegnes [-tei-] som Medlem af den norske Turistforening!) und erhält durch Vorzeigen des Emblems an allen Orten Norwegens, die mit dem Verein in Verbindung stehen, bedeutende Preisermäßigung.

Tragriemen — treten. 257

wollen Sie mir einen Trä-
ger verschaffen? vil De
ikke faa mig et Bybud, *en
Bærer?*
Tragriemen en Bærerem
Tramway en Dampsporvogn
[-waun]
Tranchiermesser en For-
skjærekniv
Trank en Drik
tränken: die Pferde t. give
(*III*) Hestene Vand
Transport: auf dem T. zer-
brochen gaaet istykker
ved Transporten
-kosten Transportomkost-
ninger *pl. c*
Traube en Klase
Wein- en Vindrus
trauen stole paa
kann man ihm t.? er han
til at stole paa?
(kirchlich) vis
Trauer en Sorg
-flor et Sørgeflor
trauern sørge
Trauerspiel et Sørgespil
Traufe et Tagdryp
aus dem Regen in die T.
af Asken i Ilden; af
Dynen i Halmen [1]
Traum en Drøm
träumen drømme *II*
mir hat geträumt, daß ...
jeg har drømt, at ...
traurig sørgmodig, bedrøvet
eine traurige Nachricht en
sørgelig Efterretning

warum sind Sie so traurig?
hvorfor er De saa be-
drøvet?
Trauung en Vielse
Treff en Klør
treffen møde *II*, træffe *III*
ein Abkommen t. træffe
Overénskomst (c)
ich traf ihn nicht zu Hause
jeg traf ham ikke hjemme
wir t. uns in ... vi mødes i ...
sich getroffen fühlen føle (*II*)
sig truffen
trefflich ypperlig, fortrinlig
Treibeis (en) Drivis
treiben drive *III*
Treibhaus et Drivhus, *pl.* -e
-jagd en Klapjagt, *pl.* -er
-rad et Drivhjul
-sand (et) Flyvesand
trennbar adskillelig [get ad]
trennen: etw. t. skille(*II*)no-
hier müssen wir uns t. her
maa, faar vi skilles
Trennung en Adskillelse,
en Skilsmisse
Trense en Mile
Treppe en Trappe
eine, zwei Treppen hoch paa
første, anden Sal
die T. hinaufgehen, hinab-
gehen gaa (*III*) opad, ned-
ad Trappen
Treppengeländer et Ræk-
værk paa Trappen
-stufe et Trappetrin
treten træde *III*, trine
auf etwas t. træde paa noget

---

[1] Wörtlich: aus der Asche ins Feuer; aus dem Feder-
bett aufs Stroh.

[treten] t. Sie näher! (vær saa god,) kom nærmere! fehl t. træde feil ins Haus t. gaa (III) indenfor [Snavset] in den Schmutz t. træde i
treu tro, trofast
-herzig troskyldig
Trichter en Tragt, pl. -er
trichterförmig tragtformig
Trieb en Drift, pl. -er
ein innerer T. en indre Drift
ein T. Ochsen en Flok Køer, Kjør
-kraft en Drivkraft
triefen dryppe
die Kleider t. Tøiet drypper
triefend: t. naß drivende]
triftig vægtig [vaad
ein triftiger Grund en gyldig Grund [driver (III)
das Schiff ist t. Skibet
Triller en Trille
trinkbar drikkelig
Trinkbecher et Bæger (til at drikke af)
trinken drikke III
   kann man hier etwas zu t. bekommen? kan man her faa noget at drikke?
   wollen Sie ein Glas mit mir t.? vil De drikke et Glas med mig?
   t. Sie! vær saa god, drik!
   Brunnen t. bruge (II) Brøndkur
Trinker (Säufer) en Dranker
Trinkgelage et Sold
-geld Drikkepenge pl.
   da, für Sie! vær saa god, (dut. er til Dem selv)!

[Trinkgeld] wieviel T. pflegt man zu geben? hvad pleier man at give i Drikkepenge? für den Tag? for hver Dag? wem gibt man das T.? til hvem skal man give Drikkepengene? ist es hier üblich, T. zu geben? pleier man at give Drikkepenge her?
Trinklied en Drikkevise
-wasser (et) Drikkevand
trippeln trippe
Tritt et Trin [Skridt] im T. gehen holde (III) einen T. geben sparke
Wagen- et Vogntrin [waun-]
trocken tør
   trockne Kleider anziehen tage (III) tørt Tøi paa
Trockenboden et Tørreloft,
-heit en Tørhed [pl. -er
-herd en Tørreovn
trocknen tørre, tørke
   bitte meine Kleider t. zu lassen! vil De ikke være saa god at faa tørret, tørket mit Tøi?
   zum Trocknen aufhängen hænge (II) op til Tørring
Troddel en Dusk
Trödel gammelt Tøi (n)
-bude en Marskandiserbutik
Trog et Trug
Trommel en Tromme
-fell en Trommehinde
trommeln tromme
Trompete en Trompét
Trompeter en Trompéter
tröpfeln dryppe

Tropfen — Überbringer.

Tropfen en Draabe
tropfenweise draabevis
Trost en Trøst
trösten trøste
trostlos trøstesløs
Trottoir et Fortov
Trotz en Trods
trotz trods
  t. aller Mühe ist es mir nicht gelungen trods al min Møie lykkedes det mig ikke
trotzdem desuagtet
trotzen trodse
trotzig trodsig, gjenstridig
trübe (Wasser) uklart
  (Kaffee) grumset [Veiret]
  trübes Wetter mørkt i
  t. Gedanken triste Tanker
trübsinnig sørgmódig [(pl.c)]
Trüffel en Trøffel
Trug (en) Svig [dragersk]
trügerisch svigagtig, be-
Trümmer Ruiner pl. c
Trunk en Drik
Trunkenheit en Drukkenskab
Truppe en Trup
Truthahn, -henne en Kalkun
Tuch et Klæde
  (Stoff) (et) Tøi
  Hals- et Halstørklæde
  Umschlage- et Sjal, et Shawl
tüchtig dygtig, duelig, stræv-
tückisch lumsk [som]
Tugend en Dyd, pl. -er
tugendhaft dydig
Tulpe en Tulipán, pl. -er
Tümmler (Delphin) en Nise
Tunke en Sauce [saus], en Dyppelse, en Duppe
tunken dyppe

Tunnel en Tunnel
  durch einen T. fahren kjøre (II) gjennem en Tunnel
Turm et Taarn, pl. -e
  Kirch- et Kirketaarn
turmhoch taarnhøi
turnen gjøre (III) Gymnastik
Turner en Gymnastiker
Turnlehrer en Gymnastiklærer
-saal en Gymnastiksal
-verein en Gymnastikforening
Tüte et Kræmmerhus, pl. -e
übel ilde, daarlig
  mir ist ü. jeg har Kvalme
  mir wird ü. jeg faar ondt
  nehmen Sie es mir nicht ü.! De maa ikke tage mig det ilde op!
  das wäre nicht ü.! det var ikke saa galt!
  ü. daran ilde faren
Übelbefinden et Ildebefindende, en Utilpashed
Übelstand en uheldig Om-
üben øve [stændighed
  ich muß mich darin ü. jeg faar øve mig i det
über over [Timer
  ü. drei Stunden i over tre
  das geht ü. meinen Verstand det gaar over min
überall overalt [Forstand
Überbleibsel en Levning
-blick et Overblik
-bringer en Overbringer; et Bud, pl. -e
  ich erwarte Antwort durch den ü. jeg venter Svar med tilbage ved Budet

überbrücken: ist der Fluß nicht überbrückt? er der ikke en Bro over Elven?
überdrüssig kjed af, lei af des Gehens ü. kjed af at gaa
übereilen, sich forhaste sig, overile sig
nur keine Übereilung! bare ikke haste for stærkt!
übereinander over hinanden (hverandre) [overéns]
übereinkommen komme (III)
übereinkommen en Overénskomst, pl. er
übereinstimmen stemme overéns
Übereinstimmung en Overensstémmelse
überfahren: ein Wagen hat ihn ü. der er en Vogn [waun] kjørt over ham
Überfahrt (mit Boot) en Overfart (mit Wagen) en Kjørsel
überfließen flyde (III) over, flomme
Überfluß en Overflødighed
überflüssig overflødig
Überfracht: habe ich ü. zu zahlen? skal jeg betale noget for Overvægt (c)?
überfüllt overfyldt
Übergabe en Overlevéring
Übergang: ü. über das Gebirge en Fjeldovergang
ist der ü. deutlich abgesteckt? er Overgangen tydelig afsat, opvardet?
übergeben: ü. Sie dies dem ...! giv sagtens det til ...!

[übergeben] ich habe es Ihnen ü. jeg har betroët det til Dem
ich muß mich ü. jeg faar Kvalme
übergehen gaa (III) over jn. ü. forbigaa (III) nogen
Übergewicht en Overvægt
übergießen overhælde II, overøse II
Übergriff et Overgreb
überhandnehmen tage (III) Overhaand
überhäufen overøse II
überhaupt i det hele taget wenn er ü. kommt hvis han overhovedet kommer
überholen indhente, naa
überhören overhøre II
überklettern klatre over
überladen overlæsse
überlassen overlade III
ich überlasse es Ihnen gern! jeg overlader det gjerne til Dem!
wollen Sie mir Ihr Boot auf ein paar Stunden ü.? vil De overlade mig Deres Baad et Par Timers Tid?
ich überlasse es Ihnen, das zu bestimmen! det maa, faar De afgjøre!
überlaufen (Wasser) flyde (III) over
überlegen overveis ich werde mir das ü. det vil jeg nærmere overveis er ist mir ü. han er min Overmand
überlegt overlagt

überliften overliste, føre (II) bag Lyset[1]
übermäßig umaadelig
übermorgen iovermorgen
übermütig overmodig, vigtig
übernachten overnatte
kann ich hier ü.? kan jeg (faa) blive her inat?
bei wem können wir ein Nachtlager finden? hos hvem kan vi faa Nattelogis?
in einem Hof? i en Gaard?
sind die Betten dort rein? er der renslige Senge?
man hat uns gesagt, wir würden bei Ihnen Nachtlager bekommen können der er bleven sagt os, vi kunde faa Nattelogis hos Dem
wir wollen dafür bezahlen vi vil betale for det
haben Sie Betten übrig? har De ledige Senge?
wenn wir nur die Nacht hierzubringen können! hvis vi bare faar Lov at blive her inat!
geben Sie uns nur Heu! lad os bare faa noget Hø!
auf dem Heuboden (Fußboden) paa Høstænget, Lemmen (Gulvet)
Übernahme en Overtagelse
übernehmen overtage III, paatage (III) sig
überraschen overraske
Überraschung en Overraskelse
überreden overtale II
überreichen overrække III
Überrock en Overfrakke; en Ytterfrak, pl. -ker
übersatt overmæt
überschallen overdøve
überschätzen overvurdere
Überschlag: einen ü. machen gjøre (III) et Overslag
überschreiten overskride III die Summe darf ... nicht ü. Summen maa ikke overstige ... [pl. -er]
Überschrift en Overskrift,
Überschuhe Galocher pl. c
überschwemmen oversvømme, flomme
Überschwemmung en Oversvømmelse [tiden] zur Zeit der ü. i Flommetiden
übersehen overse III das habe ich ü. det har jeg overset
die ganze Gegend ü. se ud over hele Omegnen [-einen]
übersetzen (Fluß) sætte (III) over
wer setzt mich über den Fluß, die Bucht? hvem kan ro mig over Elven, Fjorden?
wollen Sie mir dies ins Dänische (Norwegische) ü.? vil De ikke oversætte det paa Dansk (Norsk) for mig? [Tolk]
Übersetzer en Oversætter, en
Übersetzung en Oversættelse
Übersicht en Oversigt, pl. -er
übersiedeln flytte
überspannt overspændt

---

[1] Wörtlich: hinters Licht führen.

überspringen — Uhr.

überspringen springe (III) over [overstige III]
übersteigen stige (III) over, das übersteigt meine Kräfte det gaar (III) over mine Evner
überstürzen: etw. ü. (über b. Haufen werfen) vælte noget [(III) bag over] (sich) (rückw.umfallen) falde] (sich übereilen) overile sig
übertreffen overgaa III das übertrifft alles, was ich bis jetzt gesehen habe det overgaar alt, hvad jeg har set endnu
übertreiben overdrive III
übertreten (Gesetz) over-] (Fluß) flomme [træde III]
übertrieben overdreven
übervorteilen besvige III, forfordele II
überwachen passe paa; føre (II) Tilsyn (n) med
überwiegend overveiende
überwinden overvinde III
überzeugen overbevise II ich bin davon überzeugt det er jeg overbevist om
überziehen (Bett) lægge (III) rene Lagener paa
Überzieher en Overfrakke; en Ytterfrak, pl. -ker Sommer- en Sommeroverfrakke; en Vaarfrak, pl. -ker Winter- en Vinteroverfrakke; en Vinterfrak, pl. -ker [træk]
Überzug (Bett-) et Dynebe-]
üblich gjængs, sædvanlig

übrig tilovers
die übrigen de andre
ich habe noch etwas ü. jeg har faaet lidt tilovers
haben Sie vielleicht etwas ü.? De har maaske faaet noget tilovers?
übrigens for Resten
Übung en Øvelse
ich habe gar keine ü. im Bergsteigen jeg har slet ingen Øvelse i at bestige Fjelde
Ufer en Bred, pl. -der; en Strandbred, pl. -der; en Strand
am U. ved Strandbredden längs dem U. des Sees langs Bredden af Søen
am linken, rechten U. paa venstre, høire Side (Bred)
auf dem andern U. paa den anden Side (Bred)
der Fluß ist über die U. getreten Elven flommer
Uhr et Uhr, pl. -e
goldene U. et Gulduhr
silberne U. et Sølvuhr
Damen- et Dameuhr
Herren- et Herreuhr
Schiffs- et Skibsuhr
Taschen- et Lommeuhr
Turm- et Taarnuhr
Wecker et Vækkeruhr
was ist die U.? hvad er Klokken?
geht diese U. genau nach der Bahnhofsuhr (Schiffs- uhr)? passer det Uhr med Stationsuhret (Skibs- uhret)?

Uhrfeder — um. 263

[Uhr] wieviel geht sie vor, nach? hvor meget er det foran, bag?
zehn Minuten ti Minutter nach der U. sehen se (III) efter Klokken
ich habe vergessen, meine U. aufzuziehen jeg har glemt at trække mit Uhr op
meine U. ist stehen geblieben mit Uhr er gaaët istaa
meine U. geht falsch mit Uhr gaar forkørt
um wieviel U. ...? hvad Tid (Klokkeslet) ...?
um wieviel U. können Sie hier sein? hvad Tid kan De (faa) være her?

es ist 1 U. Klokken er et
halb 1 U. Klokken halv et
dreiviertel 1 tre Kvartér til et, et Kvartér i et
ein Viertel 1 et Kvartér til et, et Kvartér over tolv
ein Viertel nach 1 et Kvartér over et
(gegen) 3 U. (henved) Klokken tre
es geht auf 4 U. Klokken gaar til fire
es fehlen noch 5 Minuten an 4 U. den mangler fem Minutter i fire
es ist bald 5 U. Klokken er snart fem
es wird gleich 6 schlagen den slaar straks seks
es schlägt 6 U. Klokken slaar seks

[Uhr] es hat soeben 6 geschlagen den har lige slaaët seks
Punkt 7 U. früh paa Slaget syv imorgen tidlig
12 U. mittags, mitternachts Klokken tolv Middag, Midnat
von 8 U. vormittags bis 3 U. nachmittags fra Klokken otte om Formiddagen til Klokken tre om Eftermiddagen
Uhrfeder en Uhrfjeder [fehr]
-gehäuse en Uhrkasse
-glas et Uhrglas
-kette en Uhrkjæde
-macher en Uhrmager
-schlüssel en Uhrnøgle [-neule]
ich habe meinen U. in ... liegen lassen; wollen Sie mir den Ihrigen borgen? jeg har glemt min Uhrnøgle [-neule] i ..., maa jeg (faa) laane Deres?
-tasche en Uhrlomme
-zeiger en Viser
Uhu en Hornugle, en Hubro
Ulme en Elm, et Elmetræ
um: u. den See herum rundtom (omkring) Søen
u. den Berg gehen gaa (III) rundt Fjeldet
u. 1 Krone zu viel, wenig en Krone for meget, lidt
u. 3 Uhr Klokken tre
u. zu ... for at ...
es ist mir bange u. ihn jeg frygter for ham
die Zeit ist u. Tiden er omme

umarmen tage (*III*) i Favn
umbiegen bø:s om
umbinden binde (*III*) om
umdrehen dreis om
Umdrehung en Omdreining
umfallen falde (*III*) om
Umfang et Omfang
umfassen omfatte
Umgang: U. haben mit have (*III*) Omgang (c) med; komme (*III*) sammen med
Umgangssprache (et) Omgangssprog, (en) Daglig-
umgeben omgive *III* [tale]
Umgegend en Omegn [-ein] ist Ihnen die U. von ... bekannt? kjender De Omegnen [-einen] ved ...?
umgehen: mit jm. u. omgaas (*III*) med nogen
den Sumpf u. gaa (*III*) udenom Myren
umgehend omgaaende
umgekehrt omvendt
umhängen hænge (*II*) om, tage (*III*) paa
umhauen hugge om
umher om, omkring
rings- rundtomkring
-gehen gaa (*III*) omkring
-ziehen drage (*III*) omkring
umhin: ich kann nicht u. zu ... jeg kan ikke andet end ...
umkehren vende (*II*) om
umkippen vippe om, kæntre
umkleiden, sich klæde (*II*) sig om, tage(*III*)andetTøi paa
umkommen omkomme *III*
Umkreis en Omkreds
im U. von einer Meile i en Mils Omkreds

umliegend: die umliegenden Felsen de omliggende Fjelde
umsatteln sadle om [Fjelde]
umschiffen: die Landspitze u. seile rundt Odden
Umschlag et Omslag
umschlagen (Blatt im Buch) blade om
(Wetter) slaa (*III*) om
dieses Boot schlägt leicht um den Baad kæntrer (kuldseiler) let
Umschweif: ohne U. uden Omsvøb (n), rent ud
umsehen, sich (ringsum) se (*III*) sig om
(rückwärts) se tilbage
Umsicht (en) Betænksomhed
umsonst (unentgeltlich) gratis (vergeblich) forgjæves
meine Mühe ist u. gewesen min Uleilighed er aldeles spildt
Umstand en Omstændighed
nur keine Umstände! De maa endelig ingen Uleilighed gjøre! [løftig]
umständlich: zu u. for vidt-
umsteigen (Schiff) bytte Skib muß ich irgendwo u.? faar jeg bytte Skib?
wo muß ich u.? hvor faar jeg bytte Skib?
(Wagen) skifte Vogn [waun]
umstürzen vælte, støde (*II*) omkuld
der Wagen stürzte um Vognen [waunen] væltede
umtauschen bytte
Umweg en Omvei [Omveis]
Umwege machen gaa (*III*)ad

lieber einen Umweg machen als über den Sumpf gehen! hellere gaa en Omvei end over Myren!
umwenden vende (II) om
umwerfen (Wagen) vælte
umwickeln svøbe (II) om, vikle om
umziehen (in eine andre Wohnung ziehen) flytte; skifte Bopæl [paa] sich u. tage (III) andet Tøi
unabänderlich uforånderlig
unabhängig uafhængig
unabsichtlich uforsætlig, ikke med Villie
unachtsam uágtsom
unangenehm ubehágelig, lei
unansehnlich uanseelig
unanständig usømmelig
unanwendbar uanvéndelig
unappetitlich uappetitlig
Unart en slem Vane
unartig uártig
unaufgeklärt uoplyst
unaufhörlich vedvarende
unausbleiblich uúndgaaélig
unausstehlich ikke til at holde ud, uúdhóldelig
unbarmherzig ubarmhjertig
unbebaut udyrket, ubeboèt
unbedenklich uden Betænkning (c)
unbedeutend ubetýdelig
unbedingt ubetinget
unbefahrbar ufremkómmelig, ulændt, uført

unbefriedigend utilfredsstillende
unbegreiflich ubegríbelig es ist mir ganz u. det er mig helt ubegríbeligt
unbegütert ubemidlet
unbehaglich: ich fühle mich u. jeg er ikke rigtig godt
unbeholfen keitet [tilpas]
unbekannt ubekjendt, ukjendt ich bin hier ganz u. jeg er aldéles ukjendt her paa Egnen [ei.] das ist mir u. det er mig ikke bekjendt [pulær]
unbeliebt ikke afholdt (po-)
unbemerkt ubomærket
unbequem ubekvem
unbescheiden ubeskeden
unbescholten dadelfri
unbeschreiblich: u. schön ube skrivelig deilig, vakker
unbeschützt ubeskyttet
unbesonnen ubetænksom
unbesorgt uden Frygt (c)
unbestellbar (Brief) „Adressat ukjendt"
unbestimmt ubestemt
unbeweglich ubevægelig
unbewohnt ubeboèt eine unbewohnte Sennhütte en ubeboèt Sæter
unbewußt ubevidst
unbrauchbar ubrúgelig
und og [1] [(osv.)] u. so weiter og saa videre

---

[1] Das g lautet hier ungefähr wie „g" im schnell gesprochenen deutschen „sagen"; viele lassen das g auch gar nicht hören und sprechen ein helles ö.

Undank (en) Utak
  U. ist der Welt Lohn Utak
    er Verdens Løn
undankbar utaknémmelig
undeutlich utýdelig
undurchdringlich uígjennemtrǽngelig
uneben ujævn
unehrlich uærlig
uneinig uénig, uens
unempfindlich ufólsom
unentbehrlich nündværlig
unentgeltlich gratis
unentschieden uafgjort
unentschlossen tvivlraadig
unerfahren uërfáren
unerhört uhørt
unermüdlich ntrættelig
unerschütterlich urókkelig
unersetzbar uërstáttelig
unerträglich ikke til at holde ud, nüdhóldelig
unerwartet uventet
unfähig ju udúëlig til
Unfall et Uheld
  es ist ein U. geschehen der er sket en Ulykke
unfern von ikke langt fra
unfrankiert úfrankeret
unfreundlich uvénlig
unfruchtbar ufrúgtbar
Unfug: U. treiben gjøre (III) Optøiër (pl.)
ungebildet udannet
  ungebildete Leute udannede Folk
ungebräuchlich ubrúgelig
ungeduldig utaalmódig
ungefähr omtrént
ungefällig.ubehágelig
ungeheuer uhyre

Ungeheuer et Uhyre
ungehörig upassende
ungelegen ubeleilig
  das kommt mir sehr u. det kommer meget ubeleilig for mig [maade]
ungemeinualmíndelig, over-
ungemütlich kjedelig, uge-
ungenau unøiágtig [mytlig]
ungenießbar (Essen) uspise-
  (Getränk) udríkkelig [lig]
ungerecht uretfærdig
ungern ikke gjerne, nødig
ungeschicktubehændig, keitet
ungesetzlich ulóvlig
ungestört uforstyrret
ungestüm voldsom
ungesund usund; skadelig for Sundheden
ungewiß uvist
Ungewißheit en Uvished
Ungewitter et Uveir
ungewöhnlich usædvánlig
ungewohnt uvant
Ungeziefer et Utøi
ungezogen uopdragen
unglaublich utrólig
ungleich ulig
Unglück et Uheld, en Ulykke
unglücklichuhéldig,ulýkkelig
unglücklicherweise uhéldigvis [fælde]
Unglücksfall et Ulykkestil-
  ein U. ist geschehen der er sket et Ulykkestilfælde
  •tag en uhéldig Dag, en Tyge Brahes Dag
ungültig ugýldig
ungünstig ugúnstig
  ungünstiges Wetter et uhéldigt Veir

unheilbar — Unterbrechung. 267

unheilbar uhelbrédelig, ulægelig
unheimlich uhýggelig, skum-[mel]
unhöflich uhøflig
Unkenntnis et Ukjendskab
unklar uklar, *ugrei*
unklug uklog
Unkosten Omkostninger *pl. c*
Unkraut et Ukrudt, *et Ugræs*
unlängst for ikke længe[siden]
unleidlich utaalelig
unleserlich ulæselig
unmenschlich uménneskelig
unmittelbar umíddelbar
unmöglich umúlig
  das ist mir ganz u. det er mig ikke paa nogen Maade muligt
unnatürlich unatúrlig
unnötig unødvéndig
  das ist u. det behøves ikke
unordentlich uórdentlig, u-stelt [Ugreie]
Unordnung en Uorden, *en*
unpassend upassende
Unrat (et) Snavs
  U. wittern lugte Lunten
Unrecht en Uret
  ich glaube, Sie haben U. jeg tror, De tager feil
unrecht feil, urígtig
  der unrechte Weg den feile (gale) Vei
  zu unrechter Zeit til urette [Tid]
unregelmäßig uregelmæssig
unreif umoden
unrein urén, snavset
unrichtig urígtig, feil, for-[kert]
Unruhe en Uro
unruhig urólig
uns os

unsanft ublid
unsauber snavset, skiden
unschädlich uskádelig
unschlüssig tvivlraadig
Unschuld en Uskýldighed
unschuldig uskýldig
unser, unsre vor, vort, *pl.* vore
unsicher usikker
Unsicherheit en Usikkerhed
unsichtbar usýnlig
Unsinn (et) Vrøvl, (et) Vaas
  U. sprechen vrøvle
  ach Unsinn! aa Snak!
unsittlich usædelig
Unsittlichkeit en Usædelighed
unsrige, der, die, das vor, vort, *pl.* vore
unstatthaft utilládelig, u-sómmelig [hed]
Unsterblichkeit en Udödelig-
untauglich: ist u. duer ikke
unten nede [Kahytten]
  u. in der Kajütte nede i
  u. im Thal nede i Dalen
  tief u. dybt nede
  nach u. nedad, *nedover*
unter under, blandt, mellem
  u. dem Boot nedenunder Baaden [mode]
  u. Fremden blandt Frem-
  u. uns gesagt mellem os sagt
Unterbett en Underdyne
unterbleiben bero
unterbrechen afbryde *III*
  entschuldigen Sie, daß ich Sie unterbreche! undskyld, at jeg afbryder Dem!
  die Fahrt u. afbryde Reisen
Unterbrechung: ohne U. uden Afbrydelse (c)

unterbringen faa (*III*) Plads\
unterdessen imidlertid [til\
untere, der, die, (das) den
(det, *pl.* de) nederste,
lavere
untereinander: wir machen
das u. ab det afgjør vi
mellem os
Unterfutter et Underfor
Untergang en Undergang
(Schiff) et Forlis
beim Sonnenuntergang ved
Sølnedgang (c)
Untergebener en Underordnet, *pl.* nede
untergehen gaa (*III*) under
(Schiff) forlise *II*
wann geht die Sonne (der
Mond) unter? naar gaar
Solen (Maanen) ned?
unterhalb nedenfor [Fjeldet\
u. des Berges nedenfor\]
Unterhalt et Underhold
unterhalten, sich samtale *II*
(Gesellschaft) underholde
III
unterhaltend: sehr u. meget
morsom (fornøielig)
Unterhaltung (Gespräch) en
Samtale, en Konversation
Unterhandlung en Underhandling
Unterhemd en Underskjorte
-hosen Underbenklæder *pl.*
unterirdisch underjordisk
Unterjacke en Undertrøie
-kleider (et) Undertøi
Unterkommen et Logis, et
Kvartér
wo kann ich U. finden? hvor
ieg faa Logis?

[**Unterkommen**] die Gasthöfe sind überfüllt, kann
ich bei Ihnen ein U. finden?
Gjæstgivergaardene er
overfyldte, kan jeg faa
Kvartér hos Dem?
Unterlage et Underlag
unterlassen lade (*III*) være
med, undlade *III*
Unterleib (et) Underliv
Unterlippe en Underlæbe
unternehmen: eine Reise u.
gjøre (*III*) en Reise
(Arbeit) paatage (*III*) sig
Unternehmen et Foretagende
Unterredung en Samtale
Unterricht en Undervisning
unterrichten undervise *II*
Unterrock et Skjørt; en *Stak,*
pl. -ker
untersagen forbyde *III*
ist das untersagt? er det
forbudt?
unterscheiden skjelne mellem
Unterschied zwischen Forskjel (c) paa
unterschlagen begaa (*III*)
Underslæb [*III*\]
unterschreiben underskrive
untersetzt undersætsig
untersinken synke *III*
Untersteuermann en Understyrmand, *pl.* mænd
unterstreichen understrege
unterstützen understøtte
Unterstützung en Understøttelse
untersuchen undersøge *II*
das will ich genauer u. det
vil jeg undersøge nøiere

Untersuchung — unwillig. 269

wird das Gepäck untersucht? bliver Reisegodset efter- set?
Unterſuchung en Under- søgelse [-per]
Untertaſſe en Underkop, pl.]
untertauchen dukke under
Unterthan en Undersaat, pl. -ter
untertreten søge (II) Ly
unterwegs underveis [sig]
unterwerfen, ſich unterkaste]
unterzeichnen skrive (III)]
unthätig uvirksom [under]
Untiefe (nicht tief) en Grund (grundlos) et Dyb
untrennbar ikke til at skille]
untreu utro [ad]
untröſtlich utrøstelig
unüberlegt uoverlagt
unüberſteigbar uoverstigelig ein unüberſteigbarer Berg et Fjeld, man ikke kan stige over
unüberwindlich: unüber- windliche Hinderniſſe uover- vindelige Vanskeligheder (pl. c) [et Kjør]
ununterbrochen uafbrudt, i]
unveränderlich uforånderlig
unverändert uforandret
unverantwortlich uansvårlig
unverbeſſerlich uforbéderlig
unverdaulich ufordøislig
unverdorben ufordærvet
unverfälſcht uforfalsket
unvergeßlich uforglémmelig der Anblick wird mir u. bleiben det Syn kan jeg aldrig glemme
unverheiratet ugift

unverletzt uskadt, i god Behold
unvermeidlich uündgaaëlig
unvermutet uventet
unvernünftig ufornuftig
unverrichtet: unverrichteter Sache med uforrettet Sag (c)
unverſchämt uforskámmet
Unverſchämtheit en Ufor- skámmethed
unverſchuldet uforskyldt
unverſehens uforvárende
unverſöhnlich uforsónlig, langsint [dighed]
Unverſtand en Uforstán-]
unverſtändig uforstándig
unverſtändlich uforstaaëlig er ſpricht ſehr u. han taler meget uforstaaëligt
unverſucht uforsøgt
unverzeihlich utilgivelig
unverzüglich ufortøvet
unvollendet ufuldendt
unvollkommen ufuldkommen
unvollſtändig ufuldstændig
unvorhergeſehen uforudset
unvorſichtig uforsigtig
Unvorſichtigkeit en Uforsig- tighed
unvorteilhaft ufordelágtig
unwahr usand
Unwahrheit en Usandhed
unwahrſcheinlich usand- synlig [ulændt, ufort]
unwegſam ufremkómmelig,]
Unwetter et Uveir [delig]
unwiderruflich uigjenkál-]
unwiderſtehlich uimodstaaë- lig [sint]
unwillig (zornig) fortrydelig,]

unwillkürlich uvilkaarlig
unwirtlich ugjæstfri
unwissend uvidende
Unwissenheit en Uvidenhed
unwohl utilpas
Unwohlsein et Ildebefin-
unzählbar utállig [dende
unzeitig i Utide
unzertrennlich uadskillelig
unzüchtig usædelig
unzufrieden utilfreds
 ich bin mit ... sehr u. jeg
 er meget utilfreds med ...
unzurechnungsfähig util-
 régnelig [-rei-]
unzuverlässig utilforládelig,
 uöfterréttelig
 dieser Mann ist ganz u.
 denne Mand er slet ikke
 til at stole paa
unzweckmäßig uhensigts-
üppig yppig [mæssig
 (Pflanze) frodig
uralt ældgammel
Urheber en Ophavsmand, pl.
 mænd
Urkunde et Dokument
Urlaub en Orlov
 auf U. paa Orlov
Ursache en Aarsag, pl. -er
 keine U.! ingen Aarsag!
ursprünglich oprindelig, fra
 først af
Urteil en Dom
 nach meinem U. efter mit
 Skjøn (Tykke); saavidt
 jeg kan skjønne
urteilen dømme II

[urteilen] darüber will ich
 nicht u. det vil jeg ikke
 dømme om
Vase en Vase
Vater en Fader [fahr], pl.
 Fædre
Ihr (Herr) Vater Deres
 Fader
Vaterland et Fædreland, et
 Fødeland
vaterländisch patriotisk
Vaterstadt en Fødeby
Vaterunser: das V. beten
 bede (III) Fadervor (n)
Veilchen en Viol, pl. -er
verabreden aftale II
Verabredung en Aftale
 nach V. efter Aftale
verabscheuen afsky; have(III)
 Modbydelighed (c) for
verabschieden afskedige
 sich v. sige (III) Farvel
verachten foragte [1]
veraltet forældet
veränderlich foranderlig
 veränderliches Wetter ustá-
 digt Veir
verändern forandre
Veranlassung en Anledning
 was war die V. dazu? hvad
 var Anledningen dertil?
verantwortlich ansvárlig
 Sie sind mir dafür v. De
 maa, faar være ansvár-
 lig derfor
Verantwortung (et) Ansvar
 übernehmen Sie die V.?
 tager De Ansvaret?

---

[1] Die Vorsilbe ver für ist, wenn sie dem deutschen: ver-,
-e oder er- entspricht, kurz und tonlos.

Verband en Forbinding
verbergen skjule *II*, dølge
verbessern forbedre [*III*]
verbeugen, sich bukke
(Damen) neis
Verbeugung et Buk
verbieten forbyde *III*
„verbotener Eingang!" „Adgang forbydes!"
verbinden: eine Wunde v.
forbinde (*III*) et Saar
(zusammenbinden) binde
(*III*) sammen
Sie würden mich sehr v. jeg
vilde være Dem meget
forbunden
ich bin Ihnen sehr verbunden!
Tak for Deres Venlighed!
verbindlichsten Dank! mange
Tak!
Verbindung en Forbindelse
telegraphische V. mit... Telegrafforbindelse (c) med...
Dampfschiffs- en Dampskibsforbindelse
verbitten: ich muß mir das
v.! det, *slig* maa jeg frabede (*III*) mig!
verblüffen skræmme, kyse *II*
ganz verblüfft aldeles forbløffet
verblühen visne
verbluten forbløde *II*
verborgen (versteckt) skjult
Verbot et Forbud
Verbrechen en Forbrydelse
Verbrecher en Forbryder
verbreiten udbrede *II*
verbrennen brænde *II*

[**verbrennen**] von der
Sonne verbrannt sølbrændt
Verdacht: auf jn. V haben
have (*III*) Mistanke (c)
til nogen
verdächtig mistænkelig
verdammen fordømme *II*
(verfluchen) forbande
verdanken takke for, tilskrive *III*
ich verdanke es Ihnen det
kan jeg takke Dem for
verdauen fordøis
Verdauung en Fordøielse
ich habe eine gute V. min
Mave er i god Orden
Verdauungsbeschwerden en
daarlig Mave
Verdeck et Dæk
sich auf dem V. aufhalten
opholde (*III*) sig paa
Dækket [paa Dækket]
auf das V. gehen gaa op
vorderes V. forude
mittleres V. midtskibs, et
Banjerdæk
hinteres V. agter(ude)
Wagen- et Kuf
(Pferdebahn) ovenpaa
verdecken tildække
verdenken: das kann man
ihm nicht v. det kan man
ikke fortænke (*II*) ham i
verderben (*trs*.) fordærve
(*intrs*.) fordærves, ulne
verdeutschen oversætte (*III*)
paa Tysk
verdienen fortjene *II*

er verdient es nicht besser han fortjener ikke bedre
Verdienst en Fortjeneste
verdolmetschen oversætte *III*, fortolke
verdorben fordærvet
verdrängen fortrænge *II*
verdrießen fortryde *III*, ærgre
verdrießlich fortrædelig, *sint*
verdünnen fortynde
Verein en Forening, et Samfund
vereinigen forene
Vereinslokal et Foreningslokale, et Klublokale
vereiteln kuldkaste, forstyrre
verengen: das Thal verengt sich Dalen bliver trangere
Verfahren en Fremgangsmaade
wir müssen ein andres V. anwenden vi maa, *faar* gaa anderledes tilværks
verfallen forfalde *III* auf etwas v. hitte paa noget
Verfallzeit en Forfaldstid,
verfälscht forfalsket [*pl.*-er]
Verfasser, -in en Forfatter
Verfassung en Grundlov [1]
verfassungswidrig grundlovsstridig
verfaulen raadne
verfehlen forfeile [feil Vei] den Weg v. komme (*III*) paa

[**verfehlen**] das Dampfschiff v. komme (*III*) for sent til Dampskibet
das Dampfschiff hat den Anschluß nach ... verfehlt Dampskibet kan ikke naa Tilslutning til ...
verfertigen lave
verfinstern formørke
verfluchen forbande
verfolgen forfølge *III*
verfügen: v. über ... disponére over ...
Verfügung: mir zur V. stellen stille til min Raadighed
verführen forføre *II* [(*c*)]
Vergangenheit en Fortid
vergeben tilgive *III* (Karten) give (*III*) feil
vergeblich forgjæves
ein vergeblicher Versuch, den Berg zu besteigen et mislykket Forsøg paa at bestige Fjeldet
Vergebung: um V. bitten bede (*III*) om Forladelse (*c*)
vergehen: der Nebel vergeht Taagen, *Skodden* letter die Zeit vergeht Tiden gaar (*III*)
die Geduld vergeht mir jeg taber (*II*) Taalmodigheden
vergangene Woche sidste Uge ist der Schmerz vergangen? er Smerterne gaaët over?

---

[1] Der Verfassungstag, Grundlovsdagen (der 5. Juni) und *Konstitutionsdagen* (der 17. Mai), wird in beiden Ländern durch Festzüge und Versammlungen der politischen Parteien feierlich begangen.

Vergehen — verirren.

fich vergehen forse *(III)* sig
Vergehen en Forseëlse
vergelten gjengjælde *II*
vergessen glemme *II*
  ich habe meinen ... v. jeg
    har glemt min ...
  wie können Sie das v.?
    hvordan kan De glemme
    det? [endelig ikke ...!\
  v. Sie ja nicht ...! glem/
vergeßlich glemsom
vergeuden (Zeit) spilde *II*
  Geld v. ødsle med Pengene
vergiften forgive *III*
Vergißmeinnicht en For-\
  glemmigei   [ning/
Vergleich en Sammenlig-\
vergleichen sammenligne
Vergnügen en Fornøielse
  mit größtem V. med stør-
    ste Fornøielse
  es wird mir ein V. sein det
    skal være mig en For-
    nøielse   [Fornøielse\
  zum V. reisen reise for/
  viel V.! mor Dem godt![1]
    god Fornøielse!
vergnügt fornøiet
vergoldet forgyldt
vergraben nedgrave
vergriffen (Buch) udsolgt
vergrößern forstørre, for-
  øge
Vergrößerungsglas et For-
  størrelsesglas

vergüten godtgjøre *III*,
  erstatte
verhaften[2] anholde *III*, ar-
  restére   [*(III)* tilbage\
verhalten (zurück-) holde/
  wie verhält sich das? hvor-
    ledes forholder *(III)* det
    sig?
  v. Sie sich ruhig! forhold
    Dem ganske rolig!
Verhältnis et Fórhold
  wenn es die Verhältnisse ge-
    statten hvis Fórholdene
    tillader det   [vis\
verhältnismäßig fórholds-/
verhandeln, über etwas for-
  handle om noget
verhängnisvoll skjæbne-\
verhaßt forhadt [svanger/
verheeren ødelægge *III*,
  hærje   [*II*, dølge *III*\
verhehlen, -heimlichen skjule/
verheiraten, sich gifte sig
  sind Sie verheiratet? er De
    gift?
verhelfen: können Sie mir
  zu ... v.? kan De hjælpe
  mig til at faa ...? kan De
  faa *(III)* mig ...?
verhindern forhindre
Verhör et Forhør
verhören forhøre *II*
  (nicht richtig hören)høre*(III)*\
verhüten forebygge [feil/
verirren, sich gaa *(III)* vild

---

[1] Wörtlich: amüsieren Sie sich gut!
[2] Jede verhaftete Person muß vor Ablauf von 24 Stunden vor den Richter geführt werden („Grundlovsforhør", „Verfassungsgesetz-Verhör"); erst dann kann von arrestére die Rede sein.

[verirren] ich habe mich
 verirrt jeg er gaaet feil
 Vei; jeg er gaaet vild
 kann man sich da nicht v.?
 kan man ikke tage feil
Verkauf et Salg [af Veien?]
 zum V. tilsalg
verkaufen sælge III
 v. Sie Bier? sælger De Øl?
 wollen Sie Ihr ... v.? vil
 De sælge Deres ...?
Verkäufer en Sælger [sel]
Verkehr: Straßen-en Færd-
 Fremden-: ist dort viel F.?
 kommer der mange Rei-
 sende derhen, did?
 (Handels-) (et) Samkvem
verkehren, mit komme (III)
 sammen med
verkehrt gal, feil, forkært
 das haben Sie ganz v. ge-
 macht det har De gjort
 helt forkert
verkennen miskjende II
verklagen, jn. klage over
 nogen
verkleben klîne
verkleinern formindske
 (jn.) nedsætte III
verkrüppelt forkrøblet
verkündigen bebude, for-
 kynde II
verkürzen forkorte
 den Weg v. forkorte Veien
verladen udskibe
Verlagsbuchhandlung en
 Forlagsboghandel
verlangen forlange II, kræve
 was v. Sie für die Fahrt?
 hvad forlanger De for
 Turen?

mich verlangt zu ... jeg gad
 nok ...; *jeg likte faa* ...
Verlangen: auf V. paa For-
 langende (n)
verlängern: die Reise v.
 forlænge Reisen
verlassen (Ort ɾc.) forlade III
 Sie dürfen mich nicht v.! De
 maa ikke forlade mig!
 der Führer verließ mich in ...
 Føreren forlod mig i ...
 kann ich mich darauf v.?
 kan jeg stole paa det?
 ich verlasse mich auf Sie jeg
 stoler paa Dem
 eine verlassene Sennhütte en
 forladt Sæter
Verlauf: nach V. von 2
 Tagen efter to Dages
 Forløb (n) [bort]
verlaufen (Wasser)løbe (III)
 sich v. løbe (III) vild
verlegen (befangen) forlegen
 (weglegen) flytte
 ich habe meinen Hut verlegt
 jeg har forlagt min Hat
Verlegenheit: in großer V. i
 stor Forlegenhed (c)
Verleger en Forlægger
verleiden: das hat mir die
 Fahrt verleidet det har
 gjort mig led og kjed, *lei
 af* Turen
verleiten forlede II u. I
verletzen saare
verleugnen nægte, fragaa III
verleumden bagtale II, bag-
 vadske
verlieben, sich forelske sig
verliebt forelsket
verlieren miste

berloben — berfagen. 275

[berlieren] (felbftverfchul-
det)tabe *II* [modigheden]
die Geduld v. miste Taal-
den Pfad v. komme (*III*)
bort fra Stien
Zeit v. spilde (*II*) Tid
ich habe unterwegs... verloren
jeg har tabt ... underveis
haben Sie etwas verloren?
har De tabt noget?
berloben, fich forlove sig
Verlobung en Forlovelse
Verlobungsring en For-
lovelsesring
berlogen løgnagtig [leun-]
berlohnen: verlohnt es fich
der Mühe? er det Uma-
gen værd?
Verlofung en Lodtrækning
Verluft: einen V. erleiden
lide (*III*) Tab (*n*)
vermehren formere, forøge
vermeiden undgaa *III*
vermeffen dumdristig
vermieten udleie
haben Sie Wagen, Boote
zu v.? leier De Vogne
[vaune], Baade ud?
vermindern formindske
vermischen blande
vermiffen savne
Vermittler en Mægler; en
Mellemmand, *pl.* mænd
vermöge ved Hjælp af
Vermögen(Befitz)enFórmue
(Rraft) en Evne [*III*]
vermuten formode, antage
vermutlich formodentlig,
ventelig [en Gisning]
Vermutung enFormodning,
vernachläffigen forsømme *II*

bernarben: die Wunde ver-
narbt Saaret læges (*II*)
bernehmen faa (*III*) at vide;
høre *II*
verneinen nægte, benægte
vernichten tilintetgjøre *III*,
ødelægge *III*
Vernunft (en) Fornuft
vernünftig fornuftig
verordnen anordne
der Arzt hat mir ... verordnet
Lægen har foreskrevet
mig ...
berpachten forpagte, til-
verpaden pakke ind [bygsle]
verpaffen (Gelegenheit) gaa
(*III*) Glip af (Leiligheden)
berpflegen pleie [en Kost]
Verpflegung enForpleining,
verprobiantieren forsyne
med Proviant, ni*s*te ud
Verrat et Forræderi
verraten forraade, røbe
verrechnen regne [reine] feil
haben Sie fich nicht ver-
rechnet? har De ikke regnet
feil (forregnet Dem)?
verreifen reise (*II*) bort
das Geld v. reise Pengene op
verrenten forvride *III*, faa
(*III*) af Led
ich habe mir den Arm ver-
renkt jeg har faaet Armen
af Led
verrichten forrette, udrette
verringern formindske
verroftet rusten
verrückt gal, *galen*
Vers et Vers
verfagen (Flinte) klikke
(abschlagen) nægte

verfammeln forsamle
  fich v. forsamles, komme
  (*III*) sammen
Verfammlung et Møde; en
  Sammenkomst, *pl* -er;
  en Forsamling [spilde *II*
verfäumen forsømme *II*,
  es ist keine Zeit zu v. der
  er ingen Tid at spilde
Verfäumnis en Forsømmelse
verfchaffen skaffe, faa *III*
  können Sie mir ... v.? kan
  De ikke faa mig ...?
verfchenken forære bort
  (Getränke) udskjænke
verfcherzen forspilde *II*
verfcheuchen bortskræmme,
  kyse *III*
verfchicken sende (*II*) (bort)
verfchieben (auf-) opsætte
  III
  die Abreife um einen Tag
  v. opsætte Reisen en
  Dag   [*III*
  (verrücken) flytte, forskyde
  das Gepäck hat sich verschoben Reisetøiet har
  forskudt sig
verfchieden forskjellig
  verfchiedene Sorten forskjellige Slags
verfchiffen udskibe
verfchimmelt muggen [sig
verfchlafen sove (*III*) over
  ich habe es v. jeg har sovet
  over mig
  wecken Sie mich rechtzeitig,
  damit ich das Dampfschiff nicht verschlafe! husk
  at vække mig saa tidlig,
  at jeg kan naa at komme med Dampskibet!
verfchlagen snu, snedig
verfchlechtert forværret
verfchleiert tilsløret
verfchließen lukke, aflaase
verfchlimmern, fich forværres, blive (*III*) daarligere
verfchlingen, -fchlucken synke
  III, sluge *II*
Verfchluß: unter V. under
  Laas (c) og Lukke (n)
verfchmachten: vor Hunger,
  Durst v. vansmægte af
  Sult, Tørst
verfchmähen forsmaa
verfchnupft have (*III*) Snue
verfchollen forsvunden [(c)
verfchonen forskaane
  v. Sie mich damit! lad mig
  være fri for det!
verfchönern forskjønne
verfchreiben: ein Rezept v.
  skrive (*III*) en Recept
verfchroben forskruet
verfchulden, etw. forskylde
  (*II*) noget
  Sie haben das selbst verschuldet De er selv Skyld i det
  ohne mein Verfchulden uden
  Skyld fra min Side
verfchuldet fein være (*III*)
  forgjældet
verfchütten (Wasser) spilde *II*
  (zuschütten) fylde *II*
verfchweigen fortie *III*
verfchwemmen tilstoppe
verfchwenden ødsle bort
  (Zeit) spilde *II*
verfchwenderifch ødsel
Verfchwendung en Ødselhed

verſchwiegen taus
verſchwinden forsvinde *III*
verſehen: jn. mit etwas v.
 forsyne ēn med noget
 müſſen wir uns mit Proviant
 v.? behøver vi at tage
 Proviant, *Nistemad* med?
 haben Sie ſich nicht v.
 (geirrt)? har De ikke taget
 feil?
 ehe ich es mir verſah inden
 jeg ventede det; inden
 jeg saa mig om
Verſehen en Forseelse
 aus V. ved en Feiltagelse
verſenden sende *II*
verſenken nedsænke
verſeſſen auf forhippet paa
verſetzen (Beamter) forflytte
 (Pfand) pantsætte *III*
 einen Hieb v. slaa (*III*) til;
 give (*III*) et Slag
verſichern forsikre
 ich verſichere Ihnen, es iſt
 ſo! jeg forsikrer Dem for,
 det er, som jeg siger!
 ich habe mein Leben v. laſſen
 jeg har ladet mit Liv
 forsikre
Verſicherung en Forsikring
 ich gebe Ihnen die V., daß...
 jeg forsikrer Dem for, at...
 Feuer- en Brandforsikring
 Lebens- en Livsforsikring
verſiegeln forsegle [-ſeile]
verſiegen (Bach) udtørres
verſinken synke(*III*) tilbunds
verſorgen mit forsyne med
 muß man ſich ſelbſt mit
 Lebensmitteln v.? maa,
 faar vi selv sørge for Mad?

verſpäten, ſich komme (*III*)
 for sēnt; forsinke sig
 ich habe mich verſpätet jeg
 er kommen for sēnt
 der Zug, das Schiff hat ſich
 verſpätet Toget, Skibet
 er forsinket
Verſpätung: eine V. von 10
 Minuten en Forsinkelse
 af ti Minutter
verſperrt spærret
verſpielen bortspille
verſprechen love
 das müſſen Sie mir v.! det
 maa, *faar* De love mig!
 Sie haben es mir doch ver-
 ſprochen! De har jo dog
 lovet mig det!
 ich habe mich verſprochen
 (geirrt) jeg har fortalt mig
Verſprechen et Løfte, et
 Tilsagn
Verſtand en Forstand
 das geht über meinen V.
 det gaar over min For-
 stand
verſtändig forstandig [enige]
verſtändigen, ſich blive(*III*)ſ
verſtändlich: ſich v. machen
 gjøre (*III*) ſig forſtaaelig
Verſtändnis en Forſtaaelse
verſtärken forstærke
verſtauchen forstuve
Verſteck et Skjul
verſtecken skjule *II*, gjemme]
verſtehen forstaa *III* [*II*]
 ich verſtehe Sie (ihn) nicht jeg
 forstaar Dem (ham) ikke
 ich verſtehe nicht Däniſch
 (Norwegiſch) jeg forstaar
 ikke Dansk (Norsk)

versteinert — vertraulich.

[verstehen] v. Sie Deutsch?
forstaar De Tysk?
haben Sie mich richtig ver-
standen? har De forstaaet
mig rigtig?
das versteht sich von selbst!
det forstaar sig! det er
en Selvfølge!
ich verstehe mich nicht auf
das Reiten jeg forstaar
mig ikke paa at ride
versteinert forstenet
Versteinerung en Forste-
ning   [skabe sig\
verstellen, sich forstille sig,/
Verstellung en Forstillelse
versteuern fortolde; f. auch
verzollen
verstimmt (mißgelaunt) i
daarligt Humor (n)
(Instrument!) forstemt
verstohlen med List (c)
verstopfen tilstoppe, stoppe
for   [haard Mave c|
Verstopfung (Stuhlgang)/
verstört: v. aussehen se (III)
forstyrret ud
verstümmelt lemlæstet
Versuch: einen V. machen
gjøre (III) et Forsøg
ich möchte doch wenigstens
einen V. machen jeg gad,
likte dog prøve paa det
hat jemand den V. gemacht?
har der nogen gjort For-
søg paa det?
versuchen prøve paa, for-
[søge II

[versuchen] ich will es v.
jeg vil prøve paa det
v. Sie, ob Sie können! prøv,
om De kan!
(kosten) smage (II) paa
(verführen) friste
Versuchung en Fristelse
vertagen opsætte III
vertauschen ombytte
man hat mir den Hut ver-
tauscht jeg har faaet feil|
verteidigen forsvare [Hat/
Verteidigung et Forsvar
verteilen uddele II
verteuern fordyre
vertiefen fordybe; gjøre
(III) dybere
in Gedanken vertieft fordy-
bet i Tanker
Vertiefung en Fordybning;
et Hül, pl. -ler
vertilgen udrydde
Vertrag (Akkord): V. schlie-
ßen slutte Overénskomst\
(Friede) et Forlig   [(c)/
vertragen (ertragen) taale II
ich kann das nicht v. det
kan jeg ikke taale
sich mit jm. v. forliges med
nogen
das verträgt sich nicht mit ...
det forliges ikke godt
med ...   [mit\
verträglich omgjængelig,/
Vertrauen en Tillid, en
Tiltro [(stole) paa ēn\
auf jn. V. setzen lide 1/
vertraulich fortrolig

---

[1] Imperf. und Partiz. Perf. (led, lidt) werden sehr
selten gebraucht.

vertraut: sich mit etw. v.
  machen gjøre (*III*) sig fortrolig med noget
vertreiben fordrive *III*; jage
  (*III*) bort
vertreten træde (*III*) istedetfor, repræsentére
  (Meinung) holde (*III*) paa
  ich habe mir den Fuß v. jeg
  har traadt feil paa Foden
vertrocknen tørres hen
veruneinigen, sich blive (*III*)
  Uvenner
verunglücken forulykkes
  (mißlingen) mislykkes
verunreinigen gjøre (*III*)
  snavset; tilsøle
verursachen forvolde *II*
  das hat mir große Mühe
  verursacht det har kostet
  mig stor Uleilighed
verurteilen dømme *II*
vervollständigen fuldstændiggjøre *III*
verwachsen forvokset
verwahren: sich gegen etw.
  v. protestére imod noget
  (aufbewahren) gjemme *II*
verwahrlost forsømt
verwalten forvalte, bestyre
Verwalter en Forvalter, en
  Bestyrer
Verwaltung en Bestyrelse
verwandeln omdanne, lave
  om   [ling)
Verwandlung en Forvand-)
verwandt mit i Familie,
  Skyld med
Verwandter: ein V. von
  Ihnen en Slægtning (*pl.
  Skyldfolk*) af Dem

verwechseln forveksle
  ich habe Sie mit einem andern verwechselt jeg har
  forvekslet Dem med en
  anden
Hüte v. tage (*III*) feile Hatte
Verwechselung en Forveksling
verwegen forvoven, dristig
verweigern nægte
verweilen biè, tøve
  ich möchte hier etwas länger
  v. jeg gad nok, *jeg likte*
  blive her lidt endnu
Verweis en Irettesættelse
verweisen auf vise (*II*) hen
  til   [af Landet)
  des Landes v. udvise (*II*)
verwelken visne, falme
verwenden anvende*II*, spendére
  ich will nur einen Tag auf
  die Reise v. jeg vil kun
  spendére en Dag paa
  den Tur
sich für jn. v. lægge et
  godt Ord ind for nogen
verwerfen forkaste
verwerflich forkastelig
verwerten bruge *II*, an-)
verwesen raadne [vende *II*)
verwickelt indviklet, *ugrei*
Verwickelung en Forvirring,
  en *Ugreië*
verwirklichen realisére
verwirren forvirre; faa (*III*)
  i Uorden, *Ugreië* [*tullet*)
verwirrt forstyrret, *for-*)
Verwirrung en Forvirring,
  en *Ugreië* [kjøle)
verwöhnen forvænne, for-)

verwunden — Biehstall.

verwunden saare
ich habe mir die Hand verwundet jeg har saaret min Haand
verwünschen forbande, ønske Pokker ivold
verwüsten lægge (III) øde
Verwüstung en Ødelæggelse
verzagen fortvivle, *fortvile*
verzagt forknyt
verzählen, sich tælle (III) feil
verzaubern fortrylle
verzehren fortære, nyde III wir müssen doch etwas v. vi maa, faar dog fortære lidt ich zahle, was der Führer (Kutscher) verzehrt jeg betaler, hvad Føreren (Kudsken) fortærer [-tel-]
verzeichnen notére, optegne
Verzeichnis: ein V. der Lokaldampfer en Fortegnelse [-tel-] over Lokaldampskibene
verzeihen tilgive III v. Sie! om Forladelse! undskyld [1]!
verzeihlich tilgivelig ein verzeihlicher Irrtum en tilgivelig Feiltagelse
verzichten auf give (III) Afkald paa
verziehen: das Gewitter hat sich verzogen Uveiret er (um-) flytte [trukket over] ohne eine Miene zu v. uden at fortrække (III) en Mine

das Kind verziehen forkjæle Barnet
verzieren pynte, pryde
Verzierung en Prydelse
verzinnt fortinnet
verzögern trække (III) Langdrag
Verzögerung en Forsinkelse
verzollen fortolde ich habe nichts zu v. jeg har ikke noget toldpligtigt habe ich diese Sachen zu v.? skal disse Ting fortoldes?
Verzug en Forsinkelse
verzweifeln fortvivle, *fortvile*
Verzweiflung en Fortvivlelse, *en Fortvilelse*
Besperbrot en Vesperkost; en Mellemmad, *en (et)*
Vetter en Fætter [Non]
Vieh (Horn-)(et) Kvæg [Kjør] V. hüten vogte Kvæg, *jæte* das V. auf die Weide treiben *drive Kjørene op i Beiten* [Veterinær]
Bieharzt en Dyrlæge, en
-herde en Flok Kvæg, *en Drift (pl. -er) Kjør, en Buskap (pl. -ter*
-hirt en Hyrde; *en Jætergut,*
-knecht en Røgter, *en Fjøs-*
-magd *en Jæterjente [karl* (in den Sennhütten) *en Budeië* [-er]
-markt et Kvægmarked, *pl.* (Platz) et Kvægtorv, *pl. -e*
-stall en Kostald, *et Fjøs*

---

[1] Antwort: jeg be' er! bitte! oder: ingen Forseelse! kein Versehen! Ärgerlich: se Dem for! Sehen Sie sich doch vor!

Biehweibe en Græsgang, *en Beite*
-judt(en)Kvægavl [mange]
viel megen, meget¹, *pl.*
v. Gelb mange Penge
viele Reifende mange Reisende
v. Freude megen Glæde
fehr v. overórdentlig(t) meget [meget]
(das ift) zu v. (det er) for]
v. zu v. altfor meget
v. zu wenig altfor lidt, *lidet* [halve]
nicht halb fo v. ikke det]
v. mehr meget mere
fo v. als saa meget som
wie v.? hvor meget?
wie viele? hvor mange?
wieviel mal? hvor mange Gange?
wieviel Uhr ift es? hvor mange er Klokken?
v. zu thun meget at bestille; travlt
vielerlei mange Slags (*pl. c*)
vielfach mangen Gang (c)
vielleicht maaské, kanské
vielmals mangeGange(*pl. c*)
vielseitig alsidig
vier fire [klover]
vierblättriger Klee et Fir-]
Viered en Firkant, *pl.* -er
vieredig firkantet
vierstimmig firstemmig
Viertel en Fjerdepart, *pl.* -er; en Kvart, *pl.* -er
(Zeit) et Kvartér

[Viertel] erftes, letztes B.
(desMondes)forste, sidste Kvartér (*n*)
eine viertel Stute en kvart]
Viertelelle et Kvartér [And]
-jahr et Fjerdingaar
-meile en Fjerdingvei
-pfund et Fjerdingspund
-ftunde et Kvartér
Violine en Violin, *en Fele*
V. spielen spille paa Violin
Violinsaite en Violinstreng
-spieler en Violinspiller
Visite: B. machen gjøre (*III*) Visit (c)
Visitenkarte et Visitkort
Vogel en Fugl
See- en Søfugl
-bauer et Fuglebur, *pl* -e
-baum en Røn
-beere et Rønnebær, *et Akselbær*
-dunft (et) Spurvehagel
-gesang en Fuglesang
-neft en (*et*) Fuglerede
-perspektive (et) Fugleperspektiv
-scheuche et Fugleskræmsel
Vogt en Foged, *pl.* -er
Volk et Folk
(Menge, der gemeine Mann) en Almus [*Bygdefolket*]
Land- en Landalmus,]
die skandinavifchen Völker de skandinaviske Folkefærd
das norwegifche, dänifche B. det norske, danske Folk

---

¹ In Dänemark wie „mei-en", „mei-et" zu sprechen; in norwegifchen Dialekten: „müe".

vollreich tæt befolket, *folk-som* [lysning]
Volksbildung (en) Folkeop-
-fest en Folkefest, *pl.* -er
-leben et Folkeliv
-lied en Folkevise
-menge en Folkemængde
-sitte (-gewohnheit) Skik (c) og Brug (c)
-sprache (auf dem Lande) et *Bygdemaal*
volkstümlich folkelig
Volksversammlung et Fol-
voll fuld [kemøde]
v. Wasser fuld af Vand
schenken Sie das Glas nur
v.! skjænk kun Glasset
vollauf fuldt op [fuldt!]
vollenden fuldende *II*
völlig aldéles
vollkommen fuldkommen
Vollmacht en Fuldmagt
-mond (en) Fuldmaane
vollständig fuldstændig
-zählig fuldtallig
-ziehen udrette, fuldføre *II*
von fra
v. Leipzig fra Leipzig
nördlich v. Bergen Nord for Bergen
v. 10 Uhr an fra Klokken ti
ein Mann v. 30 Jahren en Mand paa tredive, *treti* Aar
sprechen v. ... tale (*II*) om ...
wissen Sie etwas v. ...? véd De noget om ...?

[von] v. außen udenfra
voneinander fra hinanden (hverandre)
v. ferne langtfra
v. hier herfra
v. neuem paany
v. vorn forfra
v. wo? hvorfra?
vor for, udenfor, for, foran
v. einer halben Stunde war er hier han har været her for en halv Timestid siden [siden]
v. 8 Tagen for otte Dage
v. der Thür udenfor Døren
v. der Abfahrt før Afrei-sen [ligger ...]
v. uns liegt ... foran os
v. mir ankommen komme (*III*) før mig
v. allem fremfor alt
v. kurzem fornylig
voran foran [1]
voraus (Ort) forud (Zeit) i Forveien
vorausbestellen bestille (*II*) i Forveien; f. auch Post, Zimmer
-sagen forudsige *III*
-sehen forudse *III*
-setzen forudsætte *III*
ich setze voraus, daß ... jeg forudsætter, at... [sætning]
Voraussetzung en Forud-
nur unter der V., daß ... kun med den Forudsæt-ning, at ...

---

[1] Die dem deutschen „vor" entsprechende dänische Vorsilbe for ist kurz, aber gewöhnlich betont. Vgl. dagegen Anm., S. 270.

voraussichtlich — vorhanden 283

voraussichtlich at forudse
Vorbedacht, mit med velberaad Hu (c)
vorbehalten forbeholde *III* ich behalte mir vor, zu ... jeg forbeholder mig at ...
vorbei forbi [komme) die Zeit ist v. Tiden er an uns (dem Hause) v. forbi os (Huset) [(*II*) forbi)
vorbeifahren (Wagen) kjøre) (Schiff) seile forbi werden wir an ... v.? kommer vi forbi ...?
-**gehen** gaa (*III*) forbi im Vorbeigehen i Forbigaaände
-**reiten** ride (*III*) forbi
-**schießen** (fehlen) skyde (*III*) forbi
vorbereiten; sich auf ... v. forberede (*II*) sig paa ...
Vorbereitung en Forberedelse [hindre)
vorbeugen forebygge, for-) wie kann man dem v.? hvorledes skal vi forhindre det?
Vorbote (des Sturmes) et Forvarsel (for Storm) einen Vorboten (Anzeige) zur Poststation schicken sende (*II*) Forbud (n) til Skydsstaionen; s. auch Post.
vordem tilforn, før
Vorderbug en Bov
-**deck** et Fordæk
vordere, der, die, das den, det, *pl.* de forreste, *fremste* die vordern Zimmer Værelserne til Gaden

Vorderfuß et Forbēn, *et Frembēn*
-**grund** en Forgrund
-**mast** en Formast, *pl.* -er
-**rad** et Forhjul
-**seite** en Forside
-**sitz** et Forsæde
-**steven** en Forstavn; (am Boot) *et Stevne* [Del)
-**teil** den forreste, *fremste)*
-**zahn** en Fortand, *pl.* tænder [sig frem)
vordrängen, sich trænge (*II*))
voreilen komme (*III*) i For-)
voreilig overilet [kjøbet)
vorenthalten forholde *III*
vorerst allerførst
Vorfahren Forfædre *pl.*
vorfahren kjøre (*II*) frem lassen Sie den Wagen v.! lad Kudsken kjøre hen for Døren!
Vorfall et Tilfælde, en Begivenhed
vorfallen ske *II*, hænde *II* was ist vorgefallen? hvad er der sket? [*III*)
-**geben** (-schützen) foregive) er gibt vor, daß ... han foregiver, at ...
Vorgebirge et Forbjerg, *pl.*)
vorgehen foregaa *III* [-e) was geht da vor? hvad er der paa Færde? die Uhr geht vor Uhret gaar for stærkt
vorgestern iforgaars
vorhaben have (*III*) isinde
Vorhaben en Plan, *pl.* -er: et Forehavende
vorhanden forhaanden

Vorhang et Forhæng
(Gardine) et Gardin
(im Theater) et Tæppe
Vorhängeschloß en Hænge-
vorher før, i Forveien [laas
tur; v. lige i Forveien
-bestimmen bestemme (II)
forud
-gehen gaa (III) forud
-sagen forudsige III
vorhin for kort siden
vorige, der, die, das den,
det, pl. de forrige, sidste
vorige Woche i forrige
(sidste) Uge
voriges Jahr ifjor
Vorkehrung: Vorkehrungen
treffen træffe (III) For-
beredelser (pl. c)
vorkommen ske II, fore-
komme III [det tit?
kommt das öfter vor? sker
ich werde wieder (bei Ihnen)
v. jeg ser ind igjen
es kommt mir vor, als ob ...
det forekommer mig, som
vorläufig foreløbig [om ...
vorlaut næsvis
Vorlegelöffel en Potageske
-schloß en Hængelaas
vorlesen læse (II) for
Vorlesung[1] en Forelæsning
vorletzte, der, die, das den,
det, pl. de næstsidste
im vorletzten Jahr i For
fjor, i Foraars [tiltakke
vorlieb: v. nehmen tage (III)

Vorliebe en Forkjærlighed
V. für etw. fassen fatte
Forkjærlighed for noget,
lægge sin Elsk (c) paa
noget
vormachen (zeigen) vise II
ich lasse mir nichts v. De
skal ikke binde mig noget
paa Ærmet
vormals før, forhen
Vormittag en Formiddag
am V. paa Formiddagen
heute v. i Formiddag;
(wenn vorbei) i Formiddags
vormittags om Formiddagen
vorn foran, fortil, fremst
von v. anfangen begynde
(II) forfra [til Gaden]
nach v. heraus wohnen bo
von vornherein fra Begyn-
delsen af
Vorname et Fornavn, pl. -e
Vorplatz en Plads foran;
en Vestibule
Vorrat et Forraad
haben Sie viel V. davon?
har De et stort Forraad
af det?
vorrätig i Forraad (n)
vorrechnen: rechnen Sie mir
das vor! vil De specifi-
cére det nøiere for mig?
Vorrecht (en) Fortrinsret
als Mitglied des norwegi-
schen Touristenvereins habe
ich das V. auf ein Bett
som Medlem af den nor-

---

[1] Alle Vorlesungen an den Universitäten sind kosten-
frei, viele öffentlich und allen, auch Nichtakademikern und
~~men, zugänglich.

vorrücken — Vortragender. 285

ske Turistforening har jeg Fortrinsret til en Seng; f. S. 255, Anm. 1
vorrücken rykke frem
Vorsatz et Forsæt, pl. -ter; en Beslutning
es ist mein fester V. det er min faste Beslutning
vorsätzlich med Villie
Vorschein: zum V. kommen komme (III) tilsyne
Vorschlag et Forslag
vorschlagen: ich schlage vor, zu... jeg foreslaar(III),at... was schlagen Sie vor? hvad foreslaar De? wissen Sie etwas Besseres vorzuschlagen? har De noget bedre at foreslaa?
Vorschrift en Forskrift, pl. -er [Recept (c)] nach V. (Apotheke) efter
Vorschuh et Overlæder
vorschuhen galochére
Vorschuß et Forskud
vorschützen foregive (III); give (III) til Paaskud (n)
vorsehen, sich se (III) sig for; tage (III) sig ivare sehen Sie sich vor! se Dem for! tag Dem iagt!
vorsetzen sætte (III) for (sich etw.) beslutte
Vorsicht en Forsigtighed, en Varsomhed
vorsichtig forsigtig
Vorsorge: V. treffen bære (III) Omsorg (c) for
Vorspann et Forspænd
vorspringen springe (III) frem

ein vorspringender Fels et fremspringende Fjeldstykke
Vorsprung et Forspring
V. vor jm. gewinnen vinde (III) Forspring for nogen
Vorstadt en Forstad, pl. stæder
Vorstand en Styrelse
vorstehen rage frem (leiten) forestaa III, bestyre
Vorsteher en Forstander, en Bestyrer
vorstellen: bitte, mich den Herren vorzustellen! vil De ikke være saa god at præsentére [præsang-] mig for de Herrer? erlauben Sie, daß ich mich Ihnen selbst vorstelle? mein Name ist N. maa jeg forestille mig selv for Dem? mit Navn er N. was soll das v.? hvad skal det forestille? ich hatte mir das anders vorgestellt det havde jeg tænkt mig ganske anderledes
Vorstellung en Forestilling
vorstrecken (Hand) strække (III) frem (Geld) laane II
Vorteil en Fordel, en Nytte
vorteilhaft fordelagtig
Vortrag et Foredrag einen V. halten über... holde (III) et Foredrag om ...
vortragen foredrage III
Vortragender en Foredragsholder

vortrefflich rar[1], fortrinlig, ypperlig, *vakker*
ein vortrefflicher Führer en ypperlig, *vakker* Forer
vortreten: treten Sie nicht zu weit vor! gaa (*III*) ikke for langt frem!
vorüber forbi; f. auch vorbei
es ist v. det er forbi
sind wir schon an ... v.? er vi (alleréde) kommen forbi ...?
Vorurteil en Fordom
Vorwand et Paaskud, en Undskyldning
vorwärts! fremad! frem!
wir kommen ja gar nicht v.! vi kommer jo slet ikke af Stedet!
weder v. noch rückwärts hverken frem eller tilbage
vorwerfen bebreide
Vorwurf en Bebreidelse
ich habe Ihnen damit keine Vorwürfe machen wollen det skulde ikke være nogen Bebreidelse til Dem [vise *II*]
vorzeigen forevise *II*, frem-
muß das Billet vorgezeigt werden? skal Billetten forevises?
vorzeitig ubetimelig
vorziehen foretrække *III*
ich ziehe vor zu gehen, reiten, segeln jeg foretrækker at gaa, ride, seile

[vorziehen] was ist vorzuziehen, ... oder ...? hvad bør man foretrække, ... eller ...? [Gardinet for] den Vorhang v. trække
Vorzug et Fortrin
vorzüglich fortrinlig, ud- (besonders) især [mærket] **wach** vaagen
ich war schon um 4 Uhr w. jeg var alleréde vaagen Klokken fire
Wache: W. stehen staa (*III*) paa Vagt (c)
wachen vaage, *vake*
Wacholder et Enebærtræ, en
wachsam aarvaagen [*Brisk*]
wachsen vokse, gro
welche Getreidearten können hier w.? hvad Slags Korn kan der gro her?
Wachskerze et Vokslys
-stock en Voksstabel
Wachstum en Vækst
Wachtel en Vagtel
Wächter en Vægter
Nacht- en Natvægter
Wachtmeister en Oversergeant
-schiff et Vagtskib, *pl.* -e
wackelig vaklende
wackeln vakle
wacker vakker, flink, *snil*
Wade en Læg
Waffe et Vaaben, [skaal]
Wage en Vægt, en Vægt-
Brief- en Brevvægt
Wagehals en Vovehals

---

[1] In Norwegen ist rar nie anzuwenden, weil hier f v. w. „wunderlich".

wagen — Wagen

wagen vove, *vaage*
ich wage mich nicht daran
det tør jeg ikke
können Sie die Fahrt über
ren See, die Bucht w.?
tør De vove en Tur over
Søen, Fjorden?
mit drei Ruderern darf ich
wohl die Fahrt w.? med
tre Mand i Baaden tør
jeg vel nok vove Turen?
Wagen[1] en Vogn [waun];
s. auch fahren, Post (Skyds)
Bauern- en Bondevogn
Einspänner en Enspænder,
en Vogn med ēn Hest for
Eisenbahn- en Jernbane-¦
Ernte- en Høstvogn [vogn⅃
Feder- en Fjervogn
Güter- en Godsvogn
Jagd- en Kaleschevogn, en
Jagtvogn, *en Trille*
Karren en Kjærre[2]
Karriole en Kariol[3]
Kutsche en lukket Vogn, en
Karét
Möbel- en Møbelvogn
offener, geschlossener W. en
aaben, lukket Vogn

[**Wagen**] Pferdebahn- en
Sporvogn
Post- en Postvogn
Posteil- en Diligence; s. auch
Eilwagen
Zweispänner en Tospænder
zweiräderiger W. en to-
hjulet Vogn [*pl.* mænd⅃
Fuhrmann en Vognmand,⅃
Kutscher en Kudsk; *en
Skydsgut, pl. -ter*
ich wünsche einen W. nach ...
jeg ønsker en Vogn til ...
wir sind 2, 3, 4 Personen vi
er to, tre, fire Personer
wir wollen den W. für uns
allein haben vi vil være
ene om Vognen
Sie müssen mir vorher Ihren
W. zeigen! De maa. *faar*
vise mig Deres Vogn først!
Sie dürfen keine andern
Passagiere mitnehmen De
maa ikke tage flere Pas-
sagérer med
der Kutscher muß für sich
und die Pferde selbst sorgen
Kudsken maa, *faar* sørge
for sig selv og Hestene

---

[1] Charabanc, Droschke, Equipage, Gig, Kalesche,
Landauer, Omnibus, Phaëton wie im Deutschen.
[2] Die norwegische *Kjærre*, *Stolkjærre*, ist ein unbequemes Fuhrwerk mit hölzerner Bank für 2 Personen, nur selten mit Polster (*Hynde*), Federn (*Fjere*) und Spritzleder (*Skvætlæder*) versehen.
[3] In Norwegen versteht man unter dieser Benennung meist einen kleinen zweiräderigen, einsitzigen Wagen mit Steigbügeln für die Füße. Beim Fahren bergab erhebt man sich in den Steigbügeln; das Pferd ist immer Herr der Situation.

[Wagen] der W. muß um
2 Uhr hier sein Vognen
maa være her Klokken to
ist der W. schon da? er
Vognen kommen?
spannen Sie an! spænd
saa for! [spændt?]
ist angespannt? er der for-
machen Sie den W. zu, auf!
slaa Kaleschen op, ned!
auf dem Vordersitz Platz
nehmen sidde paa For-
Rücksitz et Bagsæde [sædet]
auf dem Bock paa Bukken
auf dem Verdeck ovenpaa
im W. inde i Vognen
Wagenbauer en Hjulmand, pl.
mænd; en Vognfabrikant
-gerassel en Vognrummel
-kissen, -polster et Hynde
-rad et Vognhjul
-schlag en Vogndør
-schuppen en Vognremise
-tritt et Vogntrin
-verdeck (zum Zurückschlagen)
en Kalesche
Wagenwechsel: findet W.
statt? skal vi skifte Vogn
[vaun]?
wo muß ich umsteigen? hvor
skal jeg skifte Vogn
[vaun]? [tal]
wagerecht vandret, horison-
Wagestück et Vovestykke
Wahl et Valg
zum dänischen, norwegischen
Reichstag et Rigsdagsvalg,
et Stortingsvalg
wählen vælge III; (durch
Aufheben der Hände) kaare
ich weiß nicht, was ich w.

soll jeg ved ikke, hvad
jeg skal vælge
wählerisch kræsen
ich bin w. in Bezug auf Bier
jeg er kræsen med Hensyn
Wahltag en Valgdag [til Ol]
-versammlung et Valgmøde
Wahnsinn (et) Vanvid
wahnsinnig vanvittig, tos-
wahr sand [set, gal, afsindig]
ist das w.? er det sandt?
nicht w.? ikke sandt?
währen vare, vare ved
während: w. der Nacht om
Natten
w. der Fahrt paa Turen
w. des Regens medens det
regner [reiner]
Wahrheit en Sandhed
die W. sagen sige (III) Sand-
heden [var]
wahrnehmen se; blive (III)
haben Sie das auch wahr-
genommen? har De ogsaa
lagt Mærke til det?
wahrsagen spaa
wahrscheinlich rimeligvis,
sandsynligvis [(pl. Børn)]
Waise et forældreløst Barn
Wald en Skov [stau], en Skog
(Hain) en Lund
(Gebüsch) et Krat
Buchen- en Bøgeskov
Fichten- en Fyrreskov, en
Furuskog
Tannen- en Granskov
führt der Weg durch den W.?
gaar Veien igjennem
Skoven?
am Rande des Waldes ved
Udkanten af Skoven

[**Walb**] walbige Gegend en
skovrig Egn [ein]
bewaldet skovklædt
Walbmeifter en Skovmærke,
en Bukar
-weg en Skovvei, *pl.* -e
Walfifch en Hval, *pl.* -er
-fang en Hvalfangst
-fänger en Hvalfanger
(Schiff) et Hvalfanger-
skib, *pl.* -e
-thran (en) Hvaltran
Wall en Vold[1]
geschleifte **Wälle** sløifede
Volde
mit **Wällen** umgeben om-
given af Volde
wallen bruse *II, foskoge II*
Walnuß en Valnød, *pl.*
-der
Walroß en Hvalros, *pl.*
-ser; en Søhest
Walze (Acker-) en Tromle
walzen valse
wälzen vælte, trille
Walzer en Vals
Wams en Kofte, en Kappe
Wand en Væg
Felsen- en Fjeldvæg
spanische W. et Skjærm-
bræt, *pl.* -ter
etwas an die W. hängen
hænge (*II*) noget hen
paa Væggen
Wanderer en Vandrings-
mand, *pl.* mænd
Wanderschaft: auf der W.
paa Vandringen

Wandkarte et Væggekort;
et Væggekart, *pl.* -er
-uhr et Væggeuhr, *pl.* -e
Wange en (*et*) Kind, *pl.* -er
wankelmütig vægelsindet,
vankelmodig
wanken rokke, ryste
wann naar, hvornaar
w. geht der Dampfer nach...
ab? naar gaar Dampskibet
til ...?
w. können Sie hier fein? naar
kan De (*faa*) være her?
feit w. ist das fo? hvor-
længe har det været saa-
ledes, *slig*?
dann und w. af og til
Wanze et Væggetøi
Wappen et Vaaben
Ware en Vare
Warenprobe en Vareprøve
warm varm [varm]
mir ist fo w. jeg er saa
Wärme en Varme
wärmen varme
warnen advare, varsko
Warnung en Advarsel
Warte et Vagttaarn, *pl.* -e
(Steinhaufe) *en Varde*
warten bie, vente, tøve
(pflegen) passe, stelle med
w. Sie ein wenig! vent
lidt!
Sie haben mich lange w.
laffen De har ladet mig
vente længe
er läßt lange auf sich w.
han bliver længe borte

Wärter – Waschwasser.

wie lange muß ich (auf das Dampfschiff) warten? hvor længe maa, *faar* jeg vente (paa Dampskibet)?
Wärter en Opsynsmand, *pl.* mænd
Wartesaal en Ventesal
-zimmer et Venteværelse
warum? hvorfor?
w. nicht? hvorfor ikke (det)?
Warze en Vorte
was hvad
w. gibt's? hvad er der?
w. wollen Sie? hvad vil De? [han?]
w. sagt er? hvad siger
w. für ein? hvad for ēn?
Waschbecken et Vadskefad, *pl.* -e
Wäsche (et) Vadsketøj
reine, schmutzige W. rēnt, snavset Linned (n)
wollen Sie die W. zur Waschfrau schicken? vil De sende det Tøi hen til en Vadskerkone?
lassen Sie das für mich waschen! vil De faa det Tøi vadsket til mig?
ich muß die W. bis ... haben Tøiet maa bringes tilbage inden ...
Sie müssen ausbessern, was nötig ist! vil De ogsaa reparére, hvad der er nødvéndigt?
ist meine W. gekommen? er Vadsketøiet kommet?
es fehlt ein Kragen der mangler en Flip

Waschzettel en Fortegnelse [forrtel-] over Vadsketøi
Halstuch et Halstørklæde
Handtuch et Haandklæde
Haube en Kappe
Hemd: **Herren-** en Skjorte
Frauen- en Chemise
Kleid en Kjole
Kragen en Flip, *pl.* -per
Manschetten Manschetter *pl.* c
Nachthaube en Natkappe
Nachthemd en Natskjorte
Oberhemd en Manschetskjorte
Schürze et Forklæde
Socke en Sok, *pl.* -ker
Strümpfe Strømper *pl.* c
Taschentuch et Lommetørklæde [der *pl.*]
Unterhosen Underbenklæ-
Unterjacke en Undertrøis
Unterrock et Skjørt, *pl.* -er
Vorhemd en Krave
Wäschegeschäft et Linnedmagasin
fertige **Herren-**, **Damenwäsche** færdigt Herrelinned, Damelinned
waschen vadske
wo kann ich mir die Hände w.? hvor kan jeg (*faa*) vadske Hænderne?
bitte, geben Sie mir Wasser, Seife, Handtuch! maa jeg faa noget Vand, Sæbe, et Haandklæde?
Wäscherin en Vadskerkone
Waschwasser (et) Vadskevand

Waſſer — weden.

Waſſer et Vand¹, *pl.* -e
ein W. (Gewäſſer) et Vand²
ein Glas W. et Glas Vand
W. trinken drikke (*III*) Vand
ſein W. abſchlagen lade
(*III*) Vandet
Brunnen- (et) Brøndvand
Eis- (et) Isvand
Quell- (et) Kildevand, *(et)*
Opkommervand
Regen- (et) Regnvand [rein-]
Salz- (et) Saltvand [vand]
See- (et) Havvand, (et) Sø-
Trink- (et) Drikkevand
waſſerarm fattig paa Vand
Waſſerbehälter en Vandbeholder
waſſerdicht vandtæt
Waſſereimer en Vandspand
-fahrt en Seiltur
Waſſerfall et Vandfald; *en Fos, pl. -ser*
ich möchte den W. bei ...
ſehen jeg likte faa se
Fossen ved ...
den W. von oben, unten
betrachten se (*III*) paa
Fossen fraoven, franeden
das Toben des Waſſerfalles
vernehmen høre (*II*) Fossens Dur
Waſſerfläche en Vandflade
-flaſche en Vandflaske
-flut en Vandflod, *en Flom*
waſſerhell klar som Vand
Waſſerhoſe en Skypumpe
-huhn en Vandhøne, *pl.* høns

wäſſerig vandet
Waſſerkanne en Vandkande
-lilie (gelbe) en Aakande;
(weiße) en Nøkkerose
-mühle en Vandmølle
-pflanze en Vandplante
-ſcheide et Vandskjel, *et Vandskille*
-ſtand (hoher)(et)Høivande;
(niedriger) (et) Lavvande
-ſtiefel Vandstøvler *pl. c*
-ſt.ahl en Vandstraale
-ſucht (en) Vattersot
-vogel en Søfugl [*Noter*]
Wate (Netz) et Vod; *etNot,pl.*
waten vade [Elven]
durch den Bach w. vade
kann man durch den Bach
w.? kan Elven vades?
Watte (et) Vat
weben væve
Wechſel en Afveksling
(Anweiſung) en Veksel
-fieber en Koldfeber
-geſchäft en Vekselérerforretning
wechſeln veksle, bytte, skifte
Kleider, Platz w. skifte
Tøi, Plads [Penge]
Geld w. bytte (veksle)
können Sie mir dieſen Schein
w.? kan De bytte mig
den Seddel?
wecken vække, kalde (*II*) paa
ich möchte um 5 Uhr gewedt werden! jeg ønsker
at vækkes Klokken fem!

---

¹ In Norwegen vielerorts *Vatn.*
² An Wegweiſern: *Til Fjeldvandet!* Nach dem Gebirgsſee!

Wecfcruhr — wegfahren.

[we den] w. Sie mich, wenn das Schiff an die Bucht von ... kommt! kald paa mig, naar Skibet kommer til ... fjord!
ich wünsche nicht geweckt zu werden! De skal ikke kalde paa mig! [pl. -e}
Weckeruhr et Vækkeruhr,
wedeln: mit dem Schwanze w. logre med Halen
weder: w. ...noch... hverken...
Weg en Vei, pl -e [eller...
Fahr- en Kjørevei
Feld- en Markvei, en Driftevei [auch Anm. S. 4.]
Gebirgs- en Fjeldvei; f.
Scheide- en Skillevei
Wald- en Skovvei, en Skog-gangbar passabel [vei]
gerade lige
kurz kort
schlüpfrig glat, sleip
steil brat
steinig uret
sumpfig myret, myrlændt
unbefahrbar ufremkommelig med Vogn [waun], ulændt
wollen Sie mir den W. nach ... zeigen? vil De ikke vise mig Veiën til ...?
ist dies der richtige W. nach...?
er det den rette Vei til ...?
habe ich mich links oder rechts zu halten? skal, faar jeg gaa tilvenstre eller tilhøire? [frem?]
gerade aus? ligeud? ret
einen Seitenweg einschlagen gaa ad en Sidevei

[Weg] führt mehr als ein W. dahin? gaar der mere end ên Vei derhen, did?
kann man sich leicht verirren? kan man let tage feil af Veiën?
glauben Sie, daß ich ohne Führer den Weg nach ... finden kann? tror De, jeg kan finde Veiën til ... uden Fører?
kann man unterwegs etwas zu essen bekommen? er der Leilighed til at faa nogen Mad underveis?
kommt man an Touristenhütten, Sennhütten, Gasthäusern vorüber? kommer man forbi Turisthytter, Sætre?
sich auf den W. machen gaa III; begive (III) sig ivei
weg bort, væk; s. auch: fort
nehmen Sie das w.! tag weg! af Veiën! [det bort!]
meine Tasche ist w. min Taske er borte
ist das Dampfschiff schon w.? er Damperen gaaët?
wegbleiben blive (III) borte
er bleibt schließlich ganz weg han bliver nok hêlt borte
Wegebau et Veianlæg
wegen: w. der Hitze paa Grund af Varmen
der Vorsicht w. af Forsigtighed
Ihretwegen for Deres Skyld
meinetwegen gern! for mig gjerne!
wegfahren tage (III) afsted

wegfallen — Wein.

wegfallen falde (III) bort
-fliegen flyve (III) bort
-geben give (III) bort
-gehen gaa (III) bort
-jagen jage (III) bort
-laufen løbe (III) bort
-nehmen tage (III) bort
-reiten ride (III) bort
-rudern ro (bort)
-schieben skyde (III) bort
-schleichen liste sig bort
-segeln seile (bort)
-spülen skylle bort
-tragen bære (III) bort
-wehen blæse (II) bort
Wegweiser en Veiviser, en Afviser
was steht an dem W.? hvad staar der paa Veiviseren? sind deutliche W. da? er der tydelige, greie Afvisere?
wegwerfen kaste bort
-ziehen drage (III) bort
weh: das thut (nicht) w. det gjør (III) (ikke) ondt
der Fuß thut mir w. min Fod gjør ondt
wehen blæse II [stærkt] es weht tüchtig det blæser
die Fahne weht Fanen vaier
Wehr (Wasser-) en Dæmning
Weib en Kvinde
altes W. en gammel Kjælling, Kjærring
Weibchen (Tier) en Hun, pl. -ner
Weiberfeind en Kvindehader
weiblich kvindelig
weich blød
weichen vige III
weichlich blødagtig

Weide en Græsgang, en Beite
Gebirgs- en Fjeldbeite
Kühe auf die W. treiben drive Kjørene paa Beiten
(Baum) en Pil, en Silje
weigern, sich vægre sig
Weigerung en Vægring
Weihe (Vogel) en Høg
Weiher (Teich) en Dam, et Tjern
Weihnachten en Jul [aften]
Weihnachtsabend en Jule-
-baum et Juletræ
-geschenk en Julegave
erster, zweiter Weihnachtstag første, anden Juledag (c)
-zeit: in der W. ved Juletid
weil fordi [(c), i Julen
Weile en Tid
eine W. warten vente lidt
weilen bis
Wein en Vin; s. auch Getränk
ein Glas W. et Glas Vin
eine (halbe) Flasche W. en (halv) Flaske Vin
was für Weine haben Sie? hvad for Vine har De?
Rot- en Rødvin
Weiß- en hvid Vin
süßer sød
saurer sur
leichter let
schwerer stærk
reiner rén
alter gammel
junger ung
vom Faß fra Fad
in Flaschen paa Flasker
Obst- en Frugtvin
Port- en Portvin

[**Wein**] Rhein-en Rhinskvin
Tisch- en Bordvin
französische, griechische, spanische Weine franske,
græske, spanske Vine
weinen græde III, *graate*
das ist zum Weinen det er
til at græde over
warum weint das Kind?
hvorfor græder Barnet?
Weinflasche en Vinflaske
-glas et Vinglas
-händler en Vinhandler
-karte et Vinkort
-keller en Vinkjælder
-rebe en Vinranke
-stube en Vinstue
-traube en Vindrue
Weise en Maade
auf welche W.? paa hvad Maade?
auf solche W. saaledes, *slig*
auf keine W. paa ingen Maade
(Lied) en Vise, *en Slaat*
weise vis
Weisheit en Visdom
weismachen: ich lasse mir nichts w.! man skal ikke binde mig noget paa Ærmet!
weiß hvid
Weißbrot et Hvedebrød, et Franskbrød
Weisung en Besked
weit lang
(geräumig) vid
weiter Weg en lang Vei

[**weit**] wie w. ist es (noch) von hier bis ...? hvor langt er der (endnu) herfra til ...?
wie w. hat man zu gehen? hvor langt har man at, *faar man gaa?*
haben wir noch w.? er der langt til endnu?
ich bin w. entfernt, das zu thun det kunde aldrig falde mig ind at gjøre det [ses i Frastand]
ist von weitem zu sehen kan von weitem gesehen set i Frastand
bei weitem nicht langtfra
w. mehr langt mere
w. größer langt større
w. besser langt bedre
weite Aussicht en vid Udsigt
Weite en Vidde[1]
weiten udvide
weiter videre, længere
w. oben, unten længere oppe, nede
w. vorn længere fremme
ich reise gleich w. jeg reiser straks videre [ikke mere]
ich kann nicht w. jeg kan ohne weiteres uden videre
„der Stationshalter in N. wird gebeten, die beiliegenden Anlagen w. zu befördern" „Stationsholderen i N. anmodes om at sende hoslagte Forbud videre"

---

[1] Bedeutet in Norwegen auch eine weite, öde Strecke auf dem Gebirge: *paa Vidderne* auf den Gebirgsöden.

Weiterbeförderung en Viderebefordring
wie lange muß ich auf W. warten? hvor længe faar jeg vente paa Viderebefordring?
weiterfahren kjøre (II) (Schiff: seile) videre
Weiterfahrt: für die W. for den kommende Reise
weitergehen gaa (III) videre
-schicken sende (II) videre
weitläufig vidtløftig
-sichtig fjernsynet
Weizen (en) Hvede
-brot et Hvedebrød, et Franskbrød
-mehl (et) Hvedemēl
welcher, welche, welches (Ausruf) hvilken[1], hvilket, pl. hvilke
(fragend) hvad (ēn, et)
(relativ) som[2], der, hvilken
w. von ihnen ist es? hvad ēn (et) af dem er det?
w. Berg ist in dieser Gegend der höchste? hvad Fjeld er det høieste paa denne Egn [ein]?
welches Schiff legt bei ... an? hvad Skib anløber ...?

[welcher] der Führer, von welchem Sie gesprochen haben den Fører, (som) De har talt om
die Sennhütte, in welcher wir einkehrten den Sæter, wel! vissen [vi var i]
Welle en Bølge, en Sø, en Baare
hohe Wellen høie Søer
die Wellen schlagen über das Boot Bølgerne gaar over Baaden [en Søgang]
Wellenschlag et Bølgeslag,
Welt en Verden
-gegend et Verdenshjørne; en Kant, pl. -er
weltlich verdslig
Weltmann en Verdensmand, pl. mænd [et Ocean]
-meer et Verdenshav, pl. -e;
-teil en Verdensdēl
wem, wen hvem; s. auch wer
wenden vende II
an wen habe ich mich zu w.? til hvem skal jeg henvende (II) mig? [om] sich w. (umdrehen) vende sig
nach links w. dreie om tilvenstre [saa vende!]
w. Sie um, Kutscher! lad os

---

[1] Dialektisch hvikken; hieraus in Verbindung mit se (sieh! sehen Sie!) die in der Umgangssprache sehr gewöhnlichen Formen sikken, sikket, pl. sikke (norwegisch slig en [et]), z. B. sikken ēn! sehen Sie sich mal den (die, das) an! sikken et Veir, vi fik! was haben wir da für ein Wetter gehabt!

[2] Som wird, wenn nicht es selbst, sondern ein andres Wort Subjekt im Nebensatze ist, oft ausgelassen, es duldet keine Präposition vor sich und ist indeklinabel.

Wendung en Vending, en
Omdreining
wenig lidt, *lidet*[1]
weniger mindre
am wenigsten mindst
w. Geld faa Penge
w. besucht lidet besøgt
nur w. bekannt kun lidt
bekjendt
die wenigsten de færreste
wenigstens i det mindste
wenn (Zeit) naar [fremt)
(Bedingung)hvis, ifald,saa-)
w.Sie das(nicht)können,so...
ifald De (ikke) kan det,
saa ...
w. ich zurückkomme naar jeg
kommer tilbage igjen
wer hvem
w. ist das? hvem er det?
w. von Ihnen? hvem afDem?
wem gaben Sie den Brief?
til hvem gav De Brevet?
wen meinen Sie? hvem
mener De?
werben: um ein Mädchen w.
beile (fri) til en Pige
werden blive*III*; f.Anm.3,S.50
werde, wird 2c. bliver [blihr]
geworden bleven (blevet) [in
Norwegen: bleht]
ich werde um 6 Uhr wieder
hier sein jeg kommer igjen
Klokken seks
ich werde morgen abreisen
jeg reiser[2] imorgen

[werden] es wird dunkel
det bliver [blihr] mørkt
der Regen ist schlimmer ge-
worden Regnen [rei-] er
bleven [norwegisch: bleht)
werfen kaste [værre)
Werfte et Værft, *pl.* -er
Werk et Værk, *pl.* -er; en
Gjerning
-statt et Værksted, *pl.* -er
-tag en Hverdag, en Søg-)
-zeug et Værktøi [nedag)
Wermut (en) Malurt
wert værd
wieviel ist das w.? hvor
meget er det værdt?
nichts w. ingenting værd
es ist nicht der Rede w. det
er ikke noget at tale om
das ist mir sehr viel w. det
sætter jeg stor Pris paa
Wert en Værdi
-sachen Værdigjenstandepl.c
wertschätzen sætte (*III*) stor
Pris (c) paa
wertvoll værdifuld
weshalb hvorfor
w. geschieht das nicht? hvor-
for bliver det ikke gjort?
Wespe en Hveps, *pl.* -er; en)
Weste en Vest [Gedehams)
Westen (et) Vest
im W. mod Vest, i Vest
von W. vesterfra [vestover)
gegen, nach W. vesterpaa,)
Westentasche en Vestelomme

---

[1] Für zählbare Sachen aber faa, Komparativ færre,
Superlativ færrest.
[2] Statt des Futurums setzt man im Dänischen häufig
das Präsens.

Westküste en Vestkyst
westlich vestlig
 im westlichen Norwegen i
 det vestlige Norge; i det
 Vestenfjeldske
Westwind en Vestenvind
Wette et Væddemaal
 was gilt die W.? hvad skal
 vi vædde? [omkåp]
 um die W.(fahren)(kjøre II)
wetten vædde [mark: währ]
Wetter et Veir [in Däne-]
 gutes W. godt Veir (n), (et)
 Godveir, (et) Magsveir
 heißes varmt [Klarveir]
 helles W. klart Veir (n), (et)
 kaltes koldt
 kühles kjøligt
 nasses vaadt
 rauhes raat [veir [rein-]]
 regnerisches W. (et) Regn-
 schlechtes W. daarligt Veir
 (n), et Stygveir
 schönes smukt, vakkert
 stürmisches stormfuldt
 trübes W. (et) Graaveir
 veränderliches foranderligt,
 ustadigt
 windiges W. en Blæst
 es ist sehr schönes W. heute
 det er et deiligt, vakkert
 Veir idag
 meinen Sie, daß wir morgen
 gutes W. haben werden?
 tror De, vi faar godt Veir
 imorgen?
 bei einem solchen W. kann
 man die Aussicht nicht recht
 genießen man kan ikke
 rigtig nyde Udsigten i
 saadant, sligt Veir

[**Wetter**] wird es sich aufhei-
 tern? mon det klarer op?
Wetterfahne en Fløi
 -leuchten et Kornmod
 -seite (en) Vindside
Wettlauf et Væddeløb [løb]
Wettrennen et Hestevædde-
 W. mit Hindernissen et For-
 hindringsløb [bane]
 Rennbahn en Væddeløbs-
 Karte zum Sattelplatz et
 Kort til Sadlepladsen
 zum innern, äußern Kreis
 til den indre, ydre Kreds
 Wagenkarte et Kjørekort
 für einen Tag for en Dag
Wettrenner (Reiter) en Ryt-
 ter
 (Pferd) en Væddeløbshest
Wichse (Stiefel-) en Blank-
 sværte
wichsen: die Stiefel w. blanke
wichtig vigtig [Støvlerne]
wickeln vikle
 in Papier w. pakke ind i
 Papir [buk]
Widder en Vædder, en Sau-
wider mod [men]
 w. den Strom mod Strøm-
Widerhaken en Modhage;
 en Agnor, pl. -er
 -hall en Gjenlyd
widerlegen gjendrive III,
 modbevise II
widerlich ækel, modbydelig
widernatürlich unaturlig
widerraten fraraade
 -rufen tilbagekalde II
 -setzen, sich modsætte(III)sig
widersinnig urimelig, gjen
 stridig

widerfpredjen modsige *III*
Widerfprudj: W. erheben
  gjøre (*III*) Indsigelse (c)
Widerftanb: W. leiften gjøre
  (*III*) Modstand (c)
widerwärtig modbydelig
Widerwille en Ulyst, en
widrig ubehågelig [Afsky]
widriger Wind en Modvind
wie? w. beliebt? hvad be-
  hager [behar]?
w. heißen Sie? hvad hedder
  De? hvad er Deres Navn?
w. hoch ist der Berg? hvor
  højt er Fjeldet?
w. kommt man über den
  Fluß?hvorledes(hvordan)
  kommer man over Elven?
w. weit ist es von hier
  bis ...? hvor langt er der
  herfra til ...?
w. geht's (von statten)?
  hvordan (hvorledes) gaar
  det? [De det?]
(Befinden) hvorledes har
Wiedehopf en Hærfugl
wieder igjen, atter
-bekommen faa (*III*) igjen
-bringen bringe (*III*) til-
  bage igjen [gjen]
wiederhergestellt istand i-
wiederholen gjentage *III*,
  repetére [gelse]
Wiederholung en Gjenta-
Wiederkehr enTilbagekomst
wiederkommen komme (*III*)
  igjen
  kommen Sie morgen um
  dieselbe Zeit wieder! kom
  imorgen igjen paa sam-
  me Tid!

wiederfehen: ich freue mich,
  Sie wiederzusehen det glæ-
  der mig at se (*III*) Dem
  igjen [syn!]
  auf Wiederfehen! paa Gjen-
  wir sehen uns in N. wieder
  vi ses igjen i N.
Wiege en Vugge
wiegen veie
  (Kind) vugge
Wiegenlied en Vuggesang
wiehern vrinske [Beile]
Wiese en Eng, *en Vold, en*
Wiesel en Væsel
wieviel? hvor meget? *pl.*
  hvor mange?
der wievielte ist heute? hvad
  skriver vi idag?
wild vild
  wilde Tiere vilde Dyr *pl. n*
Wild (et) Vildt
Feder- (et) Fuglevildt
Hoch- stort Vildt
Schwarz- Vildsvin, *pl. n*
Wildbret (et) Vildt
-dieb en Krybskytte
-nis en vildsom Egn [ein],
Wille en Villie [*en Ulænde*]
  gegen meinen Willen mod
  min Villie (Skyld (c)
  um Ihretwillen for Deres
  um seinetwillen for hans
  Skyld [Skyld!]
  um Gotteswillen! for Guds
willig villig, redebon
willkommen velkommen
willkürlich vilkaarlig
wimmeln vrimle, mylre
  es wimmelt von ... det
  mylrer af ...
wimmern pibe *III*, klynke

Wind en Vind, en Blæst
Land- en Fralandsvind
See- en Paalandsvind, *en
Havgule*
mit günstigem W. fahren
have (*III*) Medvind (c),
Bør (c) [vente paa Bør]
auf günstigen W. warten)
mit konträrem W. fah-
ren have (*III*) Modvind,
Modbør
es weht ein heftiger W. det
blæser (*II*) stærkt
der W. wird stärker Blæsten
tager til
der W. hat sich gelegt, schlägt
um Vinden har lagt sig,
gaar om i en anden Kant
Winde (für Laften) et Spil
(Blume) en Snerle
winden (hinauf-) heise op
(Kranz) binde *III* [sig]
sich w. (Weg) sno (slynge)
Windhose en Skypumpe
windig luftig [-ler]
Windloch et Trækhul, *pl.*
-mühle en Veirmølle
-rose et Kompás
-stille blikstille (*adj.*)
(auf dem Wasser) (et) Hav-
blik
-stoß en Kastevind, et Vind-
stød; *en Gust, pl. -er*
Windung(Weg)enKrumning
Wink et Vink
geben Sie mir einen W.,
wenn ...! varsko mig,
naar ...!
Winkel: rechter, stumpfer,
spitzer W en ret, stump,
spids Vinkel

in einem Winkel am See i
en Krog ved Søen
winkelig vinklet
winken vinke [ham!]
w. Sie ihn herbei! vink ad
(mit den Augen) blinke
winseln klynke, pibe *III*
Winter en Vinter
im W om Vinteren
künftigen W. til Vinters
den W hindurch Vinteren
over
wenn der W. anfängt naar
Vinteren begynder
womit beschäftigen Sie sich
im W? hvad tager De
Dem for, *steller De med
om Vinteren?*
ist das Haus auch während
des Winters bewohnt?
bor der ogsaa Folk i det
Hus om Vinteren?
Winteranzug enVinterdragt,
pl. -er
-aufenthalt et Vinterophold
-nacht en Vinternat, *pl.*
-saat en Vintersæd [nætter]
-schlaf halten ligge(*III*) i Hi-
-tag en Vinterdag [(*n*)]
-überzieher en Vinterover-
frakke; *en Vinterfrak,
pl. -ker*
winzig lille bitte, *urliden*
Wipfel en Top
wir vi
w. beide vi to [vind]
Wirbel (-wind) en Hvirvel-
Haar- en Isse
Staub- en Støvsky
Wasser- en Strømhvirvel
wirbeln hvirvle rundt

wirken virke. arbeide, *stelle*¹
wirklich virkelig
wirksam virksom, driftig
Wirkung: W. ausüben gjøre
  (*III*) Virkning (c)
wirr forvirret, *ugrei*
Wirt en Vært, *pl.* -er
  (in Touristenhütten auch) en
  Bestyrer
Gast- en Gjæstgiver; (auf
  dem Lande in Dänemark
  häufig) en Kromand, *pl.*
  mænd
ich möchte den W. selbst
  sprechen jeg ønsker at
  tale med Værten selv
Wirtin en Værtinde
Wirtschaft (Haus-) en Hus-
  holdning, *et Husstel*
Gast- et Gjæstgiveri
wirtschaften (im Hause) føre
  (*II*) Husholdningen, *stelle*
  med Maden
  (im Felde) arbeide, *stelle*
  paa Marken
Wirtschafterin en Hushol-
  derske, en Husbestyrer-
  inde ² [*Bestyrerinde*]
  (in Touristenhütten) en
wirtschaftlich økonomisk

Wirtshaus et Værtshus, *pl.*
  -e [givergaard]
Dorf-³ en Kro, en Gjæst-
Wirtsleute Vært (c) og Vært-
  inde (c)
-stube en Skjænkestue
Wisch en Halmvidsk
wischen (ab-) vidske af
Wischlappen en Vidskeklud
wißbegierig videbegjærlig
wissen vide *III* [det ikke]
  ich weiß es nicht jeg ved
  ich möchte w. jeg gad *likte*
  faa vide
  w. Sie, ob...? ved De, om...?
  davon weiß ich nichts det
  ved jeg ikke noget om
Wissen: meines Wissens saa-
  vidt jeg ved
  mit meinem W. med mit
  Vidende (*n*)
  ohne mein W. uden mit
  Vidende
Wissenschaft en Videnskab
wissentlich med Vidende (*n*)
wittern veire [og Villiß (c)]
Witterung et Veirlig, et
  Veirlag; f. auch Wetter
Witwe en Enke
  W. sein sidde (*III*) Enke

---

¹ *Stelle* wird in Norwegen sehr oft gebraucht; die
dänische Sprache hat es nicht. Es drückt das deutsche „be-
schäftigen", „ordnen", „zurechtmachen" und „hüten" aus.
Von ihm abgeleitet ist das Substantiv *et Stel* (Ordnung,
Einrichtung). Beispiele: *stelle Kjørene*, die Kühe hüten, *stelle
med Fisken*, fischen, *Datteren steller hjemme*, die Tochter
besorgt die Hauswirtschaft, *Sæterstellet*, die Sennwirtschaft,
renslig Madstel, saubere Bereitung des Essens.
² Die Feminin-Endung -inde ist feiner als -ske.
³ In Norwegen zugleich Poststation.

[**Witwe**] verwitwete Frau,
Dame en Enkekone, en
Enkefrue [mænd]
Witwer en Enkemand, *pl.*
Witz (Geist) et Vid, et Lune
(Einfall) en Vittighed, en
Brander [*pl.* -e]
-blatt¹ et Vittighedsblad,
witzig vittig
wo hvor
 bitte, sagen Sie mir, w.
 ist...? vil De være saa god
 at sige mig, hvor ... er?
 w. legt der Dampfer an?
 hvor lægger Damperen
 til?
Woche en Uge; f. auch Zeiten
Wochenbett (en) Barselseng
-blatt et Ugeblad, *pl* -e
-tag en Hverdag, en Søgnedag
 jeden W. om Hverdagen
 fährt das Dampfschiff nicht
 an Wochentagen? seiler
 Skibet ikke paa Søgnedage?
wöchentlich (*adv.*) om Ugen
wodurch: w. wird das erreicht? hvorledes opnaar
 man det? [det til?]
wofür: w. ist das? hvad er
Woge en Bølge, en Sø, en
wogegen hvorimod [*Baare*]
woher: w. kommt das? hvoraf
 kommer det?
 w. sind Sie? hvor er De fra?

woher wissen Sie das?
 hvorfra véd De det?
wohin hvorhen
 w. muß ich gehen, um nach
 ... zu kommen? hvor skal
 jeg gaa hen for at komme til ...?
 w. führen Sie mich jetzt?
 hvorhen fører De mig nu?
wohl vel
 sehr w.! godt!
 mir ist nicht ganz w. jeg er
 noget utilpas
 ist Ihnen nicht w.? har De
 det ikke godt?
 w. bekomm's! velbekomme!
 f. auch S. 170, Anm. 2
 leben Sie w.! lev vel!
Wohl: auf Ihr W.! Deres
 Skaal! paa Deres Velgaaende!   [dende]
Wohlbefinden et Velbefin-
wohlbehalten i god Behold (c)
-feil billig
-gemut oprømt
Wohlgeruch en Vellugt
wohlhabend velhavende, velstaaende
-riechend vellugtende
Wohlstand en Velstand
-that en Velgjerning
wohlthätig velgjørende
-thun gjøre (*III*) godt
Wohlwollen en Velvillie
 durch das W. des Herrn N.
 ved Herr N.s Velvillie

---

¹ Dänische W.tzblätter sind „Punch" und „Ravnen",
beide stark politisch gefärbt; in Christiania erscheinen
„*Vikingen*" und „*Krydseren*", die in ganz Norwegen verbreitet sind.

wohlwollend velvillig
wohnen bo
ich wohne in ..., bei ... jeg
  bor i ..., hos ...
wo w. Sie? hvor bor De?
wohnt der Bootsführer hier?
  bor Baadføreren her?
wohnhaft zu... bosiddende i...
Wohnhaus et Stuehus, *pl.* -e;
  et Vaaningshus, *pl.* -e
-ort en Bopæl
-stube en Dagligstue
Wohnung en Bolig, *pl.* -er
Garçon- en Ungkarle-
  leilighed
Miets-[1] en Leilighed
W. mit 2 Zimmern en to-
  værelses Leilighed; f. auch
  Zimmer
möbliert møbléret
mit Pension med Kost
ich suche eine W. jeg søger
  Logis (en Leilighed)
ich möchte die W. sehen,
  welche zu vermieten ist
  jeg vilde gjerne se den
  Leilighed, der er tilleie
W. wechseln flytte; skifte
  Bopæl
Wohnungsmiete en Husleie
-wechsel en Flytning
Wölbung en Hvælving
Wolf en Ulv, *en Skrub, en
  Tasse, en Varg, en Graa-
  bēn*
gibt es Wölfe in hiesiger
  Gegend? er der Ulve her
  paa Egnen [einen]?

[**Wolf**] sich einen W. reiten
  blive (*III*) øm af at ride
Wölfin en Ulvinde
Wolfsfell et Ulveskind
Wolke en Sky
Rauch- en Røgsky
bewölkt skyet
Wolkenbruch et Skybrud
wolkenlos skyfri
Wolle (en) Uld
wollen alden, Uld-
wollen ville *III* [jeg ikke]
  ich will das nicht det vil
  w. Sie mich nach ... führen?
  vil De føre mig til ...?
  w. Sie mir ... geben? vil
  De give mig ...?
  was w. Sie? hvad vil De?
  wie Sie w.! som De vil
  (tykkes, synes)!
  er mag w. oder nicht enten
  han vil eller ei
wollüstig vellystig
womit hvormed
wonach: w. soll man sich da
  richten? hvorefter skal
  man dér rette sig?
Wonne en Fryd
woran: w. liegt das? hvad
  er Grunden til det?
worauf: w. warten Sie?
  hvad venter De paa?
woraus: w. besteht das?
  hvoraf bestaar det?
worin: w. unterscheidet sich
  das von ...? hvad er
  Forskjellen mellem det
  og ...?

---

[1] Der Vicevært (Vizewirt) zeigt solche an; wegen einzel-
ner Zimmer sehe man sich irgend eine größere Zeitung an.

Wort et Ord
 ich verstehe dieses W. nicht
 det Ord forstaar jeg ikke
 ich gebe Ihnen mein W.
 darauf! jeg giver Dem
 mit Ord paa det!
 Sie haben mir Ihr W. dar-
 auf gegeben De har givet
 mig Deres Ord paa det
wortbrüchig ordholden
Wörterbuch en Ordbog, pl.
 bøger
 deutsch-dänisch (norwegisch)
 tysk-dansk (norsk)
 dänisch (norwegisch)-deutsch
 dansk (norsk)-tysk
 Taschen- en Lommeordbog
Wortführer en Ordfører
wortkarg ordknap, faamælt
wörtlich: w. übersetzt ordret
 oversat
Wortwechsel et Ordskifte
worüber: w. zanken (sprechen)
 Sie? hvad trættes (taler)
 De om?   [iblandt
worunter hvorunder, hvor-
wovon: w. kommt das?
 hvoraf kommer det?
 w. wird gesprochen? hvad
 tales der om?
wozu: w. soll das? hvad skal
Wrack et Vrag   [det til?
Wucherer en Aagerkarl
Wuchs en Vækst
 von schlankem W. rank,
 granvoksen
Wucht en Kraft, en Tyngde
wühlen rode
Wühler en Agitator
wund øm
 (schwürig) bullen

[wund] ein wunder Finger
 en bullen Finger
 wunde Füße hudløse Fødder
Wunde et Saar   [der
Wunder et Under, et Vidun-
wunderbar vidúnderlig
wunderlich (sonderbar) sær,
 sælsom, forunderlig
wundern, sich undres, undre
 paa
 es wundert mich, daß ... det
 undrer mig, at ...; jeg
 undrer paa, at ...
Wundfieber en Saarfeber
Wunsch et Ønske
 nach W. efter Ønske
wünschen ønske
 ich wünsche nach ... geführt
 zu werden! jeg ønsker at
 føres, Føring til ...!
 ich wünsche um 9 Uhr zu
 frühstücken! jeg vil nok
 spise Frokost Klokken ni!
 was w. Sie? hvad ønsker
 De?   [sker det!
 wie Sie w.! som De øn-
 ich wünsche Ihnen eine glück-
 liche Reise! jeg ønsker
 Dem en lykkelig Reise!
wünschenswert ønskelig
Wurf et Kast
Würfel en Tærning
würfeln kaste med Tær-
würgen kvæle III [ninger
Würger (Vogel) en Torn-
 skade   [pl. -er
Wurm en Orm; en Mark,
wurmstichig ormstukken
Wurst en Pølse
 Blut- sorte Pølser pl. c
 Leber- en Leverpølse

Würze — Zahlen.

[Wurſt] Mett- en Medister-
 pølse
Würſtchen en Vienerpølse
Würze (et) Kryderi
Wurzel en Rod, pl. Rødder
Baum- en Trærod
W. ſchlagen fæste Rod
würzen krydre
 zu ſehr, zu wenig gewürzt
 krydret for meget, for
 lidt
wüſt øde
 wüſte Gegend en øde Egn
 [ein], en Ulænde
Wüſte (Sand-) en Ørken
Wüſtling et udsvævende
 Menneske, en Udhaler
Wut et Raseri
 in W. geraten blive (III)
 rasende
 der Sturm wütet Stormen
 raser
wütend rasende
Zacke en Tak, pl. -ker
Fels- en Tind, pl. -er
zackig takket
zaghaft modfalden, forknyt,
 ræd
zäh seig
 zähes Fleiſch seigt Kjød
Zahl et Tal
 (Anzahl) et Antal
 eine große Zahl Schiffe,
 Reiſende en Mængde Ski-
 be, Reisende
 in geringer Z. kun faa
zahlbar forfalden; at betale
zahlen betale II

[zahlen] Kellner, z.! Op-
 varter, hvad skylder jeg?
ich möchte z.! jeg ønsker at
 betale!
wieviel habe ich zu z.? hvor
 meget skal jeg betale?
an wen hat man zu z.?
 til hvem skal der betales?
Zahlen Tal pl. n [tal]
Grundzahlen Mængde-/
 1 ēn, et
 2 to
 3 tre
 4 fire
 5 fem
 6 seks, sex
 7 syv
 8 otte
 9 ni
10 ti
11 elleve
12 tolv
13 tretten
14 fjorten
15 femten
16 seksten, sexten [ſeiſten]
17 sytten
18 atten
19 nitten
20 tyve
21 ēn og tyve
30 tredive [treiwe], treti
40 fyrretyve, fyrre, firti
50 halvtredsindstyve[1],
  halvtreds, femti
60 tresindstyve, tres, sekſti
70 halvfjerdsindstyve,
  halvfjerds, sylti

Zahlen.

80 firsindstyve, firs, *otti*
90 halvfemsindstyve, halv-
fems, *niti*
100 hundrede
101 hundrede og ēn
200 tohundrede
300 trehundrede
900 nihundrede
1000 tusinde
eine Million en Million

etwa 3 Kronen en tre Kro-
ners Penge
10 Stück en halv Snēs
ein Dutzend et Dusin; (Bret-
ter) en Tylft, *pl.* -er
:0 Stück en Snēs
etwa 50 henved et halvt
Hundrede
ein Schock en Skok [*pl.* Ol}
80 Stück (Heringe) en Ol,}

Ordnungszahlen Or-
denstal *pl. n*
der, die (das) erste den (det.
pl. de) første
2. anden, andet
3. tredie
4. fjerde
5. femte
6. sjette
7. syvende
8. ottende
9. niende
10. tiende
11 elvte
12. tolvte
13. trettende
14. fjortende
15. femtende
16. sekstende [sejstenne]

17. syttende
18. attende
19. nittende
20. tyvende
21. ēn og tyvende
30. tredivte [treifte], *tre-
tiënde*
31. ēn og tredivte [treifte],
ēn og tretiënde

den 1. Juli den første Juli
Christian IX. Kristian den
Niënde
Oskar II. Oskar den Anden

Zahladverbien Talad-
verbiër *pl. n*
erstens for det første
zweitens for det andet
drittens for det tredie

Teilzahlen Brøker *pl.* c
ein halb en halv, et halvt
ein und ein halb halvanden,
halvandet
ein drittel en Trediëdēl
en Trediëpart
zwei drittel to Trediëdēl
ein viertel en Fjerdedēl,
en Fjerdepart
drei viertel tre Fjerdedēl
ein fünftel en Femtedēl,
en Femtepart
ein zehntel en Tiëndedēl,
en Tiëndepart [Time}
eine halbe Stunde en halv}
anderthalb Stunden halv-
anden Time [Dusin}
ein halbes Dutzend et halvt}
ein viertel Pfund Tabak et
Fjerdingspund Tobak

Verhältnißzahlen Forholdstal *pl. n*
einfach enkelt
zweifach, doppelt dobbelt
dreifach tredobbelt
vierfach firedobbelt
zehnfach tidobbelt
hundertfach hundrede Gange
saa meget

einerlei af en (og samme)\
zweierlei to Slags [Slags*f*
einmal en Gang
zweimal to Gange
dreimal tre Gange
viermal fire Gange

zählen tælle *III*
ich habe sie nicht gezählt jeg
  har ikke *(faaet)* talt dem
zahllos talløs utállig
Zahlung en Betaling
Zählung en Tælling
zahlungsfähig: er ist z. han
  kan betale; han er solid\
zahm tam   [nok\
zahmes Renntier en tam Rén
zähmen tæmme
Zahn en Tand, *pl.* Tænder
ein hohler Z. en hul Tand
künstliche Zähne forlorne
  Tænder
künstliches Gebiß et Tandsæt,
  et Sæt forlorne Tænder
Augen- en Øientand
Backen- en Kindtand
Eck- en Hjørnetand
Schneide- en Fortand
die obern, untern Zähne
  Tænderne oppe, nede i
  Munden

Zahnarzt en Tandlæge
können Sie mir einen Z.
  empfehlen? kan De anbefale mig en Tandlæge?
ich bitte, mir einen Zahn auszuziehen! vil De trække
  mig en Tand ud?
Zahnbürste en Tandbørste
-fistel en Tandbyld, *pl.* -er
-fleisch (et) Tandkjød
-pulver et Tandpulver
-schmerz en Tandpine, ondt
  i Tænderne
-stocher en Tandstikker
-stumpf en Tandstump, *pl.*
  -er
-wurzel en Tandrod, *pl.*
  rødder
Zange en Tang, *pl.* Tænger
Zank en Trætte, en Kiv, en
  Tvist   [trættes\
zanken, sich skjændes *II*,\
zapfen tappe
Zapfen (Tannen-) en Gran-\
Eis- en Istap   [kogle\
zappeln spræle
zart fin, spæd
-fühlend fintfølende
zärtlich kjælen, øm
Zärtlichkeit en Ømhed
Zärtling en Skrælling
Zauber (Reiz) en Ynde, en
  Fortryllelse, et Trylleri
(Zauberei) en) Trolddom
Zauberer en Troldmand, *pl.*\
zaubern nøle   [mænd\
Zaum et Bidsel
-zeug Bidsel (*n*) og Tøil«
  (*c*), et *Hovedlag*
zäumen: das Pferd z. lægge
  (*III*) Tøiet paa Hesten

Zaun — Zeit.

Zaun et Hegn [hein], et Gjærde; *en Grind*, *pl.* -er
Zeche (Trinkgelage) et Sold (Betrag) en Fortæring
zechen solde
Zecher en Soldebroder, *pl.* brødre
Zehe en Taa, *pl.* Tæer
die große Z. Stortaaen
die kleine Z. Lilletaaen
zehn ti
Zeichen et Tegn [tein], et Signal
ist schon das Z. zur Abfahrt gegeben? er der givet Signal til Afgang?
geben Sie dem Schiff ein Z. zum Anhalten! giv Skibet Signal til at stoppe!
Zeichenpapier (et) Tegnepapir [teine-]
-sprache et Tegnsprog [tein-], en Pantomine
-stift en Blyant, *pl.* -er
zeichnen tegne [teine]
Zeichner en Tegner [tei-]
Zeichnung en Tegning [tei-]
Zeigefinger en Pegefinger
zeigen vise II
bitte, z. Sie mir ...! vil De ikke vise mig ...?
z. Sie mir mein Bett! maa jeg *(faa)* se min Seng?
z. Sie mir Ihre Taxe, Ihr Patent (f. Anm. S. 105)! maa jeg *(faa)* se Deres Taxt, Førerpatent?
können Sie mir den Weg nach ... z.? kan De vise mig Veien til ...?

[zeigen] bevor wir festen Akkord schließen, müssen Sie mir Ihren Wagen, Ihr Pferd z. førend vi akkordere, maa De vise mig Deres Vogn [waun], Hest
das wird sich z. det skal nok vise sig
auf etwas z. pege paa noget
Zeiger (Uhr-) en Viser
Zeile en Linie
Zeisig en Sisgen
Zeit en Tid, *pl.* -er
um welche Z. fährt das Dampfschiff? hvad Tid gaar Dampskibet?
ist es noch Z.? er det tidsnok?
um welche Z. können wir in ... sein? hvad Tid kan vi *(faa)* være i ...?
wir haben noch eine halbe Stunde Z. der er endnu en halv Time til
wie lange Z. haben wir noch bis zur Abfahrt des Dampfers? hvor lang Tid er der, til Skibet gaar?
wieviel Z. brauchen wir, um von hier nach ... zu fahren (reiten)? hvor lang Tid behøves der for at kjøre (ride) hertfra til ...?
wann haben Sie Z.? naar har De Tid?
kommen Sie morgen um diese Z.! kom imorgen ved denne Tid!
lassen Sie sich Z. dazu! giv Dem Tid til det!

Zeitalter — Zeiten.

[Zeit] Ruderboot nach der
 Z. leihen leiē (tinge) Baad
 paa Timeroning [Tid]
zur rechten Z. itide; i rette
auf einige Z. i nogen Tid
geraume Z. længere Tid
zur Z. nu for Tiden
die Z. ist um Tiden er
 Z. genug Tid nok [omme
Zeitalter en Tidsalder
-angabe en Tidsangivelse
-aufwand (en) Tidsspilde
Zeiten Tider pl. c; f. auch Uhr
Tag (solange es hell ist) en
 Dag; (24 Stunden) et
 Døgn [beun]
Montag en Mandag (Ma.)¹
Dienstag en Tirsdag (Ti.)
Mittwoch en Onsdag (On.)
Donnerstag en Torsdag, en
 Thorsdag (To., Tho.)
Freitag en Fredag (Fr.)
Sonnabend en Lørdag² (Lø.)
Sonntag en Søndag (Sø.)
Montags, jeden Montag om
 Mandagen
letzten, vorigen Dienstag
 i Tirsdags, sidste Tirs-
 dag
nächsten, künftigen Mittwoch
 paa Onsdag, næste Ons-
 dag
Donnerstag vor acht Tagen
 i Torsdags for otte Dage
 siden
Freitag in acht Tagen paa
 Fredag otte Dage

[Zeiten] Sonnabend über
 vierzehn Tage paa Lørdag
 fjorten Dage
Sonntag Morgen Søndag
 Morgen (c) [(Fm.)
Vormittag en Formiddag
Mittag en Middag (Mdd.)
Nachmittag en Eftermiddag
 (Em) [en Kvæld (Aft.)
Abend en Aften, pl. -er;
Nacht en Nat, pl. Nætter
morgens om Morgenen
mittags om Middagen, ved
 Middagstid
über Mittag over Middag
in der Nacht om Natten,
 ved Nattetide
am Abend om Afte en,
 Kvælden
vor Abend før Aften, Kvæld
des Tags, am Tage om
 Dagen, ved Dagen
die Nacht durch hele Natten
während der Nacht, des
 Nachts om Natten
in der Nacht vom Sonn-
 abend auf Sonntag Nat-
 ten mellem Lørdag og
 Søndag
von früh 5 Uhr bis abends
 6 Uhr fra Klokken fem
 om Morgenen til Klokken
 seks om Aftenen
gegen Mittag henved Mid-
 dagstid [natstid]
um Mitternacht ved Mid-

---

¹ Diese und die folgenden Abkürzungen beziehen sich
auf das norwegische Kursbuch.
² Seltener Løverdag, Waschtag.

Zeiten.

heute idag; f. auch Anm.
S. 138
morgen imorgen
übermorgen iovermorgen
gestern igaar
vorgestern iforgaars
heute früh imorges
morgen früh imorgen tidlig
gestern abend igaar Aftes;
  iaftes   [veien]
den Tag vorher Dagen ifor-}
den folgenden Tag Dagen
  efter

Woche en Uge [Ugestid¹]
ungefähr eine Woche en
diese, in dieser Woche i
  denne Uge
nächste, in künftiger Woche
  i næste (førstkommende)
  Uge
letzte, in letzter Woche i
  sidste Uge
acht Tage otte Dage
auf acht Tage i en Uge,
  i otte Dage
in acht Tagen om otte Dage
innerhalb acht Tagen inden
  otte Dage
morgen in acht Tagen imor-
  gen otte Dage
über (mehr als) acht Tage
  i over otte Dage

über (nach Verlauf von) acht
  Tage(n) efter otte Dages
  Forløb
vor acht Tagen for otte
  Dage siden   [Dage]
während acht Tagen (i) otte
vierzehn Tage fjorten Dage

---

am 1. Juni, den 1 Juni
den første Juni²
vom 2. bis zum 14. fra den
  anden til den fjortende
Anfang Mai i Begyndelsen
  af Mai
Mitte (Ende) Mai i Midten,
  (Slutningen,Slutten)afMai
gegen (vor) Ende Mai hen-
  imod (før) Slutningen,
  Slutten af Mai
im Mai i Mai
im vergangenen Mai i sidste
  Mai Maaned

Monat² en Maaned, pl. -er
auf einen Monat i en Maa-
  ned   [ned]
diesen Monat i denne Maa-
vorigen Monat i sidste
  Maaned   [Maaned]
nächsten Monat i næste
der Erste dieses Monats den
  første i denne Maaned
  (abgekürzt ds.)

---

¹ Auf ähnliche Weise bildet man auch andre ungefähre Zeitangaben, z. B. om et Par Dages Tid, etwa in zwei Tagen, i en Maanedstid, etwa einen Monat, et Aarstid, etwa ein Jahr ꝛc.

² Die Namen der Monate sind, ausgenommen Marts und December (c wie k ausgesprochen), mit den deutschen Benennungen gleichlautend.

Zeitgeist — Zeitung

[Zeiten] Ende dieses Monats ved denne Maaneds Udgang; i Slutningen, *Slutten* af denne Maaned
Ende dieses Jahres i Slutningen, *Slutten* af dette Aar [dingaar]
ein Vierteljahr et Fjer-
ein halbes Jahr et halvt
ein Jahr et Aar [Aar]
auf ein Jahr i et Aar
dies Jahr iaar
während eines Jahres i et Aar
im Jahre 1890 i Aaret attenhundrede og halvfems, *niti*
seit dem Jahre 1885 siden attenhundrede fem og firs, *otti*

Frühling et Foraar, en Vaar
dieser Sommer denne Sommer
diesen Sommer isommer
im vergangenen Sommer sidste Sommer

[Zeiten] Herbst et Efter-
Winter en Vinter [aar]

Fasten Faste c
Fastnacht Fastelavn c
Gründonnerstag Skjærtorsdag c [S. 147, Anm. 2]
Johanni Sankt Hansdag; [J
Karfrei ag Langfredag c
Karwoche den stille Uge
Michaeli Mikkelsdag c
Neujahr Nytaar n
Ostern Paaske c [dag c]
Palmsonntag Palmesøn-
Pfingsten Pintse c
Weihnachten Jul c
Zeitgeist (en) Tidsaand
zeitgemäß tidssvarende
zeitig i god Tid
zeitlebens for Livstid [-er]
Zeitpunkt et Tidspunkt, *pl.*
Zeitschrift et Tidsskrift, *pl* -er [Blad, *pl.* -e]
Zeitung[1] en Avis, *pl.* -er; et
Kellner, geben Sie mir eine Z.! (Opvarter), lad mig faa en Avis!

---

[1] Die bedeutendsten Kopenhagener Blätter sind: „Berlingske Tidende" (offiziös), „Nationaltidende", „Dagens Nyheder" (Neuigkeiten des Tages) und „Avisen" (Die Zeitung); diese Zeitungen sind Hoireblade (Zeitungen der Rechten, der Regierungspartei). Einflußreiche Blätter der Opposition, Venstreblade (Zeitungen der Linken), sind: „Dannebrog" (gemäßigt) und „Politiken" (rabikal); „Socialdemokraten" und „Aftenbladet" suchen ihre Leser hauptsächlich in Arbeiterkreisen. Die verbreitetste norwegische Zeitung ist „Verdens Gang" (Der Lauf der Welt), doch wird „Dagbladet" als leitendes Organ der Linken (Regierungspartei) angesehen. „Morgenbladet" und „Aftenposten" sind konservativ.

Zeitunterschied — Ziege.

[Zeitung] Morgenblatt en Morgenavis Abendblatt en Aftenavis eine Z. mit dem Fahrplan der Dampfschiffe en Avis med Dampskibsfartplanen, *Dampskibsruten* haben Sie deutsche Blätter? har De tyske Aviser? Verkaufsstelle für Zeitungen et Avisudsalg [skjel] Zeitunterschied en Tidsforskjel -verlust (en) Tidsspilde -vertreib (en) Tidsfordriv zum Z. for (til) Tidsfordriv [(*adv.*) af og til] zeitweise (*adj.*) periodisk;
Zelle en Celle [Baderum] Bade- et Badekammer, et] Zellengefängnis et Cellefængsel
Zelt et Telt, *pl.* -e aufstellen reise *II*; sætte (*III*) op abbrechen tage (*III*) ned -dach et Telttag, *pl.* -e
zerbeißen bide (*III*) itu
zerbrechen brække itu
zerbrechlich skjør, skrøbelig
zerdrücken knuse *II*
zerfallen falde (*III*) og gaa (*III*) itu [med nogen] mit jm. z. blive (*III*) uenig]
zerfressen søndergnave
zergliedern skille (*II*) ad
zerhacken, -hauen hugge itu
zerkocht kogt ud
zerkratzt forkradset
zerlegen skille (*II*) ad
zerlumpt jaltet, *fillet*
zermalmen knuse *II*

zernagen gnave itu
zerreißen rive (*III*) itu (istykker)
zerren ruske
zerschellen: das Boot zerschellt Baaden knuses (*II*)
zerschlagen slaa (*III*) itu wie z. som sønderslaaet
zerschmettern knuse *II*
zerschneiden skjære (*III*) itu
zersplittern splintre
zerspringen briste *III*
zerstören ødelægge *III*, tilintetgjøre *III*
Zerstörung en Ødelæggelse
zerstoßen støde (*II*) itu
zerstreuen sprede(s) *II* sich z. (erheitern) more sig
zerstreut distrait, adspredt
Zerstreutheit en Distraktion
Zerstreuung en Adspredelse
zertreten søndertræde *III*
Zettel en Seddel
Anschlag- en Plakat
Theater- et Theaterprogram
Zeug (Kleiderstoff) (et) Tøi dummes Z. ! det er noget]
Zeuge et Vidne [Vrøvl!]
zeugen (aussagen) vidne (er-) avle
Zeughaus et Tøihus, *pl.* -e
Zeugnis et Vidnesbyrd können Sie dem Mann ein gutes Z. geben? kan De give Manden et godt Skudsmaal?
Zeugstiefel, -schuhe Tøistøvler *pl.* c; Tøisko *pl.* c
Ziege en Gjed, *pl.* -er Zicklein et Kid

312 Ziegel — Zimmer.

Ziegel (-stein) en Teglsten
  [teil-], en Mursten
  Dach- en Tagsten [teil-]
Ziegelei et Teglbrænderi
Ziegenbock en Gjedebuk
  -fell et Gjedeskind
  -käse en Gjedemælksost
  -milch en Gjedemælk
ziehen trække III
  den Hut z. tage (III) Hatten af [Pungen frem
  den Beutel z. tage (III)
  es zieht det trækker
  den Wagen z. trække Vognen [waunen]
  in eine andre Wohnung z. flytte [Landet
  auf das Land z. flytte paa
Ziehharmonika en Harmonika, et Trækspil
Ziehung en Trækning
Ziel et Maal
  das Z. treffen træffe (III, ramme II) Maalet
  wann sind wir am Z.? naar er vi ved Maalet?
  das Z. meiner Reise Maalet for min Reise
zielen auf sigte paa [sent
ziemlich: z. spät temmelig
  z. lange her noget længe
Zierde en Pryd   [siden

zieren pryde
geziert affektéret, snerpe'
zierlich pyntelig
Zigarre en Cigar, pl. -er
  leicht let
  schwer stærk [res Cigar
  eine Z. zu 10 Öre en Tio-
  6 Zigarren zu 8 Öre das Stück seks Otteøres Ci-
  anzünden tænde II [garer
  die Z. ist ausgegangen Cigaren er gaaet ud
  wollen Sie eine Z. rauchen? vil De ryge en Cigar?
Zigarrenspitze et Cigarrør
  -tasche et Cigarfoderal, et Cigaretui
Zigarrette en Cigarret
Zimmer[1] et Værelse
  möbliert møbléret
  unmöbliert umøbléret
  parterre, erste, zweite, dritte, vierte Etage i Stueetagen (Stuen), paa første, anden, tredie, fjerde Sal
  mit 1, 2 Betten med én Seng, to Senge; s. auch Bett   [om Morgenen
  mitMorgenkaffee medKaffe
  kann ich ein Z. haben? kan jeg faa et Værelse?

---

[1] Weil in der Reisezeit die Gasthöfe der norwegischen Kleinstädte leicht überfüllt werden, ist es ratsam, ein Zimmer telegraphisch zu bestellen. Ein solches Telegramm würde etwa folgendermaßen lauten können: Jernbanehotel, Vossevangen. Ønsker et Værelse med Seng (to Senge) den 14. ds. (Name). Übersetzung: Eisenbahnhotel, Vossevangen. Wünsche den 14. dieses Monats ein Zimmer mit Bett (zwei Betten).

Zimmermädchen — zu. 313

[Zimmer] auf ein paar
Tage for (i) et Par Dages
Tid
für mich allein for mig selv
muß ich das Z. mit jemandem
teilen? skal der være ēn
til i samme Værelso?
was koſtet ein Z. für den
Tag? hvad koster et Væ-
relse om Dagen?
halten Sie dieſes Z. für mich
reserviert! jeg vilde nok
sikre mig det Værelse!
ich werde hier noch eine Nacht
ſchlafen, wenn ich zurück-
gekehrt bin jeg sover her
en Nat til, efterat jeg
er kommen tilbage
Schlaf- et Soveværelse, et
Sovekammer
Speise- en Spisestue
Wohn- en Dagligstue
Zimmermädchen en Stuepige,
en Jomfru
-mann en Tømrer
-schlüssel en Nøgle [neule]
til Værelset
-telegraph et Ringeapparat
Zimt (en) Kanēl
Zinn (et) Tin
Zinsen: Z. zahlen betale (II)
Renter (pl. c) [pl. -per]
Zipfel en Flig; en Flip,
Zipperlein (en) Podagra
Zirkus en Cirkus
-vorstellung en Cirkusfore-
zirpen pibe III [stilling
zischen hvisle, hvæse
aus- pibe (III) ud
Zitrone en Citron
zittern ryste, skjælve

vor Angst, Kälte zittern
ryste af Frygt, Kulde
Zitze en Brystvorte
Zofe en Kammerjomfru
zögern nøle, tøve
Zögling en Elev, pl. -er
Zoll (Maß) en Tomme
(Abgabe) en Told
Zollamt, -haus en Toldbod,
et Toldkammer
-beamter en Toldembeds-
mand, pl. mænd
zollfrei toldfri
-pflichtig toldpligtig
ich habe keine zollpflichtigen
Sachen jeg har ingen
toldpligtige Sager
Zollrevision et Toldeftersyn,
en Toldbehandling
wo findet die Z. statt? hvor
er der Toldeftersyn? hvor
skal Tøiѕt toldbehandles?
darin ist nur mein Gepäck
für die Reise, alles ge-
brauchte Sachen der er
kun noget Reisetøi, alt-
sammen brugte Ting
Zollstab en Tommestok
Zone et Bælte
die mittlere, kalte det blan-
dede, kolde [logisk Have
zoologischer Garten en zoo-
Zopf en Fletning
Zorn (en) Vrede
zornig vred, sint
Zote en uanstændig Tale
zottig laadden [havn
zu: zu Kopenhagen i Kjøben-
zu Hause hjemme
zu Lande tillands
zu Wasser tilvands

[zu] etwas zu essen, trinken
noget at spise, drikke
zu Hunderten i hundredvis
kommen Sie zu mir! kom
hen, *hid* til mig!
bringen Sie ... zum Dampf-
schiff! faa ...ned til Damp-
skibet!
nur zu (vorwärts)! fremad!
zu viel, zu wenig for meget,
for lidt, *lidet*
zu weit (Weg) for langt
zu groß, zu klein for stor,
for lille, *liden (lidet)*
zu einer Krone til en Krone
die Thür ist zu Døren er
lukket [Gang]
zum letztenmal for sidste
nicht zum Aushalten ikke
til at holde ud
Zubehör (et) Tilbehør
zubereiten tillave
Zubereitung en Tillavning
ist mit der Z. des Essens
beschäftigt er ved at lave
Mad; *steller med Maden*
zubinden binde *III* (for)
zubringen: die Zeit mit Le-
sen z. tilbringe (*III*) Ti-
den med at læse
Zucht en Disciplin, en Tugt
Tier- en Avl
Zuchthaus et Tugthus, *pl.* -e
züchtig tugtig, ærbar
züchtigen tugte, revse
Züchtigung et Tugthuslem,
pl. -mer
zucken: ohne zu z. uden at
ryste
Zucker (et) Sukker [Sukker]
Stück Z. et Stykke

[Zucker] Hut- (et) Top-
sukker [Sukker *n*]
Kandis- (en) Kandis: brunt
Streu- (et) Puddersukker
gestoßener Z. stødt Sukker
Zuckerdose en Sukkerskaal
-hut en Sukkertop
-krankheit (en) Sukkersyge
-plätzchen et Bolche
-siederei et Sukkerhus, *pl.*
-e; en Sukkerfabrik
-wasser (et) Sukkervand
zudämmen dæmme (for)
zudecken tildække
zudringlich paatrængende
Zudringlichkeit en Paa-
trængenhed
zudrücken trykke til
zuerst først
ich war z. da jeg kom først
ich habe z. ein Bett bestellt
jeg har bestilt Seng
først
wer hat z. den Berg be-
stiegen? hvem har be-
steget Fjeldet for første
Gang?
Zufahrt (zum Hafen) en
Indseiling
Zufall et Tilfælde, *pl.* Til-
fælde; en Hændelse
ein glücklicher Z. et heldigt
Træf
zufällig tilfældig
Zuflucht en Tilflugt
seine Z. nehmen zu ... tage
(*III*) sin Tilflugt til ...
Zufluß et Tilløb
zufolge: Ihrer Anweisung z.
ifølge Deres Anvisning
zufrieden tilfreds

Zufriedenheit — zugehen.

[zufrieden] ich bin damit nicht z. det er jeg ikke tilfreds med
ich bin mit Ihnen sehr z gewesen jeg har været godt tilfreds med Dem
sich z. geben give (III) sig tilfreds [hed]
Zufriedenheit en Tilfreds-
zu meiner Z. til min Tilfredshed
zufrieren fryse (III) til
zugefroren tilfrossen
Zufuhr: Z. von Lebensmitteln en Tilførsel af Fødevarer
zufüllen fylde II
Zug (Eisenbahn) et Tog; s. auch Bahnhof. Eisenbahn
durchgehender gjennemgaaende
Eil- et Iltog, et Hurtigtog; (Kursbuch): H T.)
Expreß- et Eksprestog
Extra- et Ekstratog
Früh- et Morgentog
gemischter blandet; (Kursbuch): Bl. T.)
Güter- et Godstog
Nacht- et Nattog
Personen- et Persontog; (Kursbuch): P. T.)
Schnell- et Iltog, et Hurtigtog[1]; (Kursbuch: H.T.)
wann geht der nächste Z. nach ... ab? naar gaar det næste Tog til ...?

[Zug] mit dem ersten Z. fahren tage (III) med først afgaaende Tog
der Z. nach ... Toget til ...
der abgehende Z. det afgaaende Tog; det Tog, der skal gaa
der ankommende Z. det ankommende Tog; det Tog, der skal komme
der Z. ist abgefahren Toget er gaaét [Træk]
(Charakter-; Schach-) et Gesichts- et Ansigtstræk
in den letzten Zügen liegen ligge (III) for Døden
(Trinken): in einem Z. i et
Luft- en Træk [Drag]
im Z. sitzen sidde (III) i Træk
ich kann den Z. nicht vertragen jeg kan ikke taale Træk
erlauben Sie, daß ich das Fenster schl'eße? med Forlov at lukke Vinduet!
Zugabe en Tilgift
Zugang en Adgang
zugänglich tilgjængelig
zugeben (beistimmen) tilstaa III, indrømme
(mehr geben) give (III) i Tilgift
zugegen nærværende
zugehen: wie geht das zu? hvorledes gaar (III) det til? hvor kan det være?

---

[1] Die norwegischen Schnellzüge führen nur 1. und 2. Klasse; auf einzelnen Bahnstrecken gibt es überhaupt keine Wagen 3. Klasse.

316 Zügel — zünden.

[zugehen] das geht nicht
mit rechten Dingen zu det
gaar ikke rigtig til
so ist es zugegangen saaledes,
slig er det gaaet til
Zügel (Reit-) en Tøile
(Fahr-) en Tømme [*III*]
zugestehen (bekennen) tilstaa
(bewilligen) indrømme
zugethan hengiven
Zugführer en Togfører
zugleich samtidig, tillige
Zugleine en Togline
-loch et Trækhul, *pl.* -ler
-luft en Trækvind, en Træk
zugreifen gribe (*III*) til
Zugvogel en Trækfugl
zuhalten (Mund, Augen)
lukke [Døren lukket]
die Thüre z. holde (*III*)
sich die Ohren z. holde (*III*)
for Ørerne
zuhören lytte til
Zuhörer en Tilhører
ein aufmerksamer Z. en op-
mærksom Tilhører
zuknöpfen knappe
zuknüpfen binde *III*
Zukunft en Fremtid
in Z. werde ich es anders
machen jeg vil bære mig
anderledes ad i Frem-
tiden

zulächeln smile til
Zulage et Tillæg
zulassen (ein-) tilstede (*II*)
Adgang (c)
(erlauben) tillade *III*
zulässig tilladt
Zulauf: Z. von Menschen
et Tilløb af Folk; mange
Folk stimlet sammen
er findet großen Z. han er
meget søgt[1] [til]
zulegen (Gehalt) lægge (*III*)
sich etw. z. (anschaffen) lægge
sig noget til
zuletzt tilsidst, *tilslut*
zumachen lukke
die Thür, das Fenster z.
lukke Døren, Vinduet
zumuten forlange *II*; an-
mode om
Zumutung et Forlangende,
en Begjæring
eine sonderbare Z. et mær-
keligt Forlangende
zunähen sy til
Zunahme (an Größe) en
Tiltagen
(an Zahl) en Forøgelse
Zuname[2] et Tilnavn, *pl.* -e
zünden tænde *II*, fænge
das Streichholz will nicht z.
Tændstikken, *Fyrstik-
ken* vil ikke fænge

---

[1] Wörtlich: er ist sehr gesucht. So von Ärzten, Red-
nern 2c.; von Kaufleuten: han har stor Søgning.

[2] Auf dem Lande fügt man häufig anstatt des Ge-
schlechtsnamens dem Vornamen eine auf die Hantierung
der betreffenden Person sich beziehende Benennung bei:
Per Skrædder, Peter (der) Schneider, Ole Skomager, Ole
-----ker, *Mari Budeie*, Marie (das) Milchmädchen.

Zündholz¹ en Tændstik, pl. -ker; en Fyrstik, pl. -ker
ein Kästchen Zündhölzer en Æske Tændstikker, Fyrstikker
Zündhütchen en Knaldhætte
-loch et Fænghūl, pl. -ler
zunehmen tage (III) til
   der Mond ist im Zunehmen Maanen er i Tiltagende
Zunft et Laug
Zunge en Tunge
Land- en Odde, et Næs
Ochsen- en Oksetunge
zupfen: jn am Ärmel z.
   plukke (trække III) ēn i
   (Charpie ꝛc.) pille [Ærmet]
zurechnungsfähig tilregnelig [-rei-]
zurechtbringen faa (III) istand [z. hitte Vei (c)]
-finden: sich auf dem Weg
ich finde mich darin nicht zurecht jeg kan ikke finde Rede i det; jeg kan ikke faa Greië paa det
-kommen, mit jm. komme (III) afsted (tilrette) med nogen [istand; stelle]
-machen lave; faa (III)
Zurechtweisung en Irettesættelse
zureden tiltale II
zureiten ride (III) til
   auf jn. z. ride henimod ēn ist das Pferd zugeritten? er Hesten tilreden?

zurichten tillave, anrette
Zurichtung (Essen) en Tillavning, et Madstel
zürnen über vredes over; blive (III) vred, sint over jm z. blive vred paa nogen
zurück tilbage
   (rückwärts) baglængs
hin und z. frem og tilbage
ist er schon z.? er han (alleréde) kommen tilbage?
ich hoffe, um 7 Uhr wieder z. zu sein jeg haaber at være her igjen Klokken syv
geben Sie mir 2 Kronen z.! vil De give mig to Kroner tilbage?
wann fährt das Schiff z. nach ...? naar gaar Skibet tilbage igjen til ...?
lassen Sie uns zurückgehen! lad os gaa tilbage igjen!
nach Hause z. hjem igjen
ich reise morgen z. jeg reiser tilbage imorgen
zurückbekommen faa (III) tilbage
ich bekomme 50 Öre zurück jeg faar halvtreds, femti Öre tilbage
-bleiben blive (III) tilbage
-bringen bringe (III) tilbage
-fahren (Wagen) kjøre (II) tilbage; (Schiff) seile tilbage

---

¹ Der Verkauf der phosphorhaltigen Zündhölzer ist in Dänemark verboten, und auch in Norwegen sind überall die sogenannten schwedischen Zündhölzer in Gebrauch.

zurückgeben give (*III*) tilbage; give (*III*) igjen
-halten holde (*III*) tilbage
-haltend reservéret, tilbageholden
-kehren vende (*II*) tilbage
-kommen komme (*III*) tilbage [bage
-lassen lade (*III*) blive til-
-legen (Weg) tilbagelægge *III*
  (Geld) lægge Penge op
-nehmen tage (*III*) tilbage
-reisen reise (*II*) tilbage
-rufen kalde (*II*) tilbage
-schicken sende (*II*) tilbage
-sehen se (*III*) tilbage
-setzen sætte (*III*) tilbage
-tragen bære (*III*) tilbage
-treten træde (*III*) tilbage
-zahlen betale (*II*) tilbage
zurufen: jm. z. raabe (*II*) til nogen
Zusage et Løfte, et Tilsagn
zusagen (gefallen) synes (*II*) om, *like II*
(versprechen) love
zusammen sammen
mit Ihnen z. sammen med Dem [det ialt?
das macht z.? hvad bliver
wie hängt das z.? hvorledes hænger det sammen?
-bleiben blive (*III*) sammen
-fahren: mit jm. auf demselben Karren (Schiff) z. kjøre (*II*) sammen med nogen paa ēn Kjærre (følges [*III*] ad paa Skibet)
-kommen komme (*III*) sammen

Zusammenkunft et Møde; en Sammenkomst, *pl.* -er
zusammenlegen lægge (*III*) sammen
-packen pakke ind [men
-rechnen regne [reine] sam-
-setzen sætte (*III*) sammen
Zusammenstoß et Sammenstød
3. zweier Schiffe et Sammenstød mellem to Skibe
zusammenstoßen støde (*II*) sammen
-stürzen styrte sammen
-ziehen trække (*III*) sammen
Zusatz en Tilsætning
Zuschauer en Tilskuer
-raum en Tilskuerplads, *pl.* -er
zuschieben: den Riegel z. skyde (*III*) Slaaen for
zuschließen lukke
zuschnüren snøre *II*
zuschrauben skrue til
Zuschuß et Tilskud
zuschütten fylde *II*, kaste til
zusehen se (*III*) til
zusenden sende (*II*) til
zusetzen sætte (*III*) til
Zuspruch: er hat guten Z. han har god Søgning (c)
Zustand en Tilstand
zustellen sende *II*
zustimmen samtykke
Zustimmung et Samtykke, et Bifald
zustopfen tilstoppe
zustoßen tilstøde *II*
wenn ihm nur nichts zugestoßen ist! hvis der blot ikke er tilstødt ham noget!

zuträglich — Zwergkiefer. 319

zuträglich gavnlig
Zutrauen en Tillid, en Tiltro
 ich habe kein Z. zu ihm jeg
 har ingen Tiltro til ham
zutraulich tillidsfuld
zutreffen slaa (III) til, passe
 nøiagtig
Zutritt en Adgang¹
 ist der Z. erlaubt? er det
 tilladt (har man Lov til)
 at gaa ind?
zuverlässig paalidelig
Zuversicht en Tillid
zu viel for meget
zuvor: kurz z. kort Tid i
 Forveien [Forkjøbet]
 -kommen komme (III) i
 -kommend forekommende
Zuwachs en Tilvækst, en
 Forøgelse [veis]
zuwege bringen skaffe til-
zuweilen sommetider
zuwider imod
 das ist mir z. det kan jeg
 ikke lide; det liker jeg
 ikke [II]
zuziehen (zusammen-) snøre
 ich habe mir eine Erkältung
 zugezogen jeg har faaet
 en Forkjølelse paa Halsen
Zwang en Tvang
 sich Z. anthun paalægge
 (III) sig Tvang (c)
 (Gewalt) (en) Vold
zwängen presse
zwanglos fri, utvungen
zwangsweise ved Tvang
zwanzig tyve

zwar: z. haben Sie ..., aber
 ... ganske vist har De ...,
 men ...
Zweck et Maal; en Hensigt,
 pl. -er; et Øiemed
 seinen Z. erreichen naa sit
zwecklos unyttig [Maal]
 -mäßig hensigtsmæssig
zwei to
zweideutig tvetydig
zweierlei to Slags
 das ist z det er en hel
 anden Ting
zweifach dobbelt
Zweifel en Tvivl, en Tvil
 außer allem Z. udenfor al
 Tvivl, Tvil
zweifelhaft tvivlsom, tvilsom
zweifeln an tvivle, tvile om
Zweig en Gren, en Kvist
 -bahn en Sidebane
Zweikampf en Tvekamp,
 en Duel
zweimal to Gange
Zweirad en Bicykle
zweiräderig tohjulet
 -schläfrig: zweischläfriges
 Bett en Seng til to Per-
 soner; en Tosoverseng
 -schneidig tveægget
 -sitzig tosædet
 -spännig: zweispänniger
 Wagen en Vogn [spand]
 til to Heste; en To-
 spænder
Zwerchfell et Mellemgulv
Zwerg en Dværg
 -kiefer en Dværgfyr

¹ Warnung an Bauplätzen 2c.: Uvedkommende for-
bydes Adgang! Unbefugten ist der Zutritt verboten!

Zwetsche — zwölf.

Zwetsche en Blomme, en Svedske
zwicken knibe *III*
Zwicker (Augenglas) en Lorgnet [-ker]
Zwieback en Tvebak, *pl.*
Zwiebel et Løg [bän. eu]
Sie haben zu viel Z. hinein gethan De har kommet for mange Løg i
Zwielicht et Tusmørke, en Skumring [Uenighed]
-spalt, -tracht en Splid, en den Z. beilegen jævne Trætten
Zwilling en Tvilling
Zwinge (Stock-) en Dupsko, *pl.* sko
zwingen tvinge *III*
wenn ich ihn nicht dazu zwinge, thut er es nicht hvis jeg ikke tvinger ham til det, saa gjør han det ikke
Zwirn en Traad

Zwirnknäuel et Nøgle [neule], Nøste Traad
zwischen (i)mellem
z. 4 und 6 Uhr mellem Klokken fire og Klokken seks [Fjelde]
z. zwei Felsen mellem to inzwischen imidlertid
Zwischenakt en Mellemakt, *pl* -er
-bemerkung: nur eine Z.! i Parentés sagt!
-deck et Mellemdæk
zwischendurch: wir müssen uns z. drängen vi maa, faar se at komme igjennem [ret, *pl.* -ter]
Zwischengericht en Mellem-
-raum et Mellemrum
-zeit: in der Z. könnten wir vielleicht ... i Mellemtiden kunde vi maaské ...
Zwist en Trætte
zwitschern kvidre
zwölf tolv

Dänisch (norwegisch)-deutsches Vokabular.

Wir schließen uns in der alphabetischen Anordnung dem dänischen Gebrauch an, æ und ø hinter y, nicht hinter a und o folgen zu lassen. Norwegianismen kursiv.

Aa c Bach
Aag n Joch
Aaklæde n Bettdecke
Aal c, pl. Aal Aal
Aand c, pl. -er Geist
Aar n Jahr
Aare c Ruder
Aarfugl c Birkhuhn
Aborre c Barsch
Adgang c Zutritt
„Adgang forbydes!“ „Zutritt verboten!“
af ab, von
afbryde abbrechen, unter- [brechen]
Afbud n Absage
Afbygd c, pl. -er entlegenes [Dorf]
afborste abbürsten
afgaa III abgehen, abfahren
afgive III abgeben
afhente abholen
Afholdsforening c Mäßig- [keitsverein]
Afkald n Verzicht
afklæde II entkleiden
aflevére abliefern
aflukke zuschließen
aflægge III ablegen
afplukke abpflücken

Afregning [-ret-] c Abrech- [nung]
Afreise c Abreise
afseile absegeln
afsende II abschicken
Afsked c Abschied
afskedige entlassen
afskjære III abschneiden
afsted fort, vorwärts
tage (III) afsted abreisen
afsætte III entsetzen
Aftale c Verabredung
aftappe abziehen (Bier)
Aften c Abend
Aftensmad c Abendessen
Afvei c Abweg
af Veien! weg da!
afvente abwarten
age med mitfahren (Wagen)
Ager c Acker
Agerhøne c, pl. høns Feld- [huhn]
Agn n Köder
Agnor c, pl. -er Widerhalen
Agt c Acht, Absicht
agter hinten
agterude auf dem Hinterdeck
Agurker pl. c Gurken
Aksel c abgerundete Fels- [spitze]

322 Dänisch (norw.)-deutsches Vokabular.

Albus c Ellbogen
Alder c Alter
Alderdom c hohes Alter
aldrig nie
Alen c Elle
alene allein
almindelig gewöhnlich
Alminding c Markt in Ber-
Almisse c Almosen [gen
Almus c Volk
Almusskole c Volksschule
alt alles
Alvor c Ernst [s. S. 8, Anm.2]
Amt n, pl. -er Landesteil;
anbefale empfehlen
And c, pl. Ænder Ente
Andesteg c Entenbraten
Ankomst c Ankunft
Anlæg n Anlage
anlobe III anlaufen (Schiff)
Anretning c Anrichten
Ansigt n, pl. -er Gesicht
Ansjös c, pl. -er Anchovis;
  vgl. Anm. S. 9
Ansogning c Gesuch
antage III annehmen
anvise II anweisen
Arbeide n Arbeit
Ark n Bogen
Armod c Armut
Arne c Herd
Arv c Erbe
Aske c Asche
Asparges pl. c Spargel
atter wieder
Atterbud n Absage
Attest c Schein
Aure c Forelle
Avis c, pl. -er Zeitung
Avisudsalg n Zeitungsver-
  lauf

Avl c Anbau; Ertrag der
avle bauen; zeugen [Ernte]
Avlsgaard c Meierhof
Avlskarl c Großknecht
Avner pl. c Spreu
Baa c Riff
Baad c Boot
Baadforer c Bootsführer
Baand n Band
Baare c Woge; Bahre
Bagbygning c Hintergebäude
Bagdor c Hinterthür
bagefter hinterher, nachher
Bager c Bäcker
Baghaand c Hinterhand
baglængs rückwärts
Bagst c Gebäck
Bagstavn c Hinterdeck
Bagsæde n Rücksitz
bagt gebacken   [Bier]
Baier c, baiersk Øl n bayr.
bakke rückwärts fahren
  (Schiff)
Bakke c Hügel; Theebrett
Ballis c Kübel
Bamse c Bär
bande fluchen
Banegaard c Bahnhof
Banjerdæk n Zwischendeck
Bank c Bank (Geld-); Prügel
banke klopfen
Banke c Anhöhe
bar nackt, öde
Bar n Nabel (Baum-)
Barbér c Barbier   [wal]
Bardehval c, pl. -er Barten-
bare bloß; sich enthalten
Bark c Rinde
Barn n, pl. Børn Kind
Barnedaab c Kindtaufe
barnefodt i geboren in

Dänisch (norw.)-deutsches Vokabular.

barnlig kindlich
Barselkone c Wöchnerin
Bautastēn c Denksäule
bebo bewohnen
bebude ansagen
bede *III* bitten
Bedekjod *n* Hammelfleisch
bedre besser
bedst am besten
befale befehlen
Befaling c Befehl
Befolkning c Bevölkerung
Befordring c Beförderung
Beg *n* Pech
begge beide
 begge to alle beide
begynde *II* anfangen
Begyndelse c Anfang
behjælpelig behilflich
Behold c Sicherheit
beholde *III* behalten
behøve brauchen
Beite c Weide
bekjendt bekannt
Bekjendtskab *n* Bekanntschaft
Bekostning c Kosten
beleilig gelegen (passend)
Beliggenhed c Lage
Belysning c Beleuchtung
Beløb *n* Betrag
Bēn *n* Bein
bent gerade
beregne [-rei-] berechnen
bergtagen bezaubert
bese *III* besehen
Besiddelse c Besitz
beskrive *III* beschreiben
Beskrivelse c Beschreibung
beslutte beschließen
beslægtet med verwandt mit
besmitte anstecken

bestige *III* besteigen
Bestigning c Be-, Ersteigung
bestille *II* machen, schaffen; bestellen
besvime ohnmächtig werden
Besætning c Bemannung
Besøg *n* Besuch
besøge *II* besuchen
betale *II* bezahlen
Betaling c Bezahlung
betids zeitig
Betjent c Diener, Polizei-
betro anvertrauen [diener]
Beundring c Bewunderung
Beværtning c Wirtschaft
Bi c Biene
Bid *n* Biß; als c Bissen
Bidsel *n* Zaum
bi warten
Bile c Beil, Axt
Billede *n* Bild
Bingse c, Binne c Bärin
Birkedommer c Amtsrichter
Birkeli c mit Birken bewachsener Bergabhang
Birketræ *n* Birke
Biskop c, *pl.* -per; Bisp c, *pl.* -er Bischof
Bisværm c Bienenschwarm
bita beißen
Bjerg *n*, *pl.* -e Berg
Bjerk c, Bjørk c Birke
Bjælde c Schelle
Bjælke c Balken
Bjælkehus *n*, *pl.* -e hölzernes
Bjørn c Bär [Gebäude]
Bjørneskind *n* Bärenfell
Bjørneskinke c Bärenschinken
blaa blau
Blad c, *pl.* -e Blatt
Blanding c Mischung

bleg blaß
Blik n Blech
Blink n Schimmer
blive III bleiben; werden
Blod n Blut
Blomkaal c Blumenkohl
Blomme c Pflaume; Eidotter
Blomst c, pl. -er Blume
Blund n Schläfchen
Blus n Feuer
blusse erglühen; lodern
Blyant c, pl. -er Bleistift
Blæk n Tinte
blæse II wehen; blasen
Blæst c Wind
blød weich
blødkogt weichgesotten
bo wohnen
Bo n Wohnung; Nachlaß
Bod c, pl. -er Laden; Buße
Bodsvend c Ladendiener
Bog c, pl. Bøger Buch
Boghvede c Buchweizen
Boghvedegrød c Buchweizen-
  brei
Bogstav n (c), pl. -er Buch-
  stabe]
Bohave n Möbel
Bolag n Verein; autorisierte
  Verkaufsstelle von Spiri-
Bold c Ball   [tuosen]
Bolig c, pl. -er; Bopæl c Woh-
  nung, Wohnort
Bolle c Klößchen; Wecken
Bolsmand c, pl. mændKätner
Bom c Schlagbaum
Bomolie c Baumöl
Bomuld c Baumwolle
Bonde c, pl. Bønder Bauer
Bondegaard c Bauernhof
Bondegut c, pl. -ter; Bonde-
  -ng c Bauernknabe

Bondekarl c Bauernbursch
Bondevogn[swaun] c Bauern-
  wagen
Bord n, pl. -e Tisch
Bordfælle c Tischgenosse
borte weg
bortenfor jenseits
Bov c Bug
bra gut
Braad c Stachel
Braadsø c Sturzwelle
Brag n Krachen
Brander c Lokalwitz
brat steil
bratlændt auf einem Ab-
bred breit [hange gelegen]
Bred c, pl. -der Ufer
Brekke c steiler Hügel
Brev n, pl. -e Brief
Bringebær n Himbeere
Brisk c Wacholder
Brisling c Sprotte
Bro c Brücke
brodére sticken
Bropenge pl. Brückengeld
Brot n Stück; seichte Stelle
  im Bach
Brudefærd c Hochzeitsfest
Brudgom c Bräutigam
Brug c Gebrauch; als n in
  Norweg. auch Fabrik
Brugde c Hai
bruge II gebrauchen
brugelig brauchbar
Brugseiër c Fabriherr
brun braun
Brus c Brauselimonade
bryde III brechen
bryde (III; bry) sig om sich
  kehren an
Brygge c Schiffbrücke

Bryggeri *n* Brauerei
Bryllup *n*, *pl.* -per Hochzeit
Brystbetændelse *c* Brustent-
Bræ *c* Gletscher   [zündung
brække brechen
Brænde *n* Brennholz
Brændevin *c* (norweg. *n*)
 Branntwein
Brænding *c* Brandung
Brød *n* Brot
Brøde *c* Versehen
Brøl *n* Gebrüll
Brønd *c* Brunnen
Bud *n*, *pl.* -e Bote; Botschaft; Gebot
Budding *c* Pudding
Budeië c Milchmädchen
Bus *c* Bogen
Bug *c* Bauch
Buhund c Schäferhund
Bukar *c* Waldmeister
Bukser *pl.* Hosen
buldre tosen
Bund *c* Grund (des Sees); Boden eines Gefäßes
Bundtmager *c* Kürschner
Bunke c Milchfaß
Bus c Kautabak
Busk *c* Strauch
Buskap c Vieh
Bust c Bürste
By *c* Stadt; in Dänemark
Byg *n* Gerste (auch: Dorf)
Bygd c, pl.- er Dorf
Bygdefolket das Landvolk
Bygdemaal n Dialekt
Byggrød *c* Gerstenbrei
Bygning *c* Gebäude
bytte wechseln, tauschen
Bæger *n* Becher
Bæk *c* Bach

bælgmørk stockfinster
Bælte *n* Gürtel
Bænk *c* Bank
bænke zum Sitzen bringen
Bær *n* Beere
bære *III* tragen
Bærer c Träger
bøde büßen
Bøde *c* Geldstrafe
Bøg *c*, Bøgetræ *n* Buche
Bøining *c* Biegung
Bølge *c* Welle
Bøn *c*, *pl.* -ner Bitte; Gebet
Bønder *pl.*, (*sing.*) en Bonde
 Bauern
Bønner *pl. c* Bohnen
Bør *c* günstiger Wind; Schubkarren   [Kinder
Børn *pl.* (*sing.* et Barn)
Børste *c* Bürste
Bøsse *c* Gewehr
Daadyr *n* Damhirsch
daane ohnmächtig werden
daarlig schlecht
Dag *c* Tag
Dagblad *n*, *pl.* -e Tageblatt
Daggry *n* Tagesanbruch
Dagslys *n* Tageslicht
Dal *c* Thal
Dalbygger *c* Thalbewohner
Dalrype c Schneehuhn
Dalstrøg *n* Richtung eines
 Thals
Damper *c* Dampfschiff
Danmark *n* Dänemark
dannet gebildet, verfertigt
Dans *c* Tanz
dansk dänisch
Dask *n* Schlag
Datter *c*, *pl.* Døtre Tochter
De [*di*] Sie

Degn [beln] c Küster
Dei c, Deig c Teig
deilig schön, prächtig
Del c Teil
dele II teilen
deltage III sich beteiligen
der dort
derhen dorthin
deri darin
derind hinein
derinde drinnen
derop hinauf
deroppe oben
det [be] das, es
did dorthin
Dige n Deich
Diligence c Postkutsche
dille schlendern
dirke op aufbrechen (Thür)
Disk c Ladentisch
Disse c Schaukel
Djur n Tier
Djævel c Teufel
Dommer c Richter
doven faul
dovne faulenzen
Draabe c Tropfen
drage III ziehen
Dragsu c Wellenschlag
Dram c Schnaps
Draug c Seegespenst
dreis drehen
Dreiër c Drechsler
Dreng c Knabe; in Norwegen: Knecht, Bursche
Driftevei c Feldweg
Drik c Getränk
drikfældig dem Trunk er-
drikke III trinken [geben
drille necken
    treiben

Dronning c Königin
drukken berauscht
Drukkenbolt c Säufer
drukne ertränken; ertrinken
dryg, drøi derb; lange an-
dryppe tröpfeln [haltend]
Drøm c Traum
dus taugen
Dus c Taube
Dug c (der) Tau; Tischtuch
dukke tauchen
Dukke c Puppe
Dun pl. n Flaumfedern
Dunk c Bierkrug
Duppe c Tunke
Dur c Lärm
Dvale c tiefer Schlaf
dvask saumselig
dyb tief
Dyb n Tiefe
Dynd n Schlamm
Dyne c Federbett
dyr teuer
Dyr c Tier [ten
Dyresteg c Hirsch-, Rehbra-
dyrke bauen, anbauen
Dysse c Haufe (Stein-)
Dyst c, pl. -er Kampf
dytte dicht machen
dyvaad durchnäßt
Dæk n Verdeck
Dække n Teppich; Decke
dø III sterben
død tot; gestorben
Dødsfald n Todesfall
Dødsleie n Sterbebett
Døgn [beun] n Tag (24)
døis ertragen [S. unben)
Døl c, pl. -er Thalbewohner
Dønning c hohle See
Dør c Thür

døsig matt; schläfrig
døv taub
Ed c, pl. -er Eid
Edderdun pl. n Eiderdaunen
Edderfugl c Eidergans
Eddike c Essig
efter nach
Efteraar n Herbst
Efterkommer c Nachkomme
efterlyse II Verlornes durch die Zeitung ꝛc. suchen
Eftermad c Nachspeise
Eftermiddag c Nachmittag
Eftermæle n Andenken,
efterpaa später [Nachruf]
Efterretning c Nachricht
Efterslægt c Nachkommenschaft
Eftersmag c Nachgeschmack
Eftersmæk n Nachwehen
Eftersyn n Durchsicht, Revision
Eftertanke c Nachdenken
Eftertryk n Nachdruck
Eg c Eiche; wie „ägg": Schneide; im Norwegischen auch: vorspringende
egen (et-) eigen [Felsspitze]
Egn [ein] c Gegend
ei nicht
Eid n Landenge
eie besitzen
Eie n, Eiendom c Besitz
Eiër c; Eiërmand c, pl. mænd
   Besitzer
Ekorn c oder n Eichhörnchen
Elev c, pl. -er Schüler, Schülerin
Elg c, pl. -er Elentier
elleve elf
Elsdyrsteg c Elenbraten

elske lieben
Elskov c Liebe
Elv c Fluß, Bach
Em. (Kursbuch) = Eftermiddag c Nachmittag
Embede n Amt [Beamter]
Embedsmand c, pl. mænd
ende frem geradeaus
endnu noch
ene allein
Enebær n Wacholder
enes sich einigen, vertragen
enestaaënde einzig
Eng c Wiese
engang, ēn Gang einmal
engang igjen, til noch einmal
Engbund c Wiesengrund
engelsk englisch
enhver jeder
enig einig
Enke c Witwe
enkelt einzeln; einfach.
Enkemand c, pl. mænd
enslig einsam [Witwer]
Ensomhed c Einsamkeit
Erle c Bachstelze
erte necken
Es n, pl. -ser As (Karte)
i sit Es in seinem Element
et ein, eine
etsteds irgendwo
Eventyr n Abenteuer
Evje c Bach
faa III bekommen; s. Anm. S. 37; wenig
faamælt schweigsam
Faar n Schaf
Fad n, pl. -e Schüssel
Fader [fahr] c, pl. Fædre
fakke ertappen [Vater]
Faks n Mähne

Fald n Fall (Sturz); Glet-
falde III fallen [scherspalte
fals zu haben
famle umhertappen
Fanden c Teufel
Fang n Arme, Brust
Fangst c Fang
Fant c, pl. -er Landstreicher
Far n Spur
Fare c Gefahr
farlig gefährlich
Farve c Farbe
Farvel! Adieu!
fast fest
Fastelavn c Fastnacht
fat: tage (III) fat anfassen
 hvorledes er det fat? wie
 hängt das zusammen?
fattes fehlen
fattig arm
Fattigdom c Armut
Favn c Faden; Brust
Feber c Fieber
fed fett
Fedt n Fett
feis lehren
feil verkehrt, falsch
Feil c, pl. Feil Fehler
fem fünf [mit 10 Rudern
Fembøring c großes Boot
femten fünfzehn
femti fünfzig
Fil c Feile
Fille c Lumpen, Lappen
Fillefant c, pl.-er Lumpen-
Fillegamp c Gaul [kerl
fin fein [länder
Fin c, pl. -ner Finne, Lapp-
Finmud c Pelz
Finne c Flosse
fire vier

fireaaret Baad c vierrube-
 riges Boot
firs, firsindstyve achtzig
firti vierzig
Fisk c, pl. -e oder Fisk Fisch
Fiskeben n Gräte, Fischbein
Fiskemad c Fischspeise
Fiskerbaad c Fischerboot
Fiskeri n, Fiske n Fischerei
Fiskerkone c Fischerfrau
Fiskerleie n Fischerdorf
Fiskestang c, pl. stænger
 Angelrute [wässer
Fiskevand n fischreiches Ge-
Fiskevær n Fischerhafen
Fjeld n, pl. -e Fels, Gebirge
Fjeldaas c Gebirgsrücken
Fjeldbygd, pl. -er Gebirgs-
Fjeldryg c Felsrücken [dorf
Fjeldskred n Bergsturz
Fjeldstue c Berghütte; s.
 S. 40, Anm. 2. [gipfel
Fjeldtind c, pl. -er Berg-
Fjeldtop c Berggipfel
Fjeldvand n, pl. -e Ge-
 birgssee
Fjer c, pl. Fjer Feder
fjerde vierte
Fjerdingvei c Viertelmeile
Fjord c Bucht, Föhrde
fjorten vierzehn
Fjæl c Brett
Fjære c Strand; Ebbe
Flaggermus c, pl. mus Fle-
Flaske c Flasche [dermaus
flere) mehrere
Flid c Fleiß
Flip c, pl. -per Kragen
flittig fleißig
Flo c Regenschauer
Flod c, pl. -er Fluß; Flut

Flok c Schar, Haufe
Flom c Überschwemmung
flomme über die Ufer treten
Fluå c Fliege
flyde *III* fließen [der]
Flynder c, *Flyndre* c Flun-
flytte den Ort wechseln; um-
ziehen; f. S. 28, Anm. 2
flyve *III* fliegen
Flæsk n Speck
Flæskesteg c Schweinebraten
Fløde c Sahne
Flødegrød c in fetter Sahne
gekochter Grützenbrei
Flødeskum n Schlagsahne
Fløi c Flügel (an einem Ge-
bäude); Wetterfahne
fløite flöten
Fm. (Kursbuch) = Formid-
dag c Vormittag
Fod c, *pl.* Fødder Fuß
Foder n Futter
Fodtur c Fußwanderung
Fog n Gestöber
Folk *pl.* Leute
folkelig populär
Fonn c, *pl.* -er Schnee-
haufe, Gletscher
for- ver-, vor-
Foraar n Frühling
forbi vorüber, vorbei
forblive *III* bleiben
forbruge *II* gebrauchen
Fordēl c Vorteil; Vorderteil
Forening Verein(igung)
forfriske erfrischen
forfrossen verfroren
forglemme *II* vergessen
Forglemmelse c Vergessen-
heit; Vergeßlichkeit
Forhus n, *pl.* -e Vorderhaus

Forhæng n Vorhang
Forkjølelse c Erkältung
forkjølet erkältet
Forklæde n Schürze
Forladelse c Verzeihung
om Forladelse! entschul-
forléden vorig [digen Sie!]
forliges *II* sich vertragen
for'ise *II* untergehen
forloren Skildpadde c Mock-
turtle-Ragout
Forlov c Erlaubnis
forlængs vorwärts (sitzen)
Formiddag c Vormittag
Formuå c Vermögen
Fornøislse c Vergnügen
Forretning c Geschäft
forsagt verabredet
Forskjel c Unterschied
forskjellig verschieden
forskrække erschrecken
Forskrækkelse c Schrecken
forspændt angespannt
forstaa *III* verstehen
Forstavn c Vordersteven
forstørre vergrößern
forsvare verteidigen [nis]
Fortegnelse [-ei-] c Verzeich-
Fortjeneste c Verdienst
fortrinlig vorzüglich
fortryde *III* bereuen
fortryllet bezaubert
Fortræd c Verdruß; Lei
fortælle *III* erzählen
Fortæring c Zeche
fortøis festmachen (Boot)
forud(e) vorne; voran
foruden außer
forulykket verunglückt
Forventning c Erwartune
forvilde sig sich verirren

Forældre *pl.* Eltern
forære schenken
Foræring *c* Geschenk
Fos *c, pl.* -ser Wasserfall
fosse rauschen
Fossegrim *c* Nix [Freitag]
Fr. (Kursbuch) = Fredag *c*
fra von, aus
Fraade *c* Schaum
fraadse schwelgen
Fradrag *n* Abzug (der Kosten)
frak tüchtig [Rock]
Frak *c, pl.*- ker; Frakke *c*
fransk französisch [Zenbrot]
Franskbrød *n* Franz-, Wei-
fraværende abwesend
Fred *c* Friede
Fredag *c* Freitag
Frelse *c* Rettung
frelse *II* retten; erlösen
Frelsens Hær *c* „Heilsarmee"
Frelser *c* (rretter; Erlöser
frem vorwärts
fremfor (alt) vor (allem)
fremkommelig wegsam
fremmest, *fremst* zuerst
Fremskridt *n* Fortschritt
fremvise *II* aufweisen
fri for frei von
frisk frisch
Frokost *c* Frühstück
frygte for sich fürchten vor;
 fürchten für
fryse *III* frieren
Frø *n* Same; als *c* Frosch
Frøken *c* Fräulein
Fugl *c* Vogel
Fuglerede *c* (*n*) Vogelnest
fuld voll; betrunken
Fuldmaane *c* Vollmond
F..u *c* Kiefer

Fynbo *c* Bewohner der Insel
Fyr *c* Kiefer [Fünen]
Fyr *n, c* Leuchtfeuer; Bursch
fyrre, fyrretyve vierzig
Fyrtaarn *n, pl.* -e Leuchtturm
Fæ *n* Vieh; Dummkopf
fælles gemeinschaftlich
Fællesskab *n* Gemeinschaft
Fængsel *n* Gefängnis
Færd *c* Betragen
færd Unternehmen; z. B.:
 Brudefærd *c* Hochzeit;
 Skifærd *c* Reise auf
 Schneeschuhen
Færdsel *c* Verkehr
Færge *c* Fähre
Færing *c* Boot mit vier Ru-
Føde *c* Essen [dern]
Fødevarer *pl.* Eßwaren
Fødselsstiftelse *c* Entbin-
født geboren [dungsinstitut]
følge *III* folgen
følges (*III*) ad miteinander
 gehen, reisen
før vor; vorher
Fører *c* Führer
først zuerst
første erste
gaa *III* gehen
Gaade *c* Rätsel
Gaard *c* Hof
Gaardbruger *c* Landmann
Gaardmand *c, pl.* mænd
 Hufner
Gaardsdreng *c* Hausknecht
Gaas *c, pl.* Gjæs Gans
Gaasesteg *c* Gänsebraten
Gab *n* Maul; Spalte
Gade *c* Straße
Gadehjørne *n* Straßenecke
Gadelygte *c* Straßenlaterne

Dänisch (norw.-)deutsches Vokabular. 331

Gagn n Nutzen
gal verrückt; verkehrt
Gamlen, Gamling c Greis
gammel alt
Gamp c Pferd
Gang c Gang; mal
Gauk c, *pl.* -*er* Kuckuck
Gaupe c Luchs
Geita c Ziege
gift verheiratet
give III geben
Gjed c, *pl.* -*er* Ziege
Gjedde c Hecht
gjemme II aufbewahren
gjen- wieder-
Gjenbo c der gegenüber Wohnende, Sitzende ꝛc.
Gjenkomst c Rückkehr
gjennem durch
Gjensyn c Wiedersehen
Gjentagelse c Wiederholung
Gjente c, *Jente* c Mädchen
gjerne gern
gjerrig geizig
Gjæld c Schulden
gjælde III gelten
Gjælle c Kieme
gjængs üblich
Gjærde n Zaun
Gjæsling c junge Gans
Gjæst c, *pl.* -*er* Gast
Gjæstgiver c Gastwirt
Gjæstgivergaard c Gasthof
Gjæstgiveri n Gastwirtschaft
gjø bellen
Gjøg c Kuckuck
Gjøgler c Taschenspieler
gjøre III thun, machen
glad froh
Glekse c Falle
glemme II vergessen

glide III gleiten
glubsk wütend
Glugge c Guckloch
Glæde c Freude
glædes fl.v freuen
gnaven mürrisch
Gnaver c Nagetier
Gnist c, *pl.* -*er* Funke
god gut
Godhed c Güte
Gods n Gut
Godsvogn [-vaun] c Güter- [wagen]
godtgjøre III ersetzen
Gov n Dampf
graa grau
Graad c Weinen
Graalysing c Tagesanbruch
graate weinen [Stäubchen]
Gran c, *pl.* -*er* Tanne; als n]
Granbar n Tannennadel
Grande c Nachbar
Grannaal c Tannennadel
Granskog c Tannenwald
Grav c Grab; Grube
Graver c Küster
grei klar
Greie c Ordnung
Grøn c Zweig, Ast
Grendfolk pl. Leute ein und derselben Gegend
Greve c Graf
Grime c Halfter, Trense
Grindpenge pl. Trinkgeld an den *Grindvogter*, den Knaben, der dem Reisenden den *Grind*, die Thür im Zaun, durch den der Wagen muß, öffnet und schließt
Gris c Ferkel
gro wachsen
Grue c, *Gruve* c Herd

Grus n Kies
Gry n Tagesanbruch
Gryde c Graupen
Gryn n Grütze, Grieß
Græs c Gras
Græskar n Kürbis
Grævling c Dachs
Grød c Grützenbrei
grøn grün
Grønkaal c Kohlsuppe
Grønlangkaal c gedämpfter Grünkohl mit Bratkartof-
Gud c Gott [feln]
gul gelb
Guld n Gold
Gut c, *pl.* -*ter* Junge, Bursche
Gyde c Gäßchen
gynge schaukeln [(Fisch)]
Haa c, *Haabrand* c Hai-
Haab n Hoffnung
haabe hoffen
haalket glatt
Haand c, *pl.* Hænder Hand
haard hart [gesottene Eier]
haardkogte Æg *pl.* n hart-
Hage c Kinn, Hafen; in Norwegen auch: Garten
Hale c Schwanz
halte hinken
halv halb
halvanden anderthalb
halvfems(indstyve) neunzig
halvfjerde viertehalb
halvfjerds(indstyve) siebenundsiebzig
halvtiedis drittehalb [zig]
halvtreds(indstyve) fünfzig
han er
Handske c Handschuh
Handskeudsalg n Handschuh-
hans sein, seine [laden]
~ c Hase

Hat c Hut
Haug c Anhöhe
hauke rufen
Hav n, *pl.* -e Meer
Have c Garten [Hund]
Havert c, *pl.* -*er* großer See-
Havgule c Seewind
Havn c Hafen
Havre c Hafer
Havsnød c Wassernot
hed heiß
hedde *III* heißen
Hede c (die) Heide; Wärme
heftsom zeitraubend
Hegn [hein] n Hecke
Heilo c Regenpfeifer
hel ganz
Helbred c Gesundheit
Held n Glück
heldig glücklich
Helle c Fliese [(Fisch)]
Helleflynder c Heilbutte
Helvede n Hölle
Hemmelighed c Geheimnis
hen hin
henimod gegen
Hensigt c, *pl.* -er Absicht
Hensyn n Rücksicht
hente holen [den an]
henvende(*II*) sig til sig wen-
her hier [Gemeindebezirk]
Herred n, *pl.* -er Harde
Herredsfoged c, *pl.* -er Har-
Hest c Pferd [desvogt]
Hestehov c Pferdehuf
hid hierher
hidenfor diesseits
hikke schluchzen
Hildring c Luftspiegelung
hilse *II* grüßen
Hilsen c Gruß

hinanden einander
hist dort
Historiō c Geschichte
hitte finden
hjem nach Hause
Hjem n Heimat
Hjerpe c Haselhuhn
Hjerte n Herz
Hjort c Hirsch
Hjortesteg c Hirschbraten
Hjælp c Hilfe
hjælpe *III* helfen
holde *III* halten
holde (III) paa im Begriff, beschäftigt sein [stelle]
Holdeplads c, *pl.* -er Halte-
Holke c schlüpfriger Weg
Holm c kleine Insel
Holt n Gehölz
hoppe hüpfen
Hornfisk c Hornhecht
Hose c (dial.) Strumpf
Hoved n, *pl.* -er Kopf
Hovedlag n Zaumzeug
Hovedstad c, *pl.* stæder] Hauptstadt
Hu c Sinn
Hud c, *pl.* -er Haut
hus gefallen
Hus c Mütze
hugge hauen
Hukommelse c Gedächtnis
hul hohl
Huldre c Wassernymphe
Hummer c Hummer; als *n*) Kämmerlein
hun sie
Hus n, *pl* -e Haus
Husbond c, *pl.* -er Brotherr
Husbonddreng c Großknecht
Husjomfru c Mamsell
huske erinnern
Husskik c Haussitte

Hustru c Frau
hvad was
hvad behager [behar]? wie (beliebt)?
Hvedebrød n Weizenbrot
hver jeder
hver Dag alle Tage
Hverdag c Wochentag
hvid weiß
Hvidfisk c Weißfisch
Hvidkaal c Weißkohl
Hvile c, Hvil n Ruhe
hvile ruhen
hvis wessen; dessen
hvor? wo?
hvor mange? wieviel?
hvorledes wie
Hvælv n Gewölbe; Boden eines umgeschlagenen Boo-
Hybel c Kämmerlein [tes]
Hyben n Hagebutte
hyggelig heimisch
Hykler c Heuchler
Hyld c Flieder
Hylster n Gehäuse
Hyrde c Hirt
Hytte c Hütte
Hyttefad n, *pl.* -e Fischkasten
hægte haken
Hæl c Ferse
hænde(s) *II* sich ereignen
hænge *III* hangen; nach *II*)
Hævn c Rache [hängen]
Hø n Heu; als c runder Berg-
Høi c Hügel [gipfel]
høi hoch
Høide c Höhe
høire rechts
Høireavis c, *pl.* -er konservative Zeitung
Høitid c, *pl.* -er Festtag

Høl c, *pl.* -*er* Untiefe im Fluß
Høne c, *pl.* Høns Huhn
Hønsesteg c Hühnerbraten
Høst c Ernte
i in
I Ihr
iaar heuer
iaften heute abend
iaftes gestern abend
idag heute
ifjor voriges Jahr
islæng durcheinander
igjen wieder
igjennem durch
ihjel tot
ikke nicht
Ild c Feuer
Ildebefindende n Unwohlsein
Ile c Quelle
imiddag(s) heute mittag
imod gegen
imorgen morgen
imorges heute morgen
imøde entgegen
inat diese Nacht
ind herein, hinein
ind- ein-
Indbygger c Einwohner
inde innen; drinnen
indeholde *III* enthalten
indenbords an Bord
indenfor herein; drinnen
indeni inwendig
indenlandsk inländisch
indestaa (*III*) for einstehen für
Indfald n Einfall
Indgang c Eingang
Indhold n Inhalt
Indkjøb n Einkauf
    -*rive III* einschreiben

Indtryk n Eindruck
ingen niemand
ingensinde niemals
ingensteds nirgends
ingenting nichts
Is c Eis; Gefrornes
Isbræ c Gletscher
Isdrift c Eisgang
Ising c Glatteis
Iskage c Eiskuchen
iskold eiskalt
islagt mit Eis bedeckt
istand imstande
især besonders
Isøkse c Gletscheraxt
itu entzwei
ivei auf dem (den) Weg
ja, jo ja; s. S. 148, Anm. 1
jeg ich; s. S. 144, Anm. 1
Jente c Mädchen
Jern (Jærn) n Eisen
Jernbane c Eisenbahn
Jomfru c Jungfrau; Mamsell
Jord c Erde, Boden
Jordbær n Erdbeere
Jul c Weihnachten
jule prügeln
Julekage c Stolle
Juletid c Weihnachtszeit
Jutul c, *pl.* -*er* Riese
Juv n Kluft
jydsk jütländisch
Jægte c Küstenfahrzeug im nördlichen Norwegen
Jætergut c, *pl.* -*ter* Hirt
Jætte c Riese
Jættegryde c grubenförmige Vertiefung im Fels
Jættehøt c Hünengrab
Jættestue c Grabkammer
Jøde c Jude

Dänisch (norw.)-deutsches Vokabular. 335

Jøkel c Gletscher
Kaabe c Mantel
kaad mutwillig
Kaal c Kohl
Kaarmand c, pl. mænd
 Altsitzer, vormaliger Hof-
 besitzer, der jetzt seinen
 Altenteil vom Sohn ge-
 nießt
Kabys c, pl. -ser Schiffsküche
Kadreiër c Schiffer, der im
 Hafen liegenden Schiffen
 Lebensmittel verkauft
Kage c Kuchen
Kahyt c, pl. -ter Kajütte
Kahytsdør c Kajüttenthür
Kahytstrappe c Kajütten-
 treppe [fenster]
Kahytsvindu(e) n Kajütten-
Kakkelovn c Ofen
Kalkun c, pl. -er Puterhahn
Kalv c Kalb
Kamp c Kampf; Bergkuppe
Kant c, pl. -er Kante; Ge-
kante umfallen [genb]
Kapervogn [-vaun] c offener
Kappe c Mantel [Omnibus]
kappes wetteifern
Kar n Gefäß; als c in norwe-
 gischen Dialekten: Mann,
Karl c Knecht [Kerl]
Kart c, pl. -er unreife Frucht
Kart n, pl. -er Karte
Kasse c Kasten
Kast n Wurf; in Norwegen
 auch der Ort, an dem
 Netze ausgestellt sind
kaste werfen
Kat c Katze
Kave c hoher Schnee
Kavring c Zwieback

Kikkert c, pl. -er Fernrohr
Kilde c Quelle
Killing c Kätzchen; Häschen
Kind c, pl. -er Wange
Kirkefolk pl. Kirchengänger
Kirketaarn n, pl. -e Kirch-
Kirsebær n Kirsche [turm
kjed überdrüssig
Kjeltring c Betrüger
kjende II kennen
Kjole c Kleid; Leibrock
kjær lieb
Kjæreste c der, die Verlobte
Kjærlighed c Liebe
Kjærnemælk c, Kjernemelk c
 Buttermilch
Kjærre c starren
Kjærring c Weib
kjøbe II kaufen
Kjøber c Käufer [mann
Kjøbmand c, pl. mænd Kauf-
Kjøbstad c, pl. stæder Stadt
Kjøbsvend c Ladendiener
Kjød n Fleisch
Kjødmad c Fleischspeise
Kjøkken n Küche
Kjøl c Kiel; in Norwegen
kjølig kühl [auch: Brise
kjøn schön
kjøre II fahren (Wagen)
Kjørehest c Wagenpferd
Kl. (Kursbuch) = Klokken
Klammeri n Streiterei [Uhr
klappe klatschen; streicheln
klar hell; fertig
Klat c, pl -ter bißchen;
klatre klettern [Klecks
Klev c Weg im Gebirge; s.
 auch S. 143, Anm. 1.
Klipfisk c gesalzener und ge-
 trockneter Kabeljau

Klit c, pl. -ter Düne
klive klettern
klodset unbeholfen
klog klug [kerrock]
Klokke c Uhr; Glocke; Un-
Klokker c Küster
Klop c, pl. -per Brücke
Klud c Lappen; Tuch
Klæde n Tuch [ziehen]
klæde (II) paa, af an-, aus-
Klæder pl. Kleider
klo juden
Kløft c, pl. -er Kluft
Kløver c Klee
Kløvhest c Packpferd
kløvjeden Saumsattel (Kløv-
 sadel) anlegen
Knaost c scharfer nor-
 wegischer Käse
Knap c, pl -per Knopf
Knaphül n, pl. -ler Knopfloch
knappe knöpfen
Knappenaal c Stecknadel
Knibe c Verlegenheit
knibe (III) ud wegschleichen
Kniplinger pl. Spitzen
Knippe n Bündel
Kniv c Messer
Knop c, pl. -per Knospe
Knude c Knoten
knuse II zermalmen, zer-
knytte knüpfen [quetschen]
Ko c, pl. Køer, Kjør Kuh
Kobbe c Seehund
Kobbeskind n Seehundsfell
koge II kochen
kold kalt
komme III kommen
Koms c, pl. -er Korb aus
 einem Holzstück
Kone c Frau

Konge c König
Kongle c Zapfen
Kop c, pl. -per Tasse
Kors n Kreuz
Kort n Karte
Kost c Unterhalt; Besen;
 in Norwegen auch: Bürste
koste bürsten
Kro c Wirtshaus; Kropf
Krog c Haken; Ecke
krybe III kriechen
Krybskytte c Wilddieb
krydse kreuzen, lavieren
kræve verlangen
Kubbestōl c Stuhl aus
 einem Holzstück
Kudsk c Kutscher
Kuffert c, pl. -er Koffer
Kujōn c, pl. -er Feigling
Kul n Kohle
Kulde c Kälte
kuldseile umschlagen (Boot)
Kundskab c Kenntnis
Kur: gjøre Kur (c) den Hof
Kurv c Korb [mach.n]
Kvalme c Übelsein
Kvartēr n Quartier; Vier-
 telstunde
Kveite c Heilbutte
Kvelding c Zwielicht
kvik munter, lebhaft
Kvinde c Frau
„for Kvinder" „für Frauen"
Kvittēring c Quittung
Kvæg n Vieh
Kvæld c Abend
Kvæn c, pl. -er; Kvænfin c,
 pl. -ner Finnländer
kyle werfen
Kyllingesteg c Hühnerbraten
kysse küssen

Kyst c, *pl.* -er Küste
Kystdamper c Küstendampf-
laadden zottig   [schiff
Laag n Deckel
Laan n Anlehe
laane *II* leihen
Laane c Scheune
Laas c Schloß (Thür-)
laase schließen
Lade c Scheune
lade *III* laffen; laden
Lag n Schicht
Lammekjød n Lammfleisch
Landgang c Landung
Landhandler[1] c Händler auf dem Lande
Landingssted n, *pl.* -er Landungsplatz
Landkjending c: *faa L.* auf dem Meere die Nähe des Landes erkennen
Landsby c Dorf
Landtaug n Tau zum Vertäuen des Bootes
langs längs
langsom langsam; in Norwegen auch: langweilig
langt fra weit von
langt frem weit vor
Lap c, *pl.* -per Lappen; Lappländer
lapset gedenhaft
Latter c Gelächter
lav niedrig   [rungsdorf
Lavbygd c, *pl.* -er Niede-
lave machen; bereiten
le *III* lachen

Le c Sense
Led n Glied, Gelenk; Pforte
lede (*II*) efter fuchen nach
ledsage begleiten
Ledsager c Begleiter
ledsom unangenehm
Leg c Spiel (Kinder)
lege spielen (Kinder)
Legeme n Körper
lei af noget einer Sache überdrüssig sein
leie mieten
Leie c Miete
leie ud vermieten
Leilighed c Wohnung; Gelegenheit
leire sig sich lagern
Lem c Lule; in Norwegen auch: Boden (über dem Stall ıc.)   [Schulze]
Lensmand c, *pl. mænd*
Lere c Lehmboden
let leicht
letroët leicht zu rudern
lette erleichtern; lichten
leve leben
Lever c Leber
levére liefern
levne übriglaffen
Levning c Überreft
Li c bewaldeter Felsabhang
lide *III* leiden
liden, lidet klein
lide (*III*) *paa* vertrauen auf
lidt wenig; etwas
Lig n Leiche
lige gerade

---

[1] Einige *Landhandlers* im nördlichen Norwegen sind zugleich Gastwirte, indem ihnen die Verpflichtung auferlegt ist, den Reisenden Unterkunft und Verpflegung zu geben.

ligegyldig gleichgültig
ligge III liegen
ligne ähnlich sehen, gleichen
lille klein
Lim c Leim
Linned n Wäsche
liste schleichen
Liv n Leben
livsfarlig lebensgefährlich
Ljore c Rauchloch
Löds c, pl. -er Lotse [mer)
Loft n, pl. -er Boden(kam-
Lokum n, pl. -er Abtritt
Lomme c Tasche
Lommepenge pl Taschengeld
Lommetyv c Taschendieb
Loppe c Floh
Lot n Anteil
Lov c Gesetz; Erlaubnis
lovbefalet gesetzlich bestimmt
love versprechen
Ludfisk c Bergfisch (gesal-
  zener Kabeljau)
Lue c Flamme; Mütze
Lugt c Geruch
lugte riechen
Lukaf n, pl. -er kleine Ka-
lukke schließen [jüte]
lumsk hinterlistig
Lund c Hain
lunefuld launisch
Lunk n Schaukeltrab
lunkent (Vand) lauwarmes
  (Wasser)
Luntetrav c kurzer Trab
Lur c Horn; Schläfchen; Lauer
lure horchen (an der Thür)
Ly n Schutz
lybsk flüchtig (Pferd)
  ꟷd c Laut
    'l lauten

lydig gehorsam
Lygte c Laterne
Lykke c Glück
lykkelig glücklich
lykkes gelingen
Lyn n Blitz
lyne blitzen
Lyng c Heidekraut
Lys n Licht
lyse II leuchten
lysne dämmern
lystre gehorchen; in Nor-
  wegen auch: mit der Aal-
  gabel Aale stechen
Lystreise c Vergnügungsreise
lyve III lügen
Læ n Schutz
Læg c Wade; als n Falte
Læge c Arzt
læge heilen
lægge III legen
længe (siden) lange (her)
længes (II) efter sich sehnen
Længsel c Sehnsucht [nach]
lænke fesseln
Lænke c Kette
lære II lehren; lernen
Lærred n Leinwand
Læs n Fuder
Lø. (Kursbuch) = Lørdag c
  Sonnabend
Lob n Lauf
lobe III laufen
lobsk flüchtig (Pferd)
Lofte n Versprechen
lofte (op) heben
Log n Zwiebel
Logn [loun] c Lüge
Loier pl Spaß
loierlig drollig
Loipe c Lichtung

Løn c. Løhn
Lørdag c Sonnabend
løs los
Løsskodde c dünner (leichter)
Løv n Laub [Nebel]
Ma. (Kursbuch) = Mandag c
maa III darf [Montag]
Maade c Weise, Art
Maage c Möwe
Maal n Sprache; Ziel; Maß
maale II messen
Maaned c, pl. -er Monat
Maaneskin n Mondschein
maaske vielleicht
Mad c Essen
Madkurv c Eßkorb [Essens]
Madstel n Bereitung des
Mage c Ähnliches, Gleiches;
  Männchen, Weibchen
magelig gemächlich; leicht
Makketid c die Zeit, während
  welcher die russischen Lod-
  jer (Küstenfahrer) nach
  Finmarken kommen, um
  Fische zu holen
malke melken
Malle c Öse
Malurt c Wermut
Mand c, pl. Mænd Mann
Mandag c Montag
mange viele
Mark c, pl. -er Feld; in Nor-
  wegen auch: Wurm
Marked n, pl. -er Markt
Mavepine c Magenschmerz
Mdd. (Kursbuch) = Middag
  c Mittag
meddele II mitteilen
mede angeln
Medetøj n Angelgerät
Medlem n, pl. -mer Mitglied

meget [bän. meiet] viel
Meis c, pl. -er Netzbeutel;
  Korb am Saumsattel
Melk c Milch
Melkebunke c Milchkübel
Mellemdæk n Zwischendeck
Mellemret c, pl. -ter Zwi-
  schengericht [schenzeit]
Mellemtid c, pl. -er Zwi-
Mellemværende c Rechnung
Mening c Meinung; Sinn
Meningsfælle c Gleichgesinn-
  ter [chen]
Middagslur c Mittagsschläf-
Middagsmad c Mittagessen
Middagstid c Mittagszeit
Middelhavet das Mittellän-
  dische Meer
Midnat c Mitternacht
Midsommer c Johanni
midt i mitten in
Mil c Meile [rung]
Minde n Andenken, Erinne-
mindes sich erinnern
mindre kleiner
mindste kleinste
misfornøiet mißvergnügt
misforstaa III mißverstehen
mislykkes mißlingen
Mistanke c Verdacht
mistænke II in Verdacht ha-
Misundelse c Neid [ben]
Mo c Steppe, Heide
Mod n Mut
moden reif [Mutter]
Moder [mohr] c, pl. Mødre
Modstand c Widerstand
modtage III empfangen
Modtagelse c Empfang
Modvind c konträrer Wind
Molt c Molebeere

mon (han snart kommer?) ob (er) wohl (bald kommen wird?)
Mor c, *pl.* Mødre Mutter
more amüsieren [rung]
Morgentur c Morgenwande-]
Mormor c Großmutter (mütterlicher Seite)
Morskab c Vergnügen
morsom unterhaltend
Mose c Moos [c Morgen]
Mrg. (Kursbuch) = Morgen]
muggen schimmelig
Multebær, Multer pl. Molte-]
Mur c Mauer [beeren]
Murer c Maurer
Mus c, *pl.* Mus Maus
mylre wimmeln
Myr c, *pl.* -er Sumpf, Moor
Myre c Ameise
myrlændt sumpfig
Myse c saure Molken
Myseost c Käse aus sauren Molken
Mærke n Zeichen; Kennzeichen
Mærs n Mastkorb
mæt satt
møde II treffen, begegnen
Møde n Versammlung; Zusammenkunft
Mølle c Mühle
Møller c Müller
Mønt c, *pl.* -er Münze; Geld
mørk dunkel
Mørke n Dunkelheit
Mørkeskodde c dichter Nebel
mørknes dunkeln
naa erreichen
Naal c Nadel
naar wann; wenn
Nabo c Nachbar

narre anführen, foppen
Nat c, *pl.* Nætter Nacht
Natbord c, *pl.* -e Nachttisch
Natpotte c Nachtgeschirr
Nattelogis n Nachtquartier
Navn n, *pl.* -e Name
ned hinab, herab, herunter
ned- nieder-
nedad, *nedover* abwärts
nedenfor unter, unterhalb
nedenfra von unten
nedenunder unter, unten
Nedgang c Hinabsteigen
Negl [neil] c Nagel (Finger-)
nei nein
nem leicht, bequem
neppe kaum
Net n Netz
ni neun
Nise c Delphin
Niste c Proviant
Nistebomme c Eßkorb
niti neunzig
nogen jemand [lich]
nogenledes, nogenlunde leid-]
nogensinde jemals
noget etwas
nogetsteds irgendwo
nogle einige
nok genug
Non c Vesperkost
nordfra aus dem Norden
Nordlys n Nordlicht
Nordlænding c Norbländer
nordpaa, *nordover* gegen Norden
norsk norwegisch
Not n, *pl. Noter* großes Netz
nu jetzt
ny neu
nybagt neubacken

nyde *III* genießen
Nyhed *c* Neuigkeit
nys vor kurzem
nysgjerrig neugierig
Nytaar *n* Neujahr
nytte nutzen
Næb *n* Schnabel
nægte leugnen
nænne übers Herz bringen
Nærhed *c* Nähe
nærmere näher
nærme sig sich nähern
nærmeste nächste; s. auch
 S. 181 Anm. 2
nærved nahe
Næse *c* Nase
næsten fast
Næve *c* Faust
nævne nennen [n Knäuel]
Nøgle [neule] *c* Schlüssel; als}
Odde *c* Landspitze
ogsaa auch [Fleisch]
Oksekjød (Oxe-) *n* Rind-}
Oldenborre *c* Maikäfer
Olding *c* Greis
Oldsager *pl.* Altertümer
Olis *c* Öl
ombord an Bord [(Briefe)]
ombære *III* austragen
Omegn [-ein] *c* Umgegend
omgaas (*III*) med verkehren
 mit
omkap um die Wette
Omkostninger *pl. c* Kosten
omkring ringsum; umher;]
omkuld nieder [etwa}
omme vorüber (Zeit)
omme hos Naboens beim
 Nachbar
omskifte wechseln (Pferde)
Omstændighed *c* Umstand

omtale *II* erwähnen
On. (Kursbuch) = Onsdag *c*
 Mittwoch
ond böse; schlecht
op auf, hinauf
 op og ned auf und ab
opad, *opover* aufwärts
opdage entdecken
Opgang *c* Aufgang, Auffahrt
opgive *III* aufgeben (ab-
 lassen von)
Ophold *n* Aufenthalt; Unter-
 halt; Verzug
Opkom *n* Quelle
opmærksom aufmerksam
opnaa erreichen (Absicht)
oppe oben, droben
opreist aufrecht
Opsidder c Bauer
opslidt abgenutzt
opsætte *III* verschieben
Optrækkeri *n* Geldschneiderei
Optøier *pl.* Unfug
opvarme aufwärmen
Opvarter *c* Kellner
Opvartning *c* Bedienung
Ord *n* Wort
ordknap wortkarg
Ordsprog *n* Sprichwort
Orfugl c, Orre c Birkhuhn
Orlogsskib *n, pl.* -e Kriegs-
 schiff
Orm *c* Wurm; in Norwegen
 auch: Schlange
os uns
Ost *c* Käse
otte acht
otti achtzig
Ottring c Boot mit 8 Rudern
ovenfor oberhalb
ovenfra von oben her

ovenover oben über
over¹ über
overflødig überflüssig
Overkop c, pl. -per Obertasse
overlade III überlassen
overnatte übernachten
overstaaët überstanden
Oversvømmelse c Überschwemmung
overtale II überreden
Overvægt c Überfracht
Ovn c Ofen
paa auf, an
Paafund n Erdichtung
Paak c, pl. -er Stock
Paaklædning c Ankleiden; Anzug
paaklædt angekleidet
Paalandsvind c Seewind
paalidelig zuverlässig
Paaske c Ostern
Paaskud n Vorwand
paatage III sig übernehmen (Arbeit)
paatrængende aufdringlich
Paddehat c Pilz
Pakhus n, pl. -e Speicher
Pakke c Paket
Pandekage c Pfannkuchen
Paraply c Regenschirm
Parasol c Sonnenschirm
Part c, pl. -er Anteil
Peber n Pfeffer
Peberrod c Meerrettig
Peis c, pl. -er Herd
Pen c Schreibfeder
Penge pl. Geld

Pengepung c Geldbeutel
Pengetrang c Geldverlegenheit
pibe III pfeifen
Pibe c Pfeife
Pige c Mädchen
Pind c Pflock
Pindsvin n Igel
pleis pflegen
Port c (das) Thor
Pose c Beutel, Sack
Pot c, pl. -ter Flüssigkeitsmaß, ca. 1 Liter
Potét c, pl. -er Kartoffel
Potte c Topf
Prop c, pl. -per Pfropfen
proppe pfropfen
Proptrækker c Korkzieher
prutte dingen
Præst c, pl. -er Pfarrer
Præstebolig c, pl. -er; Præstegaard c Pfarrhaus
Præstekone c Predigerfrau
prøve prüfen, versuchen
Prøve c Prüfung, Versuch
Pude c Kissen
Pung c Beutel
puste schnauben
  puste lidt Atem schöpfen
pynte schmücken
Pæl c Pfahl
Pære c Birne
Pølse c Wurst
Pøs c Kübel
Raad n Rat, Ausweg
raade raten; befehlen
Raadyr n Reh
Raak c, pl. -er Fußspur

---

¹ In örtlicher Bedeutung steht over meist hinter dem Verb: übersetzen (Fluß) sætte over; dasselbe gilt von op, paa (auf-), ind (ein-), ud (aus-).

Dänisch (norw.)-deutsches Vokabular. 343

Raas c, pl. -er Strömung (Fluß)
Rad c, pl. -er Reihe; Bengel
ramme II treffen
rar vortrefflich; in Norwegen: wunderlich
Ras n Sturz
rase II ausgleiten stürzen
Rav n Bernstein
ravgal unsinnig
Ravnekrog c Krähwinkel
Reb n. Seil, Tau
Rede c (norw. n) Nest; Ordnung
rede til at bereit zu
Redning c Rettung
Redskab n Gerät
Regn [rein] c (norw. n) Regen
regne [reine] regnen; rechnen
Regning [rei-] c Rechnung
Reis c Garnele
Rem c Riemen; in Norwegen auch: Querstange
Rēn c, pl. -er; Rensdyr n Renntier
renslig sauber
Ret c, pl. -ter Recht; Gericht
ret richtig
ret frem gerade aus
Revle c Sandbank
Revne c Spalt, Riß
ride III reiten
Ridehest c Reitpferd
Rifle c Gewehr
rig reich
Rigsdagsmand c, pl. mænd Reichstagsabgeordneter
rimelig passend (Preis)
ringe läuten, klingeln; gering
rive (III) itu zerreißen
Ro c Ruhe
ro rudern

Robaad c Ruderboot
Rok n starker Sturm
rolig ruhig
Ror n Steuerruder
Rorskarl c, pl. Rorsfolk Ruderer
rose II loben, rühmen
Rovdyr n Raubtier
Rude c Fensterscheibe
Rugbrød n Roggenbrot
Rum n Raum; als c Rum
rummelig geräumig
Rus c Rausch
Ryg c Rücken
ryge III rauchen
Rype c Schneehuhn
Rytter c Reiter
ræd bange
Ræv c Fuchs
rød rot
Røg c Rauch
røget geräuchert
Røi c Auerhenne
Rømme c bider, saurer Rahm
Røst c, pl. -er Stimme
Saar n Wunde
saare verwunden
Sagbrug n Sägemühle
Sagn n Sage
sagte leise
sagtens leicht
Saks, Sax c Schere
saltet gesalzen
Sambygding c Landsmann
Samfund n Gesellschaft; Verein
Samlag n Verein; Schankstätte für Spirituosen
samme derselbe (die-, das-)
sammenligne vergleichen
sammensat zusammengesetzt
sammesteds ebenda

samtale *II* sich unterhalten, sprechen
Samtale *c* Gespräch
Samtykke *n* Einwilligung
samvittighedsfuld gewissen-[haft]
sand wahr
Sandhed *c* Wahrheit
Sau *c* Schaf
save, *save* sägen
savne vermissen
se *III* sehen
Sei c Köhler (Fisch)
seig zäh
Seilåds *c* das Segeln
seilbar schiffbar
seile segeln; (auf einem Dampfsch'ff) fahren
seilklar segelfertig
seire siegen
Seksring c, Sexring c Boot mit sechs Rudern
seksten, sexten [(selsten)]
seksti, sexti sechzig [(sechzehn)]
Sele *c* Hosenträger
Seletøi *n* Pferdegeschirr
Selskab *n* Gesellschaft
selv selbst
selvforskyldt selbstverschuldet
sén langsam
Seng *c* Bett
Sengetøi *n*, Sengklæder *pl.* Bettzeug
Sennep *c* Mostrich
sent spät
sidde *III* sitzen
Siddeplads *c, pl.* -er Sitzplatz
Side *c* Seite
Sidemand *c,pl.* mænd Neben-[mann]
siden später; seit
Sideværelse *n* Nebenzimmer
sidste letzte

sige *III* sagen
Sigtebrød *n* Graubrot, aus gebeuteltem Roggenmehl
Sild *c, pl.* Sild Hering
silde, sildig spät
Sildefiske *n* Heringsfang
Sildenot *n, pl.* -noter großes Netz zum Heringsfang
Sildestime *c* Heringsschwarm
Sildetønde *c* Heringsfaß
Silke *c* Seide
simpel einfach; gemein
Sind *n* Gemüt
sinke verzögern
sint erzürnt
sjelden selten
sjette sechste
Sjov *n* Spaß; Lärm
Sjø c See; Welle
Skaal *c, pl.* -er Schale; Toast
Skaal! Ihr (dein) Wohlsein!
skaane schonen [Prosit!]
Skaane *n* Schonen
skabe sig sich gebärden
skade schaden
skadelig schädlich
skaldet kahlköpfig
Skam *c* Schande
skamme sig sich schämen
Skar n Felsenkluft
Skare *c* Schar
skarp scharf [-ter Steuer]
Skat *c* Schatz; mit dem *pl.*
Ske *c* Löffel
ske *II* geschehen
Ski c Schneeschuh
Skib *n, pl.* -e Schiff
Skibbro *c* Schiffsbrücke
Skibsfolk *pl.* Schiffsmannschaft
Skibslygte *c* Schiffslaterne

skiden schmutzig
skifte wechseln
Skifte *n* Wechsel; in Norwegen auch: Poststation
Skiftespor *n* Weiche (Eisenbahn)
skiftes til abwechselnd
Skik *c* Sitte
skikke senden [betragen]
skikke sig sich anständig
skikkelig gut(herzig)
Skildpadde *c* Mockturtleragout
skilles *II* scheiden, sich trennen
Skilt *n, pl.* -er Schild (das)
Skin *n* Schein
Skind *n* Haut, Fell
Skindhandsker *pl. c* lederne Handschuhe
Skinke *c* Schinken
skinne scheinen
Skinne *c* Schiene
Skipper *c* Schiffer
Skjaa c Fensterscheibe aus dünner Haut
skjelne mellem unterscheiden
Skjorte *c* Hemd
skjule *II* verbergen
Skjæg *n* Bart [-schale]
Skjæl c, pl. Skjæl Muschel,
Skjæppe *c* Scheffel
Skjær *n* Klippe; Schimmer
skjære *III* schneiden
Skjærm *c* Schirm
skjæv schief
Skjøde *n* Schote (Segel-)
skjøn schön
Skjønhed *c* Schönheit
skjønne urteilen
Skjør n dicke, geronnene Milch
Sko *c, pl.* Sko Schuhe

Skodde c Nebel
Skog c Wald
Skole c Schule
Skolelærer *c* Schullehrer
Skomager *c* Schuhmacher
Skonnert *c, pl.* -er Schoner (Schiff)
Skot c, pl. -ter Vorderteil, Hinterteil (des Bootes)
skrå schräg
Skraa *c* Kautabak
skraa Tabak kauen
Skraldemand *c, pl.* mænd Kehrichtskärrner
Skrig *n* Schrei
skrige *III* schreien
skrive *III* schreiben
Skrivelse *c* Schreiben, Brief
Skrue *c* Schraube
skrupsulten heißhungrig
Skrædder *c* Schneider
Skræppe c Ranzen
skrøbelig gebrechlich
Skud *n* Schuß; Saößling
Skue *n* Anblick
skuffe täuschen
Skuffe *c* Schublade
Skum *n* Schaum
skummet abgerahmt
Skumring *c* Dämmerung
Skur c, pl. -er Regenschauer
Skuraand *c* Erntezeit
Skvetlæder n Spritzleder
skvetten scheu
skvalpe plätschern
sky scheu
Sky *c* Wolke; Bratensatz
skyde *III* schießen; schieben
Skyds c Personenbeförterung auf der norwegischen Post

Skydsbonde c, pl. bønder;
 Skydsholder c Stations-
 halter
skydse Reisende befördern
Skydsgut c, pl. -ter Postjunge
*Skydsskifte n, Skydsstation
 c* Poststation
Skygge *c* Schatten
Skyld *c* Schuld
skylde *II* schuldig sein
skyldig schuldig
skyldt verwandt; quitt
skynde *(II)* sig sich beeilen
Skytte *c* Schütze
Skøite *c* Schlittschuh
slaa *III* schlagen
slaas *III* sich schlagen
Slaat c Heuernte; Melodie
sladre plaudern; klatschen
Slag *n* Schlag; Schlacht; in
 Norwegen auch: Sorte
Slags *c* oder *n* Art, Sorte
sleip schlüpfrig [arbeiten]
slide*III*abnutzen; angestrengt]
slig solch; so
Slikkeri *n* Näscherei
slippe *III* loslassen
Slot *n, pl. -te* Schloß (Ge-
 bäude)
Slubbert *c, pl.-er* Schlingel
slukke Torsten den Durst
Sluse *c* Schleuse [löschen]
Slutning *c, Slut c* Schluß
slutte schließen
slæbe *II* schleppen
Slæde *c* Schlitten
Slægtning *c* Verwandter
Sløid *c* Hausgewerbe, be-
 sonders in Holz
Sløife *c* Schleife
Slør *n* Schleier

smaa klein(e) [Junge]
Smaagut c, pl. -ter kleiner
Smaapenge *pl.* Kleingeld
Smaaskog c Gebüsch
smage *II* schmecken
smerte schmerzen
smigre schmeicheln
smile lächeln
smitsom ansteckend
smitte anstecken (Krankheit)
smuk schön
Smule *c* ein wenig
Smykke *n* Schmuck
Smøleri *n* Saumseligkeit
Smør *n* Butter
Smørrebrød *n* Butterbrot
snakke plaudern
snaksom gesprächig
snart bald
Snedker *c* Tischler
Snefonn *c, pl. -er* Schnee-
 hügel, Gletscher
sneklædt mit Schnee bedeckt
Snes *c* zwanzig
Snevring *c* Engpaß
snild, *snil* klug; in Nor-
 wegen auch: gut
Sno *c* kalter Wind
sno winden
Snor *c* Schnur
Snus *c* Schnupfen
snyde *III* betrügen
Snyderi *n* Betrug
snøre *II* schnüren [Schnur]
Snøre *c* (norweg. *n*) Angel-
Sogn [saun] *n, pl. -e* Kirch-
 spiel; s. Anm. S. 152
Sölskin *n* Sonnenschein
som (relat.) welcher, welche,
somme einige [welches]
sommetider zuweilen

sope lehren
Sorenskriver c Harbesvogt,
sort schwarz [Unterrichter]
sove III schlafen
Soveværelse *n* Schlafzimmer
Spand *c* Eimer [geben]
sparke ēn jm. einen Fußtritt
Spegepølse *c* geräucherte Wurst
Speil *n, pl.* -e Spiegel
Speilæg *n* Spiegelei
spilde *II* verschütten
spilde (*II*) Tid Zeit verlieren
spille spielen (Ka ten, In-
spise *II* essen [strument)
Spisetid *c, pl.* -er Essenszeit
Splitflag *n* Zipfelflagge; Kennzeichen der staatlichen Gebäude und Institutionen
Spor *n* Spur
Sporvogn [-waun] *c* Pferde-
spredt zerstreut [bahn]
Sprog *n* Sprache
Sprække *c* Spalte
sprøite spritzen
Spurv *c* Sperling
spytte spucken [händler]
Spækhøker *c* Viktualien-
spænde *II* schnallen
spænde (*II*) for anspannen
Spøg *c* Scherz
Spøgeri *n* Spuk
spørge (*III*) om fragen nach
Spørgsmaal *n* Frage
staa *III* stehen
Stabur n Nebengebäude
stadig beständig
Stak *c* Haufe
Stak *c, pl.* -ker Unterrock
Stakkel *c, Stakkar c* ein Bedauernswerter

standse innehalten, stillstehen
Stav *c* Stab
Stavbygning c Gebäude aus senkrecht stehendem Holzwerk
Sted *n, pl.* -er Ort, Stelle
Steg *c* Braten
stegt gebraten
stelle ordnen
Stēn *c* Stein
Stēnras n Steinsturz
Stevne n Steven
Sti *c* Pfad
stige *III* steigen
Stige *c* Leiter
stikke *III* stechen
Stikkelsbærgrød *c* Stachel-
Stilhed *c* Stille [beerenmus]
Stillāds *n, pl.* -er Gerüst
Stime *c* Fischbank
stiv steif
Stjerne *c* Stern
stjæle *III* stehlen
Stokfisk c auf Gerüsten getrockneter Kabeljau
Stōl *c* Stuhl
stole paa vertrauen auf
stoppe anhalten; stopfen
Stoppested *n, pl.* -er Halte-
stor groß [stelle, Station]
storme stürmen
Straaleie *n* Strohlager
Straf *c* Strafe
straks sogleich
Strandbred *c, pl.* -er Mee-
Strid *c* Streit [resufer]
Striler c Küstenbewohner in der Gegend von Bergen
stryge *III* streichen; plätten
Stryk c Strömung [eil-
stræbe *II* streben; st

Stræde *n* Gasse; Meerenge
stro streuen [S. 114 Anm. 1]
Strog *n* Strich, Gegend; s.
Strømpe *c* Strumpf [nung]
Stue *c* Stube; Parterrewoh=
Stund *c. pl.* -er Zeit
Stup n steiler Felsabhang
stuvet gedämpft, geschmort
styg häßlich
styre steuern
Styrke *c* Stärke (Kraft)
Styrtning c Sturz (Fels=)
stærk stark
Stævne *n* Zusammenkunft
Stød *n* Stoß
Støi *c* Lärm
Støl c, pl. -er Sennhütte
Stølhus n, pl. -e Brau=
større größer [Waschhaus]
Størrelse *c* Größe
storste größte
Støv *n* Staub
Støvle *c* Stiefel
Sult *c* Hunger
sulten hungrig
sund (og rask) gesund
Sundhed *c* Gesundheit
Sundkarl c Fährmann
sur sauer
suse *II* sausen
Svale *c* Schwalbe
Svamp *c* Schwamm
Svar *n* Antwort
svare antworten
svede *II* schwitzen
svedt schwitzig
Svend *c* Gesell
svensk schwedisch
svimmel schwindelig
Svin *n* Schwein
  kjod *n* Schweinefleisch

svire saufen [selbölzchen]
Svovlstik *c, pl.* -ker Schwe=
sværge *III* schwören
svobe (*II*) ind einhüllen
svømme schwimmen
sy nähen
Sydgaaënde: paa S. (Schiff)
  nach dem Süden fahrend
syg krank
Syltetøi *n* Eingemachtes
Syn *n* Gesicht; Anblick
synes (*II*) at (mir) scheint, daß
synge *III* singen
synke *III* sinken
sytten siebzehn
sytti siebzig
syv sieben
Sæbe *c* Seife
Sæde *n* Sitz
Sæk *c* Sack [Seehund]
Sæl *c, pl.* -er; Sælhund *c*
sælge *III* verkaufen
sær wunderlich [Erscheinung]
Særsyn *n* seltene, seltsame
Sæter c Sennhütte
Sætergrend c, pl. -er nahe
  beieinander liegende Senn=
  hütten
Sæterjente c Sennerin
Sætervold c Platz vor der
  Sennhütte
sætre alpen. [Sonntag]
Sø. (Kursbuch) = Søndag *c*
Sø *c, Sjø c* (der und die) See;
sød süß [Welle]
Sødmælk *c* frische Milch
soge *II* suchen
Søgnedag *c* Werktag
Solje c silberne Schnalle
Sølv *n* Silber
Søm *c* Naht; als *n* Nagel

Dänisch (norw.)-deutsches Vokabular. 349

Søn c, pl. -ner Sohn
Søndag c Sonntag
Søndenfjeldske n das südliche
sønder- zer- [Norwegen]
Sør n Süden
sørgelig traurig
Sørok n Meeressturm
Søskende pl. Geschwister
Søster c Schwester
Søvn c Schlaf
søvnig schläfrig
T. (Kursbuch) = Telegraf-
station c Telegraphen-
taabelig thöricht [station]
Taage c Nebel
taale II ertragen
taalelig leidlich
taalmodig geduldig
Taare c Thräne
Taarn n, pl. -e Turm
Tab n Verlust
tabe II verlieren
Tag n, pl. -e Dach
tage III nehmen
tage (III) afsted abreisen
Tak! (meinen) Dank!
takke danken
Takkelage c Takelwerk
Tal n Zahl
tale II sprechen
Tale c Rede
Tallérken c Teller
tam zahm
Tand c, pl. Tænder Zahn
Tanke c Gedanke
Tarrer pl. c blinde Schären
tarvelig mäßig; einfach
Taske c Umhängetasche
taus verschwiegen; still
Tegn [tein] n Zeichen
tegne [teine] zeichnen

Teiste c Lumme (Vogel)
Telt n, pl. -e Zelt
temmelig ziemlich
Terne c Meerschwalbe
ti zehn [Dienstag]
Ti. (Kursbuch) = Tirsdag c
Tid c, pl. -er Zeit
Tidende c Nachricht; Zeitung
tidlig früh
tie III schweigen
tigge betteln
Tigger c Bettler
til nach, zu, bis
tilankers vor Anker
tilbage zurück
tilbords zu, bei Tische
Tilbud n Anerbieten
tilbyde III anbieten
Tildragelse c Vorfall
tilende zu Ende
tilfjelds ins, im Gebirge
tilfods zu Fuß
tilforladelig zuverlässig
tilfreds zufrieden
tilfældig zufällig
tilfælles gemeinschaftlich
tilgive III verzeihen
tilgjængelig zugänglich
tilgode zu gut (haben)
tilhest zu Pferde
tilhøre II gehören
tilintetgjøre III vernichten
Tilje c Brett am Boden des
tilkjøbs zu haben [Bootes]
tilkomme III zukommen, ge-
tillade III erlauben [bühren]
Tilladelse c Erlaubnis
tilladt erlaubt
tillands zu Lande
tilleis zu vermieten
Tillid c Vertrauen

tilligemed nebst
Tillæg n Zulage
tilovers übrig
tilpas nach Wunsch
tilraadelig ratsam
Tilreisende c Reisende
tilrors am Ruder
tilsalgs zu verkaufen
tilsengs zu Bett
tilsidst zuletzt
Tilsigelse c Ansage
Tilskuer c Zuschauer
Tilslutning c Anschluß
tilstaa III gestehen
tilstrækkelig genügend
Tilsyn n Aufsicht
tilsøs zur See
tiltale II anreden
tilvands zu Wasser
tilveirs in die Höhe
Time c Stunde [senbahn=)]
Timetabel c Fahrplan (Ei=]
Tind c, pl. -er Gipfel
Ting c, pl. Ting Ding, Sache
Ting n Gericht; Reichstag;
    f. Anm. S. 204.
tinge mieten, akkordieren
Tirsdag c Dienstag
tjene II dienen
Tjener c Diener
Tjeneste ... Gefallen
Tjern ...
Tjur c...
to zwe...
To. (T...
    dag
Toddy ...
Told c ...
Tollekniv
tolv zwölf
tom leer

Tomme c Zoll (Maß)
Top c Spitze, Gipfel
Torden c Donner
tordne donnern
Torn c Dorn
Torsk c Dorsch
Torv n, pl. -e Markt
Torvedag c Markttag
Tosse c Thor (der)
tos-et thöricht, dumm
Toug n, pl. -e; Tov n, pl. -e;
    Taug n Seil
Traad c Zwirn
trang eng
Trappe c Treppe
Trav c oder n Trab
travlt geschäftig
tre drei
tredive [treiwe], treti dreißig
tretten dreizehn
Trille c Landauer
Trin n Schritt; Stufe
tro treu; glauben
Trold c Kobold
Trolddom c Zauber
Troskab c ...
troværdig ...
tryg sich...
trykke ...
Træ n ...
Træk c ...
trække ...
trænge ...
træt m...
trætte...
...

tungroet schwer zu rudern	Uaar n schlechtes Jagr
tusind tausend	uafbrudt ununterbrochen
Tusmørke n Dämmerung	ubekjendt unbekannt
Tver- Quer- z. B. Tversti Querpfad	ubeleilig ungelegen
	ubestemt unbestimmt
tvertimod im Gegenteil	ubetydelig unbedeutend
tvær eigensinnig	ublu (Pris) unverschämter (Preis)
tvinge III zwingen	
tvivle, tvile zweifeln	ubrugelig unbrauchbar
tydelig deutlich	ud aus, ud- aus-
Tyende n Gesinde	Udbytte n Ertrag, Ausbeute
tygge kauen	ude draußen
tyk dick	udeblive III ausbleiben
tykkes II dünken	uden ohne
tynd dünn	udenfor außerhalb, vor, draußen
Tyr c Stier	
tysk deutsch	udenlandsk ausländisch
Tysker c ein Deutscher	udenpaa auswendig
Tyv c Dieb	udenskjærs außerhalb der Schären
tyve zwanzig	
tælle III zählen	Udgang c Ausgang
tænde II anzünden	Udgift c, pl. -er Ausgabe, Kosten
tænke II denken	
Tæppe n Teppich	udholde III aushalten
tæt dicht	Udhus n, pl. -e Nebengebäude
ved gleich nebenan	
	udhvile sig ausruhen
	Udkant c, pl. -er entlegene
	Udkig n Lugaus [Gegend]
	udlaane II ausleihen
	Udlæg n Auslage
	c Ausländer
	zeichnet

tilligemed nebst
Tillæg n Zulage
tilovers übrig
tilpas nach Wunsch
tilraadelig ratsam
Tilreisende c Reisende
tilrors am Ruder
tilsalgs zu verkaufen
tilsengs zu Bett
tilsidst zuletzt
Tilsigelse c Ansage
Tilskuer c Zuschauer
Tilslutning c Anschluß
tilstaa III gestehen
tilstrækkelig genügend
Tilsyn n Aufsicht
tilsøs zur See
tiltale II anreden
tilvands zu Wasser
tilveirs in die Höhe
Time c Stunde [[senbahn-)]
Timetabel c Fahrplan (Ei-)
Tind c, pl. -er Gipfel
Ting c, pl. Ting Ding, Sache
Ting n Gericht; Reichstag;
  s. Anm. S. 204.
tinge mieten, akkordieren
Tirsdag c Dienstag
tjene II dienen
Tjener c Diener
Tjeneste c Dienst; Gefallen
Tjern n kleiner See
Tjur c, pl. -er Auerhahn
to zwei
To. (Tho.) Kursbuch = Torsdag (Thorsdag) c, Donnerstag
Toddy c Grog
Told c Zoll
Tollekniv c Schutzmesser
olv zwölf
n leer

Tomme c Zoll (Maß)
Top c Spitze, Gipfel
Torden c Donner
tordne donnern
Torn c Dorn
Torsk c Dorsch
Torv n, pl. -e Markt
Torvedag c Markttag
Tosse c Thor (der)
tosset thöricht, dumm
Toug n, pl. -e; Tov n, pl. -e;
  Taug n Seil
Traad c Zwirn
trang eng
Trappe c Treppe
Trav c oder n Trab
travlt geschäftig
tre drei
tredive [tretive], treti dreißig
tretten dreizehn
Trille c Landauer
Trin n Schritt; Stufe
tro treu; glauben
Trold c Kobold
Trolddom c Zauber
Troskab c Treue
troværdig glaubhaft
tryg sicher
trykke drücken; drucken
Træ n Holz; Baum
Træk c Luftzug
trække III ziehen
trænge (II) til brauchen, be-
træt müde   [dürfen]
trættende ermüdend
trættes sich streiten
Tun n Hofplatz
tung schwer
Tunge c Zunge; in Norwegen
  auch: abgerundete Fels-
  spitze

Dänisch (norw.)-deutsches Vokabular. 351

tunghør schwerhörig
tungroët schwer zu rudern
tusind tausend
Tusmørke n Dämmerung
Tver- Quer- z. B. Tversti Querpfad
tvertimod im Gegenteil
tvær eigensinnig
tvinge III zwingen
tvivle, tvile zweifeln
tydelig deutlich
Tyende n Gesinde
tygge kauen
tyk dick
tykkes II dünken
tynd dünn
Tyr c Stier
tysk deutsch
Tysker c ein Deutscher
Tyv c Dieb
tyve zwanzig
tælle III zählen
tænde II anzünden
tænke II denken
Tæppe n Teppich
tæt dicht
tæt herved gleich nebenan
Tø c Tauwetter
Tøffel c Pantoffel
Tøi n Zeug; Gepäck
Tøile c Zügel (Reit-)
Tømme c Zaum
Tømmer n Bauholz
Tønde c Tonne
tør trocken
tørke, tørre trocknen
Tørst c Durst
tørstig durstig
tøve zögern, warten

u-[1] un-
Uaar n schlechtes Jahr
uafbrudt ununterbrochen
ubekjendt unbekannt
ubeleilig ungelegen
ubestemt unbestimmt
ubetydelig unbedeutend
ublu (Pris) unverschämter (Preis)
ubrugelig unbrauchbar
ud aus, ud- aus-
Udbytte n Ertrag, Ausbeute
ude draußen
udeblive III ausbleiben
uden ohne
udenfor außerhalb, vor, draußen
udenlandsk ausländisch
udenpaa auswendig
udenskjærs außerhalb der Schären
Udgang c Ausgang
Udgift c, pl. -er Ausgabe, Kosten
udholde III aushalten
Udhus n, pl. -e Nebengebäude
udhvile sig ausruhen
Udkant c, pl. -er entlegene]
Udkig n Lugaus (Gegend)
udlaane II ausleihen
Udlæg n Auslage
Udlænding c Ausländer
udmærket ausgezeichnet
udrette ausrichten
udrikkelig untrinkbar
Udsalg n Verlauf
Udseiling c Ausfahrt
Udsigt c, pl. -er Aussicht

---
[1] Meist unbetont.

udsolgt ausverkauft, vergriffen
Udstilling c Ausstellung
udsøgt auserlesen
udtale II aussprechen
udúelig unfähig
Udvalg n Auswahl
Udvei c Ausweg
Ude c entlegene Insel
uefterrettelig nachlässig
Uër c Meerbarsch
uforandret unverändert
uforskámmet unverschämt
uforudset unvorhergesehen
ufremkómmelig unwegsam
Uge c Woche
ugift unverheiratet
ugjæstfri ungastlich
Ugle c Eule
ugrei unklar; unordentlich
ugýldig ungültig
Uheld n Unglück
uhéldig unglücklich [schlüssel]
Uhrnøgle [-neule] c Uhr-
uhýggelig unheimlich; un-
ujævn uneben [gemütlich]
ukjendt unbekannt
ukýndig unkundig
ulden wollen
uleilige bemühen
ulóvlig unerlaubt, gesetz-
Ulv c Wolf [widrig]
ulýdig ungehorsam
Ulykke c Unglück
Ulænde c unwegsame Gegend
ulændt unwegsam
Umage c Mühe
umoden unreif
umúlig unmöglich
Underbenklæder pl., Underbukser pl. Unterhosen

Underdyne c Unterbett
Underkop c, pl. -per Unter-
underlig seltsam [tasse]
Underretning c Nachricht
underrette benachrichtigen
undersøge II untersuchen
Undertrøis c Unterjacke
Undervisning c Unterricht
undres, undre paa sich wun-
undséelig verschämt [dern]
undskylde (II) sig sich ent-
schuldigen [gung]
Undskyldning c Entschuldi-
undtagen ausgenommen
undvære entbehren
ung jung
Ungdom c Jugend
unyttig unnütz
unødvendig überflüssig
unøiágtig ungenau
uopnaáelig unerreichbar
uopsættelig dringend
Uorden c Unordnung
uoverkómmelig unüberwindlich
upaaklágelig untadelhaft
upaalídelig unzuverlässig
Ur c, pl. -er steiniger Ab-
urén unrein [hang]
uret steinig
Uret c Unrecht
uretfærdig ungerecht
urímelig unvernünftig (Preis)
urólig unruhig
Urtekræmmer c Kolonialwarenhändler
uræd furchtlos
Usandhed c Unwahrheit
uskádelig unschädlich
uskadt unversehrt
Uskik c Unsitte

Dänisch (norw.)-deutsches Vokabular. 353

uskikket til unfähig zu
uskjønsom undankbar
uskrømtet aufrichtig
uskyldig unschuldig
Usling c ein Elender
uspiselig ungenießbar
ussel elend
Usselhed c Elend
ustadig unbeständig
ustelt in Unordnung
ustyrlig unbändig
usund ungesund
usynlig unsichtbar
usædelig unsittlich
usædvanlig ungewöhnlich
usømmelig unschicklich
utaalelig unleidlich
ataalmódig ungeduldig
Utak c Undank
utaknémmelig undankbar
Utide c Unzeit
utidig unzeitig
utilfreds unzufrieden
atilgivelig unverzeihlich
utilgjængelig unzugänglich
utillådelig unerlaubt
utilpas unwohl [uungsfähig
utilrégnelig [-rei-] unzurech-;
utilstrækkelig ungenügend
utjenstdygtig untüchtig
utro untreu
utrólig unglaublich
Utroskab c Untreue
utrættelig unermüdlich
utydelig undeutlich
Utøi *n* Ungeziefer
uundværlig unentbehrlich
uvant ungewohnt
„Uvedkommende forbydes
   Adgang!" „Unbefugten ist
   der Zutritt verboten!"

Uveir *n* Unwetter
uvénlig unfreundlich
uventet unerwartet
uvis ungewiß
uvorn ungezogen
uøvet ungeübt
Vaaben *n* Waffe
vaad naß [stlich
Vaag c Bucht; als *n* Wage-
vaage wachen; in Norwegen
   auch: wagen [in
Vaagekone c Krankenwärter-
vaagen wach
vaagne erwachen
Vaar c Frühling [fang
Vaurfiske n Frühlingsfisch-
Vaarflom c Frühlingsflut
Våarfrak c, pl. -ker Som-
   merüberzieher
Vaas *n* Gewäsch
Vadsk c Wäsche; Ausguß
   (in der Küche)
vadske waschen [wanne
Vadskefad *n, pl. -e* Wasch-
Vadskerkone c Waschfrau
Vadskeskindshandsker *pl. c*
   waschledeine Handschuhe
Vadsketøi c Wäsche
Vadskevand *n* Waschwasser
Vadsæk c Nachtsack [schiff
Vagerskib *n ,pl. -e* Baken-
vakker schön; s. auch S. 7,
Valg *n* Wahl [Anm. 1
Valmue c Mohn
Valnød *c, pl. -der* Walnuß
Vand *n, pl. -e* Wasser
vande begießen
Vandfad *n,pl.-e* Waschwanne
Vandhul *n, pl. -ler* Wasser-
   loch

vandret vagerecht
Vandring c Wanderung
Vandskorpe c Wasseroberfläche
Vandspand c Wassereimer
Vandstøvler pl. c Wasserstiefel
Vane c Gewohnheit
Vanheld n Unglück
vankúndig unwissend
Vanry n übler Ruf
vanrøgte vernachlässigen
vanskabt mißgestaltet
vanskelig schwierig
Vansmag c Beigeschmack
vant til gewohnt an
Vanvare c: af Vanvare aus Versehen
vanvittig wahnsinnig
Vanære c Schande
Varde c Steinhaufe, Weg-
vare dauern [weiser]
Varetægt c (die) Hut
varig dauerhaft
Varpetrosse c Bugstertau
Varsel n Vorzeichen
varsko! weg da!
varsle vorbedeuten
varsom vorsichtig [wässer
Vasdrag n fließendes Ge-
Vatn. n Wasser
vedblive III fortfahren
Vederlag n Ersatz; Vergütung
vedkomme III angehen
Vei c, pl. -e Weg
veis wiegen
veikjendt des Weges kundig
veilede Anleitung geben
Veir [währ] n Wet er [terung]
Veirlag n, Veirlig n Wit-
rifte n Wetterwechsel

Veiviser c Wegweiser; Adreßbuch
Vekselér c Geldwechsler
vel wohl
Velfærdssag c sehr wichtige Sache
Velgjerning c Wohlthat
velgjørende wohlthätig
velhavende wohlhabend
velment gut gemeint
Velsignelse c Segen
velsmagende schmackhaft
velstaaende begütert
veltalende beredt
veltilfreds zufrieden
velvillig wohlwollend
Ven c, pl. -ner Freund
Vending c Wendung; Tour
venlig freundlich
Venlighed c Freundlichkeit
Venskab n Freundschaft
venstre der Linke
vente warten
Venteværelse n Wartezimmer
Verden c Welt
verdslig weltlich
vesle klein
Vestenfjeldske, Vestlandet das westliche Norwegen
vid weit (breit)
Vidde c öde Strecke im Ge-
vide III wissen [birge
Vidende n: med mit V. meines Wissens [Gelehrten
Videnskabsmand c, pl. mænd
vidkjendt weit bekannt
Vidne n Zeuge
Vidnesbyrd n Zeugnis
vidske af abtrocknen
vidtløftig weitläufig
vidünderlig wundersam

Dänisch (norw.)-deutsches Vokabular.

Vielse c Trauung
vifte fladern
Vig c, Vik c kleine Bucht
Vigespor n Weiche (Eisenbahn-)
vild irre; wild
vildsom verwirrt, pfadlos
Vildt n Wild
Vilkaar n Bedingung
Villis c Wille
Vin c Wein
vinde III gewinnen
vinde (III) med mitfolgen
Vinding c Gewinn
Vindu(e) n Fenster
Vinge c Flügel
Vinterfrakke c; Vinterfrak c, pl. -ker Winterüberzieher
vis, vist gewiß
vise II zeigen
Visergut c, pl. -ter Laufbursche
vissen welk
Vogn [waun] c Wagen
Vognleie c Wagenmiete
Vognmand c, pl. mænd Fuhrmann, Lohnkutscher
vogte hüten
vokse, voxe wachsen
voksen, voxen erwachsen
Vold c Wall; Gewalt; in Norwegen auch: Weide
voldsom gewaltig
Voldsomhed c Ungestüm
vor unser
vove wagen
vovelig gewagt
vred zornig
vrøvle schwatzen
Vugge c Wiege
Vædske c Flüssigkeit
Væg c Wand
Væge c Docht

Vægt c Gewicht; Wage
vælge III wählen
vælte umstürzen; umschlagen
væmmelig ekelhaft
vænne sig til sich gewöhnen an
Værdi c Wert
værdiløs wertlos
Værelse n Zimmer
Værge c Beschützer; als n Besitz, Wehr
værre schlimmer
værste schlimmste
Vært c, pl. -er Wirt
Værtinde c Wirtin
Værtshus n, pl. -e Wirtshaus
Vel c reißender Bach
yderste äußerste
ydmyg demütig
ymte om noget von etwas (sprechen)
yndig anmutig
yngle sich fortpflanzen
yngre jünger
yngste jüngste
Ynk c Jammer
ynkes over bedauern
ypperlig vorzüglich
yppe Trætte Händel anfangen
Yrke n Stoff
yste Käse bereiten
ytre äußere [zieher]
Ytterfrak, c, pl. -ker Überzieher
yrterste äußerste
Æble n Apfel
Æblegrød c Apfelmus
Æblekage c Apfeltorte
Æddike c Essig
æde III fressen
Æde c Futter
ædru nüchtern
Æg n Ei
Æggekage c Eierkuchen

Æggetoddy c Eiergrog
ægte ed·t; heiraten
Ægtefolk pl. Eheleute
Ægtehustru c Gattin
Ægtemand c, pl. mænd Gatte
Ægteskab n Ehe
Ælde c Alter
ældes alt werden
ældgammel sehr alt; uralt
ældre älter
ældste älteste
Ælling c junge Ente
ælte (i Pløren) (im Schmutz) waten
Æmne n Stoff; Gegenstand (einer Rede)
ængstes sich ängstigen
ærbødig ehrerbietig
Æresmedlem n, pl. -mer Ehrenmitglied
Ærinde n Auftrag, Geschäft
Ærter pl. c Erbsen
Æske c Schachtel
Æt c, pl. -ter Geschlecht
Ø c Insel
Oboër c Inselbewohner
øde öde; nach II verschwenden
Ødeland c Verschwender
ødelægge III zerstören
Ødelæggelse c Verwüstung
Ødemark c, pl. -er Felsöde
ødsel verschwenderisch
ødsle verschwenden
øge vermehren; verlängern (Kleid)
Øis n, pl. Øine Auge
Øismed n Absicht
Øisnlæge c Augenarzt
øine erblicken
Okse c, Øxe c Axt
Øl n Bier
Ølbrygger c Bierbrauer
Øllebrød n Brotsuppe in Bier gekocht
øllet angeheitert
øm wund; zärtlich
Ømhed c Empfindlichkeit; Zärtlichkeit
ømskindet empfindlich
ønske wünschen
Ønske n Wunsch
ønskelig wünschenswert
Øre n Ohr
Ørepine c Ohrenschmerz
ørkesløs müßig; vergebens
Ørn c Adler
Ørred c, pl. -er Forelle
øse II schöpfen
Øst n, Øster n Osten
østerlandsk morgenländisch
østerpaa nach Osten
Østers c, pl. Østers Auster
Østersø c Osten
Østlandene pl. das südöstliche Norwegen
Østlænding c Bewohner des südöstlichen Norwegen
øve üben
Øvelse c Übung
øverste oberste
øvrig übrig
Øvrighed c Behörde

Grammatischer Anhang.

I. Die Außsprache.

Die dänische Aussprache ist bedeutend weicher als die norwegische und bereitet dem Ausländer mit ihren weichen Konsonanten und eigentümlich stoßtönigen Vokalen große Schwierigkeiten. Die norwegische wird einem Deutschen leichter fallen, zumal sie sich enger an die Schreibweise anschließt.

1. Vokale und Diphthonge.

aa (häufig auch **å** geschrieben) hat einen doppelten Lautwert; vor t und dt ist es kurz und offen, ungefähr wie o in „Spott": blaat blott, vaadt wott; in allen andern Fällen ist es lang und klingt etwa wie o in „Dorn": Daab dob, raabe robe.

af als Vorsilbe: in Dänemark au, in Norwegen aw: Afsked außed (awßed), afsige auße (awßige). Derselben Regel unterliegt

avn: savne ßaune (ßawne), Gavn gaun (gawn).

e wie im Deutschen meistens kurz: möd, völ, Höst, fröm; vor b lang: Rēb, slēb, knēb; im unbestimmten Artikel en ist e kurz: enn, im Zahlwort ēn lang: een; De, de (Sie, sie) sprich dī. In norwegischen Dialekten spricht man e oft als diphthongisches äi aus.

eg: im Dänischen oft wie ei: lege lei-e, Steg stei; im Norwegischen dafür: le-e, stehī.

ei: dänisch wie das deutsche ei, aber kürzer, norwegisch diphthongisches äi.

i: vor einem En Konsonanten in der Regel kurz: vīl will, tīl till; am Schluß einer Silbe lang: spī-se, Pī-ge; in mig (mich, mir), dig (dich, dir) und sig (sich) sprich ig wie ei.

o als Silbenschließer und vor einem einfachen d und r(rd) lang: rō-se, skō-se, göd, Bōrd; vor andern Endkonsonanten als d und r in der Regel kurz und (im Dänischen oft offen: blot blott, os oss, om omm. Merke: for

Grammatischer Anhang.

ogn meistens wie aun mit dumpfem a: Sogn saun, Vogn waun.

ou: wie der deutsche Diphthong au mit dumpfem a.

ov im Dänischen in der Regel wie dumpfes, diphthongisches au gesprochen: Lov lau, sove sau-e, Plov plau, Skoven skau-en. Im Norwegischen dafür: low, sow-e, plog, flo-gen.

u ist, außer vor Konsonantenverbindungen, gewöhnlich lang und nähert sich im Norwegischen dem ü-Laut: Hus huhs, aber Guld gull.

y entspricht dem deutschen ü und ist am Silbenschluß wie vor b, d, r und s halblang: By bü, fryse frü-se; dyb büb, Lyd lüd, Dyr dür, Lys lüs; vor andern einfachen und allen doppelten Konsonanten gewöhnlich kurz.

æ, Æ: am Silbenschluß und vor b, d, g, v, l und r lang und geschlossen: være wäh-re, stræb sträbb, Sæd sähd, Æg ähg, Væv wähw, Sæl sähl, sær sähr; vor andern Konsonanten und Konsonantenverbindungen kurz und offen: Bæk bäkk, Blæst blässt, Kjæft kjafft, Læs läss, mæt mätt.

ø, Ø: kurz und offen, besonders vor l, m, n und r: Øl öll, øm ömm, Strøm strömm, Bøn bönn, Smør smörr; am Silbenschluß lang und geschlossen: tø-ve, Ø-re; vor b, d, g, v und s kurz und geschlossen: løb, Grød, Øg, tøv, løs. Man gebraucht jetzt häufig das Zeichen ö für den offenen, ø für den geschlossenen Laut.

øi (øj): wie der deutsche Diphthong eu.

2. Konsonanten.

b: im Dänischen wie im Deutschen; in Norwegen zwischen Vokalen und am Silbenschluß oft wie p: grib grip, Løb Löp, raabe rope; ungebildete Dänen sprechen: griw, löw, rowe.

c findet sich nur in Fremdwörtern und lautet wie scharfes s, wo man es im Deutschen wie z spricht: Cigar sigar, Citron sitron.

d: als Auslaut nach Konsonanten stumm: Bord bor, Fjord fjor, Fald fall; ebenfalls nicht hörbar zwischen l und e, n und e: fulde fulle, kalde kalle, bande banne, sende senne; häufig auch zwischen r und e: Ordet oret,

Grammatischer Anhang. 359

Fjorden fjoren. Als Auslaut nach Vokal und zwischen Vokalen im Dänischen sehr weich, ungefähr wie englisches th in father: blød, god, baade, gode; im Norwegischen hat man diesen weichen Laut nicht.

dt wie tt: godt gott, Født fett.

g nach Vokal im Dänischen ganz weich; im Norwegischen wie k: lig lik, slig slik, Bog bok.

gj im Norwegischen wie stark aspiriertes j: giennem chjännem, gjængs chjängs, gjøre chjöre; im Dänischen das j stumm: gännem, gängs, göre, und nur vor a und o hörbar: gjaldt, gjort.

hj, hv wie j und w: hjem jämm, Hjort jorrt, hvad wå(d), hvem wämm.

kj im Dänischen gesprochen (und oft auch geschrieben) wie bloßes k; kjøn könn, kjøre köre, Kjæreste kärreste; im Norwegischen lautet es wie stark aspiriertes j: chjönn, chjöre, chjärreste. Ausnahme: Kjole (spr. kjo-le).

lde sprich lle.

nde sprich nne.

r ist in guter dänischer Aussprache Kehllaut; die Norweger sprechen es mit der Zungenspitze. Viele Norweger lassen in den Lautverbindungen -ort und -ørt das r kaum hören.

s überall scharf.

sk im Norwegischen vor e, i, y, æ und ø wie sch: sken scheen, Ski schi, Skyds schüß, Skæl schäll, Skøite scheute; denselben Klang hat

skj auch vor a, o und u: Skjald schall, Skjorte schorte, skjule schule. In Dänemark spricht man sk und skj, aber das j ist, was besonders zu beachten, vor e, æ und ø stumm: Ski ski, Skjald skjald, aber Skjel skell, skjære skäre, Skjort skortt.

v sprich w: vor worr, vil will, vende wänne.

3. Aussprache der Fremdwörter.

In den auf -ik und -or (deutsch: or) endigenden Wörtern betont man die letzte Silbe, also: Logík, Grammatík, Hermetík, Direktór, Inspektór.

Der deutschen Endung -isch entspricht das skandinavische -isk oder -sk: botanisk, hermetisk; dansk dänisch, nor norwegisch, svensk schwedisch.

Der deutschen Endung -ieren entspricht in den nordischen Sprachen -ére: fabrikére, frekventére; -tion spricht: -sjon.

Abgesehen von diesen wenigen Abweichungen haben die Fremdwörter in der Regel die Form und Aussprache, welche ihnen das Deutsche gibt.

Wir empfehlen, zur Einübung der Regeln für die Aussprache nachstehendes Stück (Anfang von Björnstjerne Björnsons „Faderen") einigemal durchzulesen. Wo die norwegische Aussprache von der dänischen abweicht, folgt sie in Klammern hinter der letztern; das weiche aspirierte dänische d ist durch th bezeichnet.

Den mægtigste Mand i det Præstegjæld,
benn mägtifte (mäftilfte) mann i bē präftegäll(präftejäll)
hvorom her skal fortælles, hed Thord Øveraas. Han
worr-ömm här skall forrtälles heth(het) tor öwerohs hann
stod en Dag i Præstens Kontor, høi og
stoth(stot) enn dag(ba) i präftens konntohr høi og(ö)
alvorlig. „Jeg har faaët en Søn", sagde han, „og
allwöhrlig(-lil) jei har fo-et(fot) enn sönn fa hann og(ö)
vil have ham over Daaben." „Hvad skal han
will ha hamm au-er(ower) boben(bopen) wath(wa) skall hann
hedde?" „Fin efter Fadermin." „Og Fadderne?"
hethe(hete) finn äffter fahr minn ög(ö) sath(herrne(fabberrne)
De bleve nævnte og vare da Bygdens bedste
bi blew(ble) näwwnte ög(ö) warr ba bügbens(bübbens) beffte
Mænd og Kvinder af Mandens Slægt. „Er der
männ ög(ö) kwinner a(aw) mannens flæggt(fläfft) ärr bärr
ellers noget?" spurgte Præsten, han saa op.
ällers noget(nofet) spurrgte(spurrte) präfften hann sa opp
Bonden stod lidt: „jeg vilde gjerne have ham
Bonnen stoth(stot) litt jei wille gärrne(järrne) ha hamm
døbt for sig selv," sagde han. „Det vil sige paa en
böppt forr sei sälf(säüf) fa hann bē will fi-e(fi) pö enn
Hverdag?" „Paa Lørdag førstkommende, tolv
Wärrbag(Wärrba) pö lörrbag(lörrba) förrstfommenne toll
Middag." „Er der ellers noget?" spurgte
mibbag(mibba) ärr bärr ällers noget(nofet) spurrgte(spurrte)

Græsten. „Ellers er der ingenting." Bonden dreiede
præsten ällers ærrbærr ing-enting Bonnen drei-ethe(drei-ebe)
Huen, som vilde han gaa. Da reiste Præsten sig:
Hu-en(Hu-wen) somm wille hank go ba reißte præssten sei
„Endnu dog dette," sagde han og gik lige bort til
ennu bög(bø) bette sa hann og(ø) gikk li-e(like) borrt till
Thord, tog hans Haand og saa ham ind i Øinene:
tor tog(toł) hanns honn og(ø) so hamm inn i øunene
„Give Gud, at Barnet maa blive dig til Velsignelse."
giwe güth(güb) att barnet mo bli-e(bli) bei till Wällsinelse.

(Übersetzung. Der bedeutendste Mann in dem
Kirchspiel, von welchem hier erzählt werden soll, hieß
Thord Övraas. Hochaufgerichtet und ernsthaft stand der-
selbe eines Tages im Studierzimmer des Pfarrers. „Mir
ist ein Söhnchen geboren," sprach er, „ich möchte ihn taufen
lassen." — „Wie soll er heißen?" — „Fin, nach meinem
Vater." — „Die Taufzeugen?" Die wurden genannt; es
waren einflußreiche Männer und Frauen im Dorfe, alle
mit dem Bauern verwandt. „Hast du sonst etwas auf
dem Herzen?" fragte der Prediger, indem er den Bauer
anblickte. Dieser schwieg eine Weile: „Ich möchte ihn für
sich allein getauft haben", sagte er „Du meinst, an einem
Wochentag?" — „Nächsten Sonnabend, um zwölf Uhr Mit-
tags" — „Sonst noch etwas?" fragte der Prediger. „Sonst
nichts." Der Bauer drehte die Mütze, als wolle er gehen.
Da erhob sich der Prediger: „Noch eins", sprach er, ging
auf Thord zu, nahm seine Hand und blickte ihm in die
Augen: „Gebe Gott, daß dein Kind dir zum Segen werden
möge".)

II. Der Artikel.

Die dänische Sprache hat zwei Geschlechter, Fælleskjøn
und Intetkjøn. Fælleskjøn (Genus commune =c) umfaßt
das männliche und weibliche Geschlecht und hat den Artikel
en[1]; der Artikel des Intetkjøn (Neutrums =n) ist et.

---

[1] In einzelnen norwegischen Dialekten gibt man dem
Femininum den Artikel ei, z. B. ei Dotter, eine Tochter
dem Maskulinum den Artikel ein, z. B. ein Saan, ein Sr

Grammatischer Anhang.

Der unbestimmte Artikel steht wie im Deutschen vor dem Substantiv:

en Mand ein Mann
et Barn ein Kind,

während der bestimmte Artikel hinter demselben steht:

Manden der Mann
Barnet das Kind

Endigt das Wort dabei auf -e, so hängt man nur n, resp. t an:

en Kone eine Frau, Konen die Frau
et Løfte ein Versprechen, Løftet das Versprechen.

Der Plural des bestimmten Artikels lautet für beide Geschlechter ene oder, wenn der Plural auf -e oder -r endigt, ne:

Mænd Männer, Mændene die Männer
Borde Tische, Bordene die Tische
Søer Seen, Søerne die Seen.

Nach kurzem betonten Vokal werden einfache Auslautskonsonanten bei Anhängung des Artikels verdoppelt:

en Gut, Gutten; en Hat, Hatten; et Glas, Glasset.

Steht vor dem Substantiv ein Adjektiv, so hat auch der bestimmte Artikel seinen Platz wie im Deutschen vor diesem und lautet den, det, *pl.* de:

den lyse Dag der helle Tag
det gamle Træ der alte Baum
de høis Fjelde die hohen Berge.

Im Norwegischen wählt man jedoch auch in diesem Falle häufig den angehängten Artikel:

i mørke Skogen im dunkeln Walde, *paa bratte Fjeldet* auf dem steilen Berge.

Sehr allgemein ist dort auch der eigentümliche gleichzeitige Gebrauch sowohl des vorangestellten als des angehängten bestimmten Artikels:

den *vakkre Gutten* der brave (der) Bursch
det *gamle Huset* das alte (das) Haus.

Diese Neigung in der norwegischen Umgangssprache für bestimmte Formen zeigt sich auch da, wo das Wort schon im voraus durch ein Pronomen bestimmt ist: *denne Jenten* dieses (das) Mädchen.

Grammatischer Anhang.

III. Das Substantivum.
1. Bildung des Plurals.

Fast alle Substantiva, welche auf tonloses -e auslauten, bilden den Plural durch Anhängung von -r:
en Jente, Jenter Mädchen; et Rige, Riger Reiche; en Støvle, Støvler Stiefel.

Eine Ausnahme bilden substantivierte Partizipien; sie bleiben unverändert:
en Reisende, flere Reisende mehrere Reisende; en Gaaënde, nogle Gaaënde einige Fußgänger

Die meisten Intetkjønsord (Neutra), welche auf einen Konsonanten endigen, bleiben unverändert:
et Aar, to Aar zwei Jahre; et Lys, mange Lys viele Lichter.

Substantiva, welche auf einen betonten Vokal auslauten, bilden den Plural durch Anhängung von -er:
en By, Byer Städte; et Træ, Træër Bäume.

Die Pluralendung -er haben ferner auch die Substantiva auf -el, -en, -sel, -ing, -ning, -hed, -skab, z. B. en Frøken, Frøkener Fräulein; en Snevring, Snevringer Engpässe; en Gjerning, Gjerninger Thaten; en Yndighed, Yndigheder Schönheiten; en Egenskab, Egenskaber Eigenschaften, und die meisten Fremdwörter, z. B. en Kaptein, Kapteiner; en Billet, Billetter.

Die meisten Substantiva auf -r (ausgenommen Fremdwörter) und viele einsilbige Fælleskjønsord (Artikel: en) mit auslautendem Konsonanten bilden den Plural auf -e:
en Seiler, Seilere Segler; en Bjørn, Bjørne Bären; en Gaard, Gaarde Höfe.

Dabei wird, wenn der Stammvokal kurz und betont ist, der Endkonsonant oft verdoppelt:
en Stok, Stokke Stöcke; en Nød, Nødder Nüsse.

Mehrere Substantiva auf -el und -er werden im Plural synkopiert: et Æsel, Æsler, Æslerne; en Finger, Fingre, Fingrene.

Einige Substantiva zeigen im Plural Umlaut. Dabei wird:

a zu æ Mand, Mænd Männer
o zu ø Bonde, Bønder Bauern
aa zu æ Gaas, Gæs (Gjæs) Gänse.

Eine unregelmäßige Pluralbildung haben:
et Barn, Børn Kinder; en Datter, Døtre Töchter;
et Øis, Øine Augen.

Briller Brille, Bukser Hosen, Løiër Spaß, Penge Geld werden nur im Plural gebraucht.

2. Die Kasus.

Im jetzigen Dänischen gibt es nur zwei Kasusformen des Substantivs: Nominativ und Genitiv; die Verhältnisse, welche nicht durch besondere Kasusformen ausgedrückt werden können, bezeichnet die Sprache durch die Wortstellung oder durch Präpositionen.

Kennzeichen des Genitivs ist ein angehängtes s; der Genitiv steht vor dem regierenden Wort:

Bondens Gaard der Hof des Bauern
Norges Kyst die Küste Norwegens.

Substantiva auf -s bilden den Genitiv durch Anhängung von es oder 's:

Hanses Søster die Schwester des Hans
Julius's Faster die Tante des Julius.

Das regierende Wort kann unter Umständen ausgelassen werden:

(er det Deres Bog? gehört das Buch Ihnen?) nei, det er min Søsters (Bog) nein, es gehört meiner Schwester; jeg skal hilse fra Nielsens ich bringe einen Gruß von der Familie Nielsen.

IV. Das Adjektivum.

Das Adjektivum stimmt sowohl in attributiver wie prädikativer Stellung mit seinem Substantiv oder Pronomen in Zahl und Geschlecht vollkommen überein:

Grammatischer Anhang.

en god Vei ein guter Weg, Veien er god der Weg ist gut,
et godt Veir ein gutes Wetter, Veiret er godt das Wetter ist gut,
gode Veis gute Wege, Veiene er(e) gode die Wege sind gut,
han er gammel er ist alt, det er gammelt es ist alt
de er(e) gamle sie sind alt.

Einige Adjektiva auf -d erhalten im Intetkjøn kein t:
glad froh, fremmed fremd, kjed überdrüssig, lad faul, desgleichen auch solche auf e, i (doch fri, frit, frei) o, u, y (doch ny, nyt neu), sk und t. Megen (viel) und egen (eigen) lauten im Intetkjøn meget, eget.

Der Plural der Adjektiva lautet in der Regel auf -e aus: en lys Nat eine helle Nacht, lyse Nætter helle Nächte.

Steht vor dem Adjektivum der bestimmte Artikel, ein Pronomen oder ein Genitiv, so hat es seine „bestimmte Form" und lautet auf -e aus:
    det store Skib das große Schiff
    min sorte Kuffert mein schwarzer Koffer
    Havets blanke Flade des Meeres glatte Fläche.

Adjektiva mit kurzem Wurzelvokal vor dem Endkonsonanten verdoppeln letztern im Plural und in der „bestimmten Form":
smuk schön, den smukke By die schöne Stadt, smukke Byer schöne Städte.

Der Komparativ wird durch Anhängung von ere oder re, der Superlativ durch Anhängung von est oder st gebildet; bei einigen Adjektiven findet Umlaut statt.

rig reich	rigere reicher	rigest am reichsten, richst(e)
stor groß	større größer	storst am größten, größt(e)

Folgende Adjektiva werden unregelmäßig gesteigert:

gammel alt	ældre	ældst(e)
god gut	bedre	bedst(e)
lille (liden, lidet) klein	mindre	mindst(e)
mange viele	flere	flest(e)
megen (meget) viel	mere	mest(e)
ond böse, schlimm	værre	værst(e)

Das Neutrum der meisten Adjektiva kann als Adverbium der Art und Weise dienen und wie das Adjektivum selbst gesteigert werden.

Grammatischer Anhang.

V. Die Zahlwörter.

Vgl. im Konversations-Wörterbuch den Artikel „Zahlen".

VI. Die Pronomina.

1. Das persönliche Pronomen

hat außer der Nominativform teilweise auch einen Genitiv, der aber nur possessivisch gebraucht wird, und die sogenannte Afhængighedsform (Abhängigkeitsform), welche dem deutschen Dativ und Akkusativ entspricht.

Singular
- Nom. jeg ich   du du   han er hun sie
  (von Sachen den [det] er, sie, es)
- Dat. / Akk. mig mir, mich   dig dir, dich   ham ihm, ihn
  hende ihr, sie (von Sachen den [det]
  ihm, ihn, ihr, sie, es)

Plural
- Nom. vi wir   I Ihr   de (De) sie (Sie)
- Dat. / Akk. os uns   jer¹, oder euch, dem (Dem)
  ihnen (Ihnen), sie (Sie)

2. Das Possessivpronomen.

Fælleskjøn min Kniv   din Hat   sin Pibe
            mein Messer dein Hut   seine Pfeife
Intetkjøn   mit Barn   dit Værelse sit Tøi
            mein Kind   dein Zimmer sein Gepäck
Fælleskjøn vor Vei   jer (jeres) Seng deres² (sin) Glæde
            unser Weg euer Bett   ihre² Freude
Intetkjøn   vort Skib jert (jeres) Hus deres² (sit) Værelse
            unser Schiff euer Haus   ihr² Zimmer

Plural
- mine Bøger   dine Venner
  meine Bücher   beine Freunde
  sine Børn
  feine, ihre Kinder
  vore Heste   jeres (jere) Ting
  unsre Pferde eure Sachen
  deres² (sine) Vogne
  ihre² Wagen

---

¹ In der Umgangssprache gebräuchlicher als eder.
² In der Anrede (Ihr, Ihre) Deres.

Zu beachten ist, daß sin, sit und sine (im Singular) nur angewendet werden, wenn sich das Pronomen auf das nächste Substantiv oder Pronomen bezieht; andernfalls benutzt man die Genitive des persönlichen Pronomens:
han tog sit Tøi er nahm seine (eignen) Sachen;
han tog hans Tøi er nahm seine (eines andern) Sachen.

Die Norweger freilich sagen: de laante os *sine* Heste sie liehen uns ihre Pferde, während es im Dänischen deres Heste heißen muß. Auch stellt man im Norwegischen das Possessivpronomen häufig hinter das Substantiv:
pas godt paa Gutten min! hüte meinen Jungen wohl!

3. Die demonstrativen Pronomina.

Den (det), *pl.* de (Dativ und Akkusativ dem) der, die, das, der-, die-, dasjenige; denne (dette), *pl.* disse dieser, diese, dieses. Die Genitive zu beiden sind: dens (dets), *pl.* deres, und dennes (dettes), *pl.* disses.

Die übrigen Demonstrativa der Umgangssprache sind: saadan (saadant), *pl.* saadanne solcher, solche, solches; samme (Genitiv sammes) der-, die-, dasselbe; über hin (hint), *pl.* hine, jener, jene, jenes vgl. S. 147, Anm. 1.

4. Die relativen Pronomina.

Außerordentlich gebräuchlich ist das substantivische indeklinable som der, die, das, welcher, welche, welches, das als Subjekt und Objekt, für Personen und Sachen, im Singular und im Plural, Fælleskjøn und Intetkjøn vorkommen kann; som duldet keine Präposition vor sich und wird vor Substantiven und Pronominibus oft ausgelassen: det er ēn, (som) vi kan stole paa, wörtlich: das ist einer, (den) wir können vertrauen auf. Im Genitiv verwendet man meistens hvis dessen, deren. — Der welcher, welche, welches, der, die, das, kann nur als Subjektiv im Relativsatz gebraucht werden. Dem deutschen „wer" entspricht den som (der), dem deutschen „was" hvad. Hvilken (hvilket), *pl.* hvilke welcher, welche, welches, kann sowohl substantivisch als adjektivisch verwendet werden; im letztern Falle sagt man aber lieber hvad dafür: jeg vēd ikke, hvad (hvilken) Baad jeg skal tage ich weiß nicht, welches Boot ich wählen s[

Grammatischer Anhang.

5. Die interrogativen Pronomina.

hvem? Genitiv hvis wer (wem, wen)? — Hvad? was? ist indeklinabel, wird substantivisch und adjektivisch gebraucht und verdrängt in letzterm Falle hvilken (hvilket)? *pl.* hvilke? welcher, welche, welches?

6. Die indefiniten Pronomina.

Die wichtigsten sind:

al (alt), Genitiv alles, *pl.* alle, alles, alle.

anden (Genitiv andens), andet (Genitiv andets), *pl.* andre (G.nitiv andres) andrer. Meist mit dem Artikel: en anden Hest ein andres Pferd, det andet Sted (*det andre Stedet*) am andern Ort.

det es, indeklinabel.

ēn (Genitiv ēns) einer, jemand: det gjør ēn ondt, godt es thut einem weh, wohl, ēns eget sein (jemandes) eigen.

(en)hver, (et)hvert, Genitiv (en)hvers (ein) jeder; verstärkt: enhversomhelst jeder, wer es auch sein mag; hver og ēn jeder einzelne ohne Ausnahme.

ingen (intet), Genitiv ingens, *pl.* ingen niemand. Merke: ingenting nichts, ingensomhelst (intetsomhelst) niemand (nichts), wer (was) es auch immer ist.

man, man.

mangen (mangt), *pl.* mange, Genitiv manges, mancher: mangen en Dag manch ein Tag, viele Tage, mange siger det viele sagen es.

nogen (noget), Genitiv nogens, *pl.* nogle, Genitiv nogles jemand, etwas, einige: ser De nogen? sehen Sie jemand? lad mig faa noget Vand! geben Sie mir etwas Wasser! nogle Folk einige Leute.

somme einige: somme mene anderledes einige meinen anders.

Grammatischer Anhang.

b) (at) være sein, værende (ungebräuchlich) seiend,
  været gewesen

jeg, du, han, hun (Sachen: den, det); vi, I, de (De)
ich, du, er, sie   (er, sie es);   wir, Ihr, sie (Sie)
er[1] bin, bist, ist ɾc.
var[2] war
har været bin gewesen
havde været war gewesen
vil (skal) være werde sein
vil (skal) have været werde gewesen sein
vær! sei! seid[3]! seien Sie!
lad ham, os, dem, være! laßt ihn, uns, sie, sein!
jeg vilde være ich wollte (würde) sein
jeg vilde have været ich hätte sein wollen (würde
  gewesen sein)
hvis jeg var wenn ich wäre
hvis jeg havde været wenn ich gewesen wäre
bare jeg var! wäre ich nur!
bare jeg havde været! wäre ich nur gewesen!

c) (at) blive werden, vordende (blivende) werdend
  bleven, blevet[4] geworden

jeg, du, han, hun (Sachen: den, det); vi, I, de (De)
ich, du, er, sie   (er, sie, es);   wir, Ihr, sie (Sie)
bliver[1] werde, wirst, wird u. s. w.
blev[2] wurde
er bleven bin geworden
var bleven war geworden
vil (skal) blive werde werden
vil (skal) være bleven werde geworden sein
bliv! werde! werdet[3]! werden Sie!
lad ham, os, dem, blive! laßt ihn, uns, sie, werden!

---

[1] Vgl. S. 369, Anm. 2.

[2] Die in der Schriftsprache noch von vielen angewandte Pluralform vare (bei „werden" bleve) wird in der Umgangssprache nie gebraucht.

[3] Vgl. S. 369, Anm. 3.

[4] Nach Formen von have oder faa endigt das Par.ʦip regelmäßig auf t.

Grammatischer Anhang. 371

jeg vilde blive ich wollte (würde) werden
jeg vilde være bleven ich hätte werden wollen (würde geworden sein)
hvis jeg blev wenn ich würde
hvis jeg var bleven wenn ich geworden wäre
bare jeg blev! würde ich nur!
bare jeg var bleven! wäre ich nur geworden!

Das regelmäßige Verbum.
a) Aktiv:

Erste Konjugation (I)	Zweite Konjugation (II).
vente warten, ventende wartend, ventet gewartet, vent! warte! wartet! warten Sie!	spise essen, spisende essend, spist gegessen, spis! iß! esset! essen Sie!
jeg venter[1] ich warte	jeg spiser[1] ich esse
jeg ventede[2] ich wartete	jeg spiste ich aß
jeg har ventet ich habe gewartet	jeg har spist ich habe gegessen
jeg havde ventet ich hatte gewartet	jeg havde spist ich hatte gegessen
jeg vil (skal) vente ich werde warten	jeg vil (skal) spise ich werde essen
jeg vil (skal) have ventet; jeg faar ventet ich werde gewartet haben	jeg vil (skal) have spist; jeg faar spist ich werde gegessen haben
jeg vilde vente ich wollte (würde) warten	jeg vilde spise ich wollte (würde) essen.

b) Passiv:
(Für I, II und III gleich.)

(at) ventes[3] ob. (at) blive ventet erwartet werden, (at) være bleven ventet erwartet worden sein

---

[1] Vgl. S. 369, Anm. 2.

[2] In der norwegischen Umgangssprache fällt das Schluß-e im Imperfekt meistens weg; dasselbe gilt für das e nach dem Wurzelvokal im Imperfekt und Partizip: jeg naar (erreiche), naade (mit hartem d; dänisch: naaëde mit weichem d) naat (dänisch: naaët).

[3] Die reciproken und die sogenannten „deponenten Verben", welche nur der Form nach Passiva sind (sie endig-

24*

jeg ventes¹; jeg bliver ventet ich werde erwartet
jeg ventedes; jeg blev ventet ich wurde erwartet
jeg er bleven ventet ich bin erwartet worden
jeg var bleven ventet ich war erwartet worden
jeg vil (skal) ventes; jeg vil (skal) blive ventet ich
          werde erwartet werden
jeg vil (skal) være bleven ventet ich werde erwartet
          worden sein

Die wichtigsten unregelmäßigen Verben.²

Dritte Konjugation (*III*).

Infinitiv	Imperfekt	Partizip
bede bitten, beten	bad	bedt
betyde bedeuten	betød	betydet
bide beißen	bed	bidt
binde binden	bandt	bunden
blive werden, bleiben	blev	bleven
bringe bringen	bragte	bragt
briste bersten	brast	bristet
bryde brechen	brød	brudt
byde bieten	bød	budt
bære tragen, *jeg bær* ich trage	bar	baaren
bør muß	burde	burdet
drage ziehen	drog	dragen
drikke trinken	drak	drukken
drive treiben	drev	dreven

Infinitiv auf s), erleiden bei der Konjugation (im Aktiv) eine Veränderung innerhalb des Wortes selbst und behalten das s als Endung bei, z. B. det lykkes, lykkedes, er lykkedes (I. Konj.) es gelingt, gelang, ist gelungen; jeg længes, længtes, har længtes ich sehnte mich, sehnte mich, habe mich gesehnt (II. Konj.)

¹ Durch die kurze Passivform bezeichnet man eine häufig stattfindende oder dauernde Thätigkeit, während die zusammengesetzte eine einzelne Thatsache ausdrückt; der siges, at.. es wird erzählt, daß ...; det blev sagt es wurde gesagt.

² Vgl. S. 370, Anm. 4.

Grammatischer Anhang.

Infinitiv	Imperfekt	Partizip
dø sterben	døde	død
dølge verbergen	dulgte	dulgt
faa erhalten	fik	faaët
falde fallen	faldt	falden
fare eilen	fōr	faren
finde finden	fandt	funden
flyde fließen	fløt	flydt
flyve fliegen	fløi	fløiën
fornemme fühlen	fornam	fornummet
fortryde reuen	fortrød	fortrudt
fryse frieren	frøs	frossen
fyge stöbern	føg	føgen
følge folgen	fulgte	fulgt
gaa gehen	gik	gaaët
gide mögen	gad	gidet
give geben	gav	given
gjælde gelten	gjaldt (*galdt*)	gjældt
gjøre thun, machen, jeg gjør ich thue, mache	gjorde	gjort
glide gleiten	gled	gleden
gnide reiben	gned	gneden
gribe greifen	greb	greben
græde (*graate*) weinen	græd (*graat*)	grædt
gyse schaudern	gøs (gyste)	gyst
have haben, jeg har ich habe	havde	haft (havt)
hedde heißen	hed	hedt
hjælpe helfen	hjalp	hjulpen
holde halten	holdt	holdt
hænge[1] hangen	hang	hængt
jage jagen (weg-)	jog	jaget
kige gucken	keg (auch kigede)	keget
klinge klingen	klang	klinget
klipe kneifen (mit den Fingern)	*klep*	*klepet*
klive klettern	*klev*	*klevet*
knibe kneifen; knausern	kneb	kneben
komme kommen	kom	kommen

---

[1] Das gleichlautende Transitivum für das deutsche „hängen" geht nach der II. Konjugation.

Infinitiv	Imperfekt	Partizip
krybe kriechen	krøb	krøben
kunne können, jeg kan ich kann	kunde	kunnet
kvæle erſticken, erdroſſeln	kvalte	kvalt
kysse bange machen	køs (kyste)	kyst
lade laſſen	lod	ladet
le lachen	lo	let
lide leiden	led	lidt
ligge liegen	laa	ligget
lyde gehorchen	lød	lydt
lyve lügen	løi	løiſt
lægge legen	lagde	lagt
løbe laufen	løb	løben
maa darf, ſoll	maatte	maattet
nyde genießen	nød	nydt
nyse nieſen	nøs (nyste)	nyst
pibe pfeifen	peb	peben
ride reiten	red	reden
ryge, røge rauchen	røg	røgen
række reichen	rakte (række-de), rak	rakt
se ſehen	saa	set
sidde ſitzen	sad	siddet
sige ſagen	sagde	sagt
skjælve beben	skjalv (skalv)	skjælvet
skjære ſchneiden (mit Meſſer)	skar	skaaren
skride ſchreiten	skred	skreden
skrige ſchreien	skreg	skreget
skrive ſchreiben	skrev	skreven
skulle ſollen, jeg skal ich ſoll	skulde	skullet
skvette begießen; zuſammen-ſchrecken	*skvat*	*skvettet*
skyde ſchießen	skød	skudt
slaa ſchlagen	slog	slaaët
slibe ſchleifen	sleb	sleben
slide abnutzen; ſich abmühen	sled	slidt
slippe losſlaſſen	slap	sluppen
slænge werfen, baumeln	slængte(*slang*)	slængt
smide werfen	smed	smidt
smøre ſchmieren	smurte	smurt
snige ſchleichen	sneg	snegen

Grammatischer Anhang.

Infinitiv	Imperfekt	Partizip
snyde betrügen	snød	snydt
sove schlafen	sov	sovet
spinde spinnen	spandt	spunden
springe springen	sprang	sprungen
sprække bersten	sprak	sprukken
sprætte zappeln	sprat	sprættet
staa stehen	stod	staaet
stige steigen	steg	stegen
stikke stechen	stak	stukken
stinke stinken	stank	stinket
stjæle stehlen	stjal	stjaalen
stride streiten	stred	stredet
stryge streicheln, glätten	strøg	strøgen
strække strecken	strakte	strakt
sviš sengen; schmerzen; anbrennen	syed	sveden
svinde schwinden	svandt	svunden
svinge schwingen	svang	svungen
sværge schwören	svor	svoren
synge singen	sang	sungen
synke sinken	sank	sunken
sælge verlaufen	solgte	solgt
sætte setzen	satte	sat
tage nehmen	tog	tagen
tiš schweigen	tav (auch *tiëde*)	tiët
træde treten	traadte	traadt
træffe treffen	traf	truffen
trække ziehen	trak	trukken
tvinge zwingen	tvang	tvungen
tælle zählen	talte	talt
tør darf	turde	turdet
vide wissen, jeg vēd ich weiß	vidste	vidst
vige weichen	veg	vegen
ville wollen, jeg vil ich will	vilde	villet
vinde gewinnen	vandt	vunden
vække wecken	vakte(sig., sonst vakt(vækket) vækkede)	
vælge wählen	valgte	valgt
være sein, jeg er ich bin	var	været
æde fressen	aad	ædt

Über die **Wortfolge im Satz** ist folgendes zu bemerken: In Sätzen, in denen das Subjekt regelrecht vor dem Prädikat steht, werden die Teile des zusammengesetzten Verbs nie getrennt: jeg er kommen idag ich bin heute angekommen; han har været syg er ist krank gewesen; De har haft Uheld igaar Sie haben gestern Unglück gehabt — Die Wortstellung im Nebensatz ist in der Regel wie die des Hauptsatzes: det Hus, vi kjørte forbi for kort siden das Haus, an dem wir neulich vorbeifuhren; vil De ikke sige mig, hvor jeg kan (faa) træffe Føreren? bitte, sagen Sie mir, wo ich den Führer treffen kann!

VIII. Die Präpositionen.

ad auf, gegen, entlang
af von, aus
bag hinter
blandt unter (zwischen)
efter nach
for vor
foran vor
fra aus, von
gjennem (igjennem) durch
henimod gegen
hos bei (Personen)
i in
indenfor innerhalb

mellem zwischen
nedenfor unterhalb
nedenunder unter(halb)
om um, von
ovenfor oberhalb
ovenover über
over über
paa auf, an
til bis, nach, zu
tilligemed nebst
uden ohne
udenfor außerhalb
ved bei (Sachen)

In Verbindung mit Substantiven regieren die Präpositionen den Nominativ, mit Pronominibus den Akkusativ. Einige wenige werden jedoch in einzelnen Fällen noch mit dem Genitiv (til Søs zur See, til Vands zu Wasser) oder einer alten Dativform (af. Dage ums Leben) konstruiert. Häufig steht die Präposition **hinter** dem Satz: det har De Ret i darin haben Sie recht.

Regiert die Präposition kein Wort oder keinen Satz, so hat sie adverbiale Geltung: løb rask till lauf' schnell zu! hæld Ollet af! gieße das Bier weg! Merke auch die eigentümliche Infinitivkonstruktion mit at: jeg tænker paa at reise til Byen ich denke (dar)an zu reisen nach der Stadt.

Grammatischer Anhang.

IX. Die Adverbia.
(S. auch unter Adjektiva und Präpositionen.)

1. des Ortes.

bort fort, weg; im Norw. auch: heran	hvor wo
dêr da, dort	ind her-, hinein
foran vorn, voran	ned her-, hinab; her-, hinunter
frem, fremad fort, vorwärts	op auf, empor
her hier	tilbage zurück
hjem nach Hause	ud aus; l. er-, hinaus
	videre weiter

bort, frem, hjem, ned, op und ud erhalten die Endung -e, wenn man durch sie ein Verweilen ausdrücken will: hjemme zu Hause, ude paa Marken draußen auf dem Feld, nede i Vandet unten im Wasser.

2. der Zeit.

aldrig nie	nu jetzt, nun
da dann	ofte oft
imidlertid mittlerweile, währenddessen	sommetider mitunter
	stundum zuweilen
ingensinde niemals	tit häufig oft
længe lange	undertiden mitunter

Hierzu gehören auch die durch die Verbindung einer Präposition mit einem Substantiv gebildeten Adverbien: idag heute, igaar gestern, iaftes gestern abend u. s. w.; s. jedoch S. 138 Anm.

3. der Art und Weise.

aldéles ganz	nogenlunde einigermaßen
anderledes anders	nok genug
ganske ganz	næsten fast
hvor wie	overmaade überaus
hvordan, hvorledes wie	saa, saaledes, slig so, auf diese Weise
heilig sehr	
heist höchst	særdéles besonders
ilde schlecht	temmelig ziemlich
	vel wohl

4. bejahende und verneinende Adverbia.

ei nicht	jasaamænd ja, meinetwegen
ikke nicht	javist, jovist gewiß
ingenlunde keineswegs	nei nein
ja, jo ja; f. S. 146, Anm.¹	saamænd wirklich
jamen ja, aber	vist gewiß

X. Die Konjunktionen.
1. koordinierende.

a) kopulative.
baade—og sowohl—als auch
hverken—eller weder—noch
og und
saavel—som sowohl—als auch
samt samt

b) disjunktive.
eller oder
enten—eller entweder—oder

c) adversative.
men aber

d) kausale.
for, thi denn; f. S. 66, Anm. 2

2. subordinierende.

a) temporale.
da als
efter at nachdem
førend ehe, bevor
idet indem
inden ehe, bis
indtil bis
medens während
naar wenn, wann
siden seitdem
som eben als

b) kausale.
da, ti } weil, da

eftersom, fordi, saasom, siden } weil, da

c) konditionale.
dersom, hvis, ifald, naar, om, saafremt } wenn, falls, sofern

d) konzessive.
endskjønt obwohl, obschon

Grammatischer Anhang.

hvorvel	obwohl,	e) komparative.
omend, omendog, omendskjønt	obschon	end als
		jo—jo je—je
selv om wenngleich		jo—des(to) je—desto
nagtet ungeachtet		ligesom wie, ganz wie
	som wie, als	

Merke: at daß, saa at (so) daß, for at um zu.

XI. Die Interjektionen.

aa! drückt Bewunderung und Schmerz aus. Aa, hvor det er kjønt! ach, wie wunderschön! aa, det gjør saa ondt! ach, es thut so weh!

ak! ach!	huha! Ausruf des Schreckens
au (av)! au!	hyp! hopp!
fy! pfui!	hys! tys! horch! still!
hurra! hurra! hoch!	

Meyers Reisebücher.

Norwegen, Schweden, Dänemark.

Neunte Auflage. Mit 28 Karten u. 17 Plänen.

Gebunden 6,50 M.

Inhalt: Das sehr handliche Buch umfaßt das gesamte Gebiet der Reise aus Deutschland durch Dänemark nach Schweden, durch ganz Norwegen hinauf bis zum Nordkap und weiter bis nach Spitzbergen und Island und gibt gute Ratschläge sowie genaue Auskunft über die Eigenart des Reisens im nördlichen Europa. Der Text wird erläutert durch folgende Karten und Pläne:

Pläne: Kopenhagen. — Thorwaldsen-Museum. — Alte Glyptothek. — Stockholm. — Nationalmuseum. — Nordisches Museum. — Djurgården. — Skansen (Djurgården). — Wisby (Gotland). — Göteborg. — Christiania. — Bergen. — Trondhjem. — Karten: Schweden und Norwegen, Routenübersicht. — Dänemark. — Kieler Hafen. — Klampenborg-Skodsborg. — Umgebung von Kopenhagen (Sund). — Bornholm. — Schweden und Norwegen, südlicher Teil. — Götakanal von Stockholm nach Göteborg. — Umgebung von Stockholm. — Dalarne. — Kinnekulle. — Trollhättafälle. — Umgebung von Christiania. — Christianiafjord. — Süd-Norwegen. — Thelemarken. — Hardanger. — Sognefjord und Jotunfjelde. — Jostedalsbræ. — Galdhöpig. — Romsdal-Söndmöre. — Umgebung von Trondhjem. — Von Trondhjem zum Nordkap. — Spitzbergen. — Faröer und Island. — Schweden und Norwegen, Übersichtskarte.

Ausführliche Verzeichnisse der ganzen Sammlung „Meyers Reisebücher" auf Verlangen kostenlos.

Meyers Sprachführer.

Dänisch-Norwegisch, von Heinrich Nissen, Kopenhagen. Gebunden 3 Mark.

[Globus.] „Wir zweifeln nicht daran, daß Meyers vortrefflicher Sprachführer sich bei den zahlreichen Deutschen, die Norwegen und Dänemark besuchen, bald einführen wird."

Schwedisch, von Dr. E. Sellin, Stockholm. Gebunden 3 Mark.

[Otto Hoppe, Stockholm, in den Neueren Sprachen, Marburg.] „Von den mir zu Gesicht gekommenen Werken dieser Art kann dieses Buch wohl als das beste bezeichnet werden, wozu besonders die praktische Anordnung der ‚Meyerschen Sprachführer' beiträgt."

Englisch, von Ernst G. Ravenstein, London. Gebunden 2 Mark 50 Pfennig.

[Deutsche Konsulatszeitung.] „.... in hohem Grade übersichtlich .... erschöpfende Reichhaltigkeit und Sorgfalt der Bearbeitung ..."

Russisch, von K. von Jürgens, St. Petersburg. Gebunden 3 Mark.

[St. Petersburger Zeitung.] „Die schwierige Aussprache ist überall vortrefflich wiedergegeben, die Accentuierung, über die die ausländische Zunge so leicht stolpert, durchgängig klar und deutlich angegeben."

Französisch, von Professor E. Pollak, Paris. Gebunden 2 Mark 50 Pfennig.

[Dr. A. Wiemann.] „Es ist mir lange nicht ein so praktisches Buch vor die Augen gekommen wie das vorliegende. Ich bin fest davon überzeugt, daß mit Hilfe dieses Wörterbuchs man leicht allen Verlegenheiten im fremden Lande wird entgehen können."

Meyers Sprachführer

Italienisch, von Dr. **Rudolf Kleinpaul,** Rom. Gebunden 2 Mark 50 Pfennig.

[Globus.] „Ein sehr nützliches Büchlein, voll praktischer Winke, geschickt angeordnet und vorzüglich die Sprache des lebendigen Reiseverkehrs wiedergebend."

Spanisch, von Direktor **H. Ruppert** in Madrid. Gebunden 3 Mark.

[Exporteur, Hamburg.] „Wir empfehlen diesen äußerst praktischen Ratgeber sowohl für die Reise als auch für das Studium der spanischen Sprache."

Neugriechisch, von Professor **J. K. Mitsotakis** aus Athen. Gebunden 3 Mark.

[Dr. Carl Humann.] „Ihr Büchlein spricht die wirkliche Sprache des Volkes.... Jedem, der Neugriechisch lernen will, ist Ihr Sprachführer dringend zu empfehlen."

Türkisch, von Direktor **W. Heintze,** Smyrna. Gebunden 3 Mark.

Aufs wärmste empfohlen im „Deutschen Reichsanzeiger", in der „Deutschen Litteraturzeitung", dem „Litterarischen Centralblatt", im „Globus" (Heinrich Kiepert) etc.

Arabisch, von Professor **M. Hartmann,** Beirut. Gebunden 3 Mark.

[Dr. W. Spitta, Direktor der vizekönigl. Bibliothek in Kairo.] „... der beste und handlichste unter allen mir bekannten arabischen Sprachführern."

Portugiesisch, von Prof. **C. G. Kordgien** in Hamburg und Dr. **C. Michaëlis de Vasconcellos** in Porto. Gebunden 3 Mark 50 Pfennig.

[Deutsche Post, São Leopoldo, Bras.] „Ein sehr korrektes und sehr brauchbares Buch, das sich schnell Bahn brechen und vielen ein angenehmer und sicherer Führer sein wird in der schönen Sprache eines Camoëns."

www.ingramcontent.com/pod-product-compliance
Lightning Source LLC
Chambersburg PA
CBHW051249300426
44114CB00011B/955